全国革命老区县发展史丛书·广东卷

廉江市革命老区发展史

廉江市革命老区发展史编委会　编

SPM 南方出版传媒·广东人民出版社

·广州·

图书在版编目（CIP）数据

廉江市革命老区发展史 / 廉江市革命老区发展史编委会编 . —广州：
广东人民出版社，2021.6
（全国革命老区县发展史丛书 . 广东卷）
ISBN 978-7-218-15058-1

Ⅰ . ①廉… Ⅱ . ①廉… Ⅲ . ①廉江—地方史 Ⅳ . ①K296.54

中国版本图书馆CIP数据核字（2021）第100424号

LIANJIANG SHI GEMING LAOQU FAZHANSHI
廉江市革命老区发展史
廉江市革命老区发展史编委会 编

出 版 人：肖风华

责任编辑：胡 萍
责任校对：谢应祥
装帧设计：张力平等
责任技编：吴彦斌 周星奎

出版发行：广东人民出版社
地 　 址：广州市海珠区新港西路 204 号 2 号楼（邮政编码：510300）
电 　 话：（020）85716809（总编室）
传 　 真：（020）85716872
网 　 址：http://www.gdpph.com
印 　 刷：广州市浩诚印刷有限公司
开 　 本：715mm×995mm 1/16
印 　 张：28.5 插 页：14 字 数：380 千
版 　 次：2021 年 6 月第 1 版
印 　 次：2021 年 6 月第 1 次印刷
定 　 价：108.00 元

如发现印装质量问题，影响阅读，请与出版社（020-85716849）联系调换。
售书热线：（020）85716826

广东省编纂《革命老区县发展史》丛书
指导小组

组　　长：陈开枝（广东省老区建设促进会会长）

副组长：林华景（广东省老区建设促进会常务副会长）

宋宗约（广东省农业农村厅二级巡视员、广东省老区建设促进会副会长）

刘文炎（广东省老区建设促进会副会长）

郑木胜（广东省老区建设促进会副会长）

姚泽源（广东省老区建设促进会副会长兼秘书长）

谭世勋（广东省老区建设促进会副会长）

廖纪坤（广东省农业农村厅总经济师）

办公室

主　　任：姚泽源（兼）

副主任：韦　浩（广东省农业农村厅扶贫协作与老区建设处处长）

柯绍华（广东省老区建设促进会副秘书长）

伍依丽（广东省老区建设促进会副秘书长）

《廉江市革命老区发展史》编纂委员会

编纂委员会

主　　任：林海武

执行主任：庞晓冬

副 主 任：黎亦鸿　关维荣　林家春　陈康玲　江浩明

成　　员：廖伟略　林国汉　黄景权　罗　烈　李锡光

　　　　　刘启新　江维峰　林永军　李建煜　李启迪

　　　　　全兆胜　黄木忠　杨文平　林　竹　陈　连

　　　　　胡锡刚　胡锡富　谢日福　肖发年　黄　炎

　　　　　潘煜光　袁汉静　李　辉　李　海　何　兴

　　　　　刘　锋　袁浩颖　蔡　润　徐　骞　陈　波

　　　　　林广德　梁永焦　江彩玲　黄　健　许道刚

　　　　　刘明宇　梁　波　林良友　温剑锋　钟颖迪

　　　　　刘国强　林　伟　宣　明

编委会办公室

主　　任：陈康玲（兼）

副 主 任：罗　烈（兼）　林　竹（兼）　袁汉静（兼）

在举国欢庆新中国成立 70 周年前夕，中国老区建设促进会王健会长请我为《全国革命老区县发展史》丛书作序，作为一名在老区战斗过并得到老区人民生死相助的老兵，回首往事，心潮澎湃，感慨万千，深感义不容辞，欣然应允。

中国革命老区，是以毛泽东为代表的中国共产党人在领导人民推翻帝国主义、封建主义和官僚资本主义三座大山，争取民族独立和人民解放伟大斗争中建立的革命根据地，在这片红色的土地上，诞生了无数可歌可泣的革命英雄儿女，为后人树起了一座不朽的丰碑，她是新中国的摇篮，是党和军队的根。

在艰苦卓绝的战争年代，老区人民把自己的命运与中华民族的命运紧紧地联系在一起，与中国共产党和人民军队的命运紧紧地联系在一起，他们生死相依，患难与共。我曾亲历过战争年代，并得到过老区红哥红嫂的救助，切身感受到发生在身边的一幕幕撼天动地的革命故事，在那极其艰难的条件下，老区人民倾其所有、破家支前，不怕艰难困苦，不怕流血牺牲。"最后一碗米送去做军粮，最后一尺布送去做军装，最后一件老棉袄盖在担架上，最后一个亲骨肉送去上战场"，这是当时伟大的老区人民为建立新中国做出巨大牺牲的真实写照，它将永远镌刻在中国共产党、中国人民解放军、中华人民共和国的历史丰碑上。他们的光辉业绩永载史册，他们的革命精神必将影响一代又一代的革命新人，造就一代又一代的民族脊梁。

在社会主义革命和建设时期，革命老区和老区人民响应党的号召，面对落后的面貌、脆弱的经济、恶劣的生态环境，他们本色不变，精神不丢，自力更生，艰苦奋斗，干一行爱一行。始终坚持"革命理想高于天"，自觉做共产主义远大理想的坚定信仰者和忠实实践者，勇于向恶劣的自然环境和贫穷落后宣战，他们在各条战线上为国建功立业，用平凡的双手创造了一个又一个不平凡的奇迹，彰显了老区人的崇高精神和人格力量。

在改革开放的伟大进程中，老区人民解放思想，勇于创新，发奋图强，攻坚克难，老区的经济社会建设取得了辉煌成就。特别是在改变中国的面貌、中华民族的面貌、中国人民的面貌、中国共产党的面貌的伟大实践中发挥了至关重要的作用。老区人民既是改革开放的参与者，也是改革开放的推动者。

艰苦练意志，危难见精神。老区人民在近百年的革命战争、社会主义建设和改革开放的伟大实践中，孕育形成了伟大的老区精神：爱党信党、坚定不移的理想信念；舍生忘死、无私奉献的博大胸怀；不屈不挠、敢于胜利的英雄气概；自强不息、艰苦奋斗的顽强斗志；求真务实、开拓创新的科学态度；鱼水情深、生死相依的光荣传统。这是党和人民宝贵的精神财富、丰厚的政治资源，是凝心聚力、振奋民族精神的重要法宝，也是社会主义核心价值观的重要内容。

中国老区建设促进会怀着强烈的政治责任感和历史使命感，组织全国各地老促会人员克服困难，尽心竭力编纂《全国革命老区县发展史》丛书，记录老区的光辉历史和辉煌成就，传承红色基因，弘扬老区精神，是功在当代，利及千秋的一件大事。手捧这部丛书的部分书稿，读着书中的故事，倍感亲切，深感这部丛书具有资政、育人、存史的社会功能，有着重要的时代和历史价值。它是不忘初心、牢记使命的源头活水，是赞颂共产党、讴歌老区人民的一部精品力作，是弘扬老区精神、传承红色记忆的丰厚载体，是一项继承优秀传统文化、弘扬革命文化、发展社会主义先进文化，坚定"四个自信"的宏大文化工程。它必将成为一种文化品牌，为各界人士了解老区宣传老区支持老区提供一部有价值的研究史料。希望读者朋友们能从中了解并牢记这些为党和民族的利益不断奉献的老区人民，从中得到教益，汲取人生奋斗的精神动力。

新时代赋予新使命，新起点开启新征程。让我们更加紧密地团结在以习近平同志为核心的党中央周围，坚持以习近平新时代中国特色社会主义思想为指导，增强"四个意识"，坚定"四个自信"，做到"两个维护"，弘扬老区精神，铭记苦难辉煌。为实现"两个一百年"奋斗目标，实现中华民族伟大复兴的中国梦作出新的更大的贡献！

邝海田

2019 年 4 月 11 日

2017年6月，中国老区建设促进会组织全国各地老促会启动编纂《全国革命老区县发展史》丛书，按照"建立中国共产党、成立中华人民共和国、推进改革开放和中国特色社会主义事业"三大里程碑的历史脉络，系统书写革命老区百年历史，深入挖掘革命老区红色文化资源，这对于充实丰富中国革命史籍宝库，在新时代传承红色基因、弘扬革命精神、强固根本，对于激励人们在新的历史条件下夺取中国特色社会主义伟大胜利，实现中华民族伟大复兴的中国梦具有重要意义。

丛书编纂以习近平新时代中国特色社会主义思想为指导，以《中国共产党历史》《中国共产党的九十年》等重要文献为基本依据，以党的领导为核心，以老区人民为主体，以老区发展为主线，体现历史进程特征，突出时代发展特色，坚持辩证唯物主义和历史唯物主义相统一、历史真实性与内容可读性相统一的原则，书写革命老区从站起来、富起来到强起来的光辉革命史、不懈奋斗史、辉煌成就史，把老区人民的伟大贡献、伟大创造、伟大成就、伟大精神充分展示出来，形成一部具有厚重历史特征和鲜明时代特色的精品力作。这是一部培根铸魂、守正创新，既为历史立言，又为时代服务，字里行间流淌着红色血脉、催生着革命激情的传世之作。丛书的编纂出版将成为讴歌党讴歌人民讴歌时代、传播红色文化、为革命老区和老区人民树碑立传的重要载体。

丛书按照编年体与纪事本末体相结合、以编年体为主的编写体例确定框架结构；运用时经事纬、点面结合的方式记述史实；坚持人事结合、以事带人的原则处理人与事的关系；采取夹叙夹议、叙论结合以叙为主的方法展开内容。做到了史料与史论、历史与现实、政治与学术统一，文献性、学术性、知识性相兼容。

为编纂好《全国革命老区县发展史》丛书，打造红色文化品牌，中国老区建设促进会认真组织积极协调，提出政治立场鲜明、史料真实准确、思想论述深刻、历史维度厚重、时代特色突出、编写体例规范、篇目布局合理、审读把关严格、出版制作精良的编纂出版总要求，力求达到革命史籍精品的精神高度、思想深度、知识广度、语言力度，增强丛书的权威性和社会影响力。各省（区、市）、市（州、盟）、县（市、区、旗）老促会的同志，以强烈的使命感、责任感和紧迫感，勇于担当，积极作为，认真实施，组织由老促会成员、专家学者等参加的十余万人编纂队伍。编纂工作主体责任在县，省、市组织协调、有力指导、审读把关。各方面人员以高度负责的精神和科学严谨的态度，满腔热情地投入工作，为丛书编纂出版作出了重要贡献。丛书编纂工作还得到了党和国家有关部委、地方各级党委政府及有关部门的大力支持和积极参与，社会各界也给予了热情帮助。中共中央政治局原委员、中央军委原副主席、原国务委员兼国防部长迟浩田上将，对老区人民怀有深厚感情，对革命老区建设发展十分关注，欣然为《全国革命老区县发展史》丛书作总序。

丛书由总册和1599部分册（每个革命老区县编纂1部分册）组成，共1600册。鉴于丛书所记述的史实内容多、时间跨度长和编纂时间紧，不妥之处，敬请批评指正。

中国老区建设促进会

● 红色印记 ●

中共廉江县支部成立旧址——廉城西街回龙寺（廉江市委党史研究室　供图）

廉江县农民武装起义指挥部旧址——吉水梧村垌刘氏宗祠（黄江云　摄）

廉江县农民武装起义筹备会议遗址——吉水西莲塘村老厅间（黄江云　摄）

中共廉江县委成立旧址——吉水上燕山李氏宗祠（廉江市委党史研究室　供图）

角湖垌村农民协会成立旧址——三才寺（冯维铭 摄）

廉江县青年抗敌同志会成立遗址——宾兴会馆（李瑞著 摄）

廉江新塘抗日联防委员会旧址——诚一公祠（黄江云 摄）

粤桂边地委成立遗址——营仔镇林氏宗祠（黄江云 摄）

大塘区抗日联防委员
会旧址——宗景公祠
（黄江云　摄）

中共廉江县委旧
址——安铺镇博
教小学小楼（黄
江云　摄）

中共廉江县委员会遗
址——长山镇坡仔村
（黄江云　摄）

籁塘战斗指挥所旧址——崇正宗祠（黄江云　摄）

中共粤桂南地委、青训团成立遗址——青平香山陈氏宗祠（黄江云　摄）

廉江县人民政府旧址——中山村杨氏香火堂（黄江云　摄）

廉江革命烈士陵园（黄江云　摄）

粤桂边区委扩大会议旧址——廉江中学神主厅（黄江云 摄）

廉化陆博边革命烈士陵园（黄江云 摄）

雷湾日军洽降旧址——庞氏宗祠（庞日胜 摄）

廉东南革命烈士纪念碑（黄江云 摄）

良垌镇中塘革命纪念馆（黄江云　摄）

粤桂边纵队成立纪念碑（黄江云　摄）

石岭革命烈士纪念碑（黄江云　摄）

关泽恩烈士纪念小学（冯维铭　摄）

黄平民烈士纪念学校（黄江云　摄）

廉江市第十三小学（加挂梁安成纪念学校牌子）
（冯维铭　摄）

● 市区雄姿 ●

廉江市区全景（罗炳森　摄）

廉江市区新貌（戚照　摄）

廉江一城市雕塑
（罗棋谦　摄）

九洲江经济开发区
（罗棋谦　摄）

流光溢彩（罗
斯文　摄）

公路交通四通八达（罗炳森　摄）

洋官塘交通枢纽（罗炳森　摄）

城北新区（罗炳森　摄）

廉江市博物馆（李瑞著 摄）

廉江市人民医院（钟自斌 摄）

市区夜景（戴浩和 摄）

廉江市老干部活动中心一角（廉江市委老干部局 供图）

● 学校新貌 ●

廉江中学（陈希宁　摄）

廉江市实验学校
（罗棋谦　摄）

广东文理职业学院
（钟文　摄）

廉江市第一中学（罗棋谦　摄）

廉江市第一小学（郭龙碧　摄）

良垌镇新民老区学校改造（廉江市老促会　供图）

廉江市第一幼儿园（郭龙碧　摄）

● 民企兴起 ●

广东一品木业有限公司（罗斯文　摄）

广东龙力电器有限公司（罗斯文　摄）

广东威王集团（郭龙碧　摄）

广东昌发集团（罗炳森　摄）

广东华强电器集团有限公司（罗棋谦　摄）

廉江市华强食品有限公司
（钟文　摄）

廉江市佳味食品有限公司
（钟文　摄）

● 绿色产业 ●

廉江红橙种植基地（廉江市农业局 供图）

吉水荔枝（罗敏 摄）

吉水石硖龙眼
（罗敏 摄）

河唇镇杨桃沟（戚照　摄）

长山茗皇茶基地（广
东茗皇茶业有限公司
办公室　供图）

吉水香蕉种植基地
（张任东　摄）

● 五谷丰登 ●

廉江营仔镇水稻种植基地（林银湖　摄）

石城水稻机械化收割现场（廉江市农机局　供图）

横山镇大棚蔬菜种植基
地（广东湛绿农业科技
开发有限公司　供图）

横山镇甘蔗种植基地
（林银湖　摄）

石城镇青刀豆种植基地（林银湖　摄）

横山镇外运辣椒收购现场（林银湖　摄）

横山镇花生种植基地（林银湖　摄）

良垌镇淮山薯种植基
地（林银湖　摄）

● 六畜兴旺 ●

营仔镇北京鸭养殖场（黄宇丽　摄）

石岭镇三黄鸡养殖基地（廉江市畜牧局　供图）

横山镇畜牧兽医站繁育牛场（廉江市畜牧局　供图）

廉江市恒丰猪场（钟运和　摄）

和寮耕牛市场（廉江市畜牧局　供图）

● 旅游景点 ●

廉江樱花公园（罗炳森　摄）

鹤地水库（罗炳森　摄）

塘山岭生态公园（罗斯文　摄）

文化广场、人民公园（郭龙碧　摄）

谢鞋山风景区
（戚照　摄）

塘蓬双峰嶂景区
（戚照　摄）

龙营围万亩虾塘（罗棋谦　摄）

高桥红树林
（戚照　摄）

车板龙头沙渔港
（戚照　摄）

● 美丽新村 ●

全国文明村——石城
镇十字路移民新村
（戚照　摄）

广东省文明村——
石角镇曲江移民新
村（戚照　摄）

广东省文明村——
石城镇谢茂新村
（戚照　摄）

广东省文明村——新民
镇塘底村（戚照　摄）

2004年6月，石颈镇村村通公路（劳秋金　摄）

良垌镇山心村农民
公园（戚照　摄）

河唇镇新屋仔村农家庭院
（戚照　摄）

● 传统文化 ●

安铺文阁塔（钟文　摄）

安铺玉枢宫（钟文　摄）

传统民俗文化吉水飘色（戚照　摄）

安铺八音（谭小羽　摄）

高桩醒狮（戚照　摄）

良垌舞鹰雄（戚照　摄）

廉江市中小学学生田径运动会在廉江市第二中学举行（戚照　摄）

安铺镇赛龙舟盛况
（戚照　摄）

城南深水垌村委会举行"固本强基"春节农民体育运
动会（戚照　摄）

民间体育（黄志理　摄）

微信扫描二维码
您立即开展本书的
延伸阅读。

第七章　社会主义现代化建设新时期 / 205

借中国共产党成立100周年之际，《廉江市革命老区发展史》付梓面世了，这是全市人民精神文明建设的一件大事，可喜可贺！

编纂革命老区发展史，是中国老促会根据习近平总书记关于"要发扬红色资源优势，深入进行党史军史和优良传统教育，把红色基因一代代传下去"的指示精神，组织革命老区县编写的，对弘扬老区精神，促进老区建设发展，推动老区脱贫攻坚，全面建成小康社会有着重要意义。我们要下真功夫，花大气力，切实把编写革命老区发展史这件功在当今、利在千秋的大事做好做实，决不辜负革命先烈和广大老区人民的牺牲奉献和殷切期望。

廉江市委、市政府对编写革命老区发展史工作十分重视，成立了《廉江市革命老区发展史》编纂委员会，由市委、市政府主要领导任编委会正、副主任，有关部门主要领导任成员，下设编委会办公室，由市老促会主要领导任办公室主任，聘请机关有一定写作经验的退休老同志组成写作班子，有关部门通力协作。写作人员不辞劳苦地对浩如烟海的革命老区史料进行"史海钩沉"，挖掘整理；对中华人民共和国成立后革命老区发生翻天覆地变化的生动事例进行深入细致的调查研究，分析甄别，去粗取精，悉心写作，仅10个多月时间，就写出初稿，实属难能可贵。后经数易其稿，编纂成书，送至出版社编校出版。对同志们的辛勤付出,此谨致谢。

廉江人民是勤劳勇敢、充满智慧的人民,廉江人民革命斗争的历史源远流长。特别是在中国共产党成立后,在党的坚强领导下,无论是在战争年代开展波澜壮阔的人民战争中,还是在进行社会主义革命和建设的伟大事业中,都显现出一种不屈不挠、勇往直前的精神力量。廉江在广东南路地区属于较早成立党组织的县之一,1926年4月中旬,中共廉江县支部成立,从此,廉江人民有了正确的革命路线、指导思想和奋斗目标。廉江老区和老区人民就是廉江人民的标杆队伍,率先投入浴血奋战的革命洪流之中,为廉江的解放事业作出了极大的贡献;在建立人民政权以后,以及在社会主义建设时期,革命老区坚定执行党的政治路线,走在改革开放的前沿,起到模范带头作用。廉江堪称人杰地灵,各个历史时期都涌现出许许多多的优秀人物。早在1909年,有杨文声、李任杰等90多人加入孙中山先生领导的同盟会;还有陈自先、黄纪龙等先后组织武装反对袁世凯复辟帝制和军阀封建割据,他们匡扶正义、视死如归,殉难时做到"仰不负天,俯不愧地";大革命时期廉江先后有1400多人加入中国共产党,有3000多名青年加入新民主主义青年团。黄平民、黄孝畴、刘英智、刘尚德在1923年就是中共党员了,嗣后有关泽恩、江刺横、罗慕平、李鸿飞等人于1924年下半年发起成立廉江县学生联合会,接着廉江又先后建立农民协会、总工会、妇女解放协会等群众团体的革命组织。这些组织紧跟中国共产党如火如荼闹革命,其优秀代表人物的革命事迹、奋斗精神,更是可歌可泣,彪炳史册。中华人民共和国成立后,廉江人民更加意气风发,斗志昂扬,在建设社会主义的道路上,涌现出一批又一批劳动模范和先进工作者,他们的先进事迹,模范行为,可歌可颂,催人奋进。

该书把革命老区新老史料融为一体,客观真实地记述和反映了全市革命老区人民在党的坚强正确领导下，几十年浴血奋战的革命斗争史、艰苦奋斗的创新创业史、建设发展的辉煌成就史，具有鲜明的历史特点和时代特色。全书彰显了革命是灵魂、发展是主线、老区是特色、人民是主体的精神和风格。

"为有牺牲多壮志，敢教日月换新天。"无论是战争年代还是社会主义建设时期，老区和老区人民都为中国革命和建设事业付出了巨大牺牲，作出了极大贡献。革命老区的光辉历史和优良传统是我们宝贵的精神财富和丰厚的政治资源。不忘初心，牢记使命。我们要永远铭记，永远珍惜，从红色记忆中汲取力量，坚定不移地把中国特色社会主义伟大事业全面推向前进。

在中国特色社会主义新时代，我们要有新担当，新作为，坚持以习近平新时代中国特色社会主义思想为指导，全面贯彻执行党的十九大精神，在朝着决胜全面建成小康社会，实现中华民族伟大复兴的中国梦的道路上，继续拼搏，砥砺奋进。

《廉江市革命老区发展史》编纂委员会

2021年5月15日

　　廉江革命斗争历史悠久，源远流长。早在1909年，杨文声、李任杰等90多位廉江进步青年，就加入了孙中山先生领导的同盟会，为推翻封建帝制进行英勇的斗争。

　　1917年俄国十月革命的胜利、1919年中国五四运动的爆发，迅速推动了廉江知识青年的觉醒。

　　1921年7月，中国共产党成立，为廉江广大青年指明了革命斗争方向。1920年年初，在天津求学的廉江青年关锡斌，加入周恩来领导的进步团体觉悟社，同年下半年，又与徐特立、向警予、恽代英等同船赴法勤工俭学。与此同时，廉江有志青年黄平民加入了赴法勤工俭学的行列，并于1923年春在法国巴黎加入中国共产党，成为廉江籍第一位共产党员。同年，在广东高等师范学校就读的黄孝畴、刘英智、刘尚德在广州加入中国共产党。他们利用寒暑假期，回廉江开展宣传活动，传播共产主义思想。1924年后，以国共合作为基础的统一战线推动了大革命的开展。在大革命浪潮的影响下，廉江革命青年先后组织廉江县学生联合会和廉江县青年同志社等革命群众团体，为廉江农民运动和中共廉江地方组织的建立创造了有利条件。

　　1926年3月，中共南路特派员黄学增派遣共产党员周永杰来廉江开展农民运动和建党活动。同年4月中旬，中共廉江县支部和共青团廉江县支部成立，从此，廉江人民的革命斗争进入了一个崭新的时期。在县党支部领导下，县农协会、县工会、县妇女会等群众团体相继成立，革命运动蓬勃发展。到1927年4月初，全县建立党支部35个，党员350人；团支部22个，共青团员320人；120多个村庄建立农会80多个，会员8000多人；有工会会员380多人；有妇女会员30多人。廉江是广东南路地区建立党组织，开展革命活动最早的地区之一。

1927年，国民党发动"四一二"反革命政变，廉江县国民党当局公开镇压革命，捕杀共产党人和革命群众。中共廉江县支部根据中共南路特委的指示，于1927年7月30日在吉水梧村垌举行武装起义，进行了武装斗争的英勇尝试，对南路地区的革命斗争产生较大的影响。由于力量悬殊，起义仅坚持3天就失败了。此后，廉江的革命斗争一度转入低潮。

1927年11月，中共广东省委派省委巡视员杨石魂到南路，代表省委指导南路工作、改组各地党组织。1927年十一二月间，经中共广东省委批准，中共廉江县委在吉水燕山成立，书记梁安成，委员潘江、吴绍珍、梁文兴、梁安然、刘邦武、罗慕平。共青团廉江县委员会同时成立，书记罗慕平，委员刘汉东、李家祥。1928年春，黄平民受中共广东省委的派遣，回到南路从事革命工作。在黄平民的指导下，廉江的党组织得到迅速恢复和发展，革命力量不断壮大。至1928年4月下旬，全县党员发展到700多人，党支部80多个，一区还建立了区委。同年年底，党员发展到1400人。中共广东省委将廉江列为广东省农民运动的中心区域县之一。

1928年12月，中共南路特委被破坏，特委书记黄平民等十多位特委领导人被杀害。从此，中共廉江组织与上级党组织的联系中断，逐步停止了组织活动。

1931年9月18日，日军侵略中国东北三省，抗日战争开始。1937年七七卢沟桥事变发生，全民族的全面抗日战争爆发。1937年冬，中共广州外县工委派共产党员黄玄、梁静山到廉江开展抗日救亡与恢复党组织的活动。1938年6月，延安抗日军政大学毕业生陈哲平、洪劲夫等6人组成工作组来到廉江并成立党支部，重建廉江的党组织，开展抗日救亡工作。在党组织的领导下，廉江的抗日救亡运动风起云涌，轰轰烈烈。是年秋，成立了廉江县青年抗敌同志会，会员发展到1300多人。1939年7月建立中共廉江县中心支部，书记林敬文。1940年2月重建中共廉江县委，书记廖铎。1942年，廉江县党组织由党委制改为特派员制，县委书记余明炎改任为中共廉江县特派员。

1943年2月，日军侵占广州湾和雷州半岛，廉江东南和廉江西南地区成为抗日前线，武装抗日成为党的中心任务。1944年秋，廉城、安铺相继沦陷后，中共廉江县组织根据中共南路特委的指示，广泛组织秘密游击小组及公开的抗日联防队。1944年10月，组建了廉江抗日中队。1945年1月，中共廉江组织根据中共南路特委的指示，发动和组织县内各地抗日武装部队参加南路人民抗日武装起义，揭开了武装抗日崭新的一页。1945年5月，廉江抗日武装部队整编成立南路人民抗日解放军第三团，建立了新塘抗日联防区、大塘抗日联防区，与遂溪县西北抗日联防区连成一片。廉江成为广东南路地区主要的革命根据地。

1945年8月15日，日本宣布无条件投降，至此，中国人民抗日战争胜利结束。抗日胜利后，蒋介石集团为了抢夺抗战胜利果实，电令国民党第二方面军第四十六军三个师和第六十四军一个师进驻廉、化、吴等县及雷州半岛，并以"接收""剿匪"

为名，大肆掠夺南路人民，"清剿"抗日军民，革命形势急转直下。1946年四五月间，廉江党组织主要负责人莫怀、杨生、莫兴、陈任华、何琼等随东江纵队北撤山东。7月，黄明德调任中共廉江县特派员。黄明德到廉江后，积极组织廉江军民开展"反三征、反内战、反迫害"的自卫斗争。1947年2月，黄明德把分散在全县各地扩军的廉江独立大队各中队及各区部分武装集中到后塘仔村，整编成立粤桂边区人民解放军新编第三团（简称新三团），下辖5个连及1个手枪队，共400多人。同月，中共南路特派员吴有恒在大塘村将廉、化、吴、梅的人民武装组建为粤桂边区人民解放军新编第四团（简称新四团），有700多人。新三团、新四团成立后，向国民党反动据点发起进攻，迫使守敌仓皇逃跑。1947年4月，恢复党委制，中共廉江县工委成立。接着廉江县人民解放政府成立，各区乡人民政权也相继成立。同时，以党员为核心的农会、妇女会、同心会、吊耕会等群众组织也在各区分村成立。5月，粤桂边区人民解放军新编第七团成立，接着，全县10个区的地方武装整编为区队。1947年12月，中共廉江县工委改为中共廉江县委员会。1949年1月，国民党广东省政府主席兼广东保安司令宋子文发动"全面扫荡，重点进攻"的攻势，纠集兵力对粤北、南路、兴梅进行重点"清剿"，其时，国民党南路当局调集重兵，重点"清剿"廉江、遂溪。廉江县委领导全县军民，制订了切实可行的反"扫荡"计划，展开了全民性的反"扫荡"斗争。革命武装在战斗中得到不断发展壮大，迫使国民党军队龟缩在廉城、安铺、石岭等几个城镇。

1949年8月1日，经中国人民解放军总司令部批准，粤桂边纵队在廉江长山鲫鱼塘村成立，梁广为司令员兼政治委员，唐才猷为副司令员，温焯华为政治部主任，杨应彬为参谋长，辖8个支队，共2.5万多人。该部的成立有力地配合了南下解放军于1949年冬解放廉江全境。

在新民主主义革命时期，廉江人民为国家的独立和民族的解放，前仆后继进行了艰苦卓绝的斗争，他们用热血和身躯筑起了一座巍峨的丰碑。全县有成千上万的人投身革命洪流。为了革命事业，他们不怕艰苦困难，不怕流血牺牲，不惜献出自己宝贵的生命。中华人民共和国成立后，全县被追认为革命烈士的有686人，被评为革命老区的村庄有2022个。廉江各地的革命史迹与廉江的青山绿水交相辉映，社会经济蓬勃发展。

1949年11月1日，廉江县解放，标志着廉江开始进入新的历史发展时期。廉江解放初期，建立了人民政权，但国民党反动派的残余势力还没有彻底肃清，反革命及匪特活动猖獗，农村中农民与封建地主的矛盾还没有解决。为了巩固新生的人民政权，恢复和发展国民经济，改善人民生活，廉江县地方党组织带领全县人民开展清匪反霸、镇压反革命、支援解放海南岛、抗美援朝、土地改革以及"三反""五反"等运动。经过3年艰苦奋斗，廉江在政治、经济等方面都取得了很大的成绩，尤其是在农村中废除了地主阶级封建剥削的土地所有制，实行了农民的土地所有制，极大地调动了农民的生产积极性，根本上解放了农村生产力，为社会主义工业化的开展创造了条件。

1953年4月中旬，土地改革工作任务全部完成后，廉江县各级党组织认真贯彻执行党在过渡时期的总路线和国民经济建设第一个五年计划，对生产资料私有制实行了社会主义改造。首先，通过合作化道路，逐步把小农经济改造成为社会主义集体经济。其次，通过组织生产合作社和公私合营的途径，实现了对手工业的社会主义改造；通过国家资本主义方式，完成对工商业的社会主义改造。从此，廉江基本消灭了以生产资料私有制为基础的剥削制度，实现了从新民主主义社会到社会主义社会的转变，廉江全县开始进入全面建设社会主义时期。但是，1957年后，由于"左"倾的错误思想影响，廉江在实际工作中遭受了一些挫折，走了一段曲折的道路。1958年下半年，全县掀起大办人民公社化运动，10月全县实现了人民公社化，建立了7个人民公社。

1958年起，中共廉江县委贯彻执行社会主义建设总路线，领导全县人民修建了长青水库、武陵水库、江头水库和雷州青年运河，同时，造林绿化、消灭荒山荒地，为发展农业生产创造了有利条件。但是，运动中由于忽视了客观经济规律，使全县经济发展遭遇严重的困难。

1962年1月中央召开"七千人大会"，总结"大跃进"、人民公社化的经验教训。中共廉江县委根据中共中央"调整、巩固、充实、提高"的方针和中共广东省委的指示，采取有效措施，对国民经济进行全面调整，迅速扭转工农业生产连年下降的趋势，廉江县国民经济迅速恢复并逐步发展。此后，中共廉江县委连续三年继续对国民经济进行调整，把发展农业放在首位，正确处理工业和农业的关系，把工作重点转移到以发展农业为主的轨道上来，促进了工农业生产全面发展，全县人民生活水平有了较大的改善。

"文化大革命"时期，社会主义经济建设和文化事业遭受摧残。1976年10月，党中央一举粉碎了"四人帮"，结束了历时十年的"文化大革命"。粉碎"四人帮"后，党中央立即采取措施，稳定局势，整党整风，加强各级领导班子建设，开展真理标准问题的学习讨论，确保全党的思想认识始终和党中央保持一致。1978年8月，中共广东省委落实干部政策会议后，廉江县委成立落实政策办公室，全面落实干部政策，对各种错误思想倾向进行清理整顿，逐步恢复正常的生产、生活和工作秩序。

1978年12月党的十一届三中全会召开后，党的工作重心转移到社会主义现代化建设上来，开始全面的改革开放，廉江进入一个新的历史发展时期。1979年，联产承包责任制在革命老区雅塘镇、车板镇开始实行，随后在全县铺开，有力地促进了农业生产的迅速发展。1984年起，实施"两水一牧"（水果、水产和畜牧业）发展战略，使农业和农村经济进入新的发展阶段。进入20世纪90年代后，廉江充分发挥自然资源优势，大力发展"三高"（高产、高质、高效）农业，全县先后建成了大规模的红橙生产基地、大规模的淡水网箱养鱼基地，以及大规模的连片对虾养殖基地、北京鸭繁育养殖基地、三黄鸡养殖基地、香蕉种植基地、优质荔枝和龙眼种植基地、北运蔬菜种植基地、湿地松和速生丰产林种植基地等十大基地，使农业经济逐步实现了由传统农业向现代化农业转变，由产品农业向商品农业转变，由常规农业向开发农业转变，由平面农业向立体农业转变，由自产自销农业向出口创汇农业转变，农业、农村经济获得长足的发展。

1997年9月，党的十五大明确指出，非公有制经济是我国社会主义市场经济的重要组成部分，从而吹响了民营经济发展的号角。廉江市切实贯彻执行党的十五大精神，坚持以公有制经济为主体，多种所有制经济共同发展的基本经济制度，廉江市委、市政府制定《关于加快发展个体私营经济的决定》，促进民营经济快速健康发展。2004年，推进"一长廊两园区"建设，民营企业发展全面提速。2010年，全市有个体工商户23055户，私营企业1217家，其中投资500万元以上的私企154家，完成工业总产值186.98亿元，经济总量占全市的80%；个体私营企业上缴税费约6

亿元，税收占全市的70%以上，就业占全市80%以上。个体私营经济已是全市经济极其重要的组成部分。

在社会经济不断发展的基础上，市委、市政府深入贯彻中央、省委关于加强革命老区建设，促进区域协调发展的一系列决策部署，把革命老区建设摆上重要位置，实行政策、项目、资金"三倾斜"，着力解决革命老区出行难、读书难、饮水难、看病难、住房难"五难"问题，加快老区社会经济发展步伐，改善老区人民生活。

2012年，党的十八大后，我国进入社会主义现代化建设新时期。廉江市委、市政府认真贯彻执行党的十八大制定的路线、方针、政策，努力抓好扶贫攻坚，发展特色产业，发展新型经济，建设美丽镇村，全市社会经济得到全面发展。2018年，全市实现生产总值562亿元，比上年增长7%。其中，第一产业增加值109亿元，增长5.1%；第二产业增加值269亿元，增长9.1%；第三产业增加值184亿元，增长5.2%。财政总收入26.32亿元，增长1.3%。在全国县域经济竞争力400强中排第185位。

廉江市在大力发展社会经济中，荣获许多国家级和省部级荣誉。1990年，廉江县被国务院评为"全国粮食生产先进县"。1991年，廉江县被国家统计局评为"中国农村综合实力百强县"（排第78位）。1991年获"全国平原绿化先进单位"称号。1994年获全国农林牧渔业总产值、猪牛羊肉总产量、水果总产量、糖料总产量、水产品总产量和农业增加值6项百强县（市）称号。1995年2月，廉江市被农业部、人事部、国家科委、林业部、水利部、农业综合开发办评为"全国农业科技推广先进单位"。1995年3月，廉江市被首批百家中国特产之乡命名宣传组委会授予"中国红橙之乡"称号。1995年，廉江市被全国爱卫会授予

"全国卫生城市"称号。1996年3月，廉江市被全国绿化委员会授予"全国造林绿化百佳县（市）"称号。1998年7月，廉江市被中共广东省委、省政府、省军区授予"双拥模范市"称号。2001年，廉江市被中共中央宣传部和国家计生委授予"全国婚育新风进万家活动先进县（市、区）"称号。2001年5月，廉江市被省政府授予"南粤锦绣工程文化先进市"称号。2004年，廉江市被农业部授予"全国农业生态示范市"称号。2004年，廉江市被中国科协授予"全国科普示范市"称号。2006年4月10日，廉江市被中国轻工业联合会和中国家用电器协会授予"中国电饭锅之乡"称号。2009年，廉江市被农业部列入"全国水稻机育插秧机械化示范县（市）"。2011年12月22日，廉江市被广东省旅游强县评定委员会命名为"广东省旅游强县（市）"。2011年12月，廉江市被国务院评为"全国粮食生产先进单位"。2013年11月，廉江市被科技部评为"全国县（市）科技进步考核科技进步先进市"。2015年9月2日，廉江市被省人民政府授予"广东省教育强市"称号。2017年1月，廉江市被省精神文明建设委员会授予"广东省文明城市"称号。2017年6月，廉江市被中国轻工业联合会、中国家用电器协会授予"中国小家电产业基地"称号。2017年8月，廉江市被国家体育总局授予"2013—2016年度全国群众体育先进单位"。2018年，廉江市入选中国幸福百县榜，排第89位。

只争朝夕谋发展，不负韶华勇担当。全市人民坚持以习近平新时代中国特色社会主义思想为指导，拥抱新时代，展现新作为，不断提振信心和斗志，凝聚智慧和力量，奋力走好新时代的长征路，朝着全面建成社会主义现代化强国，实现中华民族伟大复兴的中国梦而努力奋斗！

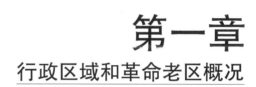

第一章
行政区域和革命老区概况

　　廉江市地处广东省西南部、雷州半岛北部、粤桂两省（区）交界处，是粤、桂、琼三省（区）交通要冲。自然资源丰富，经济作物种类繁多，一年四季百果飘香。

　　据1995年统计，全市辖乡镇23个、管理区373个、自然村3706个，总人口134万人，其中革命老区村庄2022个，人口72万人，占全市总人口的54%，占农业人口的75%。

第一节 行政区域概况

一、历史沿革

廉江历史悠久，钟灵毓秀。廉江置县于唐武德五年（622），时称石城县。唐天宝元年（742）以濂江河取名，石城县改名濂江县。北宋开宝五年（972）废濂江县，划入吴川县。南宋乾道三年（1167）析吴川西乡复置石城县。1914年，石城县改名廉江县。民国时期，曾属高雷善后管理处，以及广东省第七区、第八区、第十四区行政督察专员公署。1949年11月1日，廉江县解放后，县名沿用，属广东省南路专员公署。1950年9月至1978年9月，分别属高雷专区、粤西行政区、湛江专区、湛江地区行政专员公署。其间，曾于1959年1月21日，同遂溪、海康（南渡河以北部分）2县合并为雷北县，1960年11月5日改名雷州县；1961年3月30日，撤销雷州县，恢复原廉江、遂溪、海康3县建制。1983年9月，撤销湛江地区，实行市管县新体制，廉江县属湛江市管辖。1993年12月10日，廉江撤县设市，改称廉江市（县级），由湛江市代管。

二、地理位置

廉江是南国重镇，地理位置优越。廉江市地处广东省西南部、雷州半岛北部，北纬21°25′—21°55′，东经109°45′—

110°30′。东邻茂名市的化州市，南接遂溪县，东南分别与吴川市、湛江市坡头区相连，西南濒临北部湾，与越南隔海相望，西、北分别与广西壮族自治区的合浦、陆川、博白接壤。

廉江地处粤桂两省（区）交界处，是广东、广西、海南三省（区）的交通要冲，是西南地区从湛江港出海的必由之路，是内地出口商品跨江入海的前哨阵地，是海岸货运上岸的主要门户。廉江的地理位置得天独厚，自古以来便是南国重镇、两广名城，早就受到国内外投资界的极大关注。

廉江市地形南宽北窄，地势北高南低，从丘陵到台地呈阶梯状分布，并且延伸到海。市境东西相距79.5公里，南北相距60.2公里，海岸线长108公里，土地总面积2867平方公里。

北部山峦起伏，双峰嶂顶高海拔382米，为廉江市的最高点。毗邻有仙人嶂、鸡笠嶂、彭岸嶂、牛牯嶂、山祖嶂及三角岭、罗伞岭等数十座100—300余米的峰岭，重叠排列，构成一道天然屏障，对寒潮南下及台风侵入起了一定阻挡作用。九洲江从东北向西南斜贯市境流入北部湾，沿河两岸及其下游三角洲有较大的冲积平原分布，南部宽阔平坦。全市地形大致分为三类：南及西南濒海地带，属浅海沉积平原及九洲江冲积平原，地形比较平缓，一般海拔在55米以下，面积占全市土地面积的20%左右；东南部及中部属缓坡低丘陵地带，坡度在5度至15度之间，海拔在60—100米以内，无明显山峰，呈扁平起伏，面积占全市土地面积的50%左右；北及西北部为丘陵区，局部地区坡度较陡峻，一般坡度在15度至30度之间，海拔200米上下，局部地方超过300米，主要分布在长山、塘蓬、和寮等镇，面积占全市土地面积的30%左右。

三、区域概况

2017年，廉江市辖罗州、城北、城南3个街道和石城、新民、吉水、河唇、石角、良垌、横山、安铺、营仔、青平、车板、高桥、雅塘、石岭、石颈、塘蓬、长山、和寮18个镇。全市有村民委员会340个，居民委员会51个，自然村3835个。

廉江市境内还有黎明、红湖、晨光、红江、东升、长山6个农场（属湛江农垦集团管辖），有廉江、石岭2个林场（属雷州林业局管辖）。

2017年，廉江市总人口182.45万人，其中城镇人口46.98万人，占总人口的25.75%，乡村人口135.47万人，占总人口的74.25%，城镇化率30.37%。

市委、市政府对全市的工农业生产、对外经济贸易、基础设施建设、科技文化教育事业、社会环境治理、人民生活福利等实行全市一盘棋，全面兼顾，宏观调控，统筹治理。

四、自然资源

廉江自然资源丰富，种类繁多，物产丰饶，百果飘香。

（一）土地资源

全市地域总面积2867平方公里，其中耕地总面积124.65万亩，农业人口每人平均耕地0.94亩。主要分布在中部九洲江流域两岸冲积平原，东南部、西南部沿海沉积平原及低丘陵地带。宜林宜果山地155万亩，其中种果50多万亩（农田种果20多万亩），林木120多万亩。全市有浅海滩涂面积13.8万亩，主要分布在安铺、营仔、车板、高桥、良垌等镇，其中可供养殖面积6.89万亩，对沿海滩涂开发利用的主要方式是围垦和养殖。

（二）水资源

廉江水资源丰富，主要包括降雨、河流水、水库水和地下水等。

地表水　多年平均年降雨量1724毫米，年最大降雨量2539.7毫米（1985年），年最小降雨量1175.8毫米（1986年），年均径流量20.8亿立方米，平均每平方公里产水量73万立方米。廉江市年平均地表水供水5.2亿立方米，占多年平均径流量25%以上。还有过境客水16.8亿立方米。

地下水　廉江市西南临海，东北靠山，中部为丘陵地带，地下水资源分布不均匀。全市地下水蕴藏量10.6亿立方米，其中浅层地下水3.8亿立方米，中层地下水4.7亿立方米。全市年均利用地下水0.9亿立方米。地下水资源开发利用潜力巨大。

河　流　境内河流纵横交错，水源丰富。全市有大小河流342条，集雨面积2867平方公里，其中集雨面积在100平方公里以上的河流有10条。境内最大河流九洲江发源于广西陆川县大化顶，向西南流入石角，经河唇、吉水、石岭、横山、营仔、安铺流入北部湾，廉江境内长85公里（全长162公里），流域面积2137平方公里（总流域面积3113平方公里），集雨面积1392平方公里。此外，还有沙铲河、塘蓬河、武陵河、廉江河、良垌河、良田河、高桥河、名教河等，河水流量丰富，部分可用于灌溉农田。

水　库　中华人民共和国成立以来，廉江不断进行水利建设，至2017年，全市已建成蓄水工程2700多宗，其中大型水库2宗（鹤地、长青）、中型水库2宗（武陵、江头）、小型山塘水库2000多宗，总库容16.2亿立方米。鹤地水库位于市区东北部，距离市区12公里，库区集雨面积1495平方公里，水库控制流域面积1440平方公里，蓄水面积122.6平方公里，总库容11.88亿立方米，最大有效灌溉面积155万亩。长青水库库区位于廉江市西北部，水库由上库岭背下和下库仙人域水库组成，统称为长青水库。两库集雨面积231.5平方公里，总库容1.46亿立方米，有效灌溉面积15.5万亩。武陵水库库区位于武陵河上游，集雨面积135平方公里，总库容1.17亿立方米，有效灌溉面积9.5万亩。江头水库库区位于吉水镇江头村北面，库区集雨面积17平方公里，总库容1172万立方米，有效灌溉面积1.5万亩。

（三）矿产资源

廉江境内地层出露较全，岩浆活动频繁，褶皱、断裂构造发育，岩石受变质作用强烈，成矿条件较好，已发现矿产资源30多种。

非金属矿产　白云岩、石灰岩、花岗岩、高岭土、泥炭土，还有玄武石、石英石、玻璃沙、磷矿、黄铁矿、钾长石、滑石、透闪石、云母、水晶、河沙等。

有色金属矿产　金矿、银矿、锌矿、白钨矿，还有铁、锰、铅、铜、锡等矿产。

（四）动物资源

廉江境内动物资源非常丰富，陆地、海洋动物种类繁多。

1. 野生动物

兽类有黄鼠狼、獭猫、黄猄、蝙蝠、獐、狐狸、山猪、山猫、野兔、松鼠、果子狸、穿山甲等。

鸟类有乌鸦、麻雀、喜鹊、白鹤、黄鹤、燕子、鹧鸪、杜鹃、翠鸟、水鸭、斑鸠等30多种。

蛇虫类有蝴蝶、蜻蜓、螳螂、蜗牛、蜈蚣、黄蜂、眼镜蛇、金环蛇、银环蛇、南蛇等40多种。

河产鱼类有斑鱼、鲫鱼、塘鲺、泥鳅、七星鱼、鳗鱼、黄鳝、白鳝等20多种。

海产鱼类有马鲛鱼、鲳鱼、鳓鱼（曹白）、黄鱼、马友鱼、石斑鱼等30多种。

海产虾类有鹰爪虾（硬壳虾）、刀额仿对虾（九虾）、宽沟对虾（蓝尾虾）、长毛对虾、龙虾、赤须虾等十多种。

海产蟹类有锯缘青蟹（黄蟹）、三疣梭子蟹（花蟹）、红星梭子蟹（三点蟹）、虎头蟹、蟛蜞等。

海产贝类有泥蚶、文蛤、缢蛏、牡蛎等。

海产软体动物有乌贼（墨鱼）、鱿鱼、长蛸（石拒）、海蜇（水母）、沙虫、泥虫、沙螺等。

海洋保护动物有儒艮、中国鲎、圆尾鲎等。

2．饲养动物

畜类主要有水牛、黄牛、山羊、猪、兔、猫、狗等。

禽类主要有鸡、火鸡、鹅、鸭、鸽、鹌鹑、鹧鸪等。

鱼虾类主要有鲤鱼、鳊鱼、鲩鱼、鳙鱼、罗非鱼、鲈鱼、墨吉对虾（大虾）、日本对虾（竹节虾）、斑节对虾（花虾）、刀额新对虾（坭虾）、近缘新对虾（白虾仔）等。

虫类主要有蚕、蜜蜂、土鳖、蜈蚣等。

（五）植物资源粮油类

有粘稻、糯稻、芋头、木薯、粟类、高粱、玉米、大豆、黄豆、黑豆、红豆、绿豆、眉豆等30多种。

蔬菜类　有黄芽白、火筒菜、白菜、菜心、椰菜、芥菜、萝卜、胡萝卜、荷兰豆、豆角、青刀豆、生葱、大蒜、韭菜等50多种。

果　类　有橙（红橙、化州橙）、柑（潮州柑、本地柑）、柠檬、沙田柚、荔枝（白蜡、黑叶、淮枝、三月红、火山红、妃子笑、鸡咀荔、桂味、糯米糍等）、龙眼（大乌圆、广眼、石硖、储良）、芒果（秋芒、印度芒、串芒、绿皮芒、泰国芒、香芒、粤西一号芒）、木菠萝、地菠萝、黄皮果、杨桃、杨梅、番石榴、大蕉等60多种。

花卉类 有红茄、少棠花、大红花、南岭贡檀、月桂、大丽花、缅茄、红犁、山茶花、茶花、桂花、贺青梅、玫瑰、白花杜鹃、紫花杜鹃、红花杜鹃、黄花杜鹃、印度杜鹃、蝴蝶花、芍药等50多种。

（六）旅游资源

廉江地貌独特，景观颇多，山、海、湖、丘陵、平原等兼备，旅游资源丰富，既有历史形成的自然景观"石城八景"——建山叠嶂、崎岭重关、双溪拖练、三合温泉、文峰耸翠、石室堆琼、龙湖古州、松明石井；又有后来产生的"廉江八景"——三台远眺、公园春晖、石角彩虹、双峰松涛、长青橙红、鹤湖烟雨、九洲琴韵、营龙横波；还有近年来涌现的"廉江新八景"——鹤地晴波、塘山龙吟、红树绿韵、谢鞋野荔、龙飞古寺、双峰藏幽、长青鸣翠、九洲丽影。

生态旅游是廉江旅游资源的主体，自然生态旅游资源主要有高桥红树林生态旅游区，"人造海"——鹤地水库（集供水、发电、渔业、运输、旅游度假于一体）、谢鞋山自然资源保护区、双峰嶂、龙飞嶂自然风景区、三合温泉以及塘山岭生态公园、河唇杨桃沟等。

现代农业生态旅游资源丰富，有著名的岭南佳果——廉江红橙及荔枝、龙眼、红杨桃等，已形成青平红橙、横山尖椒、河唇花卉、河唇红杨桃、良垌和吉水荔枝龙眼、长山茗皇茶、龙营围万亩虾塘、良垌广海鸡等一批现代农业生产基地。

革命老区概况

一、评划革命老区镇村的情况

廉江市（县）评划革命老区镇村是根据国务院批准的民政部、财政部民发〔1979〕30号、〔1979〕财税85号文件规定，老区乡镇的确定标准按照1979年国务院批准民政部、财政部关于划定老区公社的标准执行。

（一）1958年评划革命老区镇村情况

1958年，经省人民政府批准，全县革命根据地和革命游击区村庄共有213个，16581户，96119人，其中属于革命根据地村庄的有68个。在评划革命老区工作的同时，又评定革命堡垒户66户。革命老区村庄分布于全县13个公社和1个农场（红江农场）。新民公社（今新民镇）属于革命根据地公社。

（二）1990年评划革命老区镇村情况

1990年3月14日，经湛江市人民政府批复，同意补划红色根据地村庄9个：石城镇角湖垌村、东莲塘村、春花墩村、五里村，吉水镇屋场角村、西莲塘村、梧村垌村、燕山村，新民镇大垌村。补划抗日根据地村庄242个。

1991年，补划红江农场属下的白马垌村、大岭村为抗日根据地村庄。

（三）1993年评划革命老区镇村情况

1993年，廉江县组织各片老同志及"五老"（老地下党员、老游击队员、老交通员、老接头户、老苏区乡干部）进行评定，同意评划1607个村庄为解放战争游击根据地村庄。

（四）1994年评划革命老区乡镇情况

1994年，全市有16个镇经省民政厅批准为革命老区镇（老区村庄、人口超过全镇村庄、人口半数以上的镇），1个农场为革命老区农场。分别是：新民镇、良垌镇、平坦镇、横山镇、河堤镇、青平镇、龙湾镇、石岭镇、雅塘镇、石颈镇、吉水镇、和寮镇、石角镇、长山镇、石城镇、车板镇和红湖农场。

全市现有革命老区村庄（包括第一、第二次国内革命战争，抗日战争和解放战争时期的革命老区村庄）2022个，其中大革命时期红色根据地村庄9个，抗日战争时期老区村庄406个，解放战争时期老区村庄1607个，分布在全市17个镇，5个农场；其中石城镇197个，新民镇112个，吉水镇91个，河唇镇63个，和寮镇67个，石角镇117个，良垌镇231个，安铺镇104个，横山镇142个，营仔镇76个，青平镇203个，车板镇19个，雅塘镇86个，石岭镇215个，石颈镇61个，塘蓬镇62个，长山镇136个，红江农场14个，晨光农场2个，黎明农场7个，东升农场6个，红湖农场13个。

二、革命老区镇村名录

根据1995年统计，全市辖23个乡镇，373个管理区，3706个自然村，总人口134万人。全市有革命老区村庄2022个，人口72万人，分别占全市村庄和人口数的54.56%和53.76%，分布于21个乡镇，289个管理区，5个农场。

石城镇

大革命时期、土地革命战争时期：角湖峒、春花墩、五里、东莲塘。

抗日战争时期：大塘、古城、塘尾、方埇、坑仔、肖大坑、新枝坑、东边岭、陈大坑、塘仔尾、上龙友、三叉、关峒、中陂、沙井、酒房、打银、低山、埇街、托盘岭、山心、江瓦黄、西村、柯木山、山头、秧地坡（山头村委辖）、油行、樟木头、六底、田寮、长岭坡、蝴蝶岭、木琢、石板、大埇、新村（新联村委辖）。

解放战争时期：牛比岭、竹山、低坡、边河、秧地坡（东莲塘村委辖）、童屋地、塘背、鸡头岭、黄涩埇、邹涩埇、竹根园、中涩埇、马旺塘、高坡、坡头、旺坭、新屋（山头村委辖）、高田、坡咀、木山东、牛屋江、金枝岭、九二窝、下龙友、葛麻山、桃子山、沙牛岭、丹竹坡、陈塘、白沙埇、罗笛埇、上山车、枫木根、略底、万宁、泉村、督飞山、塘尾、中间峒、木拱桥、牛角塘、大江边、小江边、山仔顶、边塘园、长腰坡、邓屋、龙祖尾、后背山、下塘制、上塘制、黄泥坑、沙路岭、长岭、水督岭、高桥（荔枝坑村委辖）、深坑、樟村仔、石头岭、郭仔、仁山仔、园山、东头园、高桥仔、大岭（石头岭村委辖）、书房屋、公山、田头山、牛栀山、梧桐根、洪塘、关草塘、横坑仔、合水、长岭咀、坑仔尾、大山、竹园、村仔、培贤村仔、射马仔、塘尾、黄桐根、铜罗埇、木脚山、军屯、泥桥、碑头仔、马蹄塘、长山岭、园岭仔、低江、高岭头、长岭、上南坑、下南坑、书房仔、车平仔、十字路、沙坡、塘贡岭、南便、黄茅根、大岭（铜锣埇村委辖）、大山岭仔、谢下、高山岭、棠梢、禄寿（谢下村委辖）、下山车、平峒、上那顶、下那顶、杨桃岭、大碑、大坡（茶山村委辖）、北埇、荔枝墩、坡梅岭、荔枝塘、平坡仔、大宦、高街、头铺、五里、园岭仔、大塘、高田、日林坡仔、陈胜、枫木林、鹿耳墩、鱼埠岭、中间垌、坡笪、铺仔园、上县、麻熟、流江、青建岭、大园坡、飞鼠田、扶岭、万屋、三胎岭、马栏山、大石㘵、三角塘、高垌、龙角㘵、田背、流沙㘵、响水窝（茶源）、鸡㘵、鉴㘵、大塘㘵、三角坡。

新民镇

大革命时期、土地革命战争时期：大垌。

抗日战争时期：新塘、江龙、后村山、后田、高街、涩㘵挖、村仔、族山、上坡仔、李屋岭、木根山、西岭、岭屋、大路边、伍屋、杨柳仔、谷地坡、渡头、许村仔、红坎岭、载坡、巷仔、棉花园、义路塘、弹琴坡、下山、文正、朗塘、村仔（朗塘村委辖）、岭头、沙坡、东风（原泥鳅村）、塘底、平塘、白湖岭、长山塘、油桁、石九岭、南边塘、羊角岭、龙村仔、李村仔、龙村、丹樟、新塘仔、三叉湾（原三义村）、九坡、田界、外村、旧屋、墩仔、合同山、后背地、马蹄塘、大路坡、三角山、新村仔、石坛、瓦窑坑、赤邻山、山背、暗江仔、茅屋仔、蛇地、边河、鸡笼塘、大㘵、大胡岭、大岭（鸡笼塘村委辖）、油麻地、油甘坡、黄竹岭、狗咬铺、黄竹垌、山头岭、菜垌、桥头、大㝫、葛麻山（三甲村委辖）。

解放战争时期：老鸦塘、书房仔、山涧、蔡村、甘水塘、独木、金村、鸭仔窝、北㘵仔、油麻岭、荔枝根、栏塘、山竹贡、白石岭、塘坐头、三甲、老圩、上下七甲、跳过进、鸭嫲薮、丰九百、黄村仔、牛其洋、雍塘、丹竹塘、大坐塘、河仔、二甲、横岭、高岭、牛栏塘、鸭史贡。

吉水镇

大革命时期、土地革命战争时期：梧村垌、燕山、西莲塘、屋场角。

抗日战争时期：大岭脚、乌泥坝、下坝、新坡、河仔边、踏窖、船埠、低山仔、低山、十明塘、白石、梁屋地、合山口。

解放战争时期：横岭、白石脚、向阳、新村（上坝村委辖）、上峒壁、龙仔窝、白石坝、上坝、黎壁塘、磨刀水、蒙山、寨地督、大坡仔、三文坡、粟峒、山峒坡、竹根山、耀角、坡利、大窝、乌坭坝、上村仔、大金坡、小旺峒、上坝仔、东车尾、墩仔、下塘、旧村、良村、山艮、六充口、路册、荔枝颈、黄塘、秀坡、黄泗岭、禾高湾、火烧岭、大番坡、良龙山、鱼龙岭、祖先墩、田心仔、上中、下中、石罗水、东叶埇、丰埌、长坡、佛头埇、埌仔、三角坡、竹山、塘村、秧地坡、坡尾顶、禾仓角、石龙颈、高山下、黄塘根、坡仔、岭尾、那良坡、岭咀、新村（南和村委辖）、根竹塘、丰木埌、南门塘、对门、大榄根、高岭、那彭、大峒。

河唇镇

抗日战争时期：莲塘口、塘背园、窝仔、灯南、下低角、竹头角、墩巷、凤居窝、新龙、乌石下、花岭平、姜家峒、坡塘、坡脊、仙人石。

解放战争时期：苏茅角、上清水江、黄土岭、长江岭、龙苏坝、枣子埇、马安岭、黄坭埌、东村、水潮塘、低埌、彭门、猪箍塘、下山排、塘仔表、南坦、茶根峒、木七峒、良塘尾、石仔塘、山脚、赤竹坑、石板埇、风梢、上村尾、白水塘、白鹤角、嶂下（山祖村委辖）、上山祖、下山祖、三家瑶、茅坡、田背坡、车脚、书房地、黄竹角、土地山、黄泥田、牛栀坡、洪岭、卷头坝、良王峒、屋地尾、白藤、长峒、嶂下（白藤村委辖）、园峒仔、帽仔山。

和寮镇

抗日战角时期：板桥。

解放战争时期：塘拱、龙塘、蒙埇、三下、高佳、盛大塘、三江、二江、登山坡、柯树塘、木威塘、西埇、老屋地（西埇村委辖）、园水田、三江二、西埇尾、青坝、旱埇、榄排、荔枝根、良塘、塘背（含枫排）、羊头埇、苏茅坳、蕉林、大埇、符竹山、安乐瑶、瑶口、三江碑、根竹、大窝、埇尾、田螺塘、古隆垌、山尾、长岗岭、长径、龙颈、那伦、老木埇、高屋场、横江坡、福九田、大岭、白牛埇、河背、上由、塘肚、长岭、新屋（长岭村委辖）、彭简、君山、荷木埇、下由、竹坳、老平斜、均田、沙田垌、庆斗垌、石头窝、九威、苏茅坪、马古岭、长吉埇、广朗塘。

石角镇

抗日战争时期：园山、新屋（环下村委辖）、环下、山腰、大塘排、下村、上村坡、苏茅垌、赤子口、下坡、田头、棉地、竹园、荔枝园、坳下、山合、沙罗埇、丹兜、南木水、鸭利塘、中间。

解放战争时期：陆子塘、榄树下、甘塘背、车头埇、北京塘、石岩、而古、田寮（山腰村委辖）、山塘尾、玉石咀、长洞、大人塘、竹山、老虎洞、伏塘、山角、马路岭、大田、丰田垠、园子径、油麻坡、新开田、丰旺垌、温村角、垌福下、高段子、油麻垌、何八塘、鹤子塘、坑尾头、乌丘垌、新安坡、林坡、何木根、大路排、鸡子社（丰满村委辖）、马子塘、良岸、和平岭、上垌、而村、太平、排口尾、肖屋、塘背、石子垠、樟木根、大岭垠、江吉岭、岭顶、大窝坦、大岭、塘尾、双巴石、坝下、塘背岭、岭子头、理麻塘、彭村、上坝、白坟脚、坳子背、陆轴、塘尾、上村、增屋场、落业埇、吊天竹、下碧、排子、鹤薮、番罗、坡子、宝尧塘、潘罗坡、狮子头、佛子岭、斋社、野鸭塘、高垌、大坝、鸭幽涌、石涌、茅夹山、细塘、涩塘、勒垌、三合仔、园山、温汤、下陂万、黄树岭、大埚口、湖背、竹寨、陆岸。

良垌镇（含2004年6月并入的平坦镇、新华镇）

抗日战争时期：鹤山、华木咀、古涌、白沙、土地涌、包山、大函、白沙路、朱屋、新村（丰背村委辖）、丰背、白泥、旧屋、会垌、那角、新地、和济田、东桥、白鸽港、东涌、南贵墩、北贵墩、沙帽塘、白石垌、蒲苏、五稔根、新屋（苑瑶村委辖）、东头山、河潭、新塘仔、六背、江口、大坡福、上角垌、中塘、秀干垌、大朗表、沙田仔、教华堂、茅垌、山寮（中塘村委辖）、湍流、佳龙、茅岭、塘心。

解放战争时期：东木涌、水口江、石全、石塘、住龙涌、大光坡、勒竹车、秧脚地、坡头、坎岭、蒲江、平园、塘溪岭、木西、飘竹、新塘、上黎、大岭、杨梅根、新村（黎屋村委辖）、华球、王母山、横涌、石塘、松屏、下垌、沙产、马良、黄胜垌、三大汉、寮晒、米鹤、蟹地、石头塘、横槎、回江、三角塘、黄泥涌、后背涌、角塘、大潮、那丁、马安山、平山、平朗、黄茅、独田、江边、大垌、山心、莲塘仔、水抱、沙田头、里头涌、火炭垌、北涌、涩垌口、榄根、山腰（蒲苏村委辖）、瓜田坑、里山、樟木垌、曲秧地、塞九涌、禾济涌、苑瑶、上大路塘、平田仔、东胜、鹤岭、杨下塘、山溪涌、新村、下大路塘、周文塘、陈下塘、丰田尾、莳竹、神山、樟木涌、坡禾地、高山、猪肚垌、高岭、垌尾、官学堂、山塘尾、中岭、上井、马尾垌、白塘、良干涌、蓝涌、屋头涌、许村、九坡咀、沙田坡、张信塘、高车河、黎壁塘（白塘村委辖）、珠沙塘、大眼山、油甘根、荷木坑、屋干涌、铺仔坡、山心、米贯、荔枝塘、宾坎

仔、东山坡、宾坎、平坡（山心村委辖）、上三合、下三合、平
田、六田表、黄岭、平坡（平田村委辖）、香木径、木威林、大
水、湖南、坡尾、里塘仔、担水窝、山哗、象吉、茅平、山鸡
埇、高街、上洋、下洋、埇尾、上村、下村、边河、麻垒、龙头
骨、牛路坡、山园、田头屋、克山、马蹄埇、洪田仔、麻灶、菁
恙仔、秀干山、中间、红路、岐山、大埇、大路坡、大朗仔、新
庆、渡头、大广碑、下山、严村、翁关塘仔、茶山、王竹坑、
埇田、黄关塘仔、碑屋、禄寿、牛角坑、东村、船地、光岭、
碗窑坑、下垌、菁羔（象路村委辖）、后塘、枕山、象路、新
良、水口、禾仓、石盘仔、芦塘、龙塘、洪村、旺地、祝济
山、板桥。

安铺镇（含1997年5月并入的河堤镇）

抗日战争时期：夏插、下潮、老卜、务水港、后垌、祥塘、
水入围、老村（老村仔村并入）、五龙、剃头刀、坡仔、山口
岭、后塘、上垌坡、下村（博教村委辖）、龙沟、下三墩、谭
蓬、下岭、𠝹猪、上三墩、面前坡、烟楼仔、大烟楼、老马、马
新、打铁贡、尖仔、三角田、木水、水沟头、红灯、茂桂路、大
尾埇、秀九、白沙塘、龙潭仔、下湾。

解放战争时期：水流、罗屋、烟楼塘、谷仓、上珠盘海、中
珠盘海、下珠盘海、新兴、木水仔、牛尾下、上岭仔、汤村仔、
新沟、湾尾、头湾、横坡、上旦、文瑞、马拉、里屋湾、中间、
对面、下村（洪坡村委辖）、洪坡、老莫、刘村、大坡、均隆、
蛤岭、文尚、横沟仔、枫树角、赤里山、紧水仔、茅坡、北坡
仔、网楼、田头仔、久受埇、黄盘、白水塘、牛皮塘、鱼鳞塘、
陈村、北坑、鹤塘仔、庞界、何村、扫把塘、新村场（鹤塘村
委辖）、新村仔（鹤塘村委辖）、东相塘、蔡村仔、鹤塘、欧家
塘、包子、白牛塘、西坡、鹤塘仔、塘尾、欧家、河插、合河、

虾塘坡、担蚬港、革命。

横山镇

抗日战争时期：上林山、老符、老林仔、长福仔、南沙湾、麦村仔、灯仔塘、黄莲塘、鸭薮、大岭、排沟、排塘、后塘仔、老花、新村(排岭村委辖)、铺洋仔、青水、上廖、乌塘、下溪仔、船渡、葛麻岭、厚福、铺洋、老陆、二公塘、龙口塘、谭关塘、柴头塘、大湾、中南、买猫、水蛇泊、牛栏㘭、七星岭、平洋仔、打破罩、元岭、黎村仔、边塘、姚村、杨武塘、两头透、谭福、乌绿塘、边山、外坡、合埇、下坡、上良、下良、福建塘、芳流墩、柯村、打磨、割草塘、柯村山、牛观水、孔西、三江。

解放战争时期：打铁、草塘、下塘、乾管、和利水、老吉、上村仔、龙山仔、子有、老凌、油芳塘、老王、苏干山、水翁塘、黄连塘、东头岭、油行屋、坑龙、李曲塘、泥墩塘、三角塘、甲竹塘、糖寮（曲塘村委辖）、洋官塘、曲塘村仔、蔡屋泊、中间坑、摩岭、木栏、关塘仔、关草棚、黑泥塘、蔗绞、水车、绉纱仔、峥角溪、高平、后溪、尖角、横埇、央村、陈村山、下割草塘、东岭仔、黄盘山、新村仔（西山村委辖）、宗塘、西山、糖寮（西山村委辖）、上盐关、中盐关、下盐关、大家朗、上番水车、下番水车、下溪仔、边坑、新村仔（盐关村委辖）、秤沟仔、马蹄塘、蒲草塘、七块仔、狗尾坡、石岩塘、田坡、横垌上、横垌下、横垌仔、溪墩、卜岭、福村、埇垢、内村、竹园、上坡仔、沙泥园、鸭菜岭、曲栀岭、新埠、西边岭、樟村、长山。

营仔镇

抗日战争时期：杨梅、南垌、三角垌、油行、竹仔山、石仔岭、马埇仔、新屋（竹墩村委辖）、后塘、竹墩、盐田、南山条、三口塘、三行坡、黄竹根、石马头、深田、九龙、鱼龙埠、龙爪树、犁头沙、天助墩、十块田、仁灶墩。

解放战争时期：覃村、坡仔塘、长坡、沙仔头、罗村、山塘、面前岭、白鹤垌、老里塘、包墩、独山、两桥围、豆圩、中宫仔、龙口井、缸瓦窑、太平围、锅耳围、欧家围、波罗埠、铁路山、碑环、东塘灶、田垌仔、屋背（下洋村委辖）、毫墩、里头山、中塘仔、华洋围、上塘仔、下塘仔、低墩、岭仔、光坡、屋背（白沙村委辖）、白沙坡、稔仔田、西洋垌、沙岗、新围仔、云峡、石仔墩、新围峡、南一坡、大新围、基围头、爻吉王、北槎围、深山龙、陂头（多浪坡村委辖）、牛栏山、油柑埇。

青平镇

抗日战争时期：金屋地、那立仔、涩埇仔、早禾垌、凰屋地、石牛督、电白、南蛇江、新村仔（金屋地村委辖）、牛牯岭、红坎、飘竹、长山仔、山边、香山、堡下、瓦窑塘、水头田、君子塘、斑鸠林、天窝坝、龙潭角、木高山。

解放战争时期：石牛埇、瓦窑埇、肥牛、瓦窑角、水井垌、石仔下、龙善督、那赛陂、新屋场（飘竹村委辖）、过路陂、大坝、到角、下垌、樟木根、乌石、牛角湾、荔枝山、沙田仔、水铲埇、庞龙湖、新村（新开路村委辖）、高楼岭、饭笪塘、大塘尾、大路排、龙潭坑、菠萝树、芋地埇、龙潭仔、黄泥塘、邹榕树、罗庚圈、凉水井、南塘、大香山、何榕树、新村（香山村委辖）、梅蓈田、玛瑙窝、山合、陈榕树、大竹山、坡横、英银垌、竹山仔、窝铺、塘排岭、西埇（窝铺村委辖）、甘墩、红荸、大塘肚、大棉树、大路边、上埇、蛇岭、完垌、榄树角、老洋坑、黄桐树、六山塘、下毛果山、麻地下、冷水埇、龙颈、大岭脚、矮岭仔、大窝、坦岭、绿竹山、银兰江、竹山、上毛果山、下黄蟛埇、黄竹塘、簕古塘、芋地角、上尖岭、白沙坑、新塘排、石灵、龙岩、井山、低江、庙铺、细埇、白坟坝、麻老塘、石灵下低、白路岭、黄鳝埇、屋背埇、石坑尾、上石圭坡、下石圭坡、南便埇、蜻蜓地、水仔、大窝尾、鸡心岭、高山仔、沙陂岭、新屋（大路湾村委辖）、关律吕石、长青、林律吕石、黄坝、屋场、光岭、白马岭、大石古、瓦窑角（六旺村委辖）、西埇（六旺村委辖）、符村、木龙、三甲塘、下湖、塘背、陂尾、仓下、六旺、大鱼田、夹埇、灵山坡、山背、杨桃角、新屋（横坑村委辖）、樟树头、坡禾地、那榕、大窝口、那榕尾、公山、大陂头、白坭田、青山、中垌、大窝（青山村委辖）、沙牛湖、后埇仔、荣达埇、桥头、后背垌、牛屎塘、上埇、洗米江、下底角、乌牛垌、马路、石陂、新屋（上埇村委辖）、乌鸦斗、杨桃根（上埇村委辖）、北埇尾、光埇仔、龙狗坳、水撞坳、石陂仔、大马岭、油麻夹、那毛垌、枫树角、屋背埇、枫木浪、山仔垌、来福田、瓦窑埇（花平水村委辖）、屋背垌、白银坡、花平水、双网根、园墩、黄垌根、罂煲埇、路仔下、咸义林、榄树下、黄竹江、鲫鱼湖、涯埇、大田坝。

车板镇

抗日战争时期：涯田仔。

解放战争时期：西坡、樟木湾、铁凌垌、大贵庙、珠江、荔枝江、山夹仔、红坎仔、下南衙、上南衙、上龙塘仔、鸡冠山、芋地坡、咸水港、下庞江、南垌、上庞江、山猪窝。

雅塘镇

抗日战争时期：瓦窑尾、太平坝、陀村、大坝、中渡。

解放战争时期：下墩、石桥、山下、黄头埇、大窝、光岭、松树下、下坝督、墩湖、大岭咀、大坡、西牛埇、罗仔、细坝、龙颈仔、三条木、官塘下、塘甫、曲塘仔、涯山、龙颈、黄泥塘、新阳、东瓜坝、雅塘、龙眼根、高山下、新塘仔、山塘仔、红坎、班鱼塘、铙钹岭、马山、长山岭、蜂子塘、樟木垌、新屋场（高山下村委辖）、椒头坑、桃园、书房角、瑶前、打砖塘、良仔下、狗头塘、耙塘、大车坝、湾角、江东车、珠美埇、涩塘仔、坜背、江东、山仔尾、红坡、坡仔、松园角、中间垌、大埇、沙坡、糯仔埇、东街山、井头岭、后教、石头墩、大树岭、乌泥田、旧村（东街山村委辖）、文桂坑、环堵、牛路岭、石头潭、北京塘、新碑、旧福地、大人岭、连塘、律吕石、新塘尾、下坡、而基角、大岭。

石岭镇（含2004年6月并入的龙湾镇）

抗日战争时期：坡头、村尾、蓬山、面前坡、明窝、木根塘、稔仔坡、符屋、山仔、中山、方屋、曲塘、上坡仔、乌石尾、塘肚、山口、大村、秋风江、肥糯田、松仔山、葛麻坝、舟头埠、合江、鹿猛埇。

解放战争时期：乐安塘、南京岭、中路头、平坡、丁村山、扫杆塘、罗垌、红卫、大垌、大碑口、寻村、垌蒙埇、粟埇、石头塘、符新、平坡垌、何仔边、马踏石、老黄、东边坡、虾塘、花石、边塘、六格塘、新屋仔、车碑头、莲花塘、老村、黄屋、龙头山、新车、周村、新车仔、上垌、青草岭、坎底、三角坡、许村、王村、湖新、黄窖、凌村、木岭、前塘、三脚墩、鸭菜塘、牛轭岭、后塘、油麻坡、下村仔、上村、桥头督、长墩、中华、田螺塘、牛栏坡、加修塘、涩泥塘、红星、天光村、山口角、车田坝、坝仔、白鸽湖、独德尾、车田、李客窝、车路下、合利塘、黄毛岭、风寨、石头坡、碑头、龙叫塘、新村仔、那盘垌、旱塘、田埇尾、下村垌、六明、塘甲、鹤垌、簕古斜、陂波、马安岭、龙塘、龙塘墩、叶山、上坝、井东、新坝、大坡、林桥头、下坑、新屋（塘甲村委辖）、山埇口、孟等、下埇、山营、下那丁、新班、坡咀、大湖唇、盘龙塘、青塘、黄塘、涌仔、新屋（盘龙塘村委辖）、新村（盘龙塘村委辖）、赶蛇涌、水流埇、水涧塘、新建、红江、翻车岭、大窝垌、樟树岭、七星墩、石墩下、新村（樟树岭村委辖）、龙飞、秧脚坡、碑尾、新田、坝仔、瓦窑角、文河、思义垌、茶碑、新富、长钗、外村、嶂背、果合岭、凉伞树下、过颈、塘雷、上那福、下那福、高岭排、下坝、上瑶仔、下瑶仔、青塘尾、符竹头、大岭、下水尾、白莲垌、石坑、李村、排仔、垌心、轩村、塘甫山、枫树角、竹山背、革命塘、香园下、上村仔、长窝督、石滩、白排、文罗、骆塘、下高村、牛路口、毛车田、上车坝、碑捌、大角、坡塘头、岭颈、下墩梅、西牛岭、黄茅垌、马安岭、牛栏山、石灰窑、探塘、黄吉埇、火烧岭、禾斜角、莲塘边、苏茅角、涩仔、石板塘、大岭、白藤山、茅挟塘、坡心仔、纸耀塘。

石颈镇

抗日战争时期：叶烟塘、廖烟塘、鹤田、那角、新屋（新屋管理区）、葛麻坝、东埇、那庇、香岭。

解放战争时期：大窝、那窝山墩、苏茅岭、禾廉江、岭咀、柑树下、黄头、园岭、鸭嫲塘、仙水塘、平山、山营、蒙村、斜仔、历埇、揭屋、历洋、水背、车田、尖山、河背、锅厂、老角地、石仔岭、榕树岗、五丘、学树坝、回龙、蒲塘、仁义塘、白云前、园山下、扬名水、赤竹山、山背、塘寮、鹿根垌、三石、中间、塘排、新村（鹿根垌）、沙田、马鞍山、平城、那利、婆田、三张塘、河背、大平山、岭背垌、河浪、石坑。

塘蓬镇

抗日战争时期：老屋地（老屋村委辖）。

解放战争时期：樟山、牛塘、秧地下、六盘、上涩、桥头、社山、香蒲埇、和顺垌、那特、彭岸、牛过路、六深、六社、长沙峒、六磊、那榔、涩埇、坡地、新塘坪、长田、旱角、石角、低江、上环、下环、斜背、白坟坝、吉水坝、蚊水、白坟坡、牛脚树下、前村尾、那六、教马峒、黄龙塘、牛姆湖、东木径、岭尾、安和、潭村、上眉峒、照山、鹿洛、丁塘、莱树塘、中心江、丰田埇、碑唇下、屋场下、下江、黄峒、山心、新屋（黄教村委辖）、亚斗、石岭、高岭下、上山、大涩、中间坡、瑶下。

长山镇

抗日战争时期：塘尾。

解放战争时期：瓦瑶山、吉丁、中间山、艾坝、石水、墩岭、鹿田、大路背、山珠背、园峒、坑背、河背、秧坡、石陂、荔枝颈、陂唇、社坡、成龙、挟菜、榕树下、方颈、大社坡、光背、马山显、岭村、高块、谭冰、涩背、沙峒、老中坑、两头塘、苗埇、那平峒、大山口、鱼龙滩、计木坑、官塘斜、丰田尾、勿曲、山塘岭、八垯田、木头塘、乌垯园、鹿坡、彭西峒、田寮、赤山、六枕、南塘（石山村委辖）、南教堂、沙田口、彩门山、六甘山、凌峒、李村、安塘牌、下凤坡、长弓坑、上峒、上寨、南塘（玉皇村委辖）、大木埇、下坝、田背、养公坑、石板、鲫鱼塘、那盘督、新村（李屋村委辖）、东升、洋埇、紫金塘、坡头、坡头城、酒铺、三塘、官窝、那交、禾坪地、铜锣岭、青山下、坡仔、大社下、长坑、金鱼潭、大炉、高佳山、毛角、养公塘、山中心、马坡、鹿蚊、牛时圻、青江背、石头窝、龙搞窝、谷邦、坳背、下水洞、桥背、完洞、细坑、平坦、大径口、那凌、新屋场（那凌村委辖）、山湖洞、东叶塘、下峒、大山坡、山心（那凌村委辖）、茅坡、中心峒、山埇、石湾、黄竹角、白石下、石滩、何木、路带、屋背峒、石角湖、岭村、玉田坝、水口督、新坡、岭背、坡廉、上红江、下红江、红坡、那飘、山心（路带村委辖）、矮江下、六福。

红江农场

抗日战争时期：卖麻、冷水埇、高龙、山口仔、山底峒、马山铺、乌泥塘、旱埇、白马峒、大岭。

解放战争时期：榕树坝、那陇、金花营、那良。

晨光农场

解放战争时期：化州坑、黄家坑。

黎明农场

解放战争时期：北朗、黄桐树、芝稠咀、上三块石、下三块石、贺村、那凌峒。

东升农场

解放战争时期：三角塘、新居、高岭脚、大涝、桐村、贵文。

红湖农场

解放战争时期：莲塘仔、寨仔下、长峒、丫髻岭、园山、上塘六、岭排、高昌、要和岭、长窝、马安埇、枫树坝、长山仔。

第二章
大革命时期和土地革命战争时期

　　1926年4月中旬，中共廉江县支部诞生后，组织农民、工人、学生开展革命运动，并于1927年7月组织领导吉水梧村垌农民武装起义，进行建立政权的伟大尝试。1927年十一二月间，中共廉江县委员会在吉水燕山成立，领导开展轰轰烈烈的工农革命运动。1928年12月，中共南路特委被破坏，革命主力转移活动，廉江革命活动进入低潮。

第一节 廉江人民的反抗斗争

英国发动侵略中国的鸦片战争之后，中国沦为半殖民地半封建社会。文化侵略和思想侵蚀是帝国主义推行殖民政策的重要手段。在廉江城内，法国人在山寮村设天主教堂，美国人在廉城设福音堂。有些神父、牧师以传教为名，对群众进行奴化教育和精神麻醉，个别甚至披着宗教外衣干着种种罪恶的勾当。此外，帝国主义还继续把大量的毒品鸦片销往中国，对廉江人民进行直接的毒害和掠夺。开烟庇赌，烟馆遍地、赌场满街，走私横行，黑市当道，尤以廉城和安铺为甚。

当时，邓本殷、龙济光、林虎等军阀在南路混战，到处奸淫掳掠；地主豪绅、民团加紧敲诈勒索，滥收捐税，中饱私囊；地主资本家肆意起租脱田，高利借贷，盘剥农民；匪盗猖獗，打家劫舍，搞得全县乌烟瘴气，鸡狗不宁，广大人民群众在黑夜茫茫、腥风阵阵中挣扎，迫切要求从革命中寻找出路。

为了抵抗外来侵略，反对压迫和剥削，寻求自身的解放，鸦片战争以来，廉江人民在爱国爱乡的精神启导下，前仆后继地进行了不屈不挠的抗争，由早期的抗粮抗租的经济斗争，逐步发展为反抗封建主义统治的武装暴动。光绪二十三年（1897）3月，以安铺西街人刘芝草（原名刘吉六）为主要领导者，在安铺聚集高州、雷州、廉州三府八县的"三点会"会员1万多人，在安铺圩附近开"总台"，提出"斩奸定国"的口号，并攻打横山团局和安铺靖江炮台。光绪二十八年（1902）春，反清的农民武装袭击县城和团局。宣统元年（1909），杨文声、李任杰等90多人加入孙中山先生领导的同盟会，参加革命斗争；良垌籍陆军少将陈自先以护国军梯团司令名义招集旧部，反对军阀袁世凯、龙济光和以陆荣廷、莫荣新为首的桂系军阀；黄纪龙等组织领导廉江护法军，反对桂系军阀，反对封建割据。他们在反帝反封建斗争中都作出了积极贡献。然而这些斗争或是自发性的经济斗争，或是作为资产阶级、小资产阶级追随者参加的政治斗争，由于没有一个正确的政党领导，这些斗争最终都失败了。近代廉江社会仍是百孔千疮，积重难返，形势一天比一天危急。

第二节 中共廉江县支部的建立

一、中共廉江县支部诞生

1917年，俄国十月革命的胜利，给在黑暗中摸索出路的中国人民指出了一条光明之路。从此，学习和接受马克思主义成为中国先进知识分子的自觉选择。1919年，中国五四运动爆发后，马克思主义革命真理在中国迅速传播。从1920年开始，廉江便有一批进步青年学生，胸怀救国救民大志，先后踏上外地求学、求职的道路。黄孝畤、刘英智、刘尚德等前往广州读书，黄平民、关锡斌（管易文）前往法国巴黎勤工俭学，陈信材（陈柱）到广州参加粤军。1920年年底，在巴黎留学的黄平民积极参加各种爱国活动，如抗议北洋政府以国内工矿企业经济权益作抵押，向法国政府举借外债；向法国政府请愿，要求解决中国留法学生的求学权、求职权、吃饭权问题等。

1921年7月，中国共产党成立。1923年春，黄平民在法国巴黎由中共旅欧支部吸收加入中国共产党，成为廉江籍第一位中共党员。1924年9月，受中共旅欧支部的派遣，到苏联莫斯科东方劳动者共产主义大学学习。1925年春夏间从苏联回国，在中共广东区委执行委员会常务委员兼军事运动委员会书记周恩来的领导下从事革命活动，先后参加北伐战争、省港大罢工和广州起义。

1923年在广东高等师范学校读书的黄孝畤、刘英智、刘尚德等先后在广州加入中国共产党，他们利用寒暑假回廉江的机会，带回进步刊物和书籍，交给部分青年学生阅读，向家乡的有志青年宣传马克思主义和革命思想。

1923年投身于广东国民革命军的进步青年吴绍珍在广州加入青年同志社，1924年春回廉江县立初级中学（今廉江中学）读书，在学生中宣传广州的新思想新文化运动、青年学生运动、工人运动和革命形势等，使廉江中学的一批青年学生深受影响和鼓舞。1924年下半年，关泽恩、江刺横、罗慕平（罗自琦）、李鸿飞等发动廉江中学的进步学生，在廉城发起成立了廉江县学生联合会，至此，廉江县的进步青年学生开始有组织有计划地阅读进步书刊，学习马克思主义，宣传反帝反封建、劳工神圣等革命思想。1925年5月，以廉江县学生联合会成员为主体，联合社会各界进步青年组成廉江县青年同志社。在安铺，文绍光发起组织了有80多人参加的青年同志社。廉江县青年同志社和学生联合会组织一个宣传队，深入廉城、吉水、安铺、石岭圩街头，以及燕山、鹤岭一带农村，向青年学生和群众宣传广州等地革命运动的情况，秘密传播马克思主义等革命思想。

1925年夏，廉江县青年同志社和学生联合会组织廉城中小学师生及各界群众几百人，在廉江县城举行集会，愤怒声讨帝国主义制造上海五卅惨案和广州沙基惨案，残酷屠杀中国人民的血腥罪行，与会者频频发出"打倒帝国主义！""废除不平等条约！""为死难同胞报仇！"等怒吼，并于会后前往山寮村法国天主教堂示威，将法国神甫驱逐出廉江县境。

1925年10月，接受中共南路特派员黄学增要求，在广东省广宁县驻防的国民革命军连长陈信材（廉江白鸽港村人）辞去军职，到梅菉与黄学增一道搞农运工作，同年12月由黄学增介绍加入中国共产党，在吴川从事农民运动。

1925年10月，国民革命军在取得东征胜利之后，于同年12月又举行南征，讨伐割据广东南路的军阀邓本殷，收复广东南路。在国民革命军南征期间，中共广东区委派共产党员黄学增为中共南路特派员，参加国民党广东南路特别委员会，在南路各县建立、改组国民党和贯彻"联俄、联共、扶助农工"三大政策，发展农工运动。

1926年3月，广东省农民协会南路办事处在梅菉成立，黄学增任主任。月底，黄学增派共产党员周永杰（遂溪县人）到廉江，任廉江县农民运动特派员。周永杰到廉江后，首先发动成立廉江县农民协会筹备处，并担任主任。尔后，周永杰和吴绍珍到高州参加南路特委举办的农讲班学习。两人回廉江后，首先团结教育廉江中学教师潘江（潘少海），进步学生罗慕平、关泽恩、江刺横、李鸿飞，进步农民梁安成（梁英武）、梁文兴、梁文春、刘锡寿、刘邦武等从事革命活动，通过斗争的锻炼和培养，先后吸收江刺横、李鸿飞、潘江、罗慕平、简毅、李冠山、关泽恩（经钟竹筠介绍）、梁安成、梁文兴、连秀枢、刘锡寿、刘邦武、李绍华等入党，同时还将未入党的青年同志社成员全部转为共产主义青年团团员。

1926年4月中旬，中共廉江县支部于廉城西街回龙寺（今廉江市人民医院内）秘密成立。参加支部成立会的有周永杰、吴绍珍、关泽恩、罗慕平、潘江、梁安成、梁文兴、江刺横、李鸿飞、简毅、刘锡寿、刘邦武12人，周永杰任支部书记兼组织委员，潘江任宣传委员，梁安成任农运委员，简毅任工运委员，罗慕平任青运委员。会议讨论了当前政治形势、党的基本任务和组织原则，研究了党的组织与宣传工作。在成立党支部的同时，成立共产主义青年团廉江县支部，罗慕平任书记，刘汉东、李德芳任委员。中共廉江县支部和团支部的诞生，使廉江人民有了坚强的领导核心。从此，廉江的革命运动有了中共组织的领导，进入了新的历史发展时期，走上了前仆后继、奋斗不息，直至革命胜利的光辉道路。

有了党的领导之后，廉江的农民运动如火如荼，迅速扩大和发展。同时，当时共产党员还特别注意在农民协会中培养骨干分子入党入团，建立党团组织。中共廉江县支部领导农民运动，特别注意在农会中发展党团组织的经验，受到南路特派员黄学增的高度赞扬，并把这一经验推广到整个南路地区。1926年夏，又派廉江共产党员江刺横、李鸿飞、简毅到北海，以加强党对工农运动的领导，发展党员和筹建党的基层组织。

至1927年"四一二"反革命政变前，全县在各级农民协会中已成立角湖垌、五里、东莲塘、垌心墩、石岭、蓬山、燕山、西莲塘、大垌、船埠、春花墩、屋场角等党支部35个，党员350人；成立廉江中学等共青团支部22个，团员320人。

二、协助改组国民党廉江县党部

1925年，国民党广东省党部成立之后，为发展健全全省的国民党组织，派李任杰为特派员到廉江筹建国民党廉江县党部。1926年1月，在中国国民党第二次全国代表大会上，由于共产党人和国民党左派的坚持，大会接受了第一次代表大会宣言与孙中山遗嘱，继续执行"联俄、联共、扶助农工"政策。1926年4月8日，在改组国民党中，中共廉江县支部全体党员都以个人身份加入国民党，积极帮助创建国民党组织，周永杰任改组筹备委员会主任。共产党组织通过筹建国民党县党部工作，考察筹备成员，从中秘密吸收部分先进分子参加共青团和共产党。

1926年4月18日，国民党廉江县党部筹备委员会组织召开全县党员大会，宣布成立廉江县党部。国民党南路特别委员会委员林丛郁（林增华）出席成立大会。在筹备成立县党部期间，由于宣传发动工作力度不够，各界革命群众运动尚未广泛开展，加上个别筹备成员思想动机不纯，致使筹备改组各级党部过程中出现了不少阻力。林丛郁坚决予以抵制，决定把经调查后认为合适的农工商学界人选，在会上向与会代表进行介绍。经选举，潘江、关泽恩等共产党员和一些国民党进步人士被选为县党部执行委员，其中潘江负责主持县党部工作，关泽恩任党部监察委员，吴绍珍任候补委员，周永杰任农运部部长，江刺横、李德芳、简毅、李冠山为干事。共产党员和国民党左派分子仍然占主导地位。国民党右派分子和土豪劣绅互相勾结，企图操纵选举和破坏改组的阴谋没有得逞。

改组后的县党部，实质是共产党领导的、以国民党组织形式出现的革命统一战线组织，县农协会和县总工会成立时，宣布集体加入国民党，使这个组织增加了新的血液，增强了革命朝气，扩大了队伍。至1926年年底，全县有国民党党员4350人。这不仅有利于国民党的改造，而且也有利于国共合作和国民革命。

群众团体的建立及其活动

一、农民协会的建立及其活动

1926年2月中旬，吴川县国民党改组委员会主任、共产党员陈信材回家乡白鸽港过春节，组织成立白鸽港村农民协会，揭开廉江县农民运动的序幕。

1926年年初，在邻县遂溪、吴川的农民运动声势的影响下，国民党廉江县党部筹备处也开始发动农民，把组织和发动农民加入国民革命运动作为主要任务之一，着手组织农会。至3月间，已筹备就绪的乡农民协会有第三区的岐安、碗窑、白石、石埇乡和第一区上县乡，此外还有多地在筹备中。为了加快发展廉江的农民运动，南路办事处还委派在遂溪活动的共产党员周永杰为廉江县农民协会特派员。4月，周永杰组建廉江县农民协会筹备处，与吴绍珍到梅菉宣传学校受训。5月，周永杰在参加广东省第二次农民代表大会之后，借鉴广东各地开展农民运动的经验，迅速组织一批青年积极分子到第一、第二、第三、第五区，大力宣传发动农民，组织农协会。广大人民群众看到光明和希望，拥护党的政策。党组织因势利导，着手组织农会。同年4月，在廉城附近的角湖垌村成立了农会，农会的宗旨就是反帝反封建，反对官僚、地主和高利贷的压迫和剥削，实行耕者有其田。会章规定了以贫苦农民为主，自愿参加，会员每人每月需缴交会费。农会还刻有大印一枚，制有三角形、红色犁头旗一面。全村46户，成年人150余人，入会者120人。

角湖垌农会的成立，如星星之火，很快燃遍廉江大地。会员们通过亲告亲、友告友，到处宣传农会对农民的好处。中共廉江县支部、县农协筹备处以角湖垌村农民协会为基本队伍，组织一批青年积极分子分头到附城、石岭、安铺、太平等区的100多个村庄做宣传发动工作，这样，全县农民很快觉醒，跟着梧村垌、燕山、大塘、春花墩、大垌、东莲塘、西莲塘等村成立农民协会。

1926年5月1日至15日，周永杰作为列席代表，出席广东省第二次农民代表大会，并当选为省农协会第二届执委会候补委员。周永杰回廉江后，传达贯彻会议精神，有力推动了全县农民运动的发展。紧接着，丫髻岭、木水、大山、鱼鳞塘、明窝、秋风江、箐塘、大埇等村农民协会逐步建立。随后，一区、四区、五区相继成立区农民协会。一区农会执行委员刘锡寿、刘邦武、梁安成，会址设在廉城西街回龙寺；四区农会执行委员陈贯、梁树富，会址设在安铺财神庙；五区农会执行委员黎卓堂、巫陵楷、陈国灿、朱兴盛、龙衍槐，会址设在石岭关帝庙。在此基础上，于8月上旬，在廉城回龙寺成立廉江县农民协会，通过民主选举的方式，选举周永杰、梁安成、刘邦武、刘锡寿、梁文兴、李冠山、李绍芬、连秀枢、陈贯、黎卓堂等为县农协执行委员，周永杰为委员长，梁文兴为文书。会议通过减租减息、反对苛捐杂税、建立农民协会、组织农民自卫武装等项议案。

随着全县农民运动的迅猛高涨，至1927年春，角湖垌、梧村垌、西莲塘、燕山、大塘、垌心、五里、东莲塘、春花墩等120多个村庄建立农会80多个，共有会员8000余人。农村出现了"一切权力归农会"的政治局面。各乡村农会在廉江党组织的领导下，普遍开展清理公账公款，追缴劣绅的不法收入，反对苛捐杂税等活动，保护农民利益；严禁吸烟（鸦片）、赌博，取缔娼妓陋俗，提倡婚姻自由，实行男女平等，为农民群众解决了许多实际困难。农会积极参与社会上重大政治斗争活动，农民自卫军协助政府清匪反霸，维护社会治安，调处纠纷，甚至连拐卖妇女、偷拆邮件等问题，也都由农会出面处理。1926年10月后，各区乡的农民群众在党支部和农会的领导下，勇敢地向地主的起租脱田、霸占山塘、水利以及撕毁革命标语的反动行为进行坚决的斗争。吉水地区已有部分农会领导农民实行"二五减租"。

为深入开展反帝反封建的斗争，保护农民的权益，以打击豪绅地主的进攻，1926年五六月间，角湖垌村挑选三四十名青壮年会员组成农民自卫军。10月，廉江县农民协会作出了组织农民自卫军的决议案，各基层农会相继组建起农民自卫军。12月，中共南路特派员黄学增到廉江指导工作，指示廉江党组织要在建立各区乡农民武装的基础上，组建一支全县性的农民自卫军。其后，廉江的农民武装力量逐渐壮大，到1927年春发展到近千人，并通过利用祖尝公产出资购买或打造枪械，收集农民防匪自卫用的枪支，征集会员平时练功夫用的刀、叉等，收缴地主豪绅、旧民团的枪支等办法逐步筹备武器。

在国共合作的旗帜下，农民自卫军利用公开合法形式，积极支持农会开展"二五减租"，禁烟禁赌，惩办破坏农运的地主分子，组织反抗地主奸商勾结贩运粮食、哄抬粮价的斗争，推动工农运动的迅速发展。

二、总工会的建立及其主要活动

廉江工人同农村的贫雇农一样，经济力量薄弱，社会地位低下，迫切寻求一个社会组织力量以保障其自身利益。

中共廉江县支部在开展农运工作的同时，开展动员和组织各行业工人参加工会。廉城、安铺、吉水、石岭等圩镇，先后建立起理发、鞋业、车衣、渔栏、汽车等工会，全县有工会会员380多人，所有行业工会都单独挂起写上工会全称的长木条，每个工会都有较为固定的办事处，挂起招牌，工会绣有"青天白日满地红"图案会旗，并有印信，发有银质、长方、凹边，底面写有序号和名字的证章给会员佩戴，制定有一定的工作目标和会议制度。入会要缴纳一定的会费，作办公经费和会员的生活福利补助等项开支。

1926年8月，廉江县总工会成立，主席简毅（1926年10月止）、杨文声（1926年10月任），委员杨文声、岑纶章、黎吉初、徐程生、花桐春。廉江县总工会的成立，标志着廉江工人运动进入新阶段，它既有利于县党支部对工会的统一领导，也有利于培养工人阶级先进分子，扩大党团队伍，以及教育党员，提高党员素质。同年秋，廉江县总工会在简毅等人的领导下，发动各行业工会联合成立中山剧社、剿魔委员会，并在廉城、安铺、石岭等圩镇，演出《不可信神权》《黑暗员》《童贞女》等剧目，开展破除封建迷信、禁烟禁赌、反对资本家随意解雇工人、要求增加工人工资等斗争。

安铺的几个基层工会联合制订商规民约，不准老板随意解雇工人，要求提高伙食费，不准商家哄抬物价。工会成立后，作出决议，在不解雇和不减薪的原则下，伙食费由雇主全部负责，雇主也不得不接受。在发动群众禁赌中，安铺万利行赌馆充耳不闻，打伤查禁的庞衍康。安铺工会与青年同志社联合起来，包围该行讨说法，并将伤者抬到国民党廉江县第四区局门前示威抗议，迫使当局"出令"给工会缉捕凶手李章，万利行老板答应将伤者医治，另赔偿营养费。

安铺车衣工会成立后，不准资本家随意解雇、减薪。丝行铺自己掌握布料和衣车，时常减薪和解雇工人。工会组织起来后，派出代表向资方提出不准随意解雇、不准随意减薪等项要求，均得实现。廉城理发工会成立时，国民党廉江县法院推事黄某受命参加仪式，但不摘帽行礼。在中共廉江县支部的领导下，理发工人发动所有机关团体以破坏"扶助农工"政策为由向广东省政府控告黄某，结果国民党廉江县党部撤了黄某的职务。

三、妇女解放协会的建立及其活动

1926年4月，中共廉江县支部建立后，分工负责青年工作的罗慕平经常下乡开展反帝反封建的宣传，动员广大妇女参加农民运动和反对封建地主压迫剥削的斗争，参加妇女夜校学习，明白革命道理。

随着全县农民运动的深入发展，大部分农村妇女的文化水平和思想觉悟有了初步的提高，纷纷走出家门，学唱歌、听时事成为新风尚。她们不仅支持丈夫参加农会的活动，还积极参加减租的斗争，并在斗争中得到锻炼提高。她们以自己的实际行动向社会表明，男人能做的事，女人也能够做到，男女应该平等。

1926年6月，广东省农协南路办事处妇女部长钟竹筠（中共党员）从遂溪来廉江指导工作，协助建立妇女组织。首先吸收廉城家庭妇女徐玉贤（关泽恩的母亲）入会，随后在青年学生中发展会员，在此基础上组织廉城妇女联合会。徐玉贤任妇女会主任，有会员30多人。妇女联合会号召妇女走出家门，面向社会，参加革命行列，提倡男女平等，婚姻自由，反对包办婚姻和蓄婢纳妾。当时廉城妇女会很活跃，学生关素梅、关素娇、洪秀清和妇女方云英、叶郁芳等人是积极分子。在农村方面，成立妇女协会的只有角湖垌村，主任叶郁芳。安铺及其他农村，只做宣传发动工作，尚未成立妇女组织。同年6月，廉江县妇女解放协会成立，主任诸群英（1926年9月止）、徐玉贤（1926年9月任），委员叶郁芳、洪玉清、庞静青、陆广明，驻地廉城，办公地点设在县党部。通过各种宣传教育，使广大妇女逐步认识到，国家必须独立富强，妇女必须彻底解放，她们中的先进分子积极站到反帝反封建的行列中。

农协会、工会、学联会和妇女解放协会等群众团体联合组织文艺宣传队伍——中山剧社，并推选关泽恩、江刺横、李鸿飞等文艺宣传能力较高的人士为编导。剧社的成员按照革命斗争的需要及廉江实际，自编剧目，向群众借道具、台凳，以罗家祠、簧门坡广场为临时剧场，由妇女协会会员叶郁芳、关素梅、李素仙等担任主角，演出《剿魔》《反对包办婚姻》《盲婚之害》《婚姻自由》《水上警察》等白话剧，产生强烈的社会反响。中山剧社将县法院法官黄某祥蓄意拆散他人婚姻的事实编成话剧《水上警察》，不畏黄某祥的阻挠和威胁坚持上演，博得观众阵阵掌声。

四、青年学生运动的蓬勃发展

1926年4月15日至21日，广东省学联会在广州召开第一次代表大会，全省49个地方108位代表参加了大会，廉江县学生联合会负责人、廉江中学学生关泽恩，廉江县青年同志社负责人、廉江中学学生刘汉东代表廉江县学联出席大会。大会通过统一学生运动决议案、拥护学总会决议案等9项议案及通电宣言。会议期间，适逢广州学联会分裂，反动分子进行一系列破坏活动，拉拢几县代表，准备另组织省学联会，数日内出尽种种手段，想离间拉拢各地代表。廉江代表不为蛊惑，支持省学联会工作，支持大会的正确决议。廉江县学联会贯彻会议的决议，宣传废除苛捐杂税，但地主官僚充耳不闻，依然横征暴敛，为所欲为。

1926年3月22日，国民党廉江县署至三区铜鼓径村票传疑犯质讯未遇，擅将廉江中学告假还乡学生高某拿捕，予殴打并搜抢身上银物，勒索四元八角始行释放。高某回家后吐血不止，气息奄奄，其父到廉江县学联会投诉。廉江县学联会派代表向县署提出强烈抗议，要求严惩凶手，但县长置之不理。6月8日，廉江县学联会向国民党广东省政府、省学生联合总会、各县学生联合会、各学校、各报馆、各团体发出快邮代电，呼吁各界主持正义，群起声援，要求廉江县署按法惩办凶手，以"肃法纪而儆尤"。随后，在中共廉江县支部领导下，学联会和农协筹备处率领工人、农民、学生千余人，手持石头、棍棒，集结县署门前示威抗议，要求惩办凶手，赔偿汤药费。县长陈敬慑于社会舆论和群众威力，被迫下令将凶手陈某某逮捕处决。

随着青年学生运动的广泛开展，一大批青年学生、农民、工人在革命斗争的实践中得到了锻炼，其中部分先进分子加入了中国共产主义青年团。共青团廉江县支部成立后，有计划地培养了一批青年骨干，尤其是1926年12月黄学增到廉江考察和总结工作之后，团组织建设步伐加快，到1927年春全县共建立了廉江中学、大垌团支部等22个团支部，团员发展到320人。这为廉江党组织的发展准备了一批后备力量。

第四节 经济政治斗争的深入开展

1926年起，有的共产党员以个人身份加入国民党，共产党员大多数以农民协会、工会职员、学生身份在各地工作，通过这种形式，实现中国共产党对工农运动的领导，推动工农运动的发展，同时也发展了中共组织。工会、农会、妇女解放协会、学联会等群众团体互相支持，共同对敌，开展反对帝国主义、支持省港大罢工和争取民主权利、争取经济利益的斗争，显示了团结战斗的力量。全县各项革命运动迅速掀起高潮，长期遭受封建统治的广大人民群众得以扬眉吐气，土豪劣绅无不失魂落魄。

一、组织队伍清算国民党贪官污吏

1926年7月，廉江县农协会抽调吴绍珍、罗慕平、李鸿飞等20多人组成清算队伍，通过国民党廉江县党部派赴各区局清算长期没公布过的公款。一区八团团董罗馨山、副团董刘仁珊贪污公款，几次拒绝清算，仗势殴打清算队负责人罗慕平等人，并借口查账已使他们丧失尊严，要清算队登报赔礼道歉，恢复名誉。清算队员不畏强暴，冲进账房，全面清理其账目，清算出他们贪污稻谷25石，并限期清还。在事实面前，他们不得不放下傲慢的态度。安铺奸商市侩不择手段将税赋转嫁到消费者身上，规定买一斤卤（咸）鱼要另交税费3个铜币，清算队伍发现后立即取缔，并责令鱼商公平买卖，维护了消费者的切身利益，大得人心。清算队所到之处，无不受到群众热烈欢迎。

二、开展反帝反封建群众运动

各群众团体成立后，在中共廉江县支部的统一领导下开展轰轰烈烈的革命活动。为显示工农运动的力量，每逢主要节日或纪念日，如孙中山诞辰或逝世周年纪念日、辛亥革命纪念日、五四青年节、五卅惨案纪念日、黄花岗七十二烈士殉国纪念日等，县党支部均组织群众进行集会游行。其中规模最大的一次发生于1926年10月10日。当日，4000多名工农群众和青年学生，集结在廉城百花亭召开大会，中共廉江县支部负责人周永杰、吴绍珍在大会上演讲，号召群众行动起来，反对苛捐杂税，抵制强征壮丁，破除封建迷信。会后冒着倾盆大雨游行示威，高呼口号，唱《国际歌》《农民苦》等歌曲。并在山寮天主教堂和廉城福音堂前示威，抗议帝国主义侵略中国的罪行。这些行动，教育了广大群众，轰动全县城乡，影响甚为深远。

三、同破坏工农运动的各种反革命势力进行斗争

农会、工会组织的发展壮大，使农民、工人争取了应得的利益，引起地主豪绅的极端仇视，欲除之而后快。他们互相勾结，利用封建宗法观念和传统势力，指使流氓暴徒肆意谩骂，疯狂地攻击协会，用愚民手段造谣惑众，挑起不满，或以民团暴力压迫已入会的会员退会，甚至假借国民党区党部、区分部名义压制工农协会，摧残工农运动。各农会、工会在党组织的领导下，坚持统一战线内的斗争，利用合法地位，更加深入地发动群众，坚决打击贪官污吏、国民党右派的进攻，戳穿他们的谎言；对于轻信谣言而犹豫的人，则注重调查教育宣传工作，使他们明白自身痛苦的根源，消除误解，并在斗争中巩固、发展和壮大自身力量。

角湖垌村个别地主散布流言蜚语，诽谤入农会后处处受制于人，要30岁以后才能娶妻成家，十户共用一把菜刀，唆使会员退会。该村农会便起来与之斗争，并通过县农会的力量，勒令他们悔过，保证不再造谣破坏。梧村垌村一地主倚仗其势力大，不把农会放在眼里，进会场捣乱，扬言要撕烂农会会旗。农会利用庙会之机，组织发动工农自卫军、农会会员以及国技团（功夫班）共900余人，带着枪支、马刀、禾叉，手持革命标语小纸旗，与地主作斗争。大垌村、独碑村、县背岭村等村地主随意加租加押，这些村农会起来发动农民算账对比，认清谁养活谁的问题，号召农民起来实行"二五减租"，拒交加租、退田。风梢古楼坡村地主撕毁革命标语，梧村垌村地主不给入会的农民使用山塘水灌溉田地，村农会组织群众与他们作坚决的斗争，使地主不得不屈服认输，收敛其反动嘴脸。

廉江农协会蓬勃发展，国民党反动派及农村的封建势力咬牙切齿，坐立不安，猖狂地反扑，并为此施展了种种阴谋，在一般伎俩无法奏效的情况下，甚至利用广西商人米船被劫一案，无中生有编造劫匪名单，把廉江革命运动全部领导人和真正元凶一并作为匪徒指证，企图一举歼灭进步力量。但在事实面前，国民党廉江县县长黄质文不敢公开反动，不仅对这一指控没有采信，而且缉捕诬陷者。

由于各种政治势力的相互斗争，米船被劫案被搁浅，梁世英等劫案主谋逍遥法外，廉江党组织考虑到梁世英等人犯案多数为生活逼迫，是腐败黑暗的社会造成的，因而决定因势利导，开展匪运工作。反动派把革命力量和匪徒同案控告，本想致革命力量于死地，但适得其反。当时负责策反土匪工作的罗慕平以此为契机，通过梁世英联系龙湾、安铺等地的惯匪头子和"绿林"头目，向他们阐明双方的共同敌人是土豪劣绅、军阀，大家要团结一致，共同对敌。梁世英等表态，与共产党友好相处，一旦共产党建立革命根据地，他们将接受"招安"，走光明大道，不再打家劫舍。及至后来，"绿林"蔡权初率部支援梧村垌农民武装起义，为革命作出应有的贡献。

梧村垌农民武装起义

一、广东"四一五"反革命政变后廉江政局变化

正当廉江的工农革命运动处于高潮时，1927年4月12日，蒋介石在上海发动了震惊中外的反革命政变，屠杀共产党人和革命群众。以国共合作为标志的革命统一战线彻底破裂后，中国国民党也就蜕变为代表地主阶级和买办阶级利益的反动集团所控制的政党。"四一二"反革命政变，是大革命从高潮走向失败的转折点。

在上海发生反革命政变后，广东省发生"四一五"反革命政变，大批共产党员以及国民党左派分子被逮捕和屠杀。6月，高雷区"清党"委员会对共产党员骨干悬红通缉并开除国民党党籍，其中廉江有周永杰、刘汉东、吴绍珍、潘江、梁文兴、梁文春、梁安成、刘邦武、关泽恩（当时在广州执信中学读书）、陈信材（当时在吴川活动）10人。此时，国民党廉江县县长黄质文也紧跟着进行反革命活动，策划解散中共领导的廉江县总工会、廉江县农民协会、廉江县妇女解放协会等群众团体。他们首先派兵包围县农民协会，想一网捕尽在那办公的革命人员和缴获全部公文档案、名册，进而大肆杀害共产党人。国民党廉江县党部执委、共产党员潘江获得消息，及时通知转移，才避免了一场重大损失。反动派扑空后，继而派兵四处包围革命红色堡垒村庄，到

处杀人放火，烧杀掳掠，凡是共产党员、农会干部、工会干部的家属和亲友都受到牵连；凡与反动势力有怨者，无不遭到报复，血雨腥风笼罩廉江大地。共产党员梁安成、梁文兴、罗慕平、黄干民、黄德文、连秀枢、梁德源等人的家遭到洗劫，周永杰、吴绍珍、潘江、关泽恩、罗慕平、梁安成、梁文兴、梁文法、李绍华、李冠山等主要骨干被悬赏通缉，被迫转入地下活动；一些立场不坚定的共产党员对革命前途悲观失望，离开了革命队伍；个别动摇分子投靠了国民党反动派。农会、工会、青年会和妇女会等革命群众团体也同样遭到武装破坏，廉江人民丧失了大革命时期所取得的权利，出现了如下景况：在城市，工人工资普遍降低，工时延长，劳动条件恶化，广大工人时刻遭受失业的威胁，工人斗争被迫由进攻转为防御；在农村，地主豪绅反攻倒算，不仅把土地重新集中到自己手中，加租加息，而且在反动政府的支持下，全面加强对农民的专政。其间虽有反抗，但也只是处于分散、零落的状态，而且都遭到严厉的镇压。全县到处陷于白色恐怖之中。廉江县的主要工农骨干在撤离县城之后，一部分向南转移到廉遂交界的农村活动，一部分转移到北部的山区农村活动。

二、梧村垌农民武装起义

1927年5月初，在南路地区领导机关不健全，与上级联系中断的艰难情况下，由中共茂名县支部书记朱也赤、吴川县支部书记陈信材主持，在广州湾召开南路15县农民代表会议（由于形势险恶，交通不便，实际到会的只有七八个县的代表），潘江作为廉江代表出席了会议。会议研究了白色恐怖下南路的应变措施，决定成立南路农民革命委员会，发展农民武装，组织暴动，夺取政权，反击国民党反动派的野蛮屠杀，保卫农民革命成果。

中共廉江县支部按照南路农代会的决定，加紧进行发动农军起义的准备工作。6月15日，中共广东特委发出第三号《通告》，要求各地党组织必须坚决地鼓动农民起来进行有计划的暴动。1927年7月18日，南路农民革命委员会委员梁文琰和中共廉江县支部的周永杰、梁安成、刘锡寿、罗慕平、潘江、刘邦武等十多人，在一区西莲塘村祖祠召开秘密会议，传达5月南路农代会的精神，研究拟定在廉江县发动农民武装起义的斗争计划。会议决定由周永杰、梁安成、潘江、梁文琰、刘邦武组成廉江县工农革命委员会，作为领导武装起义的最高指挥机关；同时决定农民起义武装统编为南路讨逆军第二路第一支队，由毕业于黄埔军校第一期的梁文琰任支队司令。

7月30日傍晚，角湖垌、西莲塘、上大坡、燕山、白鸽港、樟村仔、五里等地农军300多人，集结梧村垌村，自备单响、双筒、九响、五排、驳壳等枪支150多支，还有粉药枪、刀、叉等武器，准备武装起义。春花墩和城南各村农军集结在廉城南面待命。

7月31日清晨，在梧村垌村东侧的晒谷场上召开战前动员大会，梁文琰宣读各大队、中队指挥员的委任状，农军挥动着枪支、禾叉、草帽，振臂高呼，口号声此起彼伏，振奋人心。梧村垌地主刘仁珊星夜潜逃，并派人赴廉江城向国民党廉江县县长黄质文报告并求援。黄质文自知实力不足，火速派人到吴川县向国民党驻军余汉谋部求援，该部立即派出三十一团第一营副营长彭林生率领第三连共几十人奔赴廉江，会同黄质文亲率县兵奔赴"围剿"。

8月1日晨，黄质文纠集反动军警及民团武装约100人，从廉城兵分两路出动，由东西两面呈钳状将梧村垌包围。在敌我双方力量悬殊的情况下，工农革命军的领导者在阵地上召开紧急会议，当机立断做出撤退的决定，并做出具体部署。起义军一方面组织火力顽强抵抗，一方面派人联络在附城大水、胡南村一带活动的"绿林"武装蔡乾初部，争取该部给予支援。但因蔡部行动迟缓，起义军未能及时获得外援，在反动武装的猛烈进攻下，只好留下刘锡寿等11人据守梧村垌碉楼掩护，其余农军突围撤退。

8月2日下午，担任掩护任务的11名勇士终因敌众我寡，弹尽粮绝，全部被俘，其中9人被杀害于梧村垌西面的禾山岭，2人被押回廉江县城杀害。

2日晚，蔡乾初率领100多人到达大塘村与农民自卫军汇合。次日在大塘村同闻讯前来的反动军警展开激战，黄昏后突围成功，蔡部撤往吴川；农军转移到西莲塘村，继而化整为零，分散秘密活动。

梧村垌农民武装起义失败后，国民党廉江县当局悬赏通缉"首要分子"周永杰、梁安成、刘邦武、潘江、吴绍珍、梁文琰、梁文兴、梁文春、罗慕平、刘维振、李子寿、黎卓堂、陈国灿、龙衍槐，从8月13日开始，对梧村垌及附近的角湖垌、西莲塘、春花墩、大塘、燕山、乌坭坝、屋场角、五里、大埇等十多个革命村庄进行"清剿扫荡"，以梧村垌地主为首的地主民团也乘机报复，打家劫舍，抢钱抢粮。李冠山、连秀枢、黄干民、黄成文、韩国汉等共产党员被捕从容就义，一批农运骨干分子被捕入狱。在严峻形势下，起义的主要组织者和武装队伍的临时指挥者梁文琰开始畏难动摇，带了几个群众干部跑去香港。然而，绝大多数的共产党人并没有畏惧退缩，周永杰、梁安成、潘江等人研究分析了敌我态势，决定各党支部成员进一步做好掩蔽工作，坚持原地斗争；起义农军以小队或小组为单位，机动灵活地开展小规模的军事行动。廉江革命斗争再度转入困难时期。

梧村垌农民武装起义虽然失败了，但有着深远的历史意义，它是中共廉江县支部领导农民进行武装暴动建立政权的伟大尝试，它沉重打击了廉江国民党反动派，造成敌人恐慌，有力地策应了随后的广州起义；为廉江人民树立了光辉榜样，为后来的革命斗争积累了丰富的经验；它与高州县沙田、信宜县怀乡的农民暴动被称为大革命时期南路人民革命斗争三大火炬，光辉照耀着南路大地。当时，广州、上海、北平、天津、香港等大城市的国民党报纸都报道了这一消息，可见其影响之大。

第六节

农民武装起义失败后的应变斗争

一、中共廉江县委成立和改组

梧村垌农民武装起义失败后，革命力量遭受到很大的挫折。但廉江党组织并没有停止活动，只是活动方式由公开转为地下，活动的重点由廉城转到农村，一批共产党骨干转到西莲塘、乌坭坝一带，以各种秘密形式坚持斗争。廉江的革命活动逐渐恢复。经中共广东省委批准，1927年十一二月间，中共廉江县委在群众基础较好、附近共产党员人数较多、有利于安全和保密的吉水燕山成立，书记梁安成，委员潘江、吴绍珍、梁文兴、梁安然、刘邦武、罗慕平。共青团廉江县委会同时成立，书记罗慕平，委员刘汉东、李家祥。中共廉江县委在吉水大坝、龙湾明窝和廉城益州馆设情报点，共产党员梁尚蔚、龙衍槐是联络员。

到1928年年初，廉江有共产党员五六百人，共青团员40人，是南路地区共产党员、共青团员人数最多的县，共产党员中以工农分子占绝大多数。1928年1月，中共广东省委制订《南路工作计划》时，对廉江寄予较高的期望，要求廉江在6月底前从工人、农民中发展共产党员3000人，指出南路的党，以廉江、化县为工作的中心，而注意发展雷州、茂名、信宜、电白的工作，以与琼崖、中路、西江联络。

1928年1月1日至5日，中共广东省委在香港召开扩大会议，廉江选派共青团员、农运积极分子李绍芬出席会议。在广州活动的廉江籍共产党员黄平民亦参加了这次会议。会议结束后，黄平民被省委派回南路工作，指导廉江的工作。黄平民总结了梧村垌武装起义的经验和教训，立即恢复全县各地党、团、农、工组织的活动；派人通知转移外地隐蔽的同志回来工作；广泛发动群众，重新建立农民武装队伍；群众基础好的村庄马上组织农军。同时，根据廉江缺乏军事干部的实际，黄平民向中共南路特委提议派梁光华来廉江支持工作。

为了扭转梧村垌农民武装起义后廉江的困难局面，1928年3月下旬的一个晚上，黄平民召集刘邦武等100多名隐蔽于各地的党员骨干和农运积极分子到梧村垌西的禾山岭上祭扫烈士墓，鼓舞人民的革命斗志，警告敌人。

国民党廉江县吉水团局团董刘仁珊等闻讯异常惊恐，以为共产党又搞暴动了，连夜派兵把禾山岭包围起来，但连人影也见不到，只见满山遍野都是标语和小红旗，只好把标语拾回去交差。天明又发觉禾山岭上插遍红旗百余，吓得廉江当局即刻戒严，如临大敌。刘仁珊看到一条"枪决刘仁珊"的标语时，面如土色，3天后身亡。当时群众中流传着"共产党的一条标语吓死刘仁珊"的说法。通过这次祭扫活动，广大群众看到共产党员是杀不绝的，革命的火种是扑不灭的。廉江的革命形势又逐渐高涨起来，到外地隐蔽的大部分同志先后回来了，新的农民自卫军又在各个革命村庄重新组建。

黄平民认为，革命斗争根据地过于接近县城，易受敌人的威胁和破坏，不利于开展活动，于是决定开辟廉江北面山区塘蓬一带作为革命根据地，为进行第二次武装起义做准备。在梁安成、梁文兴、罗慕平等人陪同下，黄平民多次到仙人嶂勘察地形，走村串户，甚至在田头地边找农民百姓了解情况，凭借自己见多识广、有威望的有利条件，对乡亲进行革命宣传，传播翻身求解放的革命道理。在他的教育影响下，当地群众纷纷表示要跟共产党闹革命。党组织因势利导，抓好基层组织建设，发展了一批党员，为根据地的创建铺就了道路。在1928年4月间，国民党地方反动势力对一区进行"剿匪"时，中共廉江县委曾转移到七区塘蓬避其锋芒。

为了革命事业，廉江主要党员骨干履险如夷，夜以继日，呕心沥血。黄平民离家8年未曾返乡。在广州时，家人知道他回国，盼望他回家一聚，为此让其胞妹黄淑贞专程到广州寻找。然而，为了地下工作需要，黄平民明知妹妹来找却避而不见。后来，回廉江经过家乡合江时，李绍芬曾提醒他回家看看，他谢绝了，他认为在这种险恶形势下，不宜与家庭联系。又有一次，黄平民路过和寮塘背村时，邂逅童年时代私塾老师黄天甫，老师将家里的情况告诉他，要求他无论如何必须回家见见亲人。黄平民写下五言律诗一首："世界如潮涌，雄心万里驰。曙光浮一线，宇宙尚昏迷。原野垂绿荫，云天树赤旗。万民欢呼日，游子会亲时。"托黄天甫转给亲人，就匆匆踏上征程。黄平民当选南路特委书记后，家人让大哥黄香山去找他，各处寻找未果后，竟然在赤坎汽车站与他相遇。大哥欢喜若狂，黄平民却迫于周围遍布便衣特务和法国军警，不得不强忍着相认的冲动，平静地对大哥说："你认错人了！"然后挣脱大哥的手，上车离去。黄平民为革命数过家门而不入，一心一意干革命的崇高品德，受到廉江人民的赞扬。

在黄平民的领导下，廉江的革命活动重新活跃起来，桐村、大埇、对门岭、西埇、太平店、丫髻岭、燕山、西莲塘、白石脚、东莲塘、五里、大峒、独碑、葛麻山、龙头、春花墩、黎壁塘、蓬山、面前坡、马头岭及廉遂交界的黄坑仔、谢马仔、牛马洋、高山下、谢建仔等处革命火种再次点燃，党员和革命群众恢复了斗志和信心，革命斗争的情绪逐渐高涨，不少农民积极分子要求参加中国共产党。廉江的革命形势逐步好转并发展起来。

在此背景下，廉江的发展党员工作出现突飞猛进的势头：1928年4月上旬已恢复发展到一区500多人，三区几十人，五区几十人。共青团的发展亦有一定的规模，号称在南路共约400人，以化县、茂名、信宜、廉江为多。至4月下旬，党员发展到700多人，全县有80多个村党支部，党员较多的一区已成立区委。5月初党员增至947人，团员113人，属于新近二月发展者200余人，其中一区党员600人，团员70人；二区党员70人，团员15人；五区党员100人，团员十多人；七区党员170人，团员15人；县城党员7人。但新党员素质不高，后加以改进，并加强培训。1928年5月，中共廉江县委进行改组，由梁光华任县委书记。

中共南路特委对廉江的工作给予较高的评价，称廉江党组织工作大有进步，工作进入向前发展时期，以前没有工作过的新区域，现在派人去宣传，群众很容易被发动起来，贫农都一批批要求入党，南路的党和革命运动确定已超过沉滞的时期，而进入发展时期。

1928年7月底，中共南路地区各县市代表大会在广州湾赤坎召开，廉江党员代表黄平民、梁安成、黄孝畴、刘邦武4人出席。会上改选了中共南路特委和共青团南路特委，廉江籍党员多人当选为领导成员，其中黄平民任中共南路特委书记，黄孝畴、梁安成、刘邦武、陈信材（在化县活动）任中共南路特委委员，罗慕平任共青团南路特委常委。

二、开展群众革命斗争和兵运工作

中共廉江党组织在开展革命斗争中，比较注重方式方法，在工人方面，从要求增加工资等小条件的经济斗争入手，借以发动广大群众，发展党的组织及秘密工会、赤卫队等组织；在农民方面，从抗捐税及群众所感觉最迫切要求的最普遍的经济斗争入手。因为这些小的经济斗争容易取得胜利，可以激励群众的勇气，容易鼓动广大群众。

1928年6月2日，中共广东省委指示南路特委，要求南路地区在夏收期间普遍发动斗争和暴动，发动兵变（把国民党军建制的部队拉出来投向共产党），以配合全省夏收总暴动。同月下旬，中共南路特委书记杨石魂到廉江巡视督促工作，肯定廉江县委关于在北部山区仙人嶂建立武装暴动根据地的计划，指示应把仙人嶂建成南路的"小井冈山"。随后，中共廉江县委派十多人进驻龙湾蓬山，秘密建立弹药厂，日夜赶制了一批炸弹，为举行武装暴动和建立根据地做准备。在此期间，石岭一带的一批小商人和烟贩、烟农等自发组织起来，在石岭圩场上罢市一天，进行罢市和抗税、抗烟捐斗争。中共廉江县委抓住这个时机，派出得力干部去继续鼓动，组织群众扩大抗捐税斗争。接着，南路特委根据这次抗捐税斗争的趋势，研究制定了廉江的工作计划，指示廉江县委依照新计划布置工作，努力将抗捐税斗争扩展到整个廉江；同时委派黄德初到廉江负责工运工作。

在努力组织群众开展斗争的同时，廉江县委还进一步加强了兵运工作，并取得了进展，1928年4月，驻塘蓬仙人嶂残余土匪十多人全部参加共产党武装组织；参加过国民党区、乡常备队的100多人亦加入共产党武装组织；奉命到燕山围捕共产党的连长故意疏忽，让被抓的十多名共产党员悉数逃脱；驻石岭、青平的刘之华部队已与共产党有联络。7月31日，南路特委获悉高州兵变的确凿消息后，随即指示廉江立即通知刘之华部进攻廉江城，兵变部队所到之处，尽量镇压豪绅地主，收缴反动民团枪支，没收大商店及豪绅地主的财产等。但是，在高州兵变后，驻雷州半岛和廉江、梅菉等地的国民党军随即实施严密警戒，在驻军内部负责兵运的"内线"活动受到了严重的制约。这样，南路特委策动更大兵变和割据南路的计划没有实现。

1928年8月下旬以后，以黄平民为书记的南路特委根据省委对南路特委的新指示，暂时停止武装暴动，部署各地整顿、巩固党的各级组织，秘密发动群众，开展统战工作，坚持隐蔽斗争。此后，廉江县委各项工作得以稳步开展。

三、中共南路特委被破坏后廉江党组织的活动

为贯彻中共六大精神，中共广东省委于1928年11月6日至24日在香港召开第二次扩大会议，会议认为，广东的革命形势和全国一样，是处在两个革命高潮之间，党目前的总任务是争取广大的群众，积蓄革命的力量，以准备在新的革命高潮到来时武装暴动的胜利。在这次会议上，黄平民被选为省委候补常委。

正当廉江全面贯彻省委扩大会议精神，争取广大群众，积聚革命力量，准备在新的革命高潮到来时开展武装暴动的时候，局势急转直下。由于叛徒告密，中共南路特委于1928年12月在广州湾被破坏，主要领导黄平民、朱也赤等十多人被捕杀害。自此，廉江党组织与上级机关联系中断，革命运动走向低潮，不少共产党员、农会干部被捕被杀或被逼离队失散，廉江党组织遂陷于解体，其领导的工农革命运动也被迫停止活动近十年。

但廉江一些党员骨干仍以不同的方式在各地坚持秘密活动，

顽强地支撑着廉江革命斗争的局面。从1929年年初开始，在中共原南路特委书记彭中英的带领下，以吉水屋场角罗慕平家为联络点，梁光华、罗慕平等人常到角湖峒、西莲塘、大坝、燕山、箓塘、丫髻岭、朗塘等几十条村庄，联系各地共产党员；梁安成、梁文兴到遂溪县牛马洋以教功夫为掩护，广收门徒，宣传革命，并组织大刀队作为秘密革命武装，秘密开展革命活动；梁尚蔚继续当向导及通讯联络员，与来往于角湖峒、西莲塘等十多个村庄的各县同志联系。不久，梁光华、罗慕平到茂名、化县、信宜等地寻找党组织。1929年4月，梁光华在当地党组织的筹款资助下，历尽艰辛，先后到香港、广州、梧州、贵县等地寻找党组织，但始终未能遂愿。1929年夏，罗慕平、潘江、吴绍珍、刘汉东等转移至越南，以教师职业为掩护避难。不久，罗慕平、吴绍珍到香港，冒险以中共南路特委联络代号"钟可尚"名义登报寻找"亲戚（党组织）"，仍联系不上。

从1930年到1932年间，中共原南路特委书记彭中英以罗慕平家为据点，与罗慕平在廉、化一带坚持一段较长时间的地下活动。1932年3月10日至12日，广东南区绥靖委员会公署召开宣传会议，继续通缉廉江党组织的主要成员和骨干梁安成、吴绍珍、梁文兴、罗慕平、关泽恩、刘汉东、梁文琰等人。在一片白色恐怖中，1932年冬，罗慕平撤往越南。从此，廉江县委一级的组织活动开始中断，廉江党组织从辉煌的顶峰跌落到艰难的困谷。

廉江轰轰烈烈的工农革命运动虽然失败了，但它在廉江的革命斗争史上有着重要的地位。通过这场革命，中国共产党提出反帝反封建的口号成为广大人民的共同呼声，党在群众中的影响迅速扩大，党组织也得到较大的发展，廉江成为广东南路地区的重点区域。这场革命，不仅沉重地打击帝国主义、封建主义在廉江的统治，给广大农村造成较大震动和影响，而且使广大群众在思想上受到一次相当普遍的革命洗礼，为以后的革命斗争提供了群众基础。"野火烧不尽，春风吹又生"，几年后中国共产党又在廉江这块土地上茁壮成长。

第三章
抗日战争时期

　　抗日战争爆发后，共产党组织在廉江又重建和发展，1940年2月重新成立中共廉江县委员会，组建抗日联防队伍，建立新塘和大塘抗日联防区，领导全县人民开展抗日救亡运动，为夺取抗日战争的最后胜利而努力。

第一节 党组织的重建

一、抗日战争爆发后廉江的形势

1931年，日本帝国主义制造"九一八"事变，武装侵略中国东北，开始了妄图变中国为其殖民地的侵略战争。东北三省的沦陷，引起了中国社会的强烈震动。全国各民族、各阶层的爱国力量纷纷强烈要求打击日本侵略者。在全国抗日救亡浪潮的推动下，廉江的工农兵学商各界积极响应，纷纷举行集会，游行示威，发表宣言、通电，呼吁团结抗日、共赴国难。在外地求学的廉江籍学生也踊跃投身于当地的抗日救亡运动之中。1931年，在广西博白县龙潭中学读书的廉江青年关锡琪加入学校组织的抗日宣传队，逢龙潭圩日上街宣传，呼吁国民党政府停止内战，一致对外，武装民众，出兵抗日。1933年，在广东省立第十中学读书的廉江青年莫怀与同学唐多慧等开始阅读左翼文学，学习马克思哲学、政治经济学、社会发展史等，初步懂得一些显浅的革命道理。1935年12月，北平发生"一二·九"运动，中国人民长期被压抑的爱国情绪猛烈地爆发出来，廉江县城的中小学校师生也上街游行，响应和声援爱国运动。1936年12月，西安事变的和平解决，粉碎了亲日派和日本帝国主义者的阴谋，促进了中共中央"逼蒋抗日"方针的实现。自此，国内和平初步实现，在抗日的旗帜下，国共两党的第二次合作呼之欲出。这时，举国上下，除了一部分最反动的大地主、大资产阶级和其他民族败类充当汉奸之外，都逐渐投入轰轰烈烈的抗日救亡运动中来了。在广州求学的廉江籍学生更是站在时代前列，纷纷行动起来。在广东省立勷勤大学读书的林敬文、黄玄经苏宏介绍加入中国青年同盟会，黄玄不久加入中国共产党，参与广东青年群众文化研究社筹办及其他各种活动；中山大学的雷世营、钟靖、黄立权和勷勤大学的李有杰等回乡传播抗日救亡的消息，宣扬爱国思想。他们以报告会、座谈会、话剧、歌咏等群众易于接受的方式进行抗日宣传，为廉江后来开展抗日救亡运动做了思想上和组织上的准备。

1937年春，廉江县立简易师范学校（简称廉江师范）粤剧团，多次在廉城和附近村庄如那良、茶山、莲塘口等地演出，宣传抗日救国保家乡。1937年7月卢沟桥事变发生，全民族的全面抗日战争爆发。失去组织联系的大革命时期中共南路特委委员陈信材急于寻找中共党组织，迫切希望投身到抗日救国的最前列，但当时廉江的党组织尚未恢复重建。于是，他与彭中英（大革命时期中共南路特委书记）联名写信给八路军武汉办事处的周恩来，要求去延安工作。1937年年底，他俩赴湖北省汉口十八集团军后方办事处向周恩来请示工作，要求恢复党籍。适周恩来因故离开武汉赴重庆，由办事处工作人员转达意见，指示他们回原地参加抗日，联系张炎开展工作，党籍问题由当地党组织审查解决。随后他们回梅菉从事革命活动。在广州、廉州、北海、雷州等地读书的廉江青年林敬文、莫怀、罗培畴、李承煜、曹家祥、罗永玑、罗承业、黄永寿等亦积极参加学生抗日救亡运动，组织秘密读书会，接受进步思想。

1938年2月，广西大学文法学院学生宣传队一行数十人到廉城进行抗日宣传。同月，廉江县成立广东民众抗日自卫团廉江县统率委员会，主任邹武、邹敏夫（后）。廉江中学、廉江师范、廉江县立第一女子初级小学的爱国师生以出版墙报、开座谈会、组织抗日宣传队上街演讲和演街头剧等形式介绍抗日简况，廉江县立第一女子初级小学和廉江县新生活运动妇女工作委员会、县妇女会、县抗日服务大队3个妇女组织联合在廉城等城乡以及广州湾义演，发动各界募集国难捐转解前方，慰劳将士；县抗日妇女服务队第四大队部连续举办妇女救护班，学习防空救护业务，以备战时需要；廉江师范附属小学及第一区第一小学师生，还组织数十人的晨呼队，每天清晨上街头高呼抗日口号，以唤醒民众。1938年春，梅菉抗日话剧自卫团巡回到廉江公演《铁扫帚》《汉奸末路》《秋阳》《重逢》《咆哮的河北》等救亡话剧，推动廉江的抗日救亡运动。

1938年寒假期间，广东省立勷勤大学以地区为单位，组织学生回乡宣传队。廉江分队由林敬文带领回廉江，大力宣传共产党提出的抗日救国"十大纲领"，动员广大群众"有钱出钱，有力出力，有枪出枪"，提出大敌当前，各阶层人士必须摒弃前嫌，一致对外。

二、党组织的重建与发展

（一）外县工委来廉工作组的活动

1937年冬，中共广州外县工作委员会派中共党员黄玄、梁静山到廉江，开展建党活动。黄、梁通过国民党廉江当局成立廉江县抗敌后援会，同时筹建广州青年群众文化研究社，以公开合法身份开展活动。他们主要以廉江中学为活动中心，组织读书会，引导师生阅读进步书刊，参加抗日救亡活动，锻炼和培养骨干，秘密开展建党的前期工作。但他们在廉江的建党任务尚未完成，就先后于1937年年底、1938年春奉命离开廉江回广州。

（二）廉江工作组支部的活动

1938年春，在中国人民抗日军事政治大学毕业回广东的陈哲平（陈枫）、洪劲夫、董世扬、马特士、梁锡琼（梁毅）、张惠良6人，受中共广东省委派遣组成工作组到廉江，开展抗日救亡和建党工作。陈哲平、洪劲夫、董世扬、马特士4名共产党员成立中共廉江工作组支部，书记陈哲平。不久支部吸收梁锡琼、张惠良入党。他们利用在县政府部门和县政警中队任职的合法身份开展抗日活动，秘密发展党员，于同年7月、8月先后吸收林敬文、黄存立入党。此外，工作组还利用统战关系，安排一批进步知识青年到附城、太平、青平、石角、石岭、石颈等几间较重要的小学任校长和教师，在其中培养革命骨干，为下一步扩大廉江党组织创造条件。同年12月，廉江工作组成员因政治身份暴露而撤离廉江。

（三）中共廉江县中心支部、廉江县委员会的建立

1938年11月，中共广东西南特委根据省委的指示，派周明、林林（林凌波）、阮明到吴川，开展抗日统战工作，建立党组织。他们3人组成党支部，受西南特委领导。不久，周、阮分别调往粤中、茂名，林林继续留在吴川、梅箓、广州湾一带活动，并兼管廉江的工作。1939年春夏间，林敬文率先在廉城先后吸收青抗会积极分子李廷登、关锡琪、李承煜、邓杰等十多人入党，建立工人党支部。随后，林敬文又在西莲塘、燕山等地发展党员，建立西莲塘燕山支部和若干党小组，同时，还恢复了大革命时期入党的梁安成等人的组织关系。同年7月间，中共高雷工委决定成立廉江县中心支部，书记林敬文。1939年秋冬间，中共高雷工委先后从遂溪抽调党员骨干唐多慧（唐彪）、廖铎（刘炳燊）、李康寿、莫怀、罗培畴到廉江加强党的力量，同时派黄其江到廉江指导工作。黄其江在西莲塘村举办党员骨干训练班，传

达省委关于加快发展党组织的指示，结合形势讲解党的抗日民族统一战线政策，总结廉江的工作，提高党员骨干执行党的方针政策的自觉性。至1939年年底，全县建立燕山西莲塘、廉城、青平小学、陀村小学、文中小学、金屋地、葛麻坝、龙湾、石角小学支部9个。1940年2月，由廖铎主持，在安铺以南廉遂交界处单家独户的小村召开廉江县党员领导骨干会议，为期两天，参加会议的有廖铎、莫怀、唐多慧、李康寿、林敬文等。会议传达了特委关于抗日战争形势和今后任务的决议，宣布成立中共廉江县委员会，书记廖铎，组织部部长唐多慧，宣传部部长莫怀，委员李康寿。此时，全县有共产党员50多人。

城乡抗日救亡运动的全面高涨

　　1938年春，在抗日民族统一战线已经形成的形势下，廉江县成立民众抗日统率委员会，并允许一些抗日团体的建立。1938年8月，延安抗日军政大学学生陈哲平、洪劲夫等6人由中共广东省委委派到廉江，联系进步教师、学生、社会青年20多人，发起成立廉江县青年抗敌同志会，在成立大会上，公开拥护中国共产党关于建立抗日民族统一战线，实行全民族抗战的政治主张，号召全县青年组织起来，团结一致，保家卫国。首批参加青抗会的有廉江中学、廉江师范和廉城小学师生，以及社会各界进步青年共50多人。选举林敬文为总干事。至1939年年底，廉江县城青抗会会员发展到300人（不含青抗分会会员）。

　　廉江县青年抗敌同志会成立后，创办会刊《青年之路》《反汪特刊》，并设立图书供应社，大量出售马列著作和《新华日报》、《解放》周刊、《群众》周刊等进步报刊，大力宣传共产党的抗日民族统一战线政策，报道全国各地抗日救亡的情况，激发群众抗日热情，鼓励广大青年积极投身抗日洪流。紧接着，龙湾圩、石岭圩和青平圩等地逐步筹备创建抗日救国流动图书社或图书供应社。

　　随着工作开展，党组织认识到抗日青年只有到广大农村中去，到农民群众中去，同他们打成一片，依靠他们抗日才能持久，才能取得最后胜利。1939年年初，在党组织的直接指导下，县青抗会组织6个下乡宣传队，分赴龙湾、石岭、青平、安铺、长山、塘蓬、三合等地，宣传发动群众，提高农民对抗日和保家卫国的认识。他们在圩镇张贴抗战标语、漫画和陈列图书，并到附近村庄演讲，或公演抗日救亡戏剧等。青抗会组织廉江孩子剧团，常在街上唱抗日歌曲，演出抗日短剧。除了在县城宣传外，还自带伙食，到那良、茶山、风梢等村庄宣传。

至1939年年底，廉江青抗会发展进入鼎盛时期，全县已建立青平、龙湾、石岭、三合、良垌、安铺、山底、太平（含坡脊）、石颈、长山、那贺、吉水、塘蓬13个青抗分会，会员发展到1300多人（不包括读书会）。

青抗会的活动，吸引了广大爱国青年投身于抗日救亡行列。他们深入农村办夜校，组织读书会，向农民宣传抗日救亡道理。此外，青抗会还派出一批会员到附城、青平、太平、石角等学校担任校长、教师，不但在学校建立起抗日救亡的阵地，而且为廉江党组织的发展壮大及以后党员的撤退创造了有利条件。

1938年11月初开始，广东南路第十一区统率委员会主任张炎先后在高州举办乡村工作团、战时工作队、南路学生队，廉江工作组党支部动员廉江县青抗会会员林敬文、陆镇华、罗永玑、莫兴、李有杰、罗文洪、杨生、林敬武、梁文强等140多人考取加入。他们到高州后，参加短期军事训练，杨生、林敬武、陆福等还加入了共产党。这些学员经培训之后，除少数调往外地，绝大多数回廉江开展抗日救亡宣传，和农民同吃、同住、同劳动，过艰苦朴素生活，白天同农民一起劳动，晚上给农民上课，教识字，宣传抗日道理，协助解决各种困难，诚心诚意办好事，得到广大农民的信赖，树立了较高的威信。经过一段时间的工作，广大群众的思想觉悟普遍得到提高，于是公开吸收青年参加青抗会，秘密吸收中共党员。这为廉江党组织的发展提供了源源不断的后备力量。

反击国民党两次反共高潮

　　国民党顽固派在日本帝国主义的政治诱降，以及英、美对日采取绥靖主义政策的影响下，逐步走向消极抗日、积极反共的道路，把主要注意力从对外转向对内。1939年1月，国民党五届五中全会制定"溶共、防共、限共、反共"的方针，随后陆续秘密颁布《限制异党活动办法》《沦陷区防范共产党活动办法草案》《异党问题处置办法》等，企图在政治、军事、经济等方面，对共产党及其领导的抗日力量加以限制、打击和消灭。正当廉江的抗日救亡运动蓬勃开展的时候，国民党顽固势力在廉江境内煽起了"限制异党活动"的阴风，诬蔑抗日救亡运动搞"赤化"，青抗会出版的会刊、经营的书店搞"赤化"宣传，遂对县内的抗日群众团体施加压力，采取种种卑鄙手段强迫解散。

　　中共廉江县委坚决贯彻党中央"坚持抗战，反对投降；坚持团结，反对分裂；坚持进步，反对倒退"三大政治口号，采取"政治上进攻，组织上退却"的策略，率领全体共产党员，团结广大群众，为击退反共高潮而斗争。

　　面对国民党顽固派的倒行逆施，中共廉江组织依靠人民群众，团结进步力量，开展回击反共顽固派的斗争。1940年3月中共广东省委统一布置散发《抗议国防部诬蔑八路军"游而不击"》《抗议平江惨案屠杀涂正坤七烈士》等传单，揭露国民党顽固派反共分裂、破坏抗战的罪行，动员广大群众起来反对分裂、坚持团结、抗战到底。中共廉江县委布置各区党组织,将传单散发到全县各地,甚至国民党内部机关和国民党军政人员手中。

1940年5月4日,中共廉江县委针对国民党南路行署解散廉江县青抗会的命令,在廉江城召开廉江县青年抗敌同志会代表大会,抗议国民党剥夺群众抗日权利、破坏团结抗日的行径,揭露国民党掀起反共高潮和强迫解散青抗会的险恶用心。会后,中共廉江县委以青抗会名义发表《告全县同胞书》《抗议反动派解散青抗会宣言》,揭露顽固派破坏团结抗战的劣行。后来,这些文稿被刊登在中共南路特委机关刊物《南路青年》上。中共高雷工委表扬廉江县青抗会,称赞他们敢于在反动派重重武装包围下坚持原则,坚持斗争的精神。县青抗会大会后,各区青抗会和一些学校亦相继举行大会,抗议解散青抗会,声援县青抗会。

同时,廉城、安铺、青平、石岭等地也以青抗会会员为主要骨干,分别组织反汪精卫大会和示威游行,公开宣传共产党的抗日主张,号召民众团结起来,抗日保家卫国。在青平的反汪大会上,斗争颇为激烈。青平青抗分会主任曹家祥在会上痛斥汪精卫的卖国罪行,引起强烈共鸣,"反对解散青抗会!""还我抗日救国的自由权!""打倒日本帝国主义!""打倒汉奸卖国贼!"等口号声此起彼伏。与会的国民党青平区分部书记企图宣扬对日妥协的汉奸言论,抗日民众与之进行针锋相对的斗争,使其阴谋不得逞。大会的胜利,鼓舞各阶层爱国人士及广大群众的抗日情绪。

廉江党组织在发展自己,加强组织建设的同时,十分重视党的思想作风建设,纯洁和巩固党的组织。除了在抓好学习和教育外,还结合党在各阶段的中心任务和斗争实际,先后于陀村、金屋地、博教小学等地举办8期党员骨干训练班,对区级以上党员骨干进行教育，主要是进行党建理论、党的方针政策、党的纪律、统一战线政策、社会发展史等基本知识的教育，要求党员进一步掌握党的基本理论和基本知识，提高政治觉悟，增强党性，加强组织纪律性，坚定革命意志，以应付复杂的斗争环境。三合区党组织负责人涂沙也先后在三合圩新铺、车头埇和同福小学（环下小学前身）举办党员训练班，对基层党员普遍进行革命气节教育。这大大推动了廉江革命斗争，使廉江各级党组织和广大党员在风起云涌的斗争中，始终起着政治领导和先锋模范作用，面对强敌和困难毫不动摇，饱经危难而不气馁，在遭受挫折和处于低潮时信念不改，信心不变，坚持不懈地高举着红旗前进。尤其在反击国民党两次反共高潮中发挥了不可替代的作用，使党组织经受住了考验。

在国民党反共高潮持续的3年多时间里，廉江党组织坚决贯彻执行"十六字"方针，击退了反共高潮，在敌占区和国民党管辖区的地下党组织都没有暴露，地下活动能够正常开展，党员人数由1940年春的50多人发展到1942年5月的130多人，党支部由几个发展到20多个。

第四节 深入扎根农村

一、党的工作重心向农村转移

1939年12月，广州沦陷后，中共广东省委机关北撤韶关。省委的工作重心开始从城市向农村转移，指示各级党组织必须面向工农，面向农村，大力开展农村工作，提高广大农民的觉悟，加快党在农村的发展。这为廉江党组织深入开展农村工作指明了方向。

中共廉江地方组织利用在农村开展青抗运动的机会，大办民众夜校，以夜校为阵地，深入发动群众，以教学的形式使抗日宣传工作经常化、系统化，把党的组织和政治影响扩大到广大农村。以大革命时期农民运动较活跃的角湖垌、春花墩、燕山、西莲塘、大塘等村庄为重点，深入发动群众，组织抗日自卫队。此外，还设法安排一批党员和进步青年到乡村学校任职，占领农村学校阵地。

1940年5月县青抗会代表大会之后，中共廉江县委通过分析形势，自动解散青抗会，陆续分批撤退隐蔽党员，把工作重点转移到国民党统治力量薄弱的农村。其中县委领导陈天佑、唐多慧、莫怀等转移至博教小学，以教师的身份作掩护，从事革命活动，博教小学和附近农村成为中共廉江县委机关的主要活动基地；党员骨干杨生、涂沙、叶增荣、莫兴、林敬武、李廷登、曹家祥等分别返回龙湾、石角、良垌、安铺、石颈、石岭、青平等地活动，在农村和中小学校建立了一批党支部。此外，中共廉江党组织积极配合中共南路特委和遂溪、化县、合浦等县党组织，安置好转移到廉江的中共党员，使他们得到较好的掩护，促进了廉江革命工作的开展。

为了加强对各地党组织的领导，中共廉江县委决定在条件较好的地区建立区委会或相当于区委的中心支部。1941年春夏间，先后成立中共一区三区中心支部、中共石角塘蓬中心区委员会和中共石岭区委员会，书记分别是叶增荣、陈兆荣、杨生。至年底，全县有青平小学、金屋地、博教、陀村、葛麻坝、安铺、安铺中学、廉江中学、玉田小学、簕塘、三合、和寮小学支部等18个支部，夏插、蔚文小学、大坝、宝石中学、敏恭小学、文中中学党小组等7个党小组，党员100多人。其中党员人数较多的有金屋地、博教、三合支部等。

二、利用国民党基层政权开展工作

1939年起，国民党廉江县当局按照省政府的部署，相继采取各种措施巩固基层政权。中共廉江组织抓住这个有利时机，通过统战关系，选派党员和进步青年打入国民党乡镇政权，秘密开展党的农村工作。

从1940年5月开始，共产党员、抗日爱国进步青年即转入农村，通过各种社会关系进入学校及政府机关任教或任职，以公开合法身份为掩护进行秘密活动。7月，国民党廉江县政府在那良村举办师资训练班。中共廉江县委认为这是好机会，即指派共产党员赖鸿维、罗培畴、陈任华、涂沙、叶增荣、黄永寿、梁子云、罗承业等人参加训练班，为以后的隐蔽活动创造更为充分的条件。

1941年1月，皖南事件发生后，县委周密部署共产党员进一步隐蔽。在国民党廉江县政府任职的共产党员容启钦、莫虹、罗永玑等人，做好上层统战工作，安排一批共产党员和进步青年到国民党基层政权中任乡长、保长、甲长，建立两面政权，其中息安、塘蓬、车板、义东、合南等乡的乡长均由共产党员担任。他们利用自己的职权，安排一批共产党员或地方进步开明人士担任保长、甲长。这些党员和进步人士利用合法身份在基层活动，配合党组织开展农村工作。

在隐蔽中，广大党员"勤职、勤学、勤交友"，使自己得到更好的隐蔽。从转入隐蔽斗争到停止活动的两年多时间（1942年5月至1944年），绝大多数党员思想稳定，立场坚定，没有一个组织被破坏，没有一个党员被捕杀，也没有一个党员叛变投敌、出卖组织，从而为党保存了大批的骨干，培养了一批新生的革命苗子。在党员数量上，虽因"暂停组织活动"不能大量发展，但仍有一定发展，党员人数发展到200多人，这为以后的革命斗争积蓄了力量。

为了适应形势的发展和对敌斗争的需要，中共廉江县地方组织于1940年2月后，先后开设邓永泰联络站、安铺中学联络站、博教小学联络站、廉城东街吴锡麟家联络站、合隆联络站、纯笃联络站。1942年下半年后，在廉城开设南平书局，秘密销售国民党禁止的进步书报，建立廉江地下邮路，将书报和党组织的指示传递到各地。

三、党领导下的学生爱国运动

在国难当头、民族危难之际，廉江的青年学生热血沸腾，他们在中国共产党的领导下，对反动派开展了多种形式的、卓有成效的斗争。通过学生自治会、班会等形式，出版墙报，组织时事讨论，揭露顽固派的丑恶面目；成立抗日宣传队，呼抗战口号，唱抗日救亡歌曲（后发展到唱抗战山歌），贴抗战标语，演抗战救亡戏剧；拒入中国三民主义青年团（简称三青团）；依靠学生骨干分子，团结广大进步学生和教师，发动学潮，开展罢课斗争，撤换反动校长、教师，维护学生的权益，孤立打击反动势力，团结保护进步师生，发展进步力量。

廉江县的学生运动，由于党组织始终牢牢掌握各种学生团体的领导权，学校的革命活动始终傲立潮头，源源不断地为革命输送人才，学校党组织从未被破坏过，没有一个党员或积极分子在学校被捕或变节投敌。博教小学、正奏小学、灯草小学、玉田小学、新民（白鸽港）小学、陀村小学、敏恭小学、竞存小学、石岭小学、金屋地小学、肇基小学、新村小学、青平小学、坡脊小学、芳流墩小学、莲塘口小学、合河小学、石角小学、三合小学、崇正小学、和寮小学、安良小学、安铺中学、廉江中学、青平中学、文中中学、群成中学、廉江师范等学校，均有共产党员教师活动。这些学校不仅是授业的场所，更是教育青年进步、引导青年投身革命的重要阵地。

第五节 抗日武装斗争的开展

一、抗日联防队伍的兴起

日本侵略军对廉江的侵略是从实施空中轰炸开始的。从1938年9月以后，日本侵略军不断派出飞机轰炸安铺、良垌、太平、吉水、附城、石岭等地，廉江大地处处残垣断壁，破败不堪，难民流离失所，衣食无着，啼饥号寒。

1943年春，日、伪军控制雷州半岛和广州湾后，在廉江建立系列基层伪政权，成立伪县政府、伪县民众自治联合大队指挥部，随后建立安铺伪区公所和同南、吉水等伪乡公所，在两家滩竹仔山、吉水仔等一些村成立维持会，实行法西斯统治。还在廉城、安铺、吉水、丹樟、塘涵、后溪、黄泥地等地设据点，对廉江人民疯狂轰炸，滥杀无辜，奸淫掳掠，敲诈勒索，败坏社会风气，摧残文化教育事业，罪行罄竹难书。廉江人民不仅生命得不到保障，财产亦蒙受损失，心灵遭受折磨，社会经济倒退。

日本侵略者的暴行激发了廉江人民的极大愤慨与反抗。中共廉江县特派员余明炎根据形势的发展和上级的指示，布置县内党组织以共产党员为骨干，广泛发动爱国分子和工农群众，组建地下抗日游击小组。1943年下半年，全县各地的党组织根据县特派员莫怀的指示，深入农村、城镇和学校，加紧扩大发展游击小组，严密组织地下党领导的地下军。搜集民间武器、弹药，筹款购买武器，学习军事技术和开展军事训练，建立群众性地区联防武装，然后逐步形成共产党领导下的抗日武装。为提高战斗力，抗日游击小组按照实战需要，进行军事训练。至1944年年底止，全县有半数以上地区建立了共产党直接领导的地下游击小组，成员达1000人以上，为建立抗日武装力量做好了初步组织准备。

在前期秘密组建抗日游击小组的基础上，进一步发动群众，公开组建民众联防抗日武装。1943年3月至10月间，与遂溪信和乡接壤的良村仔首先建立联防队，接着廉东南地区以共产党员和进步青年为骨干，建立了东桥抗日联防队、白鸽港抗日联防队、成安乡抗日联防队，以及由共产党员掌握的平坦乡抗日联防自卫队，共有300多人，100余支枪。并在此基础上成立廉吴边抗日联防区。石岭地区以开武馆为名，建立了300多人的大刀队。九洲江沿岸各保组建联防队、巡逻队，其中蓬山、鹿鸣、西埇等地组建了半脱产的武装队伍。在安铺地区，从1943年冬开始至1944年冬，博教、包墩、犁头沙、天肋墩等抗日联防队先后成立，较大的村庄成立联防分队。在田界地区成立了100多人的民兵大队。党组织在加紧组建抗日武装的同时，还在黄茅根、对面村、老理塘村办起枪械修造厂，土法制造枪支弹药和大刀、长矛等武器，为武装抗日做准备。

各抗日联防队伍得到各界爱国民主人士的大力支持，他们除捐出自用的枪弹外，有的还出资购买武器，改善装备，提高战斗力。抗日联防队伍以抗日的公开合法形式开展工作，同时邀请国民党上层人物或地方头面人物在其中任职，更有利于抗日武装斗争的开展。

二、联防抗日斗争的开展

1944年上半年，在廉东南地区，抗日联防队的对日斗争开展得轰轰烈烈。廉（江）吴（川）边区人民先后于吴川石门和廉江拱桥、钩镰岭等地抗击日军，并取得胜利，大大地鼓舞边区人民抗战的决心和信心。

1944年10月3日，林林按照中共吴廉边区特派员黄景文的布置，带领成安乡抗日联防队和正奏小学、新民小学的抗日游击小组，在石头桥伏击从黄泥地到两家滩抢收捐税的伪军，其后，又在竹仔山、吉水仔等村镇压一批日、伪维持会头目，有力打击了敌人的嚣张气焰。11月23日凌晨，日本侵略军100多人袭击湍流村，继而向吴川县石门乡窜犯。黄景文组织成安乡抗日联防队和白鸽港、泮北抗日游击队，将敌逼到钩镰岭傍海一侧无法离开。附近村庄群众两三百人拿着土枪、猎枪、锄头赶来呐喊助威。电吴梅廉警备区司令詹式邦率领的两个大队从岐岭寨赶来支援。敌伪进退失据，至黄昏被歼过半。24日晨，广州湾日军从海上强渡增援，日、伪军始得突围逃脱。计是役毙伤日军小队长松川及士兵50多人，缴获望远镜一副、指挥刀一把和其他军用物资一批。这次战斗，轰动了吴廉化边区，打击了日、伪军的威风。

在廉西南地区，廉江、遂溪抗日联防队互相合作，共同对敌，亦多次予日、伪军以沉重打击。1944年9月，张鸿谋抗日中队在龙桥河桥击毙驻界炮镇伪军上尉中队长郑勋前；1944年10月中旬，遂西北区第四联防区中队于龙桥河伏击由安铺往界炮方向的日、伪军20多人，打击日、伪军；1944年11月下旬和次年春，包墩村抗日联防队先后两次击退驻安铺的日、伪军的进犯，取得以弱胜强的胜利。

石岭地区，以秋风江育英小学为基地，以开武术馆为名，秘密建立了300多人的抗日大刀队。同时，在龙湾北起合江南面至方屋村的九洲江沿岸各保也组建起联防队、巡逻队，其中蓬山、鹿鸣、西埇等地有半脱产的武装队伍，常以夜晚巡逻为名进行军事训练，维护地方治安，缉缴资敌的军用物资，深得群众欢迎。国民党雷州独立挺进支队营长梁传楷从安铺走私桐油到广州湾时，郭式（郭洛）率领陀村抗日自卫队曾在陀村附近袭击，缴获桐油数十桶。

三、建立独立自主的抗日武装部队

1944年春夏之交，中共南路特委决定抓住雷州地区敌人兵力相对减少的有利时机，在遂溪县老马村举行抗日武装起义，建立共产党直接领导下的独立自主的抗日武装队伍。

1944年8月9日，遂溪县中、西部地区及廉江良村仔的抗日武装按计划集中到老马村，随即进行武装编队，宣布成立遂溪人民抗日联防大队。稍后，中共廉江县特派员莫怀组织慰问团，到遂溪山家、老马学习军事知识，一回来就在全县范围内集中一批骨干在烟塘成立廉江抗日游击队，后扩建为廉江抗日中队。从此，中共领导的廉江抗日武装斗争由隐蔽转到公开。训练了一批军事干部后，全县便"全面开花"，先后以秘密游击小组为基础，组建起抗日武装。至年底，全县先后建立三合抗日游击中队、坡脊抗日中队、龙湾抗日游击中队、船埠抗日游击队、钟士琚游击队、廉西人民抗日游击队、田界人民游击中队、吉水人民抗日游击队、同南乡人民抗日游击队、石颈游击中队、莲塘口大队等，抗日武装队伍发展到900人左右。抗日武装队伍的武器主要通过收集民间武器，加强统战工作掌握乡、保枪支，筹款购枪，收缴地主的枪支等方法筹集。为了成立地方抗日游击队，金屋地党员曹家祥将家里仅有的2亩多耕地卖掉，并发动群众捐赠和动用祖尝谷购置枪支和弹药。

四、参加南路人民抗日武装起义

1944年12月，由于国民党顽固派的层层压迫，中共南路特委决定紧急集结武装队伍举行抗日武装起义。

1945年1月6日，中共廉吴边特派员黄景文率廉江东桥、白鸽港、成安乡及吴川石门、陇水、龙头、泮北等地的抗日游击队及联防队700余人，举行武装起义，组成以林林为大队长兼政委的林大队和陈汉雄为大队长、郭芳为政委的陈大队。

在林大队起义后，廉江各地党组织领导的人民武装纷纷起义。随后，林林率部在良垌附近截击进犯的顽军，打破了顽固派的阴谋。廉江境内先后有赖鸿维、陈炯东领导的平坦乡公所30多名士兵、鹤山村抗日联防队以及化南一带的抗日武装起义。莫兴、钟永月领导的青平一带抗日武装起义，涂沙领导的三合、坡脊、莲塘口一带抗日武装起义。1月14日，杨君墀、杨生以龙湾抗日游击中队为骨干力量，在蓬山、稔子坡、村尾、坡头一带组织了300余人的队伍，并宣布起义。17日，雷州人民抗日游击队第二大队的两个中队到达龙湾，与起义部队会合。次日，先后同围攻的国民党廉江县自卫大队、雷州独立挺进支队交战。21日晚，陈恩、唐才猷率雷州人民抗日游击队第三大队到达龙湾，向莫怀、洪荣传达南路特委有关化北会师的决定。随后，莫怀率龙湾起义队伍向廉北三合进发，进一步扩大武装队伍，唐才猷、黄其江等率领第二、第三大队向化北中垌挺进，陈恩返回雷州半岛领导当地的敌后抗日斗争。

1月27日，南路人民抗日解放军司令部率第一、第二支队转移至廉江东北的三合圩一带。三合抗日中队在三合圩同南路起义部队会师。28日，中共廉江县特派员莫怀率领坡脊抗日中队袭击国民党太平乡公所，智擒国民党廉江县党部原书记兼自卫大队队长陈熙晟及以下官兵20多人，缴获长短枪20余支。29日，国民党雷州独立挺进支队及国民党廉江县大队开赴三合袭击起义部队，双方在米鸡石嶂激战数小时，敌被击退。起义部队在三合地区活动期间，3次开仓分粮3000余石，从而大大地密切了党群关系，提高了共产党在群众中的威望。后来，活动于新塘地区的廉西、吉水、同南等地的几支抗日游击队，根据中共廉江县特派员莫怀的布置，也举行抗日武装起义。

1945年2月1日，张炎领导的高雷人民抗日军在廉江县灯草受挫。次日，国民党顽军对灯草11条村庄抢掠，群众的稻谷、杂粮和衣物被洗劫，隐蔽于山间石洞的十多位战士被捕杀害，陈醒亚独立大队副大队长陆新等四五人在灯草群众的保护下安全脱险。

三合会师后，廉江人民武装除涂沙部留下部分在当地坚持斗争，以保护伤员和配合博白、陆川开展武装斗争外，其余随总部向廉江西北转移。2月7日，南路起义部队在木高山村遭到国民党顽军第一五五师及广东省保六大队1000多人的袭击，大队长林林等指战员20多人牺牲。

2月7日晚，中共南路特委在廉（江）博（白）交界的照镜岭村召开紧急军事会议，决定放弃在廉（北）博（白）陆（川）边建立根据地的计划，从各部抽调主力700多人，其中廉江约有220人（主要在林林大队和洪荣大队）被调入，由参谋长李筱峰和第二支队支队长黄景文率领，西进合浦白石水地区建立根据地，周楠、温焯华等率领其余部队返回原地坚持斗争。廉江县特派员莫怀根据南路特委关于整顿部队和重点开辟廉江、遂溪边区的指示，决定把廉江莫兴中队与吴川两个中队编为廉江抗日大队，共300多人，由莫兴任大队长，陈章任政委。接着，开赴博白、合浦边区同博白党组织领导的武装队伍协同行动，支援西进主力部队作战。涂沙、杨生、林敬武等分别率部回三合、龙湾、石颈等地活动。

南路人民抗日起义部队转移后，廉江的国民党地方反动势力纠集在一起，对金屋地、鸡笼、那笠仔、新屋、山口仔、白鸽港等村"扫荡"，纵火烧屋，掠夺财物，奸污妇女，群众不能正常生产，生活也很困难，还随时有被捕刑讯之危。受损失最重的金屋地村，两次被抢掠、焚烧，全村没有一户得幸免。白鸽港新民小学、肇基小学被烧，共产党员陈信材、魏濂溪、刘傅锦等人的家被抄。

抗日根据地的建立

　　中共南路特委总结南路抗日武装起义的经验教训，认识到在发展抗日武装队伍上，由于缺乏周密的长远计划，各地的共产党员几乎全部参加武装斗争，使党组织原来建立的一些阵地被放弃，尤其是交通情报网络一度陷于瘫痪。在武装起义受挫后，没有立足之地，被迫转移，东奔西跑。南路党组织工作的主要基础在遂溪和廉江东南部平原地区，边区山地的群众基础较为薄弱，共产党的最大靠山是广大人民群众，在缺乏群众基础的山地建立游击根据地是十分困难和不可能长久的。根据中共南路特委的统一部署，廉江境内先后建立新塘抗日联防区和大塘抗日联防区。在联防区以外，有三合、田界、簕塘、龙湾、沙铲、长山、青平、博教8个抗日游击区作为联防区的坚强后盾，在人力、物力等方面源源不断地予以支持，抗击日、伪、顽军，输送兵员，使根据地得以建立、发展和巩固。

一、新塘抗日联防区的建立

　　1945年2月初，中共廉江县特派员莫怀根据南路特委整顿部队，重点开辟廉（江）遂（溪）边的指示，对廉江工作作了新的部署。决定将各地的游击中队、联防队整编为大队，通过游击大队同地方党组织的密切配合，在日、伪力量较为薄弱的廉城以西、安铺以东、九洲江两岸的新塘地区，建立抗日根据地，使之与遂溪北区、遂溪西北区连成一片，并以此为基地，发展廉江的抗日斗争。

为了尽快建立新塘抗日根据地，廉江党组织于1945年2月至3月间，先后建立莫兴大队、涂沙大队、杨生大队和河防大队。其中莫兴大队由莫兴为队长，陈章为政委，300多人，在廉江西南部潭福、博教、营仔一带开展游击战；涂沙大队由涂沙任队长兼政委，230多人，在廉化陆博边筹集枪支弹药和钱粮；杨生大队由杨生任队长兼政委，200多人，以田界、后村山等地为中心开展游击活动，并向廉遂边敌后扩展；河防大队由杨君墀任队长，200多人，在九洲江沿岸活动。这些武装部队既是战斗队又是工作队，在负责地方工作的林敬文等人的配合下，依靠当地党组织，将群众工作同武装斗争工作结合起来，为根据地的开辟创造了有利条件。

在大力发展抗日武装队伍期间，担负筹建抗日联防区任务的林敬文等人到达新塘。为加强廉江的军事领导干部力量，中共南路特委派李廉东（李辛农）到新塘区，协助廉江县特派员莫怀分管军事工作。他们依靠当地的党组织，深入各村庄宣传共产党的团结抗日主张，揭露国民党顽固派放弃守土职责、破坏抗战的可耻行径，进一步将群众发动起来。杨生率部南渡九洲江，布置一批骨干前往朗塘、新塘、田界、关垌、蔡垌、打银、后塘仔、白石、燕山等村庄组织农会、妇女会、村队（民兵）等抗日群众团体，建立了一批村政权。尔后，建立田界抗日联防委员会、河防区，以及廉西乡、船埠乡人民政府。县内其他区发动群众，扩充队伍，配合新塘抗日联防区的筹建。

1945年3月中旬，廉江党组织在新塘村召开群众代表大会，宣告廉江县新塘抗日联防区成立。选举林敬文为主任，陈熙华、李秀祥、欧兵为副主任。联防区委员会下设财粮、文教、军事、妇女、民兵等机构，建立交通总站、地雷厂、麻织厂、医疗站、税收站等，并成立武装常备中队。

其后，廉江党组织派出莫兴大队到后塘仔地区活动，于5月18日，成立后塘仔抗日联防委员会，主任林敬文（兼），副主任陈日熙、莫英祥、黄焕明。后塘仔抗日联防区的经费主要由潭福莫族、铺洋黄族、排岭陈族等祖尝提供。联防区内各村成立村队，分片成立常备队4个。还在后塘仔村设立制枪厂，维修枪支，翻新子弹。一个月后，后塘仔抗日联防区并入新塘抗日联防区。新塘抗日联防区从开始时的三四十个村庄迅速扩展到197个村庄，面积扩大到400平方公里，人口达3万人，成为南路地区重要的抗日根据地之一。中共南路特委及南路人民抗日解放军司令部常驻新塘，并在新塘举办各级领导干部训练班；化县、吴川、陆川、博白、灵山等地的党组织和游击队，也常到此举办党员学习班和整训部队等。中共南路特委和南路人民抗日解放军司令部在新塘村出版《南路人民抗日解放军简报》。

1945年6月，根据中共南路特委指示，为更好地领导全县人民的抗日斗争，夺取最后的胜利，在新塘村成立廉江县民主政府筹备委员会，负责管理新塘和大塘抗日联防区，领导县内金博、石颈、龙湾、三合、廉东南、化北（山底）等抗日游击区政权建设的筹备工作，由中共廉江县特派员领导。主任黄其江，副主任林敬文，下设办公室，主任陈其辉。筹委会成立后，随即着手筹建县民主政府机构。这为后来人民政权的建立提供了经验。

二、大塘抗日联防区的建立

在廉江党组织建立新塘抗日联防区的同时，位于廉江东南部并与化县、吴川两县相邻，属中共化（县）吴（川）组织领导的大塘抗日联防区的筹建工作也在加紧进行。

1945年2月，陈醒亚率南路人民抗日解放军独立大队陈炯东中队由廉江、合浦交界地带回到廉（江）化（县）吴（川）梅（菉）边，一方面联系失散队伍，一方面发动群众，动员群众和游击小组成员参军。独立大队的人数逐渐增加，并编成两个中队，分别向廉江东南部平原地带和化廉边活动。3月间，陈炯东中队在鹤山、华木咀、大埇、石船、包山等十多个村庄宣传发动群众，继而向良垌乡西南部的大塘推进。3月下旬和4月中旬，陈炯东中队先后在荷木山、大朗表村阻击前来"扫荡"的日、伪军，保护人民群众的生命财产安全。

在开展军事斗争的同时，独立大队派出武工队，协同以梁能为队长的大塘区地方工作队开展群众工作。经过两三个月的努力，先后在以大塘为中心的200多个村庄建立了一批游击小组，组织了以村为单位的巡夜队、睇垌会、兄弟会、婶嫂会、同心会等群众组织，不少群众主动为游击队找驻地、放哨、探敌情、送情报。统战工作也取得成效。廉东南地区的5个国民党乡公所，除成安乡乡长和个别顽固分子外，其他乡长、乡兵都采取中立态度，不敢向大塘游击区进犯。不少地主富绅也表示同情支持独立大队的抗日斗争，有的还主动向游击队提供日、伪、顽军的情报。驻廉城伪军余天美大队不再到游击区骚扰，还派人与游击队联络，曾为游击队提供情报。

1945年5月，化（县）吴（川）梅（菉）党组织和化县独立大队根据南路特委的指示，在大塘村召开大塘区各界群众代表大会，宣布成立大塘区军民联防抗日委员会，选举邹贞业为主任，邹培芝、钟其鉴为副主任，下设宣传、财粮、生产、武装委员。大塘抗日联防区管辖地区包括廉江县廉安乡、成安乡，以及平坦乡、良垌乡的一部分，共有200多个村庄，面积约250平方公里，人口约3万人，与新塘抗日联防区基本连成一片。

大塘抗日联防区成立后，着手开展税收、情报交通和动员青壮年参军等工作。其中情报交通站除了有一批不脱产的农村骨干分子做站长和交通员外，还有武装通讯员，定时递送情报和文件。联防区成立10天左右，就发动400多名青壮年参加联防队，并筹集150多支长短枪。

三、南路人民抗日解放军在新塘整训

1945年5月，南路特委书记周楠召集温焯华、陈恩等人，在广州湾召开工作会议，全面回顾了南路起义以来的工作，总结经验教训，明确指出：发展南路抗日游击战争一定要建立根据地和一支主力部队，并以敌后根据地为依托，依靠主力部队同地方组织的紧密配合，有计划有步骤地向根据地外围扩展。

1945年五六月间，南路人民抗日解放军在廉江新塘和遂溪西北区山家村进行军政训练和整编，除调整部分领导干部加强地方组织工作外，将从合（浦）灵（山）撤回的队伍，廉、化、吴、梅地区恢复发展的队伍，以及在雷州敌后坚持斗争并发展起来的队伍，共3000多人，统一编为5个团。其中，廉江的涂、杨、莫3个大队在新塘村整编为南路人民抗日解放军第三团，团长莫怀，政委唐多慧，政治处主任林克武（林星），参谋严敬义，下辖3个营和河防大队。第一营营长涂沙，副营长何朝玉，政委林敬武，副官叶复群，下辖3个连；第二营营长兼政委杨生，辖3个连；第三营营长兼政委莫兴，副营长罗培畴、徐永源，参谋陈荣典，辖3个连。河防大队大队长杨君墀，副大队长李秀祥。在新塘地区活动的博白县民主抗日自卫军整编为博白独立营（又称白马营），营长黄辛波，政委熊福芝，下辖2个连，受南路人民抗日解放军司令部的委托，军事上受第三团指挥，由第三营联系。全团共900多人。在廉东南地区，以李一鸣、陈醒亚领导的独立

大队为基础，汇合原化、吴起义西进合浦撤回的人员，在大塘村组建为南路人民抗日解放军第四团，团长兼政委陈醒亚，副团长黄载源，政治处主任王国强、杨子儒（未到职），参谋叶超，下辖2个营6个连。一营营长黄飞（未到职），政治委员朱兰清；二营营长李一鸣。全团800多人，主要活动于化、吴、廉边境。三团、四团成立后，根据中共南路特委广州湾会议的决定，在新塘进行整训，从思想、组织、军事技术各方面加强部队的建设。组建医疗队，设立政工队，大力开展部队的政治宣传工作，组织部队举行文艺晚会，活跃部队文化生活。于新塘出版《南路人民抗日解放军简报》供全军指战员和地方党政军干部学习。加强射击、刺杀、投弹三大基本军事技术训练，提高军事技术水平。在部队中建立党组织，加强政治思想建设。团、营建立党委，连队建立党支部，班、排成立党小组。积极发展党员，发挥党支部的战斗堡垒作用和党员的先锋模范作用。这样，使全军进一步明确斗争方向，提高斗争信心，为坚持南路的武装斗争，争取抗日战争的最后胜利，打下了组织基础和思想基础。

四、抗日根据地经济工作的开展

新塘抗日联防区、大塘抗日联防区建立后，在党组织的领导下，积极开展财政税收工作，发展生产和经济，对保障部队供给、巩固根据地发挥了重要作用。

在新民朗塘（后迁李屋岭）办织布厂，厂长曹文如，负责部队使用的毛巾和子弹带的编织，以及衣服缝补。

在新民朗塘设税收所，所长曹文如，负责征粮征税，在税种税目方面主要有货物出入口税、屠宰税、市面税和田赋税等。还设立流动税站，在廉东南通往广州湾的公路、埠头上派出武装流动税收队，征收来往商人的货物税。据统计，从1945年4月至8

月，共约收入税款25万元法币。

此外，还发动群众和开明绅士募捐钱粮。派捐时，先经过调查了解，掌握各大户情况，然后视其经济能力确定派捐粮数额，以稻谷计算，折价交纳，一般以总租额派捐10%。对日、伪汉奸的财产进行没收，或组织武装缉私队，缉没官僚资本家的走私货物，以补充财政收入。

联防区建立后，日、伪、顽军和国民党顽固派企图扼杀，实行经济封锁，不准联防区的群众到廉城、安铺、龙湾、横山等圩镇买卖交易，否则以"通匪"罪名扣押、罚款。为此，联防区在新塘村附近的油麻地开设一个市场，每逢集市，赶集的群众数以万计，农产品种类繁多，一派繁荣景象，群众称之为"共产圩"。

第七节 夺取抗日战争的最后胜利

新塘抗日联防区建立后，日、伪、顽军视之为眼中钉、肉中刺，在牛圩仔、横山、乾案、丹樟、两家滩、古水、南圩等地设立据点，并派伪军大队分别驻守。驻塘蓬、安铺、石岭的国民党顽军与日、伪军狼狈为奸，沆瀣一气。他们多次阴谋策划，采取突袭、"蚕食"和分进合击的战术，企图把联防区扼杀于摇篮之中，但根据地军民团结一致，群策群力，众志成城，采取积极的防御措施，一次次粉碎了日、伪军的阴谋，使革命根据地坚不可摧。新塘抗日联防区的保卫工作主要靠三方面：一是依靠主力部队。第三团二营留守新塘地区，一营主要活动在联防区周围，三营在廉江、博白边境活动，打击外围的日、伪、顽军，以减少其对新塘、大塘联防区的威胁。二是依靠地方脱产的民兵组织河防大队和各村村队（民兵）、儿童团，构筑防御工事，加强巡逻放哨，积极自卫，狠狠打击日、伪、顽军的进犯。三是依靠统战和情报工作，及时掌握日、伪、顽军的动向。联防区军民以麻雀战、包围战、伏击战等形式，尤其是擅长灵活运用麻雀战，先后在拱桥、钩镰岭、包墩、坪寨滩、沙井、酒房、鸦菜根、新塘、大塘、龙桥河、三墩、三角山等地与进犯的日、伪军交锋，并有所斩获，以小胜积大胜，极大地鼓舞了广大人民的抗日情绪。这些战斗主要有：

坪寨滩围歼战 1945年3月，犁头沙、天助墩、三墩等村抗日联防自卫队配合遂溪西北区第四联防区中队作战，在坪寨滩围歼登陆之伪军，取得重大胜利。此战历时近3个小时，一举毙敌42人，伤敌几十人，全歼伪军陈忠武一个中队，打破了日、伪军企图控制北部湾英罗港一带的梦想，大灭敌人的嚣张气焰。

三墩阻击战 1945年5月初，日、伪军100余人窜到三墩、下岭一带村庄"扫荡"，打死群众3人（其中1名孕妇）、打伤群众2人，烧毁房屋19间，打死打伤耕牛2头，抢走财物一批。下三墩抗日游击小组和村队在下三墩炮楼阻击，下岭、金围、打铁贡等村队和遂西北第四联防区中队赶来参战，敌见状惊慌失措，慌忙撤走。

新塘保卫战 1945年在第三团于新塘整编期间，驻廉城日、伪军先后4次进犯新塘联防区。四五月间，第二营和抗日联防队在龙坡山、光岭仔、酒房截击"扫荡"后回廉城的日、伪军，活捉日、伪士兵共3人，夺回粮食和衣物一批。5月某日，第二营第四连（田界连）在民兵的紧密配合下，在沙井村后背岭截击伪第一区区长江河章所率伪军，缴获步枪4支，手枪1支。某天上午，驻廉城的日、伪军共100多人到新塘联防区"扫荡"，到黄竹垌、菜垌一带时被当地民兵迎头痛击。第三团第二营第四连闻讯从羊角岭村赶来支援，将敌击退。一波刚平，一波又起。是日深夜，第二营获悉驻廉城的日军吉田中队将于次日伙同伪军黄剑夫部两三百人到新塘联防区"扫荡"。营长杨生一面报告团部，一面布置群众疏散物资，空室清野。同时，把一个连队与田界、关垌等地民兵共150多人编为数个战斗小组，分别在青建岭、流江等处埋伏，其余两个连伺机歼敌。翌日凌晨，日、伪军从廉城出发，向新塘进犯，到达青建岭时，天已微亮。早已等候在各个山头的村队吹螺角、打铜锣呐喊助威，来敌不知虚实只好往后撤退，退至流江村附近时，遭另一战斗小组截击，慌乱中不敢抵抗，弃甲曳兵窜回廉城。

6月11日，日、伪军出动200多人，从廉安公路经鸦菜根村一带向田界一片包抄过来，进行"扫荡"，第二营第一连和村队予以反击，战斗中排长何炎昇牺牲，战士方桂初受伤。第二营指战员和附近群众在后背地村坡地上举行追悼会，沉痛哀悼何炎昇烈士。

1945年6月14日，驻廉城、安铺、横山、塘涵、牛圩仔、南圩的日、伪军1300余人同时出动，分几路进犯新塘地区，企图将第三团主力压缩于新塘附近村庄，一举聚歼。第三团以营为单位同各地民兵协同作战，采取步步阻击或诱敌深入予以分割包围等战术，将进犯的日、伪军击退。此时，企图乘机进犯新塘根据地的国民党雷州独立挺进支队，在九洲江边隔岸观火，见根据地军民已有所准备，而不敢渡江进犯，只隔江开炮后撤退。此战，共打死打伤敌人20余人，俘伪军2人，缴长枪2支，消耗敌人大量弹药，截回被抢走的物资共20余担。第三营班长谭锡琪冒着枪林弹雨抢夺敌人机枪，倒在血泊之中。

日、伪军在大举进攻新塘根据地受挫后，于6月中旬派遣驻廉城伪军一个大队进犯大塘联防区，第四团在村队民兵配合下，于荷木坑村附近设伏击退敌军。几天后，驻遂溪泥地据点的日、伪军一个大队再犯大塘联防区，被根据地军民分割包围打击，败退回泥地和廉城。

中共廉江组织在抗日民族统一战线方针政策指引下，在迅速恢复和重建党组织的同时，不失时机地开展抗日救亡活动，组织各种形式的民众抗日团体，建立人民抗日武装，开展敌后游击战争，先后建立新塘、大塘抗日联防区，为雷州半岛以至南路地区的抗日游击战争作出了应有的贡献。抗日战争时期，廉江先后在廉城、燕山、西莲塘、金屋地、陀村、青平小学、葛麻坝、安铺、安铺中学、博教、新屋、芳流墩、茂桂路、十块田、夏插、下岭、天助墩、犁头沙、石角、三合、太平中学、和寮小学、坡脊、文中小学、文中中学、簕塘、廉西、稔子坡、船埠、烟塘、牛屎塘（息安）、上林山、廉江中学、廉江师范、玉田小学、新民小学（白鸽港）、正奏小学、新村、龙湾等地建立党支部，在尉文小学、水头田、塘蓬、塘蓬中学、宝石中学、良垌中学、青平中学、久受埇、鹤塘、朗塘、红坎岭、田界等地建立党小组（党组织没有按建立时间排序，个别支部在抗日战争结束前已不存在），其中玉田小学、新民小学、正奏小学党支部由中共化吴特派员陈醒亚、廉吴边特派员黄景文领导，下岭、天助墩、犁头沙党支部和久受埇、鹤塘党小组先后由中共遂溪县西北区特派员、西北区委领导，其余由中共廉江县地方组织领导。至抗日战争结束前，廉江有党支部38个，党员352人，占广东省党员总数的1.3%，党领导的人民抗日武装主力第三团发展到900人左右，第四团发展到800多人（其中部分为化吴地区人），100多个村庄有村队（民兵），总人数发展到三四千人。

1945年8月15日，日本天皇宣布无条件投降。9月2日，日本代表在投降书上签字。在雷湾地区，8月28日上午，日军雷州支队支队长渡边中佐派夏木稔中尉同随员翻译2人，由广州湾出发，乘坐插着白旗的一辆汽车到达国民党粤桂南区总指挥部（设于廉江一区那良村庞氏宗祠），洽谈投降事宜。其时民众闻讯，无不笑逐颜开，争看降使。总指挥部派少将参谋长陶祥麟接见，并有总指挥部中校课长庞谋通，美军代表韦德上校、周参上尉列席。9月21日，渡边中佐在赤坎递交投降书。至此，侵占雷州半岛之日军全部撤离。消息传来，廉江民众奔走相告，城乡一片欢腾。廉江人民同全国人民一道迎来了抗日战争的最后胜利。

抗日战争的胜利是中华民族从衰败走向振兴的一个里程碑，英雄的廉江人民为这一里程碑铺就了重要的基石。

4

第四章
解放战争时期

　　1945年8月，抗日战争胜利后，廉江大力发展武装力量，保卫和开辟游击根据地，反击国民党的"清乡""扫荡"。1947年4月，在安铺博教成立廉江县人民解放政府。1949年8月1日，在长山鲫鱼塘村成立粤桂边纵队，配合南下大军围歼逃敌、解放粤桂边地区。1949年11月1日，廉江县宣告解放。

第一节 坚持分散隐蔽斗争

一、抗日战争胜利后廉江的斗争形势

抗日战争胜利后，中国共产党提出"和平、民主、团结"的政治口号，努力避免内战，积极争取和平。然而，1946年6月26日，国民党反动派撕下假和平的面纱，调集重兵对东北、华中、华北解放区展开大规模进攻，发动了内战。在广东，反动当局不承认共产党领导的南路人民抗日解放军等人民抗日武装是抗日部队，并以"剿匪"为名对南路各地的人民抗日武装及游击队实行"清剿"。1946年7月31日，国民党第四十六军进驻廉江县城，并向新塘、大塘抗日联防区及遂溪县城推进。8月中旬，国民党廉江地方部队与国民党第四十六军一个师侵驻新塘抗日联防区一带村庄，第四十六军一五六师进驻良垌白鸽港。为避免国民党优势部队围攻，正在廉江新塘和大塘地区整训的南路人民抗日解放军第三、第四团等抗日人民武装部队迅速向国民党武装后方遂溪县泮塘一带转移，地方工作人员留守在原地开展活动。

廉江是国民党军队重点"清剿"的地区之一，国民党军队所到之处，杀人放火，敲诈勒索，奸淫掳掠，无恶不作。在全县建立"清乡"区，日夜围村搜山，在新塘区杀害进步人士和群众十多人，在金屋地、博教和新民学校等地纵火烧山毁房，一批共产党员、革命干部被悬赏通缉，斗争形势非常严峻。

二、主力转移分散活动

1945年9月下旬，为对付当前的严峻形势，根据中共中央及中共广东区委关于"分散坚持"的指示精神，中共南路特委决定：（1）南路人民抗日解放军以第一团为主，并从各团抽调部分力量，由第一团团长黄景文、政委唐才猷率领挺进十万大山，以保存主力和开展十万大山的武装斗争；其余各团和各地部队迅速返回原地，以连、排为单位分散活动，依靠人民群众、党的基础、统战关系与敌周旋，坚持自卫斗争。（2）调整各县区主要干部，已暴露身份不宜留在原地区坚持工作的调换工作地区。（3）精简部队非战斗人员，以连队、武工队、小分队的形式分散活动，深入发动群众，在政治上揭露国民党反动派蓄意挑起内战的阴谋，在军事上武装自卫，避免与国民党军队正面作战。据此，集结于遂溪县泮塘的第三团坚决执行中共南路特委的决定，迅速分兵转移。

10月，从南路人民抗日解放军第一团、第二团、第三团抽调主力组成了西征部队，第三团第一营编入其中第二营，营长涂沙，政委林敬武。西征部队在团长黄景文、政委唐才猷的率领下，汇集于廉博边，在长山养公塘同国民党两广顽军700余人发生遭遇战，转入广西马子嶂休整半个多月，随后辗转钦县、防城、峒中地区，同尾追的国民党广东省保安队作战，于12月上旬顺利到达预定地区——十万大山东端的钦县贵台地区，实现了南路特委关于主力部队转移至十万大山的战略目标。1946年1月10日，林敬武率杨德连在滩散竹叶隘阻击进犯的300余国民党顽军，掩护主力部队转移。战至深夜，在弹尽粮绝之际，以滚石作武器与敌进行殊死搏斗，林敬武、杨德、涂汉青等11人牺牲。其余战士被迫撤入密林深处。他们经常忍饥挨饿，经受毒蛇、山蚊、山蚂蟥侵扰等困苦，终于找到自己的队伍，继续投入战斗。随后，西进队伍转战中越边境，支援越南的抗法战争。

第三团第二营、第三营在唐多慧、莫怀的率领下，先后从泮塘突围回廉江。其中第三营在博教、青平和廉博边活动，第二营在新塘、龙湾、石岭、吉水活动，并把在泮塘染上疟疾的110多名病员陆续安置在新塘、博教、三合地区农户家里进行隐蔽医治。时值连年大旱，竹子开花，五谷歉收，人民群众的生活极其艰难，或拾竹籽米或采摘野菜度日。在这样的情况下，仍千方百计为伤病员医治伤病。新塘外村堡垒户肖爱珍一家为给连长郭式治疗，卖完了家里的竹子，典当婚嫁时的首饰、衣物，再变卖母鸡，吃了稻谷种。历时约2个月，直至郭式病愈归队。

三、反击国民党"清乡""扫荡"

在南路人民抗日解放军主力西进十万大山后，国民党反动派加紧对南路"清乡""扫荡"。1945年10月，国民党廉江县政府在新塘杨柳仔村建立了"清乡"区，随后，廉西、铺洋、同南、龙湾、吉水、那贺等原已解体的国民党乡保政权恢复，县内各地都开始"清乡"。1946年1月，国民党廉江当局执行蒋介石关于限期1个月"消灭"广东中共部队的密令，迅速强化"清乡"区，扩大各乡自卫队，加紧"清剿扫荡"，实行村村联防，五户联保，日夜围村搜村，强迫游击区群众"自新"，缉捕革命志士，向革命家属敲诈勒索。革命活动据点之一白鸽港新民小学被付之一炬，夷为平地，陈信材、林敬文、涂沙、魏濂溪、魏福均等中共党员的家被毁，不少支持革命的群众被杀害。1946年2月7日，博教村党员以及进步群众200多人被抓捕。1946年4月，金屋地、鸡笼塘、山口仔、乌牛垌、新屋、南山等18个村庄被烧。据不完全统计，1945年10月至次年春，国民党当局仅在青平境内就杀害进步群众以及地方工作人员64人，烧毁和破坏房屋1492间，抢去耕牛、生猪共76头。

在白色恐怖下，一些动摇分子，经不起残酷斗争的严峻考验，对革命前途悲观失望，脱离了队伍，甚至"自首"。为了粉碎反动派的残酷"清乡扫荡"，打击国民党军队嚣张的气焰，廉江党组织主要从如下几方面开展争取和平民主工作。

（一）坚持以廉江独立营为骨干开展游击战

1945年11月，杨生奉命以南路人民抗日解放军第三团第二营留下的人员为基础，在新民羊角岭村建立廉江独立营，营长杨生，政委杨生、全明（后），副营长杨君墀，参谋李秀祥，在田界、新塘、廉西北及廉博边一带活动，开展武装斗争，打击敌人的嚣张气焰，牵制追击西进部队的敌人，并把遂溪、化县之敌吸引过来。

在廉江独立营建立前后，廉江党组织还先后建立以莫兴、陈荣典、李树德、李承枢、杨君墀、李耀忠、李适泰、何朝玉、钟永月、李立柱、罗忠为队长（组长）的武工队，活动于廉西南、廉西北、廉东北地区和廉博合边、廉陆化博边。武工队时而分散，时而集结，时而与廉江独立营配合活动，先后在打银村、鸡笼塘、朗塘、三角山、大垌岭、车田、坡脊、烟塘、博教、龙湾等地镇压了一批反动分子。12月22日上午，莫兴武工队在进驻博白县梅岭径村时，与国民党博白县保安大队、龙潭区队、五科乡队共300多人发生遭遇战，廖国业、钟青援、黄欣仁等10人牺牲，2人负伤。

在"清乡"与反"清乡"激烈斗争中，廉江老区群众冒着生命危险掩护革命志士，为部队筹集粮食、弹药。广西桂东南武装人员20多人从遂溪返回广西，途经石颈历洋村过夜，村人安排他们住祠堂，派人放暗哨，第二天又以赶集、劳作为掩护，到石颈、崩坎等敌据点监视敌情，保护过境；簕塘钟永肇一家变卖了水田十多亩，把换得的部分稻谷30余石供应部队；大坡村钟零三叔买子弹送给部队被敌人发觉后，惨遭杀害。

（二）为争取和平民主而斗争

廉江独立营组织政工队，开展宣传活动，向群众宣传《和平建国纲领》《双十协定》《停战协定》和共产党和平建国的政治方针政策，争取广大群众的同情和支持。

中共廉江党组织还以南路人民解放军的名义，印发了《为呼吁停止南路清乡反共，实现停战命令致陈公侠先生代电》，敦促粤桂南区"剿匪"总指挥陈公侠，审察大势，顺应潮流，化干戈为玉帛，以求和平团结的真正实现。

建立"白皮红心"政权。严格选择一批未暴露的党员、开明人士及进步群众进入敌人基层政权中去，建立"白皮红心"两面政权。此外还通过统战关系和武装斗争相配合等办法，教育一些已在任或准备上任的乡长、保长、甲长，尽量把他们争取过来，同情支持甚至拥护中共组织及其领导的人民武装，不准他们做损害共产党和人民利益的事情，对于一些极其顽固的反动乡长、保长、甲长，则采取武装镇压的办法将之除掉，再由群众选举合适的人员担任。

（三）撤退干部做长期斗争准备

1946年3月底，中共廉江县特派员唐多慧传达中共广东区委《对广东长期坚持斗争的工作布置》的指示和南路特派员的决定，指出要准备10年至15年艰苦斗争，当前的工作方针应是长期隐蔽，保存武装，保存干部，为将来和平、民主而斗争做准备。按照南路特派员的部署，4月，首先撤退廉江主要领导干部莫怀、陈任华、莫兴、杨生、何琼和邹优宁6人，随东江纵队北撤山东烟台；其次解散廉江独立营，队员分散隐蔽，只留下骨干队员组成武工队，在县内坚持斗争。留在地方坚持斗争的同志，经常露面的或异地交流，隐瞒身份，一边做群众工作，一边自谋职业，自谋生计；或转至香港、海南、广西等地经商和自谋职业。一般人员则化整为零，分散隐蔽，或回乡生产。不能以职业化为掩护的，则白天隐于山林、地洞，夜间活动，联系和发动群众开展斗争，建立秘密群众组织，为恢复公开的武装斗争积蓄力量。县特派员加强对党员进行形势教育和革命气节教育，克服悲观思想。

东江纵队北撤和部分干部分散隐蔽后，国民党廉江当局"清剿"活动更加猖狂，处处"搜剿"共产党员、地方干部和人民武装部队，悬赏通缉革命骨干分子，逮捕革命家属，焚烧革命村庄，威逼利诱革命人士自首，甚至滥杀无辜民众，国民党白色恐怖笼罩着廉江大地，革命斗争进入了极端困难的时期。但广大人民群众依然将革命干部和战士当作自己的儿女一样呵护。三合区丹兜村林秀英夫妇就将心爱的看门狗杀了给驻她家的同志补身体；田界梁瑞夫妇将捕获的小鱼虾给同志吃，大鱼虾则拿去卖，换钱给受伤的同志治疗。

第二节 大力发展武装斗争

一、开展反"扫荡"反"三征"斗争

在白色恐怖笼罩的情况下，中共廉江组织仍然继续发展。1946年3月由中共廉江党组织直接联系的中共广西博白县工作委员会成立，书记莫兴。从此，廉博边区的工作又活跃起来。6月，廉东南地区恢复活动，成立党支部，书记叶超。

1946年6月，中共廉江县特派员唐多慧调离廉江，廉江地方组织由谢华胜负责联系，赖鸿维协助管理地方党工作，周斌协助管理武装工作。7月，黄明德调任中共廉江县特派员，兼管广西玉林、博白、北流和容县等属中共南路组织联系的组织。其时，黄明德、赖鸿维、谢华胜和马朝伟等领导人经常驻在安铺博教、后垌、茂桂路和下潮等村庄，领导全县各地党组织开展工作。至1946年8月止，党员由东江纵队北撤时的四五十人发展至230人。

1946年6月初，全面内战爆发。国民党当局加紧压迫剥削人民，征兵、征粮、征税数额大大增加，群众怨声载道，反内战、反"三征"的情绪日益高涨。1946年7月，中共南路特派员温焯华、副特派员吴有恒根据南路国民党正规军陆续北调和人民革命情绪高涨的情况，对南路地区的革命斗争进行新的部署：停止消极的撤退隐蔽活动，坚持党的领导和自卫斗争；集结小股主力，

镇压极端反动分子，打击下乡"扫荡"的反动武装；以反"三征"为中心工作发动群众，开展反"三征"、反内战、反迫害斗争；在国民党统治区内建立"两面政权"；发展人民武装，保卫根据地和积极开辟新地区，建立长期坚持斗争的基地。

中共廉江县特派员按南路特派员的指示，领导全县人民掀起以反"三征"为中心的斗争浪潮。工作步骤首先发展和巩固廉江，以廉江为革命根据地，随后带动博白、陆川和玉林等县，重点将党的组织扎根于农村。在党内开展形势、前途教育，鼓舞斗志，积极发动群众反"三征"，动员复员的战士归队和发动群众参军，以对付国民党当局的征兵；武工队对地方反动武装密切注意，出其不意地进行袭击或骚扰，待机打有把握的胜仗，以鼓舞士气和积累经验。县特派员采取以点带面的办法，深入到新塘区发动群众开展反"三征"斗争。不久，三叉、流江、鹿耳墩、灯盏塘、鱼埠岭、麻独、老鸦塘、麒麟山和水尾等村纷纷成立同心会，犁壁塘、大坝、白石坝、下坝和磨刀水等村建立农会。至1947年年底，新塘地区已有70%的村庄建立了农会，会员达3000多人；长山地区则普遍组织大型同心会，会员达1000多人。此外，各地还有兄弟会、姐妹会、功夫馆和吊耕会等进步的群众组织。中共廉江组织通过同心会、吊耕会和兄弟会等群众组织加强了"白皮红心"政权建设，指示各乡长、保长在进行反"三征"时要讲究策略，不能与国民党当局公开对抗，开展合法斗争，或以天灾人祸、少耕歉收为由，采取拖、欠、减、免的办法，使国民党的"三征"难于实现。对一些反动的乡长、保长、甲长及其催征人员，采取警告、打击的办法，促使他们不敢为国民党卖命。同心会、吊耕会和兄弟会、姐妹会等进步群众组织与"白皮红心"政权的互相配合，有力地推动了全县反"三征"斗争工作的展开。

二、保卫和开辟游击根据地

1946年7月，根据各地革命形势，中共南路特派员温焯华、副特派员吴有恒研究决定恢复南路武装斗争。中共廉江县特派员黄明德根据南路特派员温焯华的指示精神，一方面发展党组织，一方面扩展武装队伍，于10月以县武工队为基础，成立廉江县独立中队，中队长李树德，指导员李适泰，共120多人，先后在石角伏击国民党军，在太平、横山、安铺、青平等地惩办反动分子。同时，廉东南地区组建了廉南武工队，共20多人，加强恢复发展武装工作。

10月，广东区党委派温焯华到南路传达广东区党委"九月指示"。指示认为，南路地区集结部队过早，容易暴露党的力量而可能招致国民党集中兵力重点进攻，武装人员要尽可能复员，部队与地方党组织切断联系，不允许主动出击。对于"九月指示"，南路特派员及南路地区各县的党员、干部和指战员大多认为不符合本地区的实际，思想上难于接受。根据南路特派员吴有恒的部署，黄明德在执行中，决定将已集结的武装队伍化整为零，把县独立中队分成四股在县内活动。

11月27日，中共广东区委根据中共中央"积极发动公开游击战争"的指示，作出恢复武装斗争的决定，提出各地的武装斗争要逐步发展，由"小搞到大搞"。中共廉江组织在吴有恒的领导下，消除思想顾虑，立即恢复开展武装斗争，决定以原独立中队为骨干，分散做扩军工作，实行"委头招兵"办法（即谁组织起一定规模的队伍，就委任他为这支队伍的首领——队长或中队长），武装力量得到迅速发展。新塘地区陈芬华、罗成邦、陈辉、莫保、李秀祥、李耀忠和龙伟等分别在新塘村、丰九百、谭福、朗塘、三角山和龙村等地组织二三十人不等的武装队伍；陈珍成在龙湾建立乡队50多人；三合地区何朝玉、赖存华、吴君玉等分别组织了三五十人的武装队伍；长山地区林克平、黄祥棠、钟伟芳等分别组织了三四十人的武装队伍。沙铲地区陈志康、杨家山等在黄泥塘、堡下、木高山、红坎、那角、飘竹、烟塘、光岭、那拨岭和瓦窑尾村组建10个连，共400余人（后因革命基础欠扎实以及各族老反对，大多数人员离开武装队伍）。各地在组织武装队伍的同时，积极发动群众组织同心会、兄弟会和姐妹会等进步组织，收缴地主及祖尝的枪支，动员参军参战。"委头招兵"的措施有力地扩充了人民武装队伍。

1947年2月9日，中共廉江县特派员黄明德抽调各区部分兵力和博白博南的武装队伍集中到长山成龙村整编，以原廉江县独立中队为基础，成立廉江县独立大队。大队长黄东明，政委黄明德，副政委周斌，政治处主任周斌（兼）。大队下辖5个中队和手枪队，共300多人。县独立大队建立之后分三路活动，一路在青平、沙铲一带，一路在和寮、武陵和吉水一带，一路在博白南部双旺一带，继续扩大队伍，伺机打击国民党乡、保队，镇压反动分子。

在此期间，属化吴党组织领导的廉江东南部地区和石角山底地区也加紧筹建主力部队，分别建立廉东区独立连、廉南区独立连和化北独立大队，主动出击国民党乡、保武装，发动农民群众开展抗丁、抗粮斗争。

廉江人民武装的迅速发展，引起了国民党反动派的极度恐慌，国民党当局加紧对革命游击区"清乡围剿"，良垌、平坦、河堤等地损失严重。其中河堤茂桂路村无辜群众60余人被逮捕；平坦乡塘溪岭村36间民房被烧毁，7人被杀害（7尸8命）；卖麻、乌泥垌、山底垌、冷水埇、马山铺、上旱埇、下旱埇等村被洗劫，几百间民房被烧毁。

1947年3月，遂溪县人民武装部队击毙国民党雷州独立挺进支队司令、遂溪县县长戴朝恩的消息传来廉江，群情高涨。3月23日，中共南路特派员吴有恒等率领粤桂边区人民解放军新编第一团抵达廉江新塘村，与廉江人民武装会合。吴有恒与廉江县特派员黄明德商量后，决定在后塘仔村以县独立大队为基础，集合新发展的武装力量，成立粤桂边区人民解放军新编第三团（简称新三团），团长黄东明，政委周斌、黄明德（后），副政委周斌（同年5月后），政治处主任陈军，参谋长何朝玉。新三团下辖6个连及1支手枪队，共400多人。3月25日，吴有恒率新一团、新三团夜袭国民党廉江县同南乡公所、南安乡公所，并击退驻廉江县城和安铺镇的国民党援兵，后移师遂溪县北部，攻克北安乡公所，缴获步枪数支。28日，两团在廉江县大塘村与中共化吴特派员唐多慧率领的部队会合。吴有恒决定将化吴部队整编为粤桂边人民解放军新编第四团，团长罗明，政委唐多慧，副团长黄飞，政治处主任吕剑屏。全团辖6个连，共700余人。

3个主力团会合后，吴有恒在大塘村主持召开团领导干部会议，决定3个团联合北上，开辟勾漏山脉以南边区，开拓"割据"局面。3月31日，3个团连克平坦、东桥、良垌3个乡公所。4月1日，击退国民党廉江县陈卓华自卫大队和广东保安第十总队第二大队共500余人的联合进攻。接着分兵出击，先后攻克化县石东、良光、榕树、出拨和廉江平坦、两家滩等乡公所。连战皆捷，军心、民心大振。

4月初，吴有恒对进军计划作了调整：新三团留驻廉江牵制敌人并向西北部山地发展；新四团4个连返回化县活动；新一团抽出少数干部回遂溪发展，其余主力和新四团3个连由吴有恒率领挺进化县北部山区。

3个主力团转战廉江、化县的军事行动，历时月余，作战10

余次，共毙伤国民党反动武装400人，缴获长短枪200余支，摧毁国民党乡公所13个，分粮8000余石，并配合党组织建立人民政权和开展清算斗争。在此期间，廉江人民武装发展到1200人。

三、中共廉江县工委成立与党组织的发展

廉江党组织在放手扩建武装队伍、组建主力部队、配合兄弟部队开辟山区根据地的同时，为适应形势的需要，进一步加强了党的组织建设。1947年4月，根据上级指示，改特派员制为党委制，在长山李屋村成立中共廉江县工作委员会，书记黄明德。同时，基层党组织也得到了发展，先后成立籍塘、沙铲、金博、新塘、田界、长山6个区委会，龙湾区总支委和三合区中心支部。田界区委书记梁志远；新塘区委书记陈华荣；廉北区委书记许以章（析出三合区后改称籍塘区委）；三合中心支部书记邓刚；金博区委书记马朝伟；长山区委书记林克平；沙铲区委书记梁华栋；龙湾区总支委书记张沛棠。至1947年4月，全县共有党支部40个，党员达400人，其中80%党员分布于农村，尤其以青平、龙湾、新塘、田界、籍塘、良垌、长山等区乡的农村党员为多。

属化县党组织领导的廉江东南部成立廉东南区委会，书记陈炯东；石角山底地区成立化北区委会，书记董尚英。属遂溪党组织领导的北联、界东地区设总支部，书记分别是马朝隆、李炳。同年5月，廉东南区委分设廉东区、廉南区委员会，廉东区书记吴鸿信，廉南区委书记林天佳。

四、加强武装队伍建设

中共廉江县工作委员会由于有力地贯彻执行上级的"放手发动群众，大搞武装斗争"的指示，廉江武装斗争出现了良好的局面，人民武装力量得到较快的发展。新三团成立之后，各区乡

武装队伍亦迅速发展，建立簕塘、沙铲、金博、新塘、田界、长山、龙湾、三合8个区队，以及龙湾、南安、横山、同南、青平、车板、沙铲、仰塘8个乡队（民兵队），村队在各地普遍建立。随后以区队、乡队、民兵为基础，建立田界、长山、沙铲、簕塘4个独立营。田界独立营营长欧兵，政委梁志远，约300人；沙铲独立营营长杨君墀，政委廖树莱，约300人；长山独立营营长陈荣典，政委林克平，约400人。区乡队和民兵主要是开展阻击战、麻雀战、地雷战，镇压反革命，训练培养兵源。其中田界组建黄永南民兵大队，300余人，采取游击战术，以灵活多变的方式打击地方反动势力，屡建功勋，声威大振。中共廉江县工委组织发动新塘、龙湾、博教、沙铲、簕塘、长山等区的代表到田界区慰问和学习。

属化县党组织领导的廉东南区组建廉东、廉南2个独立大队，其中廉东区独立大队队长陈泰元，政委吴鸿信，300多人；廉南区独立大队队长钟其芳，政委林天佳，300多人。石角山底地区建立山底区中队、石角乡分队、冯昌基中队和刘付翠中队。属遂溪县西北区党组织领导的北联乡、界东乡也建立了乡队。

1947年5月，新三团抽出1个连与2个区队合编成立粤桂边人民解放军新编第七团（简称新七团），约300人，团长（缺），政委黄明德，副团长李树德，政治处主任陈军。新三团、新七团在各区、乡队和独立营的配合下，拆毁廉江各区乡的电话线路，后又破坏遂安、廉安几条主干公路，使国民党当局通讯、运输一度中断。一个多月之后，由于形势变化，需要加强主力团力量，新七团建制撤销，大部分人员编入新三团，小部分人员返回区队、独立营。此时，新三团由5个连扩大到8个连，约900人。

在革命武装力量进一步扩大的同时，中共廉江党组织先后在簕塘、鱼龙埠、息安、葛麻坝、石水、木高山等地设立枪械修理厂（站），在田界设立地雷制造厂，在新塘、篛塘、沙铲建立医疗站，为革命战斗提供强有力的保障。化县党组织在山底大人塘设立医疗站，遂溪西北区在黎头沙设立枪械修理站。

人民武装队伍发展壮大，革命力量迅速扩展，中共廉江县地方组织采取了一系列措施，加强军队思想政治建设工作。1947年5月，新三团成立党委会，下辖各连队均建立了党支部或党小组，以加强部队建党建军及思想政治工作。同时，在广大干部、战士中普遍开展革命诉苦活动，进行阶级教育和爱国主义教育，从而进一步坚定解放全中国的决心。军事上要求坚持保存自己、消灭敌人的原则，坚持从实际出发，严格训练，严格执行"三大纪律、八项注意"，密切官兵、军民、干群关系，有力地促进了部队的思想革命化建设，提高了部队的政治和军事素质。

五、人民政权的建立及工作开展

（一）加强人民政权建设

根据粤桂边地委的部署，中共廉江县工作委员会于1947年4月在博教成立廉江县人民解放政府，县长罗培畴，副县长陆镇华（6月任）、林敬文（9月任），顾问陈学仁。随后，建立长山区人民政府和长山区长山乡、龙湾区龙湾乡、新塘区南安乡、田界区同南乡4个乡人民政府，长山区区长林克平。1948年5月至是年底，区乡政权逐步健全，先后建立沙铲区、博教区、青平区、三合区人民政府，区长分别是廖树来、黄兴光、陆锦伦、叶复群。区下辖乡人民政府，乡下设行政村或自然村，并成立了农会、妇女会、民兵队、同心会、吊耕会等群众组织，横山缸瓦窑还建立了工会。县、区、乡人民政权建立后，领导群众反"三征"，减租减息，发动群众参军，做好接应部队活动的后勤工作，为群众调解纷争。

属化吴中心县委领导的廉东南地区成立廉东南区人民政府，区长陈炯东，下辖廉安、东安、成安、良垌、东桥、平坦6个乡。同年5月，分为廉东区和廉南区人民政府，区长分别是吴鸿信、林天佳。

属化吴中心县委领导的山底地区，成立化县人民政府化北办事处，办事处主任由化县副县长李鸿兼任，督导员刘付勇。不久，成立山底区人民政府，区长董尚英，下辖山底、石角、南垌3个乡。

属遂溪县西北区党组织领导的北联、界东地区，分别成立北联乡、界东乡人民政府，乡长分别是莫兴祥、李毓淮。

1947年夏起，在大部分农村进行了"二五减租"（缴租按原租额减二成半）、退租退押（退还农民25%的田租和利息）运动，还通过吊耕会、同心会对地主实行"吊耕"（农民联合起来迫使地主降低地租）。在长山一带，初期先对地主进行拖租、抗租，继而开展清算斗争，然后实行"二五减租"。减租减息既给农民带来了实实在在的利益，也保护了地主的合法权益。外村、独碑、旧屋、马蹄塘、田界、九坡、墩仔、中陂、龙村等村庄每年各减租谷100—200担。沙铲乡黄坭塘保农民重新与地主田户订契租约400余份，70%以上农民从中得到利益。9月，新塘、龙湾出现几宗少数农民对抗收租并捆绑地主威胁恐吓，甚至"吃大户，分浮财"、废债废租等过左行为，中共廉江县工作委员会发现后及时予以制止，指出只要地主富农按规定减租减息，农民必须交租交息。因此，"二五减租"政策得到广大农民的拥护，也为大多数地主所接受。各级农会在筹集公粮方面更是发挥重要作用。如1947年，箖塘区各村农会共征收农会谷（包括祖尝谷）2800多担，占当年征筹粮食的一半以上。

（二）建立财经工作机构

由于形势发展的需要，廉江县工委在逐步加强人民政权建设的同时，建立和健全财经工作机构，加强财经工作的领导。1947年7月，中共廉江县工作委员会成立县财经委员会，主任李德，副主任欧兵，同时县人民解放政府在新塘区设立税收总站，对外称"粤桂边区人民解放军廉江县税捐处"，接受新三团和中共廉江县工作委员会双重领导，总站长李德，副总站长欧兵，统一管理全县的税收工作。总站下设黄东、新车、东南、公路、海上、安铺、石岭7个税收分站。此外，簕塘区、沙铲区、三合区、青平区亦设税站，博教、长山、石岭、青平等区还建立经济队，设立经管处。税收人员70多人。

属中共遂溪党组织领导的北联、界东地区先后设立了鲤鱼潭水上税收站、河口水上税收站、咸港渡水上税收站、安铺油行二十五档税收站、排里税收站、菠萝埠税站，税收人员40多人。

属中共化县党组织领导的廉东南区先后在廉湛公路和东桥村码头设立2个武装流动税站；山底地区在蕉坡方窝设立税站，税收人员20多人。

从1947年起，财政经济来源主要有如下几种形式：（1）收田赋税，按地主给国民党的纳金每亩收稻谷一斗；（2）收行商税，分别在水陆路两大渠道进行，在这些线路上设收税点，一般按货物总值5%收取商品流通税；（3）截击国民党的车辆、船舶，没收其资财；（4）打开国民党区乡粮仓，将缴获的粮食和收田赋税的粮食交群众保管。税票最初由新三团负责印刷，后改由粤桂边纵队司令部统一印刷。在游击区内，行商只要在一个税站纳税则可通行各地，不再重复纳税。

廉江征收的税种主要有日用工业品税、农产品税、林木产品税、烟草税、盐业税、屠宰税、三鸟税等。廉江县委制定《公物管理规定》，从制度上对财物征收和保管加强管理。据不完全统计，1947年、1948年、1949年的1月至10月全县税款收入分别为银元56000元、90000元，91000元；1947年至1949年10月征收公粮6万多石。1947年至1949年10月人民武装部队缴获敌之稻谷2万余担，除小部分留给部队及地方工作人员食用之外，大部分给当地群众赈济饥荒。

（三）加强统一战线工作

统一战线是分化瓦解敌人，壮大自己力量的重要手段。中共廉江县工作委员会贯彻"团结进步力量，争取中间阶层，孤立和打击顽固分子"的统战方针，开展多种形式的统战工作，迫使反动的人士向中立方面转变，中立的人士逐步靠拢进步，进步的人士更坚定地站到共产党方面来。一是建立"白皮红心"政权。派共产党员到国民党基层政权任职，或任保长、甲长。这些统战对象为革命队伍提供情报、粮食、医疗物品、枪支弹药等物资，直接或间接地支持革命。二是利用宗族、亲戚、师徒、师生以及同学等关系，对统战对象进行形势教育及宣传共产党政策，积极将其争取过来，使革命得以顺利进行。三是采取教育和警告的办法，对现任或准备上任的保长、甲长尽量争取，对一些顽固不化的反动分子则予武装镇压。

（四）健全交通情报网

根据革命斗争形势的需要，中共廉江组织不断加强交通情报工作，至1947年春大搞武装斗争时，境内已形成了一个初具规模的交通情报网，县内各区乡之间，都设立了专线交通联络站，县与邻县之间设立了专门的交通情报线，每天相互交换情报至少一次。如廉江、博白、陆川交界的廉江三合区丹兜"光站"北通陆川佛子、古城；毗邻博白的沙铲区"革站"接"成站"、摆山站再通博白；与合浦接壤的青平的"平站"西通合浦白沙、广西摆山；新塘区横山乡的"忠站""仁站"通往遂溪的北区及中区界炮等，沿九洲江水路到陆川县城；化北丰满交通站与山底、古城、三合等地交通站联络等。

交通情报人员执行党的群众路线，依靠群众，与群众建立鱼水关系，在与敌人的周旋中神出鬼没，出奇制胜，保存革命力量。在恶劣的斗争环境中，除了交通员崇高的政治思想觉悟，对革命工作披肝沥胆的忠诚，出生入死、团结战斗的勇气外，主要是依靠党的领导和人民群众的支持。籍塘地区交通员李德培为掩护同志，血溅交通站；长山地区张九伯为沟通地方部队与主力部队的联系，顺着多个交通站寻找，往返奔走七天七夜；田界交通员廖伦芳在敌人的枪声中摸黑潜行送情报；丰满村交通员刘伯英机智勇敢"虎口救人"；青平交通站交通员龙亚康为掩护人员转移被捕杀害……

全县交通情报站星罗棋布，交通情报网络纵横交错，信息来往频繁，严密完善，全县交通情报人员达300多人。灵通明慧的耳目、准确敏捷的信息传达网，为中共廉江县委及新三团主力部队，甚至整个中共南路革命斗争的顺利发展提供了极其重要的条件。从1947年起至廉江解放，除了中共籍塘革命游击区被国民党大规模"围剿""封锁""扫荡"损伤严重之外，其余各地区都没有因情报不明而造成特大意外事故。中共粤桂边区委、粤桂边纵队司令部、粤桂边区《人民报》报社、粤桂边人民电台以及中共粤桂南地方委员会、粤桂南行政督导处等重要机关及工作部门都在境内安然无恙。

反击敌人的"围剿""扫荡"

1946年年底，南路大搞武装斗争，声势浩大，震动了国民党反动派。国民党当局为了加强对华南地区的控制，确保其在华南地区的统治，挽救其行将灭亡的局面，派宋子文来粤任国民党政府军事委员会广州行营主任、广东省政府主席和省保安司令等要职，企图以广东为中心，经营华南地区，作为支持反革命战争的基地。宋子文到粤后，在湛江设立第八"剿匪"指挥部，重点"清剿"化县、吴川、遂溪、廉江。化吴地区在国民党疯狂"清剿"中，有700多名党员、干部、战士及家属遭受血腥屠杀，其中有4名人民解放政府区长和1名化北工委委员，人民武装主力及区、乡队损失700多人，其中属中共化县组织领导的廉江东部地区400多人。区、乡人民政权及农会、妇女会、民兵队等群众组织遭到严重破坏，整个化县、吴川地区陷入白色恐怖之中。

国民党军事武装在重点"清剿"化县、吴川得逞之后，将兵力转向廉江、遂溪，企图一举消灭高雷地区的人民武装。

1947年8月7日至14日，龙湾、新塘、博教等地遭受保十团的血腥洗劫，群众7人被杀害。8月29日，新三团政治处发表《为反对国民党暴行告各界同胞书》，强烈谴责国民党反动军队的暴行，号召父老乡亲团结起来，反对国民党的"清剿扫荡"，保卫和建设自己的家乡。11月14日晚，打入国民党政权任国民党石岭乡民政股长的李廷登和乡队副林尚恩策动国民党石岭乡自卫队和联防队30多人携械起义，簕塘独立营和龙湾连队接应起义，并袭击国民党林梓荣联防队驻石岭圩当铺据点，缴获联防队步枪40余支，重机枪1挺。11月20日，新三团政治处又发布《告蒋军官兵书》，呼吁国民党官兵不要被蒋介石欺骗，专打人民和人民解放军，而应当掉转枪头，杀死贪官污吏！带枪带队过来，参加人民解放军！打倒蒋介石，建立新中国！

新三团在各地游击武装队伍密切配合下，不断发展壮大，粉碎了敌人的"扫荡"。至1947年年底，廉江县除了廉城、塘蓬、车板、那贺和安铺等圩镇为国民党占据之外，其余广大农村已连结为成片的中共游击根据地，党员发展到350多人。12月，为适应党组织建设的需要，中共廉江县工作委员会改为中共廉江县委员会，黄明德任书记，兼管博白、陆川、兴业、玉林、北流、容县的工作。

1947年12月，国民党保十团在廉江地方反动武装的配合下，先后"清剿"沙铲乡和三角塘、背底埇等地，杀害中共地方工作人员和革命群众29人。1948年1月，国民党廉江县自卫大队等地方武装，与国民党政府军第六十九师2个营共1000多人，分三路"围剿"簕塘游击根据地。簕塘独立营与粤桂边人民解放军新十四团（陆川人民武装）以及村队，同数倍于己的强敌作战，被迫突围撤退。战斗中，簕塘独立营连指导员李廷登、新十四团连长梁明文等牺牲。国民党反动派占领簕塘区后，逮捕无辜群众70多人，烧毁民房30多间，毁林4000多亩，宰杀耕牛30多头，抢走粮食50多万斤及其他财物一批。同年2月，国民党廉化吴茂"剿匪"指挥所主任肖仲明纠集化吴廉反动武装，先后"扫荡"良垌、青平、石颈、车板等地，在良垌制造"中塘惨案"，烧毁民房十多间，捉拿邹培芝等17人集体枪杀；石颈烟塘，青平红坎、金屋地、沙铲、乌泥埇、新屋场，车板大贵庙等村庄亦遭受洗劫，不少村民被捕被杀，财物被抢，民房被烧。

国民党反动武装队伍对全县革命村庄疯狂"围剿"，试图全面恢复国民党区、乡政权及部分保政权，并扩大乡队，成立保队，建立堡垒，一些地主恶霸劣绅纷纷反攻倒算，气焰十分嚣张。

在国民党疯狂进攻的处境下，广大党员、干部、群众并没有被吓倒，而是针锋相对地进行英勇的斗争。廉江东南地区党组织将群众组成民兵队伍（又称保粮军），采取麻雀战、地雷战等战术，先后在平坦、鹤山、杨桃根等地袭扰、伏击国民党军。廉东南地方工作人员戴桂珍和戴少莲被捕后，备受威逼利诱，始终坚贞不渝，慷慨就义。牺牲时戴氏姐妹分别仅有19岁和16岁。广大人民群众不畏国民党的高压统治，冒着生命危险支持革命，千方百计保护共产党员和人民武装指战员的安全，成为共产党和人民武装赖以生存、发展的铜墙铁壁。新塘区群众秘密为地方工作人员挖地道、地窖12个，其中用于隐藏人员的有6个，以对付敌人围村捉人。田界区葛麻山村郑标南在国民党的枪口威胁下冒死认"女"，将交通员陈伟救出；中塘村邹培芝一家先后为革命牺牲4人，但无悔无怨，其家仍然是中共组织重要的交通情报点；三合区鹤薮村交通员何成安被捕受尽折磨，获释后依然坚守阵营……

1948年2月，中共粤桂边地委根据中共中央香港分局关于"为了粉碎敌人围剿，保存有生力量，必须打出去，东、西挺进，转向外线作战，以减少给养困难，分散敌人兵力，减轻老区压力"的指示精神，决定抽调高雷主力组成西征部队，挺进粤桂边区的十万大山地区。中共廉江组织奉命抽调廉江县独立营第二连、第三连和箓塘独立营共200余人，由箓塘独立营副营长郭式率领，整编后加入西征部队。西征部队在营仔仰塘乡牛头营集中整训，于2月29日，由第三支队司令员谢王岗、政委陈明江等率领从青平金屋地誓师出发，西进十万大山，与当地人民武装一起坚持和发展武装斗争，开拓十万大山游击根据地的新局面。

1948年3月初，新三团抽调第三连、第四连和第五连组成东征部队第二营，由新三团团长黄东明、涂沙带队参加东征队伍。东征队伍于4月5日在遂溪北区下洋村誓师出发，于石角南木水村、天堂嶂击退了追堵之敌，进入陆川县边境，再折向化县北部进入茂名、信宜挺进粤中，与粤中人民武装汇合，开展武装斗争，后来成为粤中纵队的一支骨干力量。在进军途中，经历大小战斗20多次，共歼灭国民党军160多人，缴获长短枪50多支，破粮仓12座。

廉江人民武装配合南路人民武装主力部队东西挺进，实现了中共中央香港分局的意图，不仅有力地反击了国民党反动派的"围剿""扫荡"，而且有力地支援了兄弟地区的革命斗争。

廉江党组织在主力部队东西征前后，制定了反"扫荡"的斗争计划，从4个独立营和区队抽调300多人补充新三团，各独立营、区队把最好的干部、士兵和武器送到主力部队去，不讲价钱，不搞本位主义，积极开展锄奸肃特和分化瓦解国民党营垒等工作。为减少敌人围村时的损失，一是精简地方工作人员，集中成立教导连，跟随新三团活动；二是利用在地方坚持工作的同志，以短小精干的组织形式进行活动，发动群众，坚壁清野，开展麻雀战，保护群众撤退；三是健全交通情报网，坚决打击反动分子。1948年1月，新三团、新一团在安铺陈村山伏击国民党湛江师管区押送壮丁的2个连队，此役新三团毙敌20余人，俘敌46人，缴获轻机枪备用枪管1支、装弹机1部、步枪50余支、弹药一批。战斗结束后释放被押送的壮丁1000多名。同年3月，新三团在沙铲先后打击国民党第六十二军某营和青平自卫队，迫使驻守据点的国民党军不敢轻易出动"扫荡"。经过英勇奋斗，终于粉碎敌人"扫荡"阴谋，取得反"扫荡"的胜利。

1948年6月，根据香港分局关于粉碎蒋介石、宋子文"清剿"的指示，中共粤桂边区党委召开扩大会议，对下一步工作进行部署。会上粤桂边区党委书记兼临时军委主席梁广传达香港分局关于进一步开展武装斗争的指示，作了《去年化吴武装斗争的初步总结》，肯定高雷地区党组织和广大干部在过去一年来发展壮大人民武装力量、建立主力团、发动群众、扩大游击区等方面所取得的成绩，指出化吴地区在过去一年多的斗争中出现的一些严重错误，提出了整党整军和进一步开展武装斗争、粉碎蒋宋进攻计划的任务。

会议结束后，中共廉江县委书记黄明德根据国民党调集兵力"扫荡"塘蓬、石角的情况，采取了分散传达区党委扩大会议精神的做法，要求各地以化吴的经验教训为借鉴进行整党整军。县委着重对新三团前段的军事、政治工作进行了总结，尔后在营仔新屋村组织新三团全体指战员学习毛泽东的《目前形势和我们的任务》，领会"十大军事原则"的精神实质，各连队党支部按照团党委的布置，进行思想总结，开展批评和自我批评。与此同时，各区委也组织区、乡干部学习粤桂边区党委书记梁广在粤桂边区党委扩大会议上的报告和粤桂边区党委委员兼组织部部长黄其江的《总路线与总政策问题研究提纲》，联系实际总结一年多的工作。经过整党整军运动，整顿思想作风，加强了党员的党性、组织纪律性以及革命气节教育，树立了为革命坚持到底的思想，提高了党组织的战斗力。中共田界区委委员李毓莲被捕后在狱中坚持斗争4个多月，备受酷刑和利诱威迫，始终意志坚定，坚贞不屈，英勇就义。中共粤桂南地委、中共廉江县委利用李毓莲的事迹对广大党员开展革命气节教育，取得较好的效果。

1948年8月，中共廉江县委书记黄明德调任中共粤桂边地委常委兼桂东南分委书记，兼管廉江工作，廉江县委成员同时进行调整，县委书记赖鸿维，组织部部长马朝伟，宣传部部长许以章，政权部部长罗培畴，武装部部长林克平。各区委及领导班子亦进行了调整，调整后县委下辖新塘、箓塘、三合、博教、青平、长山、沙铲、龙湾8个区委，书记分别是陈华荣、谢汝昭、邓刚、黄球、陆锦伦、林克平、钟永月、张沛棠。此外，隶属中共化吴中心县委领导的廉东南地区成立中共化廉边工作委员会，书记吴鸿信，下设化南、化西、廉东、廉南4个区委以及1个独立支部，其中廉东、廉南区委书记分别为陈泰元和张福善。石角山底地区恢复化北工委，书记李鸿；1949年1月成立山底区委，书记刘付玠。

1948年9月，恢复化吴地区指挥部率新三团、新四团和新八团向化县南部推进，在廉化边境相继摧毁了南圩、东朗、西朗、黄茅、矮仔埇、五稔根、上角垌、平坦、笪桥等国民党地方据点，开仓分粮济贫。接着，又在三块石一带击溃追踪而来的国民党第十"清剿"区副司令邓伯涵率领的国民党军队1000多人。这是继袭击广荣声炮厂之后，人民武装在南路战场上取得的又一次重大胜利。至此，国民党当局停止对廉江和化县的大规模进攻。

在一系列战斗胜利的鼓舞下，新三团开始转入进攻廉江境内顽固堡垒，拓展游击区。1948年9月16日晚，新三团在三合区委的配合下，组织突击队，运用"云梯"攻坚战术，首次攻下灯草城堡，毙伤敌十余人，俘灯草堡头目张玉精等30多人，缴获全部武器。三合地区的和寮、山祖、坡脊和新屋等反动据点闻风丧胆，在接到三合区委的劝降书后纷纷缴械投诚或和平共处，廉江、博白和陆川边境游击区得以迅速恢复和发展，从而打开了向化县北部推进的通道。同年8月，桂东南分委为了加强开辟廉江、博白和陆川边境地区的工作，在和寮彭涧村成立了中共廉博陆边工作委员会，书记黄克平（叶超、叶卓琼），副书记何朝玉。短短几个月，就开辟了博白、陆川的大片新区。

随着开辟新区工作的逐步推进，廉江老区的各项工作也有新的发展，区、乡人民武装不断扩大，广大农村的减租减息工作顺利开展，征粮征税收效显著，农会、妇女会等群众组织普遍建立，统战工作进一步深入。廉江逐步成为粤桂南游击区的中心。

随着全国解放战争胜利形势的迅速发展，人民解放军在各地取得节节胜利，加速了国民党营垒的分崩离析。在革命形势和共产党统一战线政策的感召下，1948年12月19日，国民党广东省保安第十团团长陈一林率所部在遂溪县城举行起义。起义队伍与中共组织取得联系后，中共粤桂边区委暂时予以起义部队为粤桂边区人民解放军第八支队的番号，任命陈一林为支队司令员，并前往十万大山地区整训改编。起义部队从遂溪开拔途经廉江时，中共廉江县委按照粤桂边区委的指示，组织游击区群众热情慰劳起义官兵，决定将当年秋征的粮食出售，筹集6000元光洋给起义部队作军饷，并由新三团掩护起义部队进入博白县境旧屋村。后来，部分起义官兵"反水"，粤桂边区委全权代表杨应彬于12月27日率起义部队折回石颈蒙村整编。在资金极度紧张的情况下，中共廉江县委再次筹集10万元金圆券作遣送不愿留下的官兵之费用。

国民党省保安第十团起义后，新三团接受了一大批枪支弹药，武器装备得到充实和改善。同时，还根据陈一林提供的情报，铲除了隐藏在新三团任参谋的内奸卜国伟以及国民党设置于化县、吴川、廉江边境的4个特务据点。

　　国民党广东当局对省保安第十团起义大为震惊，悬赏通缉起义官兵，把国民党第六十二军第一五三师从广州调防湛江。1949年1月1日至4日，派出保安队对烟塘、蒙村一带进行"围剿"，群众财物损失惨重，计有稻谷22500多公斤、谷箩100多担、生猪5头、衣服等物资100多担。另有400多人被抓捕。

第四节 横扫敌人据点

从1948年冬起，人民解放战争转入战略决战阶段，中国人民解放军先后组织辽沈、平津、淮海三大战役，基本消灭了国民党军队的主力，国民党统治集团在军事、政治、经济上濒临绝境，政权的总崩溃已成定局。根据人民解放战争的发展和中共香港分局、粤桂边区党委的指示，1949年1月，粤桂南地委结合本地区的实际情况，决定在廉江境内，以新三团为主，各区乡队配合，发动春季攻势，拔除廉江境内国民党据点，打通廉江与陆川、博白、合浦、化县的联系，实行山地割据。随后在廉江盘龙塘村召开粤桂南各县委和新三团领导干部会议，对春季攻势作了具体部署，要求各县党组织和人民武装在发动攻势中，重点铲除国民党的乡保政权及其武装，并相机集中兵力打击国民党正规军。

1949年2月中旬，新三团首先围攻那贺乡公所，迫使国民党乡长率部投降。在围攻沙铲乡公所时，乡长雷寿益自恃据点坚固，易守难攻，拒绝投降。新三团发起强攻，雷寿益被迫率部投诚，并表示愿意将功赎罪，协助解放军开展劝降工作。其后，新三团接连摧毁蛇大、长山2个乡公所，解散文林、鲫鱼塘、那凌3个联保，后又连续攻克杨屋大坝碉堡，以及青平、营仔、龙湾、横山等国民党乡保据点。至此，廉江县西北部地区成了解放区。新三团在行军作战中，机动灵活地与国民党第一五三师周旋，于运动中歼灭敌人六七十人，缴获武器一批。

在此期间，新四团在廉江东南一带展开猛烈攻势，先后攻克黄茅、三角塘、良垌、东朗、西朗、荔枝坑、方贝、矮仔埇、坡尾等十余个国民党乡据点，并击溃国民党第一五三师某营的夜袭。接着，新三团、新四团联合作战，在攻克了太平店后，又击退国民党第一五三师某营夜间袭击。继而向廉江东北部进军，打下丰满保队、山腰联保、山底乡公所，击溃国民党保安独立营及化县自卫队700余人袭扰。山底、丰满革命根据地迅速恢复，重组化北独立大队，解放化北大片地区。尔后，新三团、新四团向西攻克三合、和寮乡公所及何村、竹寨、新村3个联保。3月下旬，再拔除车板山拉据点。至此，历时40多天的春季攻势胜利结束。拔除了廉江境内28个堡垒，歼敌1200多人，缴获轻机枪12挺、步枪1200多支、短枪40支、子弹及其他军需品一大批，开仓济贫分粮食6000余担。全县除了廉城、安铺、石岭、塘蓬、石角圩以及廉江东南部的良垌、岐岭寨等几个据点外，其余全部解放。春季攻势的胜利，大大地振奋了民心，鼓舞了广大指战员的士气。长山、那贺等游击地区的群众热情地给部队送来了生猪、"三鸟"（即当地对鸡、鸭、鹅之俗称）和绣有"战斗英雄"大字的衣服及其他慰问品。县内出现了群众性的捐款捐粮、养军劳军以及踊跃参军的热潮。3月，在廉江县委的号召下，青平中学校长李承煜率全体师生、三合小学校长何健中率领部分师生200多人到达游击区。不久，廉江中学、廉江师范、良垌中学、太平中学、文中中学先后共有约300名师生奔赴游击区。

为了提高各地党员、干部队伍的政治、文化素养，适应形势需要，迎接解放，1949年2月至10月，粤桂边区党委、粤桂南地委和廉江县委先后在沙铲飘竹、青平香山、龙湾稳仔坡举办了5期青年训练班（亦称公学），每期1个多月，共有学员500多人。主要课程：中国革命与中国共产党，党的路线和政策，群众观点和群众路线，目前形势和任务等。

廉江中学、廉江师范、青平中学、文中中学、太平中学、三合小学等学校部分师生，还有南路及玉林五属分委党组织动员的广大青年、港澳回国的学生，跋山涉水，前来接受培训。训练班团共培训800多人，其中廉江属的500多人。学员学习期满后，统一分配到粤桂边区各地去，进一步充实党政军等方面工作的骨干力量。

1949年春，粤桂南地委常委、组织部部长李郁在廉东南大塘村举办3期党员干部训练班，分期分批轮训部队和地方的党员骨干。学习的内容主要是毛泽东的有关著作和党的方针政策，进行阶级教育、形势教育、纪律教育。这些公学、培训班、学习班，普遍对党员和进步青年进行了轮训，锻炼了学员的意志，培养了大批优秀干部，使党的干部队伍建设日益得到加强。

粤桂边纵队的英勇战斗

一、粤桂边纵队的组建

1949年6月，中国人民解放军总司令部批准成立粤桂边纵队。中共粤桂边区委旋即积极筹备，于1949年8月1日在廉江县长山区鲫鱼塘村正式宣告成立粤桂边纵队。梁广为司令员兼政治委员，唐才猷为副司令员，温焯华为政治部主任，杨应彬为参谋长。粤桂边纵队成立时，发表了成立宣言，明确提出了集中火力打击反对人民及反对解放军的反动头子、地方恶霸、首要特务，并消灭其武装组织等4项主要政策，坚决执行毛主席和朱总司令的"进军令"，为解放粤桂两省（区）而奋斗。华南分局的祝词说："粤桂边区全体军民在三年爱国民主革命战争中，由于坚决执行毛主席的英明指示，不但保卫了自己的地区，发展了自己的强大部队，而且帮助了粤中、桂南斗争的发展，在两广解放斗争中厥功甚伟。望再接再厉，配合南下大军，为解放粤桂两省而奋斗。"①华南分局的祝词，给粤桂边区军民以巨大的鼓舞。

粤桂边纵队以广东南路为基础，解放战争开始后，扩大到广西的东南、中南、西南部，作战范围包括广东南路的湛江、化县、梅茂、茂名、电白、信宜、合浦、灵山、防城、钦县和广西

① 中共湛江市委党史研究室编：《南路风云》第6期，《纪念粤桂边纵队成立特刊》，内部资料，1984年。

的玉林、博白、陆川、北流、容县、兴业、横县、宾阳、永淳、上林、上思、思乐、明江、宁明、扶南、绥渌、南宁等32个县市及贵县、来宾、武宣、迁江、同正、邕宁、崇善的部分地区。

粤桂边纵队成立时，统辖8个支队，一支队活动于廉江、化县、吴川、梅茂、博白、陆川、北流、容县、玉林等县，辖一、二、三团和独立营；二支队活动于遂溪、湛江、海康、徐闻，辖四、五、六团；三支队活动于钦州、防城以及十万大山左江以南地区；四支队活动于合浦、灵山、钦东、横南、永淳、兴业地区，辖十、十一、十二团；五支队活动于茂名、电白、信宜地区，辖十三、十四、十五团；六支队为纵队直属主力，辖十六、十七、十八团；七支队辖十九、二十独立营；八支队活动于桂中南地区，辖二十二、二十三、二十四团，加上边纵直属队和县、区队以下地方武装6000人，至全边区解放时发展到25000多人。粤桂边纵队的成立标志着边区武装力量日益壮大，并向正规化迈进。

二、配合南下野战军解放粤桂边区

粤桂边纵队在边区军委的领导下，贯彻华南分局在南路以巩固雷州半岛工作，发展十万大山和六万大山连成一片，从而与桂西南的左右江取得联系，配合发展与越盟连成一片的战略部署，配合南下野战军奋力作战。六支队十八团留在雷州半岛，由边纵队直接指挥，担负巩固和发展原有根据地的任务。十六、十七团西进合浦、灵山、钦州、防城"四属"，在三支队、四支队和七支队密切协同作战下胜利完成打通高雷地区至六万大山、十万大山山区走廊的任务。六支队完成西进任务后，于1949年9月底回师廉江、遂溪、化县、吴川，配合南下野战军堵歼逃敌。

1949年10月14日广州解放后，敌军到处逃窜，高雷地区的敌人惊恐万状。粤桂边纵队为迅速解放高雷地区，配合南下野战军堵截和围歼南逃残敌，10月14日，六支队进军湛江，接应国民党第六十二军军部警卫营等直属部队起义；15日，第六十二军警卫营3个连，在邱德明率领下，连同军辎重团第一营3个连等9支部队共1500多人在西营举行武装起义，击毙副军长张一中，俘虏中校科长黄昭德、少校参谋骆应胄等人，并营救释放被关押在国民党监狱中的革命同志和群众600多人，起义部队控制了西营。

10月16日，驻守湛江赤坎、化州、吴川的国民党第六十二军一五一师等2个师在罗懋勋的率领下，疯狂地向西营反扑。已投诚的该军炮兵营长邬卓宏、辎重团长张达寰相继"反水"，关押在监狱的1000多名俘虏乘机哗变，海南的敌军又派飞机炮舰来轰炸扫射，起义部队处于腹背受敌的态势。在这危急关头，六支队3个团于16日下午赶至西营附近集结，在边纵队的指挥下，一支队、二支队担任在廉、遂边境阻击化吴方面增援之敌，六支队十八团猛插西营西北的海头圩和菉塘村，向敌背后发起攻击。十七团则切断西营——赤坎公路，阻击赤坎方面的援敌，十六团在湖光岩、志满一线警戒湖光岩驻敌一五一师四五三团向西营增援。由于六支队的勇猛战斗，一支队一团、二支队五团的有力支援，起义部队的顽强作战，西营反动部队被迫重新部署兵力。在敌调整兵力的间隙，起义部队深夜从城区北面体育场突围，穿过西坎公路，进入遂溪革命根据地。在策应起义部队突围战斗中，十七团副团长叶车养等80多位指战员不幸壮烈牺牲。

起义部队到达遂溪根据地时，受到边纵领导机关和群众的欢迎，起义部队的900多人被改编为粤桂边纵队新编第六支队第十六团（简称六支队十六团）。接应起义部队的胜利，打击了国民党在湛江的反动势力，增强了粤桂边区人民武装力量，补充了大量的武器弹药，为解放雷州半岛创造了有利条件。此时七支队从防钦方面赶到湛江地区，留在廉遂边境配合一支队、二支队作战。

10月18日，国民党保安三师副师长兼保九团团长陈庚桃，在南下野战军节节胜利和共产党政策的感召下，以及茂、电、信地委的积极工作下，率领本部2个营和2个独立连在茂名分界宣布起义，接着北上信宜，协同五支队十四团、十五团作战，于10月23日解放信宜县城。

10月23日，六支队十六团和一支队一团攻克廉江县石岭圩，驻石岭的国民党廉江县保安二营200多人全部缴械。10月下旬，六支队十八团进逼遂溪南区沈塘圩，在猛烈炮火攻击下，歼敌24人，俘敌81人，攻占了沈塘圩。10月26日，二野四兵团追击逃敌，迅速向粤西挺进。边区党委和粤桂边纵队根据华南分局的指示，一面部署六支队、一支队、二支队继续解放雷州半岛，一面派六支队十七团东进电白迎接大军抵达南路。10月29日，二野四兵团十三军先头部队抵达梅菉，全歼守敌80人，解放梅菉。翌日挺进化州，守敌仓皇潜逃，当即解放化州，继续向廉江进发。10月31日，六支队三个团、一支队一团挺进廉江北面的新村、那良一带，直逼廉城，守敌弃城向湛江逃跑，11月1日廉江解放。接着，追击逃敌到遂溪，守城的国民党一五三师四五八团残部亦弃旧城逃往湛江。11月2日，解放遂溪。在此之前，徐闻之敌已缴械投降，地方武装进入县城，解放了徐闻。当天，六支队十六团、新十六团、十八团和一支队一团在廉江城与四兵团第十三军先头部队会师，接着六支队三个团、一支队一团、二支队五团在粤桂边纵队的带领下，挺进化州，与四兵团十三军主力部队会师，十七团也随十三军从电白返回化州。第十三军和粤桂边纵队研究了下一步的军事作战计划：六支队十六团、新十六团、十七团和一支队一团在廉遂边布防，警戒敌六十二军北进与广西白崇禧集团主力会合；十八团和二支队五团南下解放遂溪的城月和海康县城。

11月25日，在粤桂边纵队指挥下，六支队十八团主攻遂溪城月圩，经过三天两夜的激战，毙敌500多人，缴获枪支弹药一批，解放了城月圩。攻克城月后，六支队十八团会同二支队五团挥军南下海康，兵临城下，在共产党和平解放政策的强大压力下，海康守敌被迫投诚，海康城解放。至此，雷州半岛除湛江市外，全部解放。

三、配合南下野战军围歼逃敌

为全歼败退粤桂边区的白崇禧、粤系及中央军残敌18万多人，四野主力与二野四兵团陈赓部队协力作战，进行了粤桂边大战役。

四兵团为主力组成战役的左翼部队，在信宜、化州、茂名、廉江一带布防，截断敌向海南岛溃逃的退路。10月中旬，白崇禧以其第三、第十一兵团为先头，以第一、第十兵团为后继，由广西玉林、北流方面向南逃窜，并向解放军二野四兵团发动“南线攻势”，妄图控制广东西南海滨地区，打通雷州半岛向海南岛的退路。粤系余汉谋则令驻湛江的第六十二军残部北上策应，以便会合，一直向海南岛逃窜。

为堵截第六十二军北进与国民党主力会合，六支队、七支队、一支队、二支队于11月29日在廉江马鞍岭、良垌、横山一带布防。29日晚，已逃窜至粤桂边境合浦地区的蒋军粤系第一、第三兵团，纠集其二十三军、六十三军、七十军残部及第一〇九军第三二一师、“粤桂边挺进纵队”等部窜犯廉江。这时预先埋伏在南线的解放军二野四兵团十三军主力三十七师、三十八师迅速将敌拦腰截成数段，对敌形成分割包围。

12月1日早晨，解放军二野四兵团十三军向敌发起攻击，下午3时结束战斗，歼灭和俘敌6000余人。"粤桂边剿匪总指挥部"中将喻英奇、"粤桂边挺进纵队"司令曹英被活捉。与此同时，六支队十六团沿廉江至遂溪公路追歼逃敌，俘虏了化装潜逃的国民党三二一师师长陈植等2000余人。十八团在湛江市郊太平一线追击敌军，缴获军马100多匹。在廉江战役打响后，边纵命令七支队划归二野四兵团十三军军部指挥，为二野四兵团十三军当向导，与四支队、三支队联系，乘胜迅速向广西南宁进军。中国人民解放军第四野战军（简称四野）主力和二野四兵团在广西的岑溪、容县、北流、玉林、博白地区歼灭白崇禧主力，一支队二团、三团分别在博白、陆川等地配合大军作战，彻底粉碎了敌人的"南线攻势"。

白崇禧的"南线攻势"彻底失败后，为收拾残局，已飞逃海南岛的华中军政长官白崇禧返回钦州龙门港指挥总撤退，命令其第一兵团集结于南宁及其以东地区，抗阻大军南下，掩护其华中军政长官公署向钦州撤退；命令其第十兵团赶往钦州，向钦州东北方向占领阵地，掩护其向南、向西撤退的部队；命令第十一、第三兵团残部向钦州逃窜，企图由海上逃往海南岛。为了彻底消灭国民党在大陆的最大最后一股反动武装——白崇禧集团及中央军残部，二野四兵团第十三、第十四军，四野第四十三军一部，每日以150华里的速度，从化州、廉江等地向钦州疾进。12月5日，第十三军第三十九师进至平民，第十四军第四十一、第四十二师也赶到钦州外围，第十三军第四十师的先头部队第一一九团于上午到达了钦州东岸。边纵第三支队部署于邕钦公路沿线两侧的各个部队，一面选择有利地形，作好阻击逃敌的准备，一面指挥钦防两县民工突击破坏桥梁和公路，阻滞敌人机械化部队的逃窜。在三支队有力配合下，南下大军聚歼了逃至小董一带的国民党第十一兵团残部、第四十六军及敌国防部突击总队、交通警察总队各一部队，共毙俘敌13000余名。由于民工破路毁桥及部队的阻击拦截，敌3000辆大小汽车被迫停在小董地段的邕钦公路上，被击溃的敌人及随军逃跑的国民党大小官员的家属慌作一团。白崇禧集团大部在邕钦公路被歼后，仍有不少逃到钦州，企图从龙门港逃往海南岛。刚从合浦突进钦州城以东的二野四兵团第十四军于6日下午全部渡过钦江后，以其第四十二师从钦城北面，第四十师迂回到钦州以西，17时开始向钦州之敌发起总攻，至午夜结束战斗，解放了钦州城。计歼敌华中军政长官公署及其直属部队12000人，缴获汽车400余辆，榴弹炮42门。在钦州大围歼战中，七支队、三支队所属各个团积极配合战斗。12月初，活动于平艮一带的第二十一团及武工队，当南下大军由东往西追歼逃敌时，发动沿江船民隐藏船只。敌因缺乏渡江工具而停滞不前，被第十三军第三十九师迅速追上。12月5日，在平艮歼灭敌六十三军残部，俘敌2000余人。钦县武工队第二中队30余人在新围发现敌人仓皇爬上机帆船，企图乘船逃跑，即用火力封锁海面，堵截逃路，敌被迫投降，缴获轻机18挺，重机1挺，长短枪一批。该中队发扬穷追猛打作风，在龙门港与防城东区大队并肩作战，配合第三十七师，歼灭了企图从龙门逃往海南岛的敌先遣部队及县警察大队一部，共2000余人。这场迅速堵截聚歼的战斗，使敌人闻风丧胆，人民解放军则军威远播。

　　12月16日，六支队奉命火速赶到西营，阻歼逃敌。当时驻西营的国民党六十二军一五一师，已有2个团登上停泊湛江海面的军舰，逃往海南岛，留下四五二团作后卫。在关键时刻，六支队三个团、一支队一团日夜兼程，于18日深夜赶到西营，十八团和二支五团也从遂溪及时赶到。十六团、新十六团从左翼沿海滨一线，十七团从右翼沿洪屋街一线，包围逃敌，封锁栈桥码头，把敌人从海上逃跑的通道堵死。十八团实施中央突破，直插市区中心，向敌发起猛攻，当时六个团配合作战，对敌形成合围聚歼之势。是役，战斗相当激烈，解放军与敌展开巷战，敌军死伤惨重，十八团也有伤亡。19日午后，四野四十三军一二八师从廉江急行军赶到西营投入战斗。逐楼逐层与敌争夺，黄昏时刻攻下了敌人最后的据点，解放了国民党在大陆南端最后据守的一个城市——湛江市。

大陆解放后，余汉谋派张瑞贵带领部分残部，窜到距北海10海里的涠洲岛，并以该岛为前沿阵地，继续负隅顽抗。12月下旬，第三支队奉粤桂边纵队指示，成立钦防沿海大队（又称海大），征集船只和动员船工协助南下大军渡海作战，在当地党组织的配合和帮助下，征得大小帆船400多艘，动员船工和舵手150余名，并把他们编队开往北海集中，为渡海作战做好准备。

1950年3月初，海大第一连在四十三军第一二七师指挥下，参加解放涠洲岛的战斗，激战几个小时，解放了涠洲岛，毙敌数百人，俘敌3600名，国民党粤桂南区"清剿"总指挥张瑞贵仓皇逃脱。至此，粤桂边区全境解放。

粤桂边纵队乘胜前进，积极协助南下大军准备解放海南岛，动员群众把雷州半岛大小船只掩蔽起来，以切断敌人渡海退路。同时为解放大军渡海之用。二支队派员护送四野四十三军侦察人员、电台渡往海南岛侦察，组织边区人民支援前线作战；供应了二野四兵团、四野十五兵团三个军以上的粮草，动员了数十万民工，积极进行修桥铺路、担架、运输、带路、供给情报等各项工作。粤桂边纵队的卫生员及党政机关的女同志都抽去护理大军的伤病员，边区人民发挥战斗精神和智慧，协助大军搜山捉溃匪，英勇事迹不胜枚举。二野兵团司令员陈赓，副司令员郭天民等于1949年12月10日致电粤桂边纵队："此次围剿白匪战役中，粤中、粤桂边区军民在人民政府领导下，全力支援前线，自动缴献粮草、抢修桥梁，许多地方县长亲率担架队到前线抢运伤员，沿途广大人民及党政部队同志，皆以忘我精神日夜在伤员转运站服务，使伤病员及时得到治疗与热情照顾，隆情厚意，深为感动，粤桂边纵队更主动配合战斗，充满手足情谊，大大减少了我们作战困难，有力地保证了前线的胜利，特代表全军向你们及全区人民致以谢意。"①

1949年年底，粤桂边纵队及其地方武装发展到25000人以上。边区解放后，广西部分划归广西，广东部分则成立南路军分区，边纵南路部分整编为南路军分区部队。

粤桂边纵队的战斗历史表明：它是在中国共产党正确领导下的一支顽强战斗的武装队伍，是中国人民解放军中为争取全国解放战争胜利作出贡献的一支队伍，是粤桂边区人民的子弟兵。那些为解放全边区英勇作战而牺牲的先烈，永远为边区人民怀念。粤桂边纵队全体指战员忠于党、忠于人民，用鲜血谱写的光辉战斗历史，将永远鼓舞着边区人民为中华民族的伟大复兴而努力奋斗。

① 中共湛江市委党史研究室编：《南路风云》第6期，《纪念粤桂边纵队成立特刊》，内部资料，1984年。

努力建设新的人民政权

1949年5月15日，中共粤桂南地委作出《关于目前本区形势与今后方针任务的决议》，提出斗争方针：提高廉江，恢复化吴，打开陆川、博白新局面，开辟玉林、北流、容县、茂名等县边境游击区。指示廉江党、政、军、民各方面工作要逐步走向正规化。据此，中共廉江县委建立健全党群工作机构，开展各项工作，巩固解放区。

一、调整和充实县、区委领导机构

调整后的廉江县委班子：县委书记赖鸿维，组织部部长陈华荣，宣传部部长林克平，政权部部长罗培畴，民运部部长许以章，民运部副部长兼妇委书记李华良。增设田界区，至此，全县有新塘、箓塘、三合、博教、青平、长山、沙铲、龙湾、田界9个区，除田界区设总支委员会，由许全任总支书记外，其余8个区的区委书记分别是陈建华、谢汝昭、邓刚、黄球、陆锦伦、黄祥棠、梁志远、张沛棠。属化吴中心县委领导的廉东南地区，设立廉东区和廉南区，廉东区委书记陈泰元，廉南区委书记张福善。石角山底地区，设化北工委，书记李鸿；6月李鸿牺牲后，改为特派员制，由王世坦任化北第一特派员、林天佳任第二特派员。属遂溪县西北区领导的廉、遂边地区，设立北联乡和界东乡总支委，北联乡总支书记叶高，界东乡总支书记李炳球。

二、加强人民政权建设

1949年6月，廉江县人民解放政府改为廉江县人民政府，仍隶属粤桂南地区人民行政督导处，县长罗培畴、赖鸿维（10月任），副县长陆镇华，顾问宁裕祥、龙铭勋。县人民政府下辖的9个区37个乡都建立了比较稳固的人民政权，委任了区长、乡长。

县、区、乡人民政府制定具体的施政方针和任务，发展生产，处理群众纠纷，维护社会治安，减租退押，废除债务，解放婢女，开展禁止吸鸦片、取缔赌博的宣教工作，发动群众志愿参军，除源源不断地向主力部队输送兵员外，区中队力量也不断扩大。如廉江县政府颁发《1949年早造征收公粮条款》《关于经济军粮及公物的管理办法》《处理债务暂行办法》和"严禁赌博"等法令。1949年春，青黄不接，部队粮食供应短缺，群众生活困难，廉江县人民政府提出"穷人军队穷人养"的口号，动员群众节衣缩食，捐款献粮支援革命斗争，全县人民热烈响应。

三、扎实开展群团工作

1949年6月，在雅塘保下成立廉江县妇女工作委员会，主任李华良。广大妇女在县妇委会领导下，纷纷加入妇女会、姐妹会、同心会等组织，参加通讯联络、粮草运输、战地救护、补衣衲鞋、缝制挂包等活动。如田界区妇女献出自己嫁妆土麻、棉布234米，做了子弹带100多个、军粮袋90多个、布鞋数十双，捐出鸡蛋800多只、稻谷500多公斤、现金数十元。长山成龙和夹菜村的姐妹会共拿出70多丈黄麻布缝制子弹带和粮袋，纳补了100多双布鞋，送给人民子弟兵。沙铲区斜仔村寡妇江八奶把唯一的儿子送入革命队伍，自己经常为交通员放哨，掩护交通人员安全。

廉江早在1948年8月便设立县统战委员会，主任林敬文。印发《廉江统战工作意见书》给各游击区执行。在统战委员会领导下，有计划、有步骤地利用各种关系开展上层人物的统战工作。此外，还通过青平中学校长李承煜、文中教师罗永玑，以及在国民党廉江县府工作的邓杰等人，争取上层人物，团结青年学生，孤立敌人，打击敌人，最大限度地争取一切可以团结的力量，有力地还击敌人。1949年春季攻势中，活捉了灯草堡头目张玉精、国民党沙铲乡乡长雷寿益后，将他们作为体现俘虏政策的典型，开展强大的政治攻势和深入统战工作，使在蛇大、长山等据点之敌缴械投降，一批国民党乡保队采取合作或中立的态度，化解开辟新区的困难和阻力。

共青团组织也得到建立和发展。1949年5月，成立新民主主义青年团廉江县筹备委员会，主任许以章，副主任龙志谦。县筹备委员会以博教为建团试点，建立团支部，随后在全县铺开。先后在博教、坡头、蓬山、龙湾区政府和三合建立团支部5个，在排岭、乾案、西山成立团小组3个。同年10月，三合区成立共青团三合区工委，书记彭兆安，副书记罗自刚。各地在建立团支部的同时，建立儿童团和少先队，站岗放哨，歌唱革命歌曲，宣传革命形势。共青团配合党的中心工作，大力开展青年革命活动。龙湾区共青团组织先后动员200多位青年参加人民武装队伍，15位青年参加地方工作和青年干部训练班学习。属化吴党组织领导的廉东南地区也建立了共青团总支部，总支书记黄永福。属遂溪县西北区委领导的北联乡、界东乡建立共青团支部2个。

四、庆祝廉江解放

1949年10月14日，中国人民解放军第二野战军、第四野战军解放广州之后，接连挺进粤西。中共粤桂边区委和粤桂边纵队司令部向全边区军民发出全力支援和配合野战军作战动员令。月底，六支队十六团、十七团、十八团和新编第十六团及一支队一团集结廉江、化县边境，加紧歼灭境内残敌。10月22日，一支队一团和六支队十六团相配合，围攻国民党石岭据点，激战一昼夜，迫使国民党廉江县保安第二营长，石岭、龙湾、草塘、那贺乡乡长及以下200多人投降，石岭解放。10月27日，国民党塘蓬守敌慑于人民解放军的威力逃往廉江县城，塘蓬解放。10月29日，南下二野四兵团第十三军的先头部队解放梅菉，次日挺进化县，并继续向廉江县进军。31日，粤桂边纵队一支队和六支队四个团部队进驻廉城东面的新村、那良、上县一带，直逼廉江县城。国民党廉江县县长陈钧镇率其军政人员于午夜弃城逃往遂溪、湛江。

1949年11月1日上午，粤桂边纵队一支队一团以及廉江县大队迅速从东门入城，直奔西门及南街，据守各战略要点。下午，县委书记兼县长赖鸿维、副县长陆镇华率领县委、县人民政府、县属各机关全体工作人员以及一支队一团、廉江县大队一部分指战员到西教场举行入城仪式，县委、县人民政府、支前司令部机关工作人员从西街步入廉城，边纵部队分两路进城，一路从龙颈、西街入城，一路从东街入城。其时，全城各界人士、居民高举红旗，夹道欢迎，锣鼓喧天，热烈欢庆廉江的新生，整个县城如同欢乐的海洋，处处洋溢着劳苦民众翻身解放、和平自由的喜悦，表现了军民大团结的爱军拥政的精神。

第七节 著名的廉江战役

1949年11月16日，中共粤桂南地委发出《紧急通知》，指出国民党李宗仁、白崇禧残部将取道钦廉四属（钦州、防城、合浦、灵山）和经粤桂南、雷州半岛逃往海南岛，廉江将会成为歼敌战场，全区军民应紧急动员起来，配合大军作战；各地要全力搞好粮食、柴草、情报、交通、运输、民夫、向导等支前工作。同月22日，廉江县委根据中共中央华南分局和广东省军区的决定，成立支前司令部，司令员许以章，政委赖鸿维，参谋长陆镇华，并抽调17人到办公室工作。司令部下设粮食、民工、交通、情报、慰劳等科，分管各项支前工作事宜。全县人民紧急动员起来，迅速开展大规模的支前工作，各地相继组织担架队、救护队、服务队、财粮站、茶水供应站，修桥补路。时值年景歉收，群众粮食短缺，但人民群众对子弟兵情真意切，宁愿挨饿忍饥，也尽最大努力支援解放军。有的把刚种下才抽两片叶的蒜苗也拔了，把仅有的一双布鞋也脱了，用来送给子弟兵。田界区妇女主任黄绿青，几天内便发动妇女筹集了银元一大笔，粮食数十担，收集了一大批布鞋送到大军驻地。在短期内，全县筹集粮食近万担，设置粮站十多处。

11月上中旬，国民党白崇禧集团乘解放军西、中两路未进入广西桂林境内之机，以其主力南下博白、玉林、岑溪，组织发动"南线攻势"，同时命令驻湛江的第六十二军北上策应。白崇禧企图在余汉谋残部的配合下，夹击解放军的南路军，并控制雷州半岛，打通逃往海南岛的通道。但在南下解放军的沉重打击下，白崇禧的"南线攻势"迅速瓦解。11月29日，余汉谋集团所属第十三兵团沈发藻残部纠集第二十三军、第六十三军、第七十军以及粤桂边"剿匪总指挥部"中将司令喻英奇部第一〇九军第三二一师、粤桂边挺进纵队司令曹英部共3万余人，为摆脱南下解放军追击，从博白、合浦地区向廉江推进。

二野四兵团第十三军将主力移到石角、太平及化县新安附近。中共廉江县委党政军配合人民解放军行动，组织群众撤离县城，县委、县政府、支前司令部及县属各机关迁至西瓜坡、那良、茶山、上水尾和梁屋地等村庄，留下空城一座，设瓮待鳖。粤桂边纵队第一支队在三角山一带布防，第六、第七支队在马头岭、谢下、官埇、关垌设伏。午后，沈发藻部赶到廉江，以廉西深水垌为指挥中心，屯兵红头岭、三台山、东圣山、大桥头、上县，构筑以深水垌为重心的三道防线。与此同时，解放军第十三军第三十七师、第三十八师以迅雷不及掩耳之势从新安火速回师廉江。

11月30日凌晨，二野四兵团第十三军向廉江城国民党守军发起攻击，至上午8时许，占领廉江县城。经过7个多小时的激烈战斗，解放军于下午3时攻下红头岭，廉江战役胜利结束。是役歼、俘敌第二十三军及三二一师、粤桂边挺进纵队等2万余人，俘敌中将司令喻英奇、挺进纵队司令曹英、六十三军副军长郭永镳及以下6000余人，毙敌200余人，并解救被抓群众2500多人。粤桂边纵队副司令员唐才猷率领第一、第六、第七支队，在廉江至湛江公路和遂溪至安铺公路沿线阻击逃敌，俘溃逃之敌第三二一师师长陈植及以下700余人，取得粤桂边战役的决定性胜利。在此次战斗中，廉江人民武装与群众紧密配合在外围作战，其中新塘区、乡队和民兵共歼敌1个警卫营和三股散兵，击毙1名营长，俘敌副团长及以下300余人，缴获重机枪3挺，轻机枪12挺，六〇炮3门，掷弹筒8门，冲锋枪、卡宾枪各十余支，美式步枪120多支，各式短枪20多支，子弹万余发，无线电收报机1台以及其他军用品。

廉江战役结束之后，中国人民解放军第二野战军第四兵团第十三军大部分队伍立即向合浦急进，截击企图从广西逃跑之敌。12月8日，粤桂边纵队第一支队第一团（廉江主力部队）在青平黄竹岗村附近围歼企图逃往湛江之白崇禧某部，毙伤敌20余人，俘敌副团长及以下600多人，缴获长短枪500余支、轻重机枪17挺、各种炮8门、电台1台、播话机4台、战马2匹及其他军用物资一批。

廉江战役的胜利，使廉江党组织建设得到进一步加强，政权建设得到进一步巩固，社会经济得到进一步发展。

第五章
社会主义过渡时期

　　中华人民共和国成立后，为了巩固新生的人民政权，坚持开展清匪反霸，扫除旧社会恶习，实行土地改革，对农业、手工业和工商业进行社会主义改造，宣传贯彻社会主义建设总路线，大搞水利建设，经济社会得到较大恢复和发展。但十年"文化大革命"造成严重影响，通过开展各个领域的全面整顿，挽回了许多损失，并且得到一定恢复和发展。

第一节 建立和巩固新生的人民政权

一、建立健全政权机构

廉江县人民政权建立较早。1947年4月先后建立了县、区、乡人民政权，至廉江解放前夕，由中共廉江县委书记赖鸿维兼任廉江县人民政府县长。全县有8个区、38个乡建立了人民政权。

1949年11月1日，廉江县宣告解放。11月2日成立县军政委员会，由周斌任主任。随后县军政委员会发布命令，接收国民党廉江县参议会的一切公款、公物、印信、文件等。县政府机关入城后，即设立政府秘书科、民政科、财粮科、生建科、文教科。

1949年12月，中共廉江县委对区乡政权进行调整，将解放战争时期全县12个游击区（其中廉东区、廉南区和化北区由化吴中心县委领导）调整为7个区，一区驻地附城、二区驻地石角、三区驻地良垌、四区驻地安铺、五区驻地石岭、六区驻地青平、七区驻地塘蓬，分别设立区公所，下辖29个乡、2个镇，区公所实行党、政、军一元化领导，区党委书记兼任区长、区中队指导员。区长以下设副区长、秘书、财粮助理、民政助理、文教助理、公安特派员等职位，分管各项工作。

1950年3月，廉江县委书记赖鸿维不再兼任廉江县人民政府县长，由叶扬眉任代县长。下半年撤销乡机构，设立2个镇（附城镇、安铺镇），160个行政村和1个行政街。镇设镇长，村设村长。1953年2月，全县7个行政区调整为15个行政区（14个区政府，1个区级镇政府），下辖183个乡、7个办事处（6个街道办事处，1个水上办事处），区委书记不再兼任区人民政府区长。1953年年底，县政府增设工商科、合作指导科、合作总社、财经委员会、商业科、人事科和邮电局。县直机构不断完善，人民政权得到巩固。

二、坚持开展清匪反霸

1949年11月廉江解放时，国民党地方反动武装主动撤退，反革命领导骨干与公开的特务分子都已逃跑，仅有少数潜伏匪特转入极度隐蔽状态不敢活动，社会秩序一度平静。1950年2月，这些反动势力死灰复燃，逐步组织力量反攻。以国民党、青年党分子为领导的匪特武装，逐步发展到15股500人左右，主要匪首有黄亚锡、黄和明、揭榜初、刘付发、庞亚轩等，活动地区遍及全县大部分农村。这些土匪、特务组织网罗地方上反动分子，扩充武装，进村抢劫，杀害干部、群众，策划武装暴动，严重威胁人民群众生命财产安全。在野蛮残暴地进行破坏活动的同时，到处造谣惑众，进行反革命宣传活动，离间群众与共产党的关系，诋毁共产党声誉；煽动投机商人炒买炒卖、哄抬物价，扰乱市场。为害严重的地区有塘蓬、长山、龙湾、横山、和寮、车板、石颈等乡。与此同时，地方反动分子也公开造谣破坏，威胁群众。如1950年春，一股土匪20余人抢劫第二区新屋场村，杀害该村农会主席。

1950年3月，中央军委发出指示，强调剿灭土匪是建立和巩固各级地方人民政权，以及开展其他一切工作的必要前提，是迅速恢复革命新秩序的保证。廉江县政府着重从如下几方面入手展开清剿：一是普遍建立民兵组织，加强地方武装力量。18—45岁的男性一律参加民兵，3—10人为一组，3组为一分队，3分队为一中队，若干中队组成大队。二是通过区乡镇各界代表会、群众大会、妇女会等进行宣传教育，揭露匪特罪恶，敦促匪特登记自新。三是组织力量收缴社会黑枪，禁止民间私人买卖枪支弹药，摧毁土匪赖以滋长的根源。四是建立健全情报网，做好联防工作，发现形迹可疑人员及时报告。五是加强对流动人员管理，留意语言不同者、探亲访友者的动向，遇到嫌疑人员，立即追踪；发现匪徒踪迹，立即报告当地政府、部队，或者联合各村民兵进行围剿。六是发动广大群众支持配合中国人民解放军湛江军分区第二十二团和县公安大队逐步围歼。经过几个月，全县民兵普遍组织起来，二区三合、和寮，五区石岭，六区青平、沙铲，七区长山等乡村民兵自动抗匪剿匪，与匪交战十余次，均有斩获。6月中旬开始，廉江县大队配合湛江军分区第二十二团一营全面进剿匪特，首先在车板杨屋全歼陈廷辉股匪，击毙陈廷辉及以下多人，俘团长及以下匪徒170多人。6月27日，县大队在广西韭菜坝击毙匪徒8人，俘匪30多人；同日，县大队围歼黄和明匪股30多人，多数匪徒被击毙或俘虏，少数匪徒逃窜廉江、遂溪边境的山谷和乡村隐藏。各地民兵除自动配合主力进剿外，各自进行清村清山，使匪徒走投无路。随后，又以政治宣传配合军事打击，争取自新，取得很大效果，塘蓬自新匪徒100多人。至7月底，全县共计击毙匪特官兵200多人，俘虏200多人，自首100多人，缴获轻重机枪十多挺，短枪150支。至此，股匪基本肃清。

从1950年6月开始，反霸工作大力开展，并在斗争中建立村政权和农会。这项工作先从经济上着手，发动群众对恶霸进行经济清算，迫使恶霸赔偿认错，然后公审，押解游村，逐步打垮恶霸威风，树立群众威信。

1950年10月10日，中共中央发出《关于镇压反革命活动的指示》，号召在全国大张旗鼓开展镇压反革命运动。指出运动打击的重点对象，是特务、土匪、恶霸、反动党团骨干及反动会道门头子。同年十一二月间，廉江县委在廉城镇、安铺镇和新屋仔乡等地召开万人镇反大会，先由学生、妇女、被害家属代表上台控诉，然后宣布犯罪分子罪状，将业经南路地区行政督察专员公署批准处决的恶霸、匪首共9人处决，震慑反革命分子。1951年2月21日，中央人民政府颁布《中华人民共和国惩治反革命条例》，对开展大规模镇反斗争作了具体部署。根据上述指示精神，同年6月，廉江县委成立镇反委员会，各区相应成立领导小组，大张旗鼓地开展镇反工作。运动主要从两个方面开展：一方面抽30多名青年组成宣传队，深入乡镇宣传《中华人民共和国惩治反革命条例》，宣传"坦白从宽，抗拒从严，首恶必办，胁从不问，反戈一击有功，检举揭发受奖"的政策。另一方面在军事行动上，主动出击，露头就打，震慑一方。至同年7月27日止，共逮捕罪犯5169人，处决反革命分子296人，管制反革命分子269人，破获反革命案件15宗，自新登记反革命分子1139人，反革命气焰得到平息，敌人内部动摇瓦解，地主恶霸低头，广大群众情绪高涨，自动协助镇反。随后，廉江县委、县政府对于逃亡之反革命分子继续深挖，发动民兵进行户口大清查，组织力量搜山，发动群众检举，至1952年冬，县境内土匪、特务基本被肃清。为保证廉江的社会安定，巩固民主政权，以及顺利开展土地改革和发展生产，创造了有利条件。

三、实行土地改革

中华人民共和国成立前，廉江的经济制度主要是封建土地所有制。封建地主以土地进行剥削的主要形式是地租。据统计，土改前全县占有土地150亩以上的大地主有562户2517人，共占有土地53573亩，占全县耕地面积总数的5.1%，每人平均21.28亩；占有土地150亩以下的地主2704户14955人，共占有土地164505亩，占全县耕地总面积的15.5%，每人平均11亩；全县地主每人平均占有的土地是贫农的18.6倍，是中农的9.2倍。

从1951年春开始，分期分批进行土地改革，历时两年多，彻底摧毁了持续两千多年的封建经济制度，实现了耕者有其田，充分调动了广大农民的生产积极性，迅速地发展了生产。在土地改革中，贯彻执行中共中央华南分局提出的"小心谨慎，逐步开展，稳步前进"的指导方针和"依靠贫雇农，团结中农，中立富农，有步骤有分别地消灭剥削制度"的阶级路线。

1951年6月3日，廉江县成立土地改革委员会，领导土改工作，分期分批，以点带面，逐步铺开。将全县170个乡分为56个单元，第一批14个单元43个乡，第二批42个单元127个乡，参加土改工作的队员1200多人。至1953年4月中旬，土地改革工作任务全部完成，全县分得土地的农民293957人，实现耕者有其田。随即颁发土地证，确定地权，开展爱国生产运动。

四、扫除旧社会恶习

廉江解放初期，城乡仍遗留大量的诸如卖淫嫖娼、贩毒吸毒、设庄赌博等旧社会痼疾。从县城到乡村，吸毒烟馆随处可见。廉城、安铺尤其突出。吸毒上瘾者身体瘦弱，精神萎靡不振，有的被害得倾家荡产、妻离子散，沦为盗匪。

1950年2月，为了建立良好的社会秩序和巩固新生的人民政权，政务院颁布周恩来签发的《关于严禁鸦片烟毒的通令》。遵照中央指示，廉江县人民政府于1950年2月发出《关于严禁吸烟、赌博布告》，申明凡贩卖鸦片者、开设烟馆者、种植罂粟者、聚众赌博者，按情节轻重予罚款外，并予以拘禁处理。至

1951年年初，廉江县禁烟肃毒工作取得阶段性胜利，不少烟贩和烟民开始改行和戒毒。为进一步把禁烟禁毒斗争推向高潮，1952年春夏间，中共中央和政务院又集中力量、集中时间，在全国范围内领导和组织一场规模更大的禁烟斗争。同年8月，廉江县禁烟禁毒委员会成立，县属各单位、各部门采取宣讲会、控诉会、公审会等形式，运用标语、漫画、墙报、传单等方法宣传禁烟禁毒的意义和政府的方针政策，使烟毒成过街老鼠，人人围剿。广大群众积极行动起来，自觉协助政府开展禁毒工作。公安机关更是加大打击力度，出动警力清查、逮捕、惩办贩毒首要分子，震慑犯罪分子。全县收缴毒品（鸦片）25公斤及吸毒烟具一批，对64名贩毒、开烟馆的头子逮捕判刑，对一般吸毒人员责令悔改，将吸毒者改造成为自食其力的劳动者，廉江的烟毒得到遏止。

中华人民共和国成立之前，国民党当局对卖淫嫖娼这种社会丑恶现象视而不见，放任自流，使卖淫嫖娼公开化、社会化。1952年，廉江县召开禁止卖淫嫖娼工作会议，由县公安局组织人力深入廉城、安铺、石岭、石角等地，取缔娼妓。对绝大多数被迫为娼者，进行思想教育，使受害的妇女跳出火坑，从良就业成家，过上正常人的生活。

廉江解放前，赌博之风遍及城乡，赌博的形式多种多样，廉城、安铺赌场较多，乡村赌场一般设在圩镇、集市、神庙附近，每逢圩日或祭祀演戏期间常常聚赌。1953年8月，廉江县人民政府发出禁赌的布告，在全县城乡开展禁赌斗争。在通过深入乡、村宣传教育群众和发动群众查危害、挖根源，提高广大群众对禁赌重要意义认识的基础上，公安局采取有力措施，查抄赌具200副，抓获赌徒200多人，对少数屡教不改的，问题严重而且影响较坏的赌头依法公开处理；对一般赌徒则责令其表决心，写保证书保证不再参赌，使廉江赌博风气得到遏制。

　　在县委、县政府的领导下，经过全县人民的共同努力，曾在旧中国屡禁不绝、被视为不治之症的娼、毒、赌等社会顽疾，短短几年内即基本绝迹。全县上下出现了社会安定、人民群众安居乐业的新景象。

对私有经济的社会主义改造

一、对农业的社会主义改造

成立互助组

廉江成立常年农业生产互助组最早的是塘蓬乡石宁村黄兆棠互助组。1952年11月，黄兆棠参加粤西区劳模会回来后，即着手组织互助组。1953年2月30日，一个由9户40多人组成的常年互助组，实行常年农业生产互助合作，发挥了集体力量，大旱之年仍然获得粮食大丰收。此后，河唇新屋仔村黄应盛、车板上埠村刘炽昌、石岭竹山背村赖祝光等于1953年春相继建立常年互助组。是年5月，全县常年互助组已发展到88个。这些常年互助组人力充足，耕牛、农具得到合理安排使用，在发展农业生产中起到了合作生产的基础作用，初步显示出小集体的优越性。为此，中共廉江县委本着"自愿互利，典型示范"的原则，有计划有步骤地引导和组织农民走互助合作道路。1954年春，全县临时互助组发展到2543个，入组农民9054户；常年互助组则发展到250个，入组农民1853户。到1955年，常年互助组的发展达到高潮，年底全县共有常年互助组2547个。

建立初级农业生产合作社

廉江于1953年11月30日建立起第一个农业生产合作社——塘蓬石宁黄兆棠农业生产合作社。这个社包括石宁、中塘、茅根坪、新村和坡口5个自然村的农户，社长黄兆棠，副社长李树英。该社坚持"入社自愿，退社自由"的原则，确定土地分红40%，劳动力分红50%，公积金10%。同时实行评工记分，按劳计酬，分组排工，按质记分的经营管理办法。1953年冬，在石宁初级农业生产合作社建立后，新屋仔、竹山背、上埠等15个初级农业生产合作社亦相继建立。石宁、竹山背、新屋仔3个初级农业生产合作社分别被定为省、区（粤西区）、县三级重点社，常驻有各级领导干部和办社干部，及时总结经验，指导工作，推广到全县。至1954年冬，全县共建立起初级农业生产合作社119个，入社农户6032户，占总农户的4.5%。1955年秋，贯彻毛泽东主席关于农业合作社问题的指示，掀起办社高潮。是年年底，全县的初级农业生产合作社急剧发展到1955个，入社农户达4.87万户，占总农户的36.6%。1956年3月，入社农户又增至10.92万户，占总农户的82.1%。此外，还建立有专门种植经济作物的初级合作社17个，林业初级合作社23个，渔业初级合作社3个。至此，全县基本实现了农业合作化。

组建高级农业生产合作社

高级农业生产合作社是在初级农业生产合作社的基础上建立的，先将初级社合并为一定规模的大社后转为高级社。1955年夏，中共廉江县委先发动领导力量较强、生产资料较充足、群众有办高级社要求、初级社办得较好的石宁、新屋仔、竹山背和上埠等初级社转为高级社。在农业合作化大发展中，高级社急剧增加，到1956年春，全县高级社发展到228个，入社的农户达4.57万户，占总农户的34.3%。1957年春，全县高级社再发展至827个，入社群众12.94万户，占总农户的97.0%。农村全面建立高级农业生产合作社，其中规模较大的有新屋仔、下洋、那良、东桥、皇竹等社，均在500户以上。其中新屋仔高级社有520户、2600多人，劳动力1170个，耕地3800亩，山岭7500亩。这个社由16个初级社合并而成，分为28个生产小队，统一安排生产，统一分配，实行多劳多得的分配原则。

高级社在经营管理上，取消土地分红，实行按劳分配，定额计酬，或小段包工到组、到户、到劳动力的管理办法，并实行奖惩制度，超产分成，减产则罚。与初级社相比，高级社社员的劳动生产积极性较高，生产效果也更显著。1957年，全县稻谷总产量比年景较好的1955年增长14.4%，副业生产也有较大发展。

二、对手工业的社会主义改造

从1953年起，党中央决定逐步对手工业进行社会主义改造，采取合作化的形式和逐步过渡的步骤，从手工业生产合作小组、手工业供销合作社，再发展为手工业生产合作社。到1956年年底，全国参加手工业合作社的人数已占手工业从业人数的91.7%，基本完成了对个体手工业的社会主义改造。

廉江县手工业在中华人民共和国成立初期已有一定的基础和规模。据1954年统计，全县手工业者有1062户3705人。主要有：织布、缝纫、刨烟、打铁、编织、缸瓦、烧石灰、酿酒、榨油、修理钟表、修理单车等16个行业。从1954年起，县委根据上级有关方针政策，开展对个体手工业的社会主义改造。改造方针是：为农业生产、为人民生活、为大工业、为出口服务。改造对象主要是城镇手工业者和农村纯手工业者，共有68种行业。改造工作步骤分为两阶段进行，第一阶段主要建立手工业社（组）工作，第二阶段主要开展整社改组工作。

廉江县委首先组织力量，在安铺、廉城、横山等地建立合作小组、合作社，摸索建社、建组的经验，通过不同行业和地方的建社、建组，起到示范作用。同时，县成立手工业联社筹委会，加强对这方面工作的领导，加快建立手工业合作社的进程，仅一年时间全县组织起手工业社（组）33个，入社（组）人数达1585人。到1956年2月，全县基本实现手工业合作化，全县原有个体手工业1868户，从业人员2215人，占总户数的79.1%，占总人数的81.9%；参加手工业合作社（组）的1477户1815人，分别占总数的80%和82%。个体运输业者原有5563人，组织起运输合作社（组）108个，参加社（组）人数3959人，占总人数的71.2%。

廉江县对手工业的社会主义改造，有效地解放生产力，使全县手工业生产得到较大的发展，手工业者收入普遍增加，生活水平有了提高。同时，促进了合作工业和二轻工业的发展和壮大。

1956年1月，廉江县私营工业者申请实行公私合营。合营的工厂有安铺电力厂、廉江印刷厂、安铺陶器厂、横山陶器厂、石岭烟丝厂和安铺食品厂6家。

廉江县委贯彻执行党中央关于和平改造的方针和经济赎买政策，根据国家的规定，每年企业不论盈亏，均按5%的定息发给私股股东，7年不变。私营企业主长期拿定息，在经济上得到实惠，因而积极热情接受改造，走社会主义道路。

三、对工商业的社会主义改造

廉江县委认真贯彻"利用、限制、改造"的政策，首先建立起强大的国营商业和供销合作商业，全权掌握货源和批发，从而割断私营商业与私营工业之间的联系、私营商业与小农经济的联系，在改造的方法步骤上分两步进行，先批发商，后零售商，逐步将资本主义商业纳入国家社会主义的轨道。

对小商小贩的社会主义改造，则贯彻"团结、教育、改造"的方针，主要是组织走合作化道路，改造形式是合作商店和合作小组。合作商店实行合作经营。合作小组是由分散经营、散居或流动在居民中间的小商小贩组织起来，自负盈亏，仍然分散经营，归口国营公司或供销社领导。

廉江县在对个体私营工商业进行社会主义改造过程中，运用政治上和平改造的方针和经济赎买政策，使全行业实行公私合营，变资本主义私有制为社会主义公有制。

对农业、手工业、工商业三大改造的基本完成，极大地促进了工、农、商业的社会变革和整个国民经济的发展，社会的经济结构发生了根本变化，社会主义经济成了国民经济中的主导成分，为社会主义建设开辟了道路，带动了革命老区社会经济的发展。至1957年年底，全县生产总值（按1990年不变价，下同）27631万元，比1949年的15979万元增长72.92%；社会总产值37584万元，比1949年的19004万元增长97.76%；农业总产值34134万元，比1949年的8546万元，增长近3倍；工业总产值2399万元，比1949年的237万元增长9.12倍；财政收入633万元，比1949年的240万元增长1.64倍。[①]

---

① 数据来源：根据《廉江50年（1949—1999）》（内部资料）统计。

第三节 社会主义建设全面展开

一、贯彻党在过渡时期的总路线和实施第一个五年计划

1953年6月，党中央提出了过渡时期的总路线和总任务。过渡时期是指从中华人民共和国成立到社会主义改造基本完成这一时期。党在过渡时期的总路线和总任务是：要在一个相当长的时期内，逐步实现国家的社会主义工业化，并逐步实现国家对农业、手工业和资本主义工商业的社会主义改造。

中共廉江县委、县政府结合实际，积极宣传、贯彻党在过渡时期的总路线和总任务，为促进廉江的社会经济全面发展而努力奋斗。

廉江县委根据国家"一五"计划的目标任务和省委关于以农业为重点制订第一个五年计划的指示精神，经过反复酝酿和深入讨论，确定制订廉江县第一个五年计划指导思想：以粮食生产为主，在提高粮食单位面积产量的基础上，大力发展经济作物，实现农林渔牧并举，全面发展，最大限度地支持国家建设和满足人民的生活需要。根据这一指导思想，县委组织制订廉江县1953年至1957年计划。"一五"计划的主要内容有：1957年耕地面积发展到1113807亩，比1952年增加19.31%；粮食总产量1957年达到4332540担，比1952年增产40%。其中，稻谷总产达到2920873担，比1952年增长37%；薯类达1203350担，比1952年增长2倍。

主要经济作物黄麻、红烟、糖蔗、花生等计划产量，均比1952年增长1倍以上。此外，发展工业、林业、渔业、畜牧业，以及商业、手工业、交通运输、文教卫生等行业。

二、贯彻执行社会主义建设总路线

1958年5月初，中共召开党的八大二次会议制定了"鼓足干劲，力争上游，多快好省地建设社会主义"的总路线。这条总路线的提出，反映了广大人民群众迫切要求尽快改变我国经济文化落后的普遍愿望，得到有效贯彻落实。

从5月下旬起，廉江在全县范围内掀起大张旗鼓的社会主义建设总路线宣传运动高潮，全县组织了一个由21132人组成的宣传队伍下乡，采取多种方式宣传总路线。总路线精神的学习宣传活动取得了很大成效，全县90%以上群众受到总路线精神的教育，提高了社会主义觉悟，群众中的歪风邪气被压了下去，右倾保守思想得到进一步克服，鼓起了革命干劲和生产热情，生产建设运动轰轰烈烈地开展起来。

1958年，廉江掀起大办人民公社运动。是年3月，首先扩大乡的范围，将原有的34个乡镇合并为18个乡镇。6月后，中共廉江县委组织十余名县、乡领导干部到河南省七里营人民公社参观学习；同时对人民公社的规模作出规划，配备干部，搭好架子，做好大办人民公社的准备工作。10月1日，全县各地人民群众穿上节日盛装，高举红旗，敲锣打鼓，分别会集到廉城、河唇、良垌、安铺、青平、石岭、塘蓬7个圩镇，举行人民公社成立大会，一下便建立红旗（廉城）、火箭（河唇）、东风（良垌）、胜利（安铺）、上游（青平）、卫星（石岭）、跃进（塘蓬）7个人民公社。

人民公社建立初期，在组织上推行军事化，公社以下按营、连、排编制组织活动；在生产上实行土地、劳动力、耕牛等统一调动使用，搞大兵团作战，发动社员拆旧泥砖屋献肥搞生产，组织全民大炼钢铁；在生活上曾一度推行供给制，大办"公社饭堂"，粮食统一集中安排。这样便刮起"一平二调"的"共产风"。1959年贯彻中共中央第二次郑州会议精神后，中共廉江县委根据中共中央和省委指示，开始纠正这个错误，组织县、社干部进行清算和赔退刮"共产风"平调社员的财产。

为了便于管理，公社以下设管理区（管理范围相当于原来的乡），管理区下设生产大队（范围相当于原来的高级社）、生产队，并以大队为基础。1961年设区分社，撤销管理区，全县划分为8个区、39个人民公社、323个生产大队（另有9个街道居委会）、5960个生产队。1961年春起，贯彻中共中央关于《农村人民公社工作条例（草案）》（即"农业六十条"）和《关于改变农村人民公社基本核算单位问题的指示》，正式确立"三级（公社、大队、生产队）所有，队（生产队）为基础"的体制，以生产队为基本核算单位，把土地、劳动力、耕牛和农具下放固定给生产队，使组织生产和进行分配的单位统一起来，并改进劳动管理，按"农业六十条"规定分给社员自留地，使农业生产得到恢复和发展。

三、大兴水利建设

廉江历史上水旱灾害频繁，人民饱受洪水之患、干旱之苦。九洲江沿岸多次出现"一场雨来水汪汪，屋崩田毁人逃荒"的惨状。至1949年，全县只有小型蓄、引、提水利工程937宗，灌溉农田面积4.48万亩，仅占耕地总面积5.0%。

中华人民共和国成立初期，廉江县委领导人民兴修了一批山塘、水陂等小型水利工程，不断扩大灌溉面积，人民群众生活水平逐步提高。但这些山塘、水陂蓄水不多，只能解决短时间用水问题，还有大部分农田和坡地无水灌溉。

1958年5月15日，中共湛江地方委员会作出关于兴建鹤地水库和青年运河的决定。规划拦截九洲江修建鹤地水库，建设青年运河引水解决雷州半岛历史性的干旱问题。湛江专区成立雷州青年运河建设委员会，地委第一书记孟宪德任主任，地委副书记谢永宽任副主任，下设工程指挥部，地区副专员王勇任总指挥，受益的廉江、遂溪、海康县委第一书记任指挥，负责工程的组织、领导工作，从各部门抽调干部以及一批机械、物资投入工程建设。

雷州青年运河工程由鹤地水库工程和运河工程两大部分组成，工程规模巨大。整体工程分由廉江、遂溪、海康及湛江市郊的运河工程指挥部负责施工。1958年6月10日，集中7000多人在廉江太平乡鹤地村工地举行誓师暨全面施工大会，地委第一书记孟宪德、副专员王勇首先挥锄破土，宣告施工开始。廉江县委书记陈华荣和全体民工宣读誓词。随后，廉江、遂溪、海康三县民工陆续进场，进场民工每天最多达到4万余人，一般保持在2万余人。

廉江县委书记、公社党委第一书记到工地指挥，各公社民工自带材料搭工棚，自带粮食和工具来参加运河建设。广大民工鼓足干劲，日食工地，夜宿山冈，风吹只当摇羽扇，雨淋免了洗衣装，荒野当床草当席，拿天当蚊帐，克服了许多难以想象的困难，创造了人间奇迹。施工工具落后，人人献计进行工具改革，制造自动御土双轮车、木轨斗车、履带式运土机、绳索转盘运土机、滑轮起重机等；创新操作方法，如炸药爆破土、木桩迫土、平台上土等；原材料不足，就因地制宜、自力更生、就地取材解决；技术力量缺乏，就采用师父带徒弟、能者为师的办法，培养拖拉机手、电工、木工、石工等一批人才，解决一个又一个技术上的难题。

在中共湛江地委的领导和各方面的支援下，广大民工经过14个月的日夜奋战，终于在1959年8月将九洲江拦腰斩断，建起37座水库主副坝，总长7910米。其中，主坝高31.5米，长885米，坝顶宽6米。同时渠首枢纽工程的输水闸、船闸、电站等也相继建成。库区集雨面积1495平方公里，水库控制流域面积1440平方公里，蓄水面积122.6平方公里，总库容11.88亿立方米。同年9月19日，运河总指挥部举行庆功典礼大会。会上，号召民工再次转战运河工地。历时6个月挖填长271公里青年运河总干渠及五大分干渠，配套4039条共长4547公里的干支渠道。1960年5月14日，运河全线放水，灌溉邻近四县三区的155万亩耕地。鹤地水库和雷州青年运河的建设，共完成土方6580万立方米，砌石87万立方米。原计划由国家投资1.5亿元，实际投入1500万元。广大人民群众自愿无偿付出劳力、自备工具、捐献实物及自筹资金等，为工程建设作出巨大贡献。

在鹤地水库和青年运河建设期间，廉江的长青、武陵、江头水库相继动工兴建。

1958年9月10日，地处廉江县西北部的大型蓄水工程长青水库破土动工兴建。它是由上库岭背下和下库仙人域两水库组成。水库总控制流域面积2315平方公里，设计总库容1.44亿立方米，正常库容8450万立方米。岭背下水库建在九洲江的一级支流沙铲河上游的长山河岭背下村，控制集雨面积177.5平方公里，设计总库容1.25亿立方米。库区工程由石颈、青平、车板、高桥、营仔等地组织1万多民工，自带伙食、工具，自搭工棚，在工地安营扎寨进行施工。经过11个月日夜奋战，建成主坝1座，高23米，坝长1525米，有副坝8座。仙人域水库建在九洲江的一级支流沙铲河上游白马岭河仙人域村北面，集雨面积54平方公里，设计总库容1930万立方米。库区工程由营仔、车板等地民工2万多人，奋战8个月建成。建成主坝1座，高18.5米，长300米。长青水库可使青平、车板、营仔、石颈、雅塘、高桥6个镇和红江农场共计15.5万亩耕地得到有效灌溉。

中型蓄水工程武陵水库建于九洲江的一级支流武陵河中游上坝村的北面。1958年9月10日动工兴建。该水库集雨面积135平方公里，设计总库容1.17亿立方米，其中兴利库容5350万立方米，是一座中型水库。水库主坝坝长182米，共有副坝6座。可灌溉石岭、龙湾、雅塘、横山、吉水、塘蓬等镇乡9.5万亩耕地。灌区低干渠和高干渠于1959年9月完成。10月正式启闸放水。工程总投资3272万元，其中，国家投资333万元，约占总投资额的10%。其余由当地政府和群众自筹资金解决。

江头水库建于九洲江中游的支流江头河石牌，即江头村北面。1958年10月25日破土动工兴建。该水库集雨面积17平方公里。主坝坝长175米，副坝6座，总长236米；总库容940万立方米，可灌溉农田1.2万亩。该工程由吉水镇5000多名民工负责施工，1959年4月建成。接着，水库灌区配套工程全面进行施工，1万多名民工历时4个多月，完成渠道开挖任务。1959年12月正式放水灌溉。工程总投资258万元，其中，国家投资75万元，其余由当地政府和群众自筹解决。

鹤地和长青、武陵、江头水库建成后，既蓄水又防灾，使全县大部分耕地得到有效灌溉，旱灾基本消灭了。过去由于干旱尚有大面积荒地未经开垦，水利一经解决，荒地被开垦后，扩大了耕地面积，亩产量增加，畜牧业和热带经济作物基地逐步发展起来，群众生活有了明显的改善。

在修建鹤地、长青、武陵、江头水库中，廉江部分民居和农田被淹没，必须迁移部分群众。为此，廉江县成立水利移民安置委员会，由副县长任主任，集中处理解决移民问题。全县抽调100多名干部，从1958年4月起，深入水库规划区内动员、宣讲搞好水利建设的重要意义，发动群众顾全大局，让出自己的家园，为国家建设作贡献。广大群众为了解决湛江地区的工农业生产用水和城乡居民生活用水，支持国民经济和生产的发展，提高全民的生活水平，无私地献出世世代代赖以生存的土地和家园，作出巨大的贡献。其中迁移安置任务最大，牵涉面最广的是鹤地水库。鹤地水库库区辽阔，受淹范围广，淹没太平、石角两镇47038亩农田，171条村庄和两个圩镇，以及十多个机关、学校、厂场，须迁移居民6410户、28885人，拆除房屋32507间。在各级政府的动员下，广大群众对党和政府的决策坚决拥护支持，在安置点还没有充分准备的情况下，迅速大规模搬迁。从1958年5月开始，至1960年1月迁移安置工作结束，全县296个村庄12584户拆迁，其中9672户、48362人移民，大部分属于革命老区村庄和老区人民。他们舍小家为大家，支持着水利建设。

四、国民经济恢复发展

中华人民共和国成立前，廉江县经济社会基础非常薄弱，尤其是工业生产非常落后。中华人民共和国成立后，实行土地改革，调动农民生产积极性。对农业、手工业和工商业进行社会主义改造，发挥社会主义制度优越性。贯彻社会主义建设总路线，调动一切积极因素发展经济。大搞水利建设，增强防御自然灾害能力。其间，由于受"左"的错误和自然灾害影响，虽然出现1959年至1961年三年困难时期，但整个国民经济仍得到较大恢复发展。至1965年，全县实现生产总值（按1990年不变价，下同）34536万元，比1949年的15975万元增长1.2倍；农业总产值38714

万元，比1949年的18546万元增长1.1倍；工业总产值6256万元，比1949年的237万元增长25.4倍；固定资产投资762万元，比1949年的44万元增长16.3倍；财政收入1162万元，比1949年的240万元增长3.8倍。①

---

① 　数据来源：根据《廉江50年（1949—1999）》（内部资料）统计。

第四节 十年"文化大革命"

一、"文化大革命"期间的全面整顿

1967年2月，廉江县人民武装部奉命介入廉江"文化大革命"，执行"三支两军"（支左、支工、支农和军管、军训）任务，并承担起支援地方工农业生产的任务。3月25日，成立廉江县军事管制委员会，对全县实行统一领导。

1968年3月31日，廉江县革命委员会成立，实行党政合一、高度集中的领导体制，设立办事组、政工组、生产组、民事组和保卫组五大组，承担起组织全县工农业生产和管理社会生活的责任。

1969年1月，经湛江地区革命委员会党的核心小组批准，成立廉江县革命委员会党的核心小组。接着，各公社成立党的核心小组，恢复党组织工作。

1970年11月27日至12月6日，中共廉江县第三次代表大会召开，选举产生中共廉江县第三届委员会，恢复党委领导体制，实行党委集体领导下的委员分工负责制。

1975年2月初，中央提出全国各个方面工作都要进行整顿的方针。从1975年3月至12月，廉江县委贯彻中央和广东省委有关通知精神，对各项工作进行整顿，重点是对各级领导班子以及农业、工业、财贸、科技、教育等工作进行整顿并落实各项政策。

抓好工业企业整顿。在整顿中，廉江县委把解决企业领导班子"软、懒、散"问题作为重点，建立起"敢"字当头的企业领导班子。对部分企业的班子进行调整充实，未作组织调整的班子，也围绕解决"软、懒、散"问题开展思想整顿。整顿中，各企业贯彻"鞍钢宪法"，恢复和健全各项规章制度，严格内部管理，理顺企业内部关系，加强企业设备维修管理，提高设备完好率，用7项经济技术指标考核企业的工作成效。

开展农业整顿。整顿发展社队企业，组织"五匠"归队，促进农村形势的好转。全县新发展社队企业229个，新增加就业岗位1939个。

对文、教、科、卫进行整顿。在文化方面，鼓励发展群众创作，组织群众进行戏剧诗歌表演和汇演。廉江传统文艺剧种如安铺白戏、石角傩戏、哎戏、黎戏、八音重新登上舞台，民间舞狮、舞鹰雄、飘色等文艺形式得以恢复，沉寂多年的文化界开始活跃。在教育方面，加强学校管理，合理设置中小学，达到村有小学，公社有初中；同时，建立健全各项规章制度，抓紧文化学习，使中小学教育初步纳入正轨。在科技方面，建立健全科技机构，重新设立县农业科学研究所，部分工厂建立"攻关小组""诸葛亮小组"或技术室、技术股，为发展工农业生产服务。

这次全面整顿取得明显成效，恢复了正常的生产和社会秩序，促进生产形势逐步好转。

1981年1月，廉江县召开第七届人民代表大会，选举产生廉江县人民代表大会常务委员会和廉江县人民政府，全县各项工作恢复正常运作，经济社会得到恢复发展。

二、"文化大革命"期间的生产建设

致力排干扰。"文化大革命"十年中，在廉江党的各级领导层内，在党内外广大干部群众中，对"左"的错误和极左的抵制和抗争一直没有停止，千方百计排除各种阻力和干扰，使"文化大革命"的破坏受到一定程度的限制。

1964年至1965年上半年，廉江在兴修水利、改良土壤、平整土地等方面收到良好的效果。1969年下半年至1978年，每年冬春都大搞农田基本建设，开荒造田，搞田园化，改土增肥，整治排灌系统，抓好九洲江、沙铲河治理，抓好长青、武陵、江头三大水库的配套工程和小山塘、小水库、电动排灌等水利建设。其中，1969年冬和1970年春，全县开展水利大会战，出动15万人进场，经过3个月的奋战，完成水利工程798宗，土方800多万立方米，石方4000立方米，扩大灌溉面积3.8万亩，改善灌溉面积15万亩，收到了较好成效。

1970年开始，廉江开展以兴建县氮肥厂为中心的工业"大会战"。至1971年，全县办起了煤矿厂、水泥厂、氮肥厂、糖厂、炼钢厂、输变电站、水泥预制构件厂、烧碱厂，生产钢40多吨、铁200吨、煤4500多吨、水泥5100多吨，架通遂溪至廉江的高压电线；生产一批车床、脚踏脱粒机、粉碎机、小糖机、碾米机，有力地支援农业生产。1972年1月24日至2月2日，廉江县召开工业代表大会，提出1972年工业以钢铁"大会战"为中心，大办"五小工业"，大打矿山仗，把钢、铁、煤、电、铜、铝、化肥、水泥、农药搞上去，为加速实现廉江县农业机械化而奋斗。1973年，廉江县氮肥厂被评为广东省工业学大庆先进单位、全国合成氮生产先进单位。1974年3月起，中共廉江县委贯彻中央、省化肥会议精神，组织全县第二次以氮肥为中心的化肥"大会战"，以氮肥、磷肥为主，积极发展各种化肥生产，全年化肥产量12万吨，有力地促进农业生产的发展。1977年3月开始，廉江自力更生，艰苦奋斗，巩固和发展"五小工业"，工业发展比较快，初步形成水泥、制糖、陶瓷、电子、纺织、皮革、缝纫、印刷、食品、五金等门类比较齐全，并与廉江资源开发相配套的工业体系，为廉江地方工业发展打下坚实基础。

全力促发展。在"文化大革命"期间，尤其是"文化大革命"后期，廉江县各级党组织和广大干部群众，采取多种积极有效措施，发展工农业生产，发展经济社会，取得了较好成效。1976年年底，全县实现生产总值54013万元，比1966年增长63.36%，年均递增5.0%；社会总产值80847万元，比1966年增长47.74%，年均递增4.0%；农业总产值65862万元，比1966年增长36.94%，年均递增3.2%；工业总产值13866万元，比1966年增长103.05%，年均递增7.3%；财政收入1986万元，比1966年增长84.06%，年均递增6.1%。[①]

---

① 数据来源：根据《廉江50年（1949—1999）》（内部资料）统计。

第六章
改革开放时期

　　1978年12月，党的十一届三中全会后，我国进入改革开放时期，全党把工作重点转移到以经济建设为中心上来，经济社会得到较快发展。1993年12月廉江撤县设市，开始谱写新的篇章，加快工农业生产发展步伐，致力解决革命老区"五难"问题，促进区域协调发展。

第
一
节 **坚持拨乱反正　转移工作重心**

　　1976年10月6日，中共中央一举粉碎"四人帮"，结束了"文化大革命"。随后廾展揭批"四人帮"和拨乱反正工作。

　　1978年年底，廉江县各级党组织在揭批"四人帮"斗争中，认真贯彻中央和省委有关文件精神，坚持解放思想、实事求是的思想路线，狠抓党的干部政策、知识分子政策、科技人员政策、华侨政策、统战政策的落实，对各种历史遗留问题进行深入调查研究，实事求是地进行甄别处理，纠正一批冤、假、错案。

　　甄别处理历次政治运动的遗留案件问题。给1957年被错划为"右派分子"的人员予以改正，除转为退休退职的人员外，其余全部安排工作。1965年"四清"运动中造成的错案复查纠正，除死亡者外，其余全部恢复工作。"文化大革命"期间，受错误处分的人员落实了政策，被乱揪乱斗的干部、职工予以平反，被迫害致死的干部予以昭雪，经复查纠正恢复公职，照顾安排被批斗造成非正常死亡的干部、职工子女。此外，对其他历史遗留案件也做了清查。

　　1978年12月18日至22日，党的十一届三中全会在北京召开，会议确定把全党工作重点转移到社会主义现代化建设上来。

　　1979年起，中共廉江县委认真贯彻落实中共十一届三中全会精神，把工作重点转移到经济建设上来。采取一系列措施，逐步进行经济体制改革，理顺管理体制，转变政府职能，精简机构人员，提高行政效能，加快改革步伐。1980年4月16日，中共廉江县委召开第三届委员会第十次全体委员会议，决定在全体党员、干部中深入开展思想政治教育，把工农业生产搞上去，发展全县经济。1983年起，县直机关干部实行岗位责任制，明确机关干部的职责。1984年7月，县党政机关、企事业单位开始进行机构体制改革，撤销县政府文教办公室，将农林水办公室、县农委、县委农村工作部合并为农村工作委员会，将县物资局、商业局、供销社、农机局、供电局、畜牧局、医药联合公司改为独立核算、自负盈亏的经济实体。1986年撤区建镇，把原来21个区、2个镇改为18个镇、5个乡，将原乡改为村民委员会。1993年12月10日，经国务院批准，撤销廉江县，设立廉江市（县级），由湛江市代管。1996年4月10日，廉江市委发文公布了市直机关机构改革方案，核定市委设工作部门7个，市政府设工作部门36个，人员定编900名。1997年10月，首次公开选拔部分科级单位领导干部，在领导干部任命中引入竞争机制。1999年4月，全市行政机关建立了国家公务员制度。经过20多年的改革，廉江基本建立了合理高效的行政管理体制，为全市经济快速高效发展和社会安定繁荣奠定了坚实基础。

第二节 撤县设市促发展

一、撤县设市

廉江县是全国农村综合实力"百强县"，也是广东省十个综合改革试点县之一。全县总面积2835平方公里，1992年年末，总人口125.24万人，每平方公里人口密度442人，其中从事非农业人口37.83万人，占总人口的30.2%。

改革开放以来，廉江县经济发展较快。1992年全县生产总值22.57亿元，第三产业产值5.57亿元，占全县生产总值的24.7%。乡镇以上工业产值27.15亿元，占工农业总产值的80.2%。本级预算内财政收入1.935亿元，财政上解2347万元。全县拥有国营、集体、乡镇企业1446家，其中年产值5000万元以上的12家，有200多种产品获"国优""部优"称号。初步形成了制糖、陶瓷、卷烟、建材、纺织、食品、饮料、家电、机械、皮塑制品十大工业门类为主的工业体系。黎湛和广湛铁路贯穿县境，公路、水路交通发达，通讯方便。投资环境不断改善，仅1992年外引内联投入资金3亿多元。随着经济的繁荣，文化、教育、科技、卫生、体育事业得到较大的发展。

廉江县廉城镇是全县政治、经济、文化中心，城区规划面积48.69平方公里，已建成面积12.86平方公里。总人口17.51万人。镇内有医院、中小学、文化馆、图书馆、博物馆、影剧院等公共文化福利设施。自来水普及率100%，道路铺装率90%，有较好的排水系统。

从总体看，廉江县已符合国务院国发〔1993〕38号文规定的撤县设市标准。廉江与越南通商频繁，营仔港是进出口贸易口岸，发展前景看好。

1993年12月10日，根据廉江县人民政府申请，经广东省人民政府报国务院批准，同意撤销廉江县，设立廉江市（县级），以原廉江县的行政区域为廉江市的行政区域。

根据广东省机构编制委员会〔1995〕54号文《关于我省市县分类问题的通知》，按照中央确定的分类标准，经国务院和中央编委批准，廉江为二类市。从此，为廉江经济社会的高速高效发展翻开了新篇章。

二、加快发展

廉江撤县设市后，市委、市政府领导经反复讨论研究，制定了"强工稳农、活商促贸、兴科重教、民主法治"的发展战略，树立高度的历史责任感和时代紧迫感，集中精力进行经济建设，挖掘新的经济增长点，努力寻求新突破，不断开创新局面，使经济社会发展上新台阶，人民生活水平不断提高。为此，廉江市坚持做到：围绕一个目标，推动两个转变，打好三个基础，实施四个战略，加快五个发展，采取八条措施。

围绕一个目标 到本世纪末实现人均生产总值比1980年翻三番，全市基本消灭贫困现象，人民生活达到小康水平，建立起社会主义市场经济体制基本框架，经济管理体制运行机制较为规范；整体经济质量和效益有较大提高，国民经济实力显著增强；党风廉政建设、民主法治建设以及精神文明建设上新的水平。

推动两个转变 一是经济体制从传统的计划经济体制向社会

主义市场经济体制转变。二是经济增长方式从粗放型向集约型转变。这是具有全局意义的两个根本性转变，是实现总体目标的关键。真正把注意力和工作重心转到提高经济效益为中心的轨道上来，争取整体经济在总量、质量和效益方面都上新台阶。

打好三个基础　一是农业基础。农业是国民经济的基础产业，基础不稳，社会则乱。加强农业的基础地位，增加农业投入，加强农业基础设施建设事业，改善农业生产条件。二是科技教育基础。重视发展科技教育，依靠科技进步、教育创强推动经济上规模、上质量、上水平、上效益。三是交通通信基础。全市形成以铁路、港口和上等级公路相结合的沟通省内外的交通构架，把廉江建设成为粤西地区交通发达、经济繁荣的重要城市。提高龙头沙、安铺、营仔港的通航能力。提高城乡电话通话能力。

实施四个战略　（1）依靠科技进步创名牌发展战略。在提高原有名牌产品的基础上，强化新技术的开发推广，激励创新发明，努力创造一批新产品。（2）重点突破发展战略。采取"明确目标，分类指导，择优扶持，重点突破"的方针，集中支持一批对全局产生重大影响，促进总体结构优化的重点行业和名优产品的发展，以带动全市经济的发展。全市形成一批大型企业和企业集团，把产供销、贸工农、经科技紧密结合起来，形成"一条龙"的经济体制，促进全市经济大上快上。（3）推动经济规模发展战略。面向国内外大市场，立足本地资源优势，按照市场需求和经济规律组织生产，提高劳动生产率和经济效益。（4）加强内外结合发展战略，努力开拓国内国际市场，不断扩大招商引资渠道，以外引促内联，以内联引外资，全方位多元化加快发展外向型经济。

加快五个发展　（1）加快发展基础产业和支柱工业。通过调整优化产业结构，搞好技术改造。强化科学管理，提高企业整体素质。使建材、制糖、卷烟、机械、陶瓷、家电、家具等基础产业和支柱工业有较大的提高和发展。（2）加快发展"三高"农业。以国内外市场为导向，以提高经济效益为中心，大力引进发展名、优、新、稀、特品种。推广应用科学的种植管理方法，实行区域化布局、专业化生产、一体化经营、社会化服务、企业化管理，不断提高农业经济效益、社会效益和生态效益。（3）加快发展乡镇企业。重点上一批技术含量高和有规模、效益好的项目，争取总量有较大发展。（4）加快发展海洋经济。在抓好水产养殖业和海洋捕捞业的基础上，大力发展临海工业，并加快港口码头及系列配套服务设施建设，使沿海地区形成新的经济增长带。（5）加快发展各项社会事业，推进精神文明建设。加强社会治安综合治理，清除腐败，健全法制，正确处理改革、发展、稳定之间关系，努力创造一个安定团结的政治环境，改革开放的投资环境，上下协调的工作环境，锐意进取的精神环境，以促进社会的文明进步。

采取八项措施　（1）深化经济体制改革，增强经济发展活力。（2）不断扩大对外开放，大力发展外向型经济。（3）调整优化工业结构，发展支柱工业企业。（4）加强农业基础地位，提高农村经济实力。（5）依靠科技教育进步，增强经济发展动力。（6）加强基础设施建设，创造良好投资环境。（7）推进不同地区协调发展，实现新的经济飞跃。（8）强化社会综合管理，推进精神文明建设，使各项社会管理规范化、制度化、法治化，不断提高人们的思想道德水平和科学文化素质。

至2000年，全市实现生产总值59.64亿元，比1980年增长18.8倍；农业总产值42.37亿元，比1980年增长11.5倍；工业总产值41.88亿元，比1980年增长41.8倍；固定资产投资7.88亿元，比

1980年增长45.3倍；财政收入19502万元，比1980年增长9.8倍；城镇居民人均可支配收入5364元，比1980年增长10.9倍；农民年人均纯收入2725元，比1980年增长11.6倍。全市经济社会发展取得了超预期成效。

大力发展农业

一、大搞开发农业

1985年7月，湛江市委、市政府作出了关于大力发展以"两水一牧"（水果、水产、畜牧业）为重点的开发农业战略决策。廉江县委、县政府结合本市实际，迅速掀起了大搞开发农业的热潮。

在认真抓好常规农业，充分利用好已经开发利用的农业资源的基础上，大力发展开发农业，开拓新的生产领域和新的农业资源，向外延扩大发展。利用本市有128万亩宜林宜果山地，15万亩山塘水库，18万亩沿海滩涂的有利条件，开发荒山、荒坡、荒滩、荒涂、荒水"五荒"，积极发展以水果、水产、畜牧业和糖蔗、北运菜及造林为主的开发性生产，使农村经济获得新的发展，取得了较好的经济效益、社会效益和生态效益。

（一）综合开发

廉江县在大搞农业开发中，坚持做到突出重点，综合开发。在整个农业开发中，以开发种植水果，尤其是以开发种植红橙为重点。这是从实际出发，因地制宜的科学决策。全县土地面积425万亩，其中耕地91万亩，宜林宜果山地128万亩，土壤以砖红壤和赤红壤为主，适合于种植柑橙和其他水果。地处亚热带季风气候区，气候温暖，热量丰富，雨水较多，光照充足，有利于各种水果的种植生长。红橙是廉江近年来用科学方法新培育出来的名、优、新、特、稀水果品种，具有果大皮薄、肉红味纯、汁多渣少、甜酸适中、风味独特等特点，被评为全国优质水果，并列为国宴佳果，产品畅销国内外，发展的前景很好。山区农民种粮无田，务工无本，出路在哪里？发动广大农民耕山种果，就能较好地解决农村富余劳动力的出路问题，并逐步走上勤劳致富的社会主义道路。至1990年，全市种植各种水果40多万亩，其中红橙10万亩，参加种植管理水果的劳动力超过10万人。许多农民通过种橙走上了致富道路。例如，远近闻名的种橙专业村青平镇黄泥塘村，全村47户，214口人，除2户五保户外有45户种橙，种橙面积412亩，人均近2亩，1989年橙子收入60多万元，户均单项收入1.3万元，人均单项收入2800元。这样的例子到处可见。

在认真抓好种植发展红橙的同时，还大力发展香蕉、荔枝、芒果、菠萝等水果，形成了以红橙为主，多种水果并举的生产格局。柑橙由1984年前的1.5万亩发展到12万亩，香蕉由1000亩发展到10万亩，荔枝由2000亩发展到6.5万亩，菠萝由4000亩发展到5万多亩，其他杂果由几千亩发展到6万多亩。至1990年，全市水果种植面积达42万亩，比1984年增长13.5倍；水果总产量34万吨，比1984年增长13.4倍，成了一个新的水果之乡。地处鹤地水库边的河唇镇，突出抓好多种水果的开发种植，全镇种植各种水果4.8万亩，人均0.9亩，水果总产值3480万元，占农业总产值的53.9%，人均水果单项收入468元。

在大搞开发性生产的过程中，除了重点抓好水果生产之外，还根据各个农业区域的不同情况和特点，开发不同的生产项目，使之互相促进，共同发展。全县农、林、牧、副、渔业各个生产领域都得到较好开发。糖蔗由1984年前的5万亩发展到12万亩，北运菜由2万亩发展到20万亩，对虾养殖由200亩发展到2.1万亩，北京鸭从无到有逐步发展到年饲养量300多万只，生猪饲养量由60万头发展到90万头，湿地松由3万亩发展到56万亩，建成了一定规模的松香生产基地。开发性农业生产的发展，还促进了加工业、运输业和商贸业、服务业的发展，带动了整个农村经济的振兴。

（二）灵活经营

廉江县在大搞开发农业中，采取多种形式开发、多层次经营的措施，调动各方面的积极性，做到国家、集体、个体、联合体一齐上。一是以农民家庭为主体开发经营。这是主要形式。属这种形式开发经营的柑橙约占全市总面积的60%，香蕉占85%，北运菜占95%，甘蔗占90%，北京鸭占90%，荔枝、菠萝、杂果和养猪、养鸡、养鱼等也是以家庭经营为主。二是以国营企业或乡镇集体企业形式开发经营。属这种形式开发经营的，养虾占全市总面积的70%，柑橙占20%。三是场群联合开发经营。这种形式主要是长青水果场与周围农民联办果场、红江农场与附近农民联办果场，属这种形式开发经营的，柑橙占总面积的15%，香蕉占10%，养虾占8%。四是机关企事业单位与农民联合开发经营。机关企事业单位利用自有资金，转包农民的山岭土地，与农民联合开发经营。五是农民联合体开发经营。

采取多种形式，调动多种经营积极性，大大地加快了开发性生产的步伐，尤其能使边远落后地区迅速跃上先进行列。例如，原来比较贫穷落后的青平镇，经过认真总结和吸取过去耕山的经验教训，制定出"统一规划，按需承包，限期开发，连片种植"的开发措施，坚持"宜林则林，宜果则果，林果结合，综合开展"的开发原则，采取以农民家庭为主体的多种形式开发经营，使开发性生产越搞越好。全镇共种植水果3.75万亩，1989年农业总收入7316万元，比1984年增长2.8倍；农民人均纯收入920元，比1984年增长2.2倍，连续三年被评为湛江市两个文明建设先进单位。

（三）加强服务

廉江在为开发农业生产提供社会化服务方面，有通过政府职能部门转轨变型创办的服务性机构；有新组建专业性经济实体的服务公司；有国家、集体和农民多层次结合的服务联合体；还有利用民间自由组合的各种服务性联合组织和从事各种服务的专业户等多种形式的服务组织。

通过各种服务组织，为开发性生产做好如下几项服务工作：第一，做好农业资源调查和开发规划工作。县成立农业区划办公室，抽调农口各局科技人员，对全县土地、水源、气候和生物资源等进行全面调查和分析，作出综合评价，为县委、县政府领导决策提供依据。在此基础上，作出全县开发农业的总体规划。第二，做好多渠道筹集资金工作。1985—1990年，全县投入开发性农业的资金3亿多元，主要是在县委、县政府的领导下通过有关服务性组织，多渠道筹集解决的。一是通过水果、养虾等开发公司与港商搞产品补偿贸易的形式引进外资1950万美元。二是通过有关服务公司和组织开展横向联合引进资金686万元。三是通过各种服务组织和经济实体向金融部门搞专项贷款2000万元。四是地方财政支持开发性生产投资500万元。五是农民自筹资金和劳务投入1400多万元。第三，做好技术指导和技术培训工作。全县建立了柑橙科学研究所、甘蔗科学研究所、林业科学研究所、养虾科学研究所、畜牧科学研究所，各乡镇建立健全了农科站、林业站、畜牧兽医站等，配备了较强的技术人员。还组织了群众性的科普协会、农学会、林学会、畜牧学会、水产学会、蚕桑学会、柑橙研究会、香蕉研究会、甘蔗研究会等。通过这些组织的活动和指导，推广应用了许多新的种养科学技术，获得了较好的经济效益。同时，采取"走出去，请进来"，采用长、中、短相结合，以短期为主的办法办班培训技术人员。几年来，共举办各种学习班1000多期，培训人员十多万人次，还先后选送60多人到大专院校培训，县农校毕业生160人，不断充实科技队伍。至1990年，全县有农、林、牧、渔业的专业技术人员350人，其中有助师以上技术职称的190人，为开发性农业生产提供了较好的技术服务。第四，做好种子种苗和各种生产资料供应工作。县水果开发公司、长青水果场等创办育苗基地5个，扶持和指导农民办苗圃场6个，1985—1990年共培育出红橙苗1200多万株，荔枝、龙眼、芒果、杨桃等果苗650万株。林业部门建立育苗点1300多个，仅湿地松种苗就培育出8000多万株。养虾集团公司创办虾苗孵化场，年产虾苗3亿多尾。畜牧部门建立良种禽畜场3个，电孵化厂2间，年产良种鸡苗和北京鸭苗200多万只。这样，就使各种良种种子种苗自给有余。全县还办起饮料加工厂7间、复合肥厂6间、磷肥厂1间、兽医药厂1间，认真做好化肥、农药、饲料和其他生产资料的供应工作。第五，做好产后服务工作，主要是保鲜、加工、储藏、运输、销售等工作，全县建立保鲜加工仓库60多座，总面积3.5万平方米，还建立橙汁加工厂2间、冷冻加工厂3间、肉类加工厂5间，铁路运输专线3条，各种运输车辆3000多台，较大果菜专业市场8个，各种销售服务组织300多个，推销人员1万多人，对促进商品流通起了积极的作用。

经过几年的艰苦努力，至1990年，全县种植柑橙12万亩，其中红橙10万亩。种植荔枝8.5万亩。种植香蕉10万亩，最高年份达15万亩。全县建成标准化虾塘养虾2.32万亩。种植尖椒、圆椒、番茄、茄瓜、青刀豆等北运菜20万亩。种植甘蔗面积25.6万亩，总产量92万吨。营造工程林68万亩，其中国外松56万亩，成为重要的松香生产基地。每年饲养北京鸭350万只。三黄鸡饲养量800

万只以上。生猪饲养量96万头。

1990年，全县生产总值165809万元，比开发前的1984年增长2.5倍；农村社会总产值227824万元，比1984年增长3.2倍；农业总产值154060万元，比1984年增长3.2倍，其中开发农业新增产值占全市农业总产值的68.5%；财政收入8573万元，比1984年增长2.7倍；农民人年均纯收入1045元，比1984年增长2.1倍。这是大搞开发农业，实行科技兴农的必然结果。

二、发展"三高"农业

"八五"期间，廉江县（市）在"七五"期间大搞开发农业的基础上，致力于发展高产、高质、高效的"三高"农业，实现农业和农村经济向内涵发展和提升，取得了良好的经济效益、社会效益和生态效益。

（一）更新思想观念

发展"三高"农业的过程，是不断地更新思想观念，实现思想新飞跃的过程。廉江通过大会小会、座谈会、学习班和电视广播等多种宣传教育形式，使广大干部群众解放思想，转变观念，在思想深处实现"五破五立"：一是破除小打小闹的小农经济思想，树立现代化农业的新观念；二是破除传统农业分工界限的思想，树立系统农业的新观念；三是破除传统农时季节的思想，树立科技农业的新观念；四是破除务农不能致富的思想，树立效益农业的新观念；五是破除满足现状的思想，树立开放发展农业的新观念。这"五破五立"，为"三高"农业的发展奠定了坚实的思想基础。

在湛江市委和市政府的统一组织指挥下，廉江成立"三高"农业指挥部，由廉江县（市）委、县（市）政府主要领导担任正副指挥，通过抓点带面，做出成效，再认真总结推广群众中涌现出来的先进经验，及时组织群众参观学习，使之变成为群众的自觉行动。例如，在种植香蕉中总结推广吉水镇大塘边村、良镇赤岭村的经验，在发展红橙中总结推广青平镇黄泥塘村和白马岭村的经验，在种植荔枝中总结推广吉水镇梧村村、良垌镇白塘村的经验，在发展种养结合的立体农业中总结推广石城镇深水村吴桂东、石岭镇陂头村许鸿铭等的经验做法。这些经验做法都是群众看得见、摸得着、学得到、用得上的，从而推动"三高"农业掀起一个又一个生产热潮。

（二）调整产业结构

廉江县（市）委、县（市）政府为了做好全县经济发展规划，经过深入调查研究，认真分析县情，认为发展"三高"农业具有五大特点和优势：一是气候条件适宜。廉江地处亚热带季风气候区，适宜发展热带、亚热带经济作物和各种养殖业。二是农业资源丰富。1990年，全县有耕地90万亩，宜林宜果山地155.3万亩（其中国营农林场29.8万亩），土地以砖红壤和赤红壤为主，适宜发展粮食生产和各种经济作物。还有浅海滩涂17.6万亩，山塘水库16.5万亩，适宜发展咸淡水养殖业和禽畜业。三是交通运输便利。公路四通八达，每个行政区都可通汽车，铁路有黎湛、广湛线横贯境内，海上交通有营仔港、安铺港、龙头沙港等。四是劳力条件充足。全县农村劳动力52.6万人，实行联产承包责任制之后，有富余劳动力18万人。部分边远山区农民的主要出路就是开发荒山，造林种果，承包山塘水面搞养殖业。五是技术条件较好。农民素来都有造林种果和发展畜牧业、水产业的传统习惯，有一定技术基础；农村中还有大批高、初中毕业生和大、中专毕业生，技术力量较强。这些都为发展"三高"农业提供有利条件。

廉江县原来农村经济落后，生产条件较差，"以粮唯一"

的现象很突出。从20世纪80年代中期开始，廉江县委、县政府坚持从实际出发，因地制宜，科学地调整农业生产布局，大力发展效益较好的"龙头"产业。从1984年起，开始调整部分高亢干旱田种植甘蔗，调整部分瘦瘠低产田和村边鸡口田种植香蕉，大力开发荒山荒地种植红橙和荔枝、龙眼、芒果等，充分利用冬闲田种植北运菜，发动群众承包山塘水库和浅海滩涂养鱼、养虾、养鸭，使国民经济中的农业经济成倍增长，经济效益大大提高。经过几年不断的调整和优化，粮食作物种植面积与经济作物种植面积的比例由原来的80：20变为55：45，经济收入的比例由原来的82：18变为25：75，使农村产业结构处于较佳状态，发挥出较高的经济效益。

经过几年时间的艰苦努力，至1995年，全市农村已突破单一经济的旧框框，初步建立起10个外向型、北上型农业商品生产基地：（1）全国大规模红橙生产基地。柑橙种植面积最高年份达13万亩，其中红橙10万亩，总产量6.5万吨。（2）全国大规模淡水网箱养鱼基地。利用网箱养殖优质淡水鱼2000多箱，总产量2000多吨。（3）大规模连片对虾养殖基地。建成规格化虾塘2.32万亩。其中龙营围对虾养殖基地1.65万亩，年产对虾1000多吨。（4）新发展起来的香蕉生产基地。香蕉种植面积最高年份达15万亩，总产量15万吨。（5）荔枝基地。全部是新种植的白蜡、黑叶、桂味、白糖罂、妃子笑等优良品种，果大皮薄、肉厚核细、味道清甜，深受消费者欢迎。全市种植荔枝12万亩，总产量6万吨。（6）北运菜基地。利用冬闲田种植尖椒、圆椒、青刀豆、茄子、西红柿、荷兰豆等北运菜20多万亩，总产量20多万吨。（7）甘蔗基地。甘蔗种植面积20万亩，总产量80万吨。（8）国外松基地。营造工程林80多万亩，其中国外松58万亩，已建成了林化厂，开始割松脂生产松香，成为重要松香生产基地。（9）北京鸭基地。每年饲养北京鸭超过400万只。获省农业科技推广二等奖。（10）三黄鸡基地。年饲养量超过1000万只，部分出口港澳地区。这十大生产基地，就是廉江市农村经济发展的"龙头"产业、农村经济的重要支柱。

（三）实行科技兴农

科学技术是第一生产力，发展"三高"农业，关键是要抓好先进适用农业科学技术的推广应用，从而提高农业的产量、质量和效益。

（1）健全农业科技职能部门的服务网络。主要是市、镇、管理区、自然村和科技示范户等五级服务网络。第一，强化市级农业科技推广中心。健全机构，配足人员，积极开展试验示范、技术推广、教育培训等工作；市还成立农业、水果、水产、甘蔗、畜牧业等科学研究所和良种推广示范场，使之成为机构配套、功能齐全、服务完善的农业科技网络。第二，加强镇级农技推广站。全市22个农业镇都建立了农技推广站，并且100%成为科技进步达标站，人员从原来的50多人增加到1995年的150多人；镇级还设立农业经管站、畜牧兽医站、农资服务站、林业服务站等机构，抓好镇一级的示范、推广、培训工作。第三，充实管区级农技推广服务站。全市343个农村管理区，每个管理区都配备1～2名专职或兼职农民技术员，享受管区级干部报酬待遇，对推广先进农业技术发挥了积极作用。第四，组建村级农业技术推广服务组。全市共有村级农业技术推广服务组2286个，农技人员4558人，有效地促进了农村先进科技的推广应用。第五，抓好农村科技示范户。对全市5800多户科技示范户加强技术指导，配套良种、化肥、农药等生产资料，开展规范化栽培技术、因土配方施肥技术和综合防治病虫害技术等示范，使广大农村到处掀起学科学、用科学、靠科学致富的热潮。这样，全市五级农业科技职能部门都配备了机构和人员，做到层层有机构，级级有人管，村村有示范，保证了农业科技推广工作的顺利进行。

（2）建立群众性农业科技推广组织。根据"三高"农业开发项目的科技需要，先后成立了市一级农学会、林学会、水产学会、畜牧兽医学会、柑橙研究会、甘蔗研究会等20多个群众科技组织，参加的会员人数1520多人。各镇也普遍成立了科普协会，并成立若干专业研究会，会员大多数由专业户、重点户、示范户等人员组成，广泛开展群众性的科技交流活动。平坦镇建立了科普协会，会员有65人，还分别成立了水稻、柑橙、荔枝、香蕉、辣椒、养猪、养鸡等7个专业研究会，共有会员120多人。他们聘请一些大专院的教授、讲师担任科普协会及各种研究会的技术顾问，经常开展种养科研交流活动，不断取得高产、高质、高效益，被省定为科技推广普及镇之一。吉水镇根据本镇香蕉种植发展快、种植面积大的特点，镇科普协会组织了一个香蕉研究会，参加的会员有100多人，经常开展技术培训、现场观摩、巡回讲座等活动，他们总结了香蕉速生丰产等多项技术经验，其中有5项获得湛江市科技成果奖，该镇的科普协会1992年被评为全国农村科普先进集体。

（3）建立专业性的农业科技服务公司。廉江市在大搞开发性生产，发展"三高"农业的过程中，先后建立了一批以专项生产或拳头产品为龙头的专业技术服务公司，其中有水果、水产、养虾、林业、畜牧业、北运菜等技术服务公司，这些公司把该项生产的产前、产中、产后技术推广服务工作担当起来，有效地促进了"三高"农业的迅猛发展。如市养虾企业集团公司，是以龙营围对虾养殖场为依托，以发展斑节对虾为龙头，以发展商品生产为目的的综合性大型企业集团，这个集团公司负责虾苗孵化、饲料加工、生产管理、技术指导、产品销售等项技术服务工作，使生产的各个环节互相协调、顺利运转。

（4）建立横向联系的农业科研活动。廉江市为了更好地开发农业资源，向生产的广度和深度发展，发展名、优、新、特、稀产品，振兴农村经济，采取"借船出海""借梯上楼"的办法，开展横向农业科研活动，引进先进科学技术，使科技水平大大提高。先后与省农科院、省科委、省科协、华南农业大学、南海水产研究所、湛江农专、湛江水产学院等20多个科研单位开展横向联系的科研活动，开展红橙种植管理、无核少核红橙的培育试验、虾苗孵化养殖、香蕉试管苗的培育管理、荔枝保花保果、蟹苗的人工孵化等30多个科研项目，都取得了很好的研究成果，并在生产实践中广泛推广应用。

（5）全面提高农民的科学技术素质。过去农民只搞单一生产和产品经济，商品经济观念和科学技术意识比较淡薄。通过大搞开发性农业，发展农业商品经济，使农民树立了科技兴农的新思想、新观念。在这个基础上，分期分批举办农业技术学习班，印发农业技术资料，深入现场帮助指导，使农民的科学技术水平和劳动技能大大提高，出现了靠勤劳致富、靠科技致富、靠正当经营致富的良好风气。例如，青平镇黄泥塘村农民历史以来都没有种过柑橙，但在市、镇有关部门和科技人员的帮助和指导下，已系统地学习和掌握了柑橙的种植管理等整套科学技术。1995年，全村47户，已有45户种橙，人均种橙单项纯收入3500元，收入超万元的32户，成为远近闻名的种橙专业村。

（四）健全服务体系

廉江市在发展"三高"农业中，逐步建立起多形式、多层次、多成分、多渠道的社会化服务体系。经过各级领导和有关部门的共同努力，已建起了五大服务系列：一是果菜生产基地服务系列。市成立果菜北运生产指挥部、果菜生产办公室、水果开发公司、水果企业集团公司、柑橘橙出口公司、种子种苗公司、复合肥厂、橙汁加工厂、果菜北运铁路专线等。二是对虾生产基地服务系列。市成立对虾基地公司、养虾企业集团公司、对虾养殖场、虾苗孵化场、虾饲料厂、急冻加工厂等。三是畜牧业生产基地服务系列。市设有良种畜牧场、禽畜种苗孵化厂、饲料加工厂、兽医药厂、冷冻加工厂、食品公司、饲料公司、供贸公司等。四是糖蔗生产基地服务系列。有甘蔗良种场、甘蔗试验场、糖业生产办公室、三间糖厂、复合肥厂、供销公司等。五是湿地松生产基地服务系列。有苗圃场、林业科学研究所、木片加工厂、林化厂等。各个服务系列基本上实现生产服务一条龙。

廉江市为了完善农业社会化服务体系，认真探索服务企业化的路子，实行五种服务方式：（1）以经济合作社为主体的服务。镇、管理区、村经济合作社提供生产布局、农田水利基本建设、土地植物保护、机械化耕作、生产技术措施等方面的服务，为大面积的高产稳产提供保证。（2）以工厂为主体的服务。有关工厂为粮、油、糖、果、菜、水产品、禽畜产品搞好保鲜加工服务，提高农产品的附加值和经济效益。（3）以专业公司为主体的服务。有关的公司为农副产品提供保鲜、储藏、运输、销售等服务，使农副产品销路畅通，价格稳定，效益良好。（4）以外向型生产基地为主体的服务。主要是提供优良种子种苗和引进先进科学技术，履行产供销合同，保护农民的经济利益。（5）以科研单位为主体的服务。各有关科研单位提供优良种子种苗、先进科研成果推广、先进生产管理技术应用等科技信息服务。

由于各级领导和有关部门积极为发展"三高"农业做好社会化服务工作，从而收到了"五个提高"的良好效果：（1）提高了农业劳动生产率。全县（市）平均农业劳动生产率1978年只有

1200元，1995年提高到5600元。（2）提高了农业商品率。1978年以前农业商品率只有34%，1995年提高到82%。（3）提高了市场占有率。1995年，农副产品上市率都在80%以上。（4）提高了出口创汇率。原来农副产品几乎没有出口，1995年出口率达20%。（5）提高了脱贫致富率。1995年农民脱贫致富率已达80%以上，正在迈步奔向"小康"。

　　廉江市委、市政府充分发挥本地自然资源丰富的优势，大力发展"三高"农业，农村经济发展逐步实现了"五个转变"：一是由传统农业向现代农业转变，二是由产品农业向商品农业转变，三是由常规农业向开发农业转变，四是由平面农业向立体农业转变，五是由自产自给农业向出口创汇农业转变。农村经济获得了长足的发展。1990年被国务院评为全国粮食生产先进县。1992年被国家统计局评为中国农村综合实力百强县。1994年获全国农林牧渔业总产值、猪牛羊肉总产量、水果总产量、糖料总产量、水产品总产量和农业增加值6项百强县（市）称号。1995年获全国造林绿化百佳县（市）和全国卫生城市称号。1995年，全市农村社会总产值739073万元，比1990年增长2.5倍；农业总产值339381万元，比1990年增长1.2倍；财政收入19864万元，比1990年增长1.3倍；农民人均年纯收入2160元，比1990年增长1.1倍。

第四节 加快发展工业

改革开放以来，廉江县（市）委、县（市）政府领导认真研究国内外市场形势、分析市场需求，依靠科技进步，加快发展工业，发展适销对路的工业产品。同时，根据党和国家有关政策精神，抓好企业深化改革，使全市工业生产迅猛发展。

廉江县（市）加快发展工业的主要措施和做法是：

一、明确工业发展思路，切实加强工业领导

改革开放以来，廉江从本地实际情况出发，确立了强工稳农、活商促贸、兴科重教的整体发展战略，在发展工业指导思想上提出了以制糖、卷烟、建材工业为基础，抓一批强市、强镇、强村的骨干企业和科技项目的思想，通过抓大上新、引外改老、带小扶弱等措施促进工业生产全面发展。随着企业转制之后，廉江又根据工业现状，提出了以提高效益为中心，以市场为导向，以深化改革为动力，以科技进步为支撑，以解决资金为突破口，全面提高国有企业，重点扶持骨干企业，搞活死火企业，发展非公有制企业和乡镇企业的工业发展基本思路，鼓励国有工业、二轻工业、乡镇工业、个体工业、私营工业、联合体工业齐头并进，充分调动全县（市）上下大搞工业的积极性。

廉江县（市）为了促进工业生产快速发展，切实加强对工业的领导。县（市）四套班子领导每人挂点抓一两个企业，主管部

门和各镇领导也这样做，一级抓一级，形成制度化管理、科学化运作局面。各有关部门通力合作，形成四套班子成员挂点抓、主要领导亲自抓、分管领导具体抓、骨干企业重点抓的思路。主要领导多次亲自到糖业税收大户的廉江糖厂、雅塘糖厂、安铺糖厂挂点，经常深入工厂调查研究，了解到发展制糖工业潜力巨大，于是发动全县（市）大力发展甘蔗生产。采取"五到"（计划到镇、任务到村、种植到户、责任到人、丈量到地）和"四落实"（面积、种苗、资金、种植落实）等措施，加快了全县（市）糖蔗生产的发展。全市种蔗面积大大增加，使全县（市）三家糖厂榨蔗量大幅上升，确保了产值增长。县（市）委、县（市）政府主要领导针对本县（市）税收大户廉江烟厂债务多、包袱重、生产有时难以正常运作的实际情况，亲自挂点该厂，经常深入该厂了解情况，与该厂领导共同研究，制定符合该厂实际的发展战略，使该厂克服了诸多困难，产品质量不断上升，效益显著提高。廉江县（市）领导明确工业发展思想，切实加强工业生产领导，确保了工业生产持续、稳步、健康发展。

二、建立和完善承包经营责任制，增强企业生产经营活力

从1981年起，廉江地方财政就开始对经委实行利润上缴包干制。当时，经委对国营企业主要采用承包经济责任制形式：一是对生产经营比较稳定的企业实行包干上缴利润任务；二是对生产经营不太稳定的企业实行利润分成；三是对亏损企业实行定额补贴，超亏不补，减亏留给企业。经过逐年不断完善，在经委系统形成了三级承包责任制：首先是县政府对经委实行包干；其次是经委对企业实行包干；再次是企业对车间、班组或个人实行包干。承包的形式主要有：一是县政府对经委实行包产值、包上缴，超奖欠罚的"二包一奖一罚"承包经营责任制。二是国营

企业,即盈利比较稳定的企业,实行包产值、包销售、包利润、包上缴,超奖欠罚的"四包一奖一罚"承包经营责任制;盈利不稳定的企业,除包产值、包销售外,实行利润分成;亏损企业,实行核定亏损基数,超亏不补,减亏留给企业。三是二轻工业,实行定产值、定销售、定利润,完成确保任务有奖、完成重奖任务有重奖、完成特大任务有特大奖,未完成任务受罚的"三定三奖一罚"承包经营责任制。四是镇办企业,实行包产值、包销售、包税金、包利润、包上缴管理费,完成任务有奖,未完成任务受罚的"五包一奖一罚"承包经营责任制。在企业内部,全面推行全浮动计件工资、超定额计件工资、计件工资加计分工资等多种工资制,并同质量、消耗、费用、经济效益挂钩,做到从经委到企业,从企业到车间、班组或个人,从厂长、书记到普通工人,人人有责,按劳付酬,有利共享,风险共担,奖罚分明,从而有效地调动了企业领导和工人的积极性,促进了生产的发展。许多企业在推行"三定三奖一罚"承包经营责任制后,局面迅速改观。例如,安铺瓷厂从1985年开始,对全厂各个生产车间、科室以及后勤服务单位进行承包,把竞争机制落实到管理制度后,企业生产连年直线上升,全员劳动生产率、人均创税利率居全省日用瓷行业之首,成为全省日用瓷行业中首家晋升的省级先进企业,并被国务院授予国家级先进单位称号。大多数企业都较好地完成了各项承包任务,有力地促进了企业的发展和壮大。一批"明星企业"脱颖而出,不少是甩掉亏损户的帽子发展起来的。建立、完善承包经营责任制,有效地增强了企业的活力和竞争力。

三、抓好技改挖潜,加快工业发展步伐

从1981年以来,廉江针对工业基础薄弱、设备残旧、工艺落

后、生产能力低、产品缺乏竞争力等情况，有计划有步骤地抓好企业技术改造和发展新项目，从而增强了企业的竞争能力。一是立足本地资源，扩大生产能力。廉江石灰石、瓷土、花岗岩等非金属矿产资源丰富，交通方便，开采容易。糖蔗、烟叶、水果等农副产品也十分充裕，有利于大力开发利用本地资源，发展工业生产。全县（市）甘蔗种植面积从1982年5万亩发展到1995年的20多万亩，工业总产量从1992年的12万多吨增加到1995年的100万吨以上。三家糖厂的日榨量也从1992年的900多吨增加到1995年的9000吨以上。廉江水泥厂原是一家生产能力只有4万吨的小厂，经过4次扩建，设备生产能力达到32万吨，成为湛江市水泥行业生产能力最大的厂家。1995年，全市已有水泥厂14家，年生产能力达220万吨以上。二是根据市场需求，开发适销对路的新产品。廉江面向国内外市场，引进先进技术、设备，开发新产品，先后增加了果皇饮料、压力锅、电饭煲、电风扇、宽幅床单、无纺布、出口胶鞋、皮手套、蔗糖酯、饼干等50多条生产线，促进了产品升级换代，提高了竞争能力。三是采用新设备、新技术、新材料，改造旧设备、旧工艺，降低成本，提高产量和质量。雅塘糖厂在国内没有先例的情况下，应用巴西和澳大利亚高位槽双辊喂料、饱和渗透新技术来改造传统压榨机，使日榨能力有较大幅度的提高。日榨能力平均达3100吨以上。该厂荣获国家计委、国家经委、国家科委、财政部分别授予国家科技攻关项目奖、轻工部科技进步二等奖、国家科技进步三等奖。又如安铺瓷厂对原旧隧道窑的技改，使产量增长1倍多。四是积极开展外引内联，搞好技术协作，发展壮大企业。二轻安铺橡胶厂是一家有30多年生产胶鞋历史的专业厂，1987年春，该厂与技术力量雄厚的广州人民胶鞋厂达成联营协议，对方随即派来一批工程技术人员协助该厂成功地研制出100多个出口鞋花色品种，胶鞋日产量由7000双提高到13000双。该厂先后荣获省人民政府授予"出口创汇有功荣誉证书""全国轻工出口创汇先进企业"称号等，荣升为省级先进企业。

四、深化企业改革，转换经营机制

为贯彻中央有关精神，加快企业改革步伐，廉江采取了一系列有力措施。一是改革企业管理体制，扩大企业自主权。1983年，县政府作出关于扩大国营工业企业自主权的暂行规定。1984年5月，根据国务院颁布的《关于进一步扩大国营工业企业自主权的暂行规定》，从生产经营计划、产品销售、产品价格、物资购进、资金使用、资产处理、机构设置、人事劳动管理、工资奖金管理、联合经营10个方面扩大国营工业企业自主权，并将股级干部任免权下放给企业。《企业法》颁布之后，廉江认真抓好全面落实《企业法》，推行实施厂长（经理）负责制，任期目标责任制。这样，大大地增强了企业活力。如供电局将股级干部的任免权下放给企业，实行领导干部聘任制，对企业束缚生产力发展的陈规陋习及旧制度进行了大胆改革，供电工作大有起色。二是转换企业经营机制。廉江县绝大部分企业都是始建于计划经济年代，特别是国营企业，全县共有104家国营企业，而这些企业又一直都是依赖银行贷款来维持生产的。自从1992年国家实行宏观调控和银行转轨后，银行收多贷少，给企业注入生产的流动资金越来越少，加上企业过度负债，历史包袱沉重。为此，廉江把抓企业转制和复产工作作为头等大事来抓，通过合资、合作、股份嫁接、转让、拍卖、租赁、承包、兼并等途径，调整或改革了一些企业。红星瓷厂、磷肥厂、果皇饮料厂等十多家企业，就是通过租赁承包等形式恢复了生产。

1995年7月，廉江市委、市政府专门组织力量，抽调有关部门人员组成10个工作组，对全市重点企业进行全面深入调查，从硬指标和软指标两个方面摸清底子，然后会同组织、财政、金融、体改、国资等有关部门领导一起，对企业问题进行全面、系统、深入的分析，然后根据各个企业的不同情况，逐一采取措施，对症下药，实事求是制定一厂一策，并由经委和有关部门组织人力下去帮助企业实施，做到脚踏实地，一个一个问题去解决，使困难企业逐步恢复生产，解决了企业职工的就业、生活问题，对稳定社会大局做出了富有成效的建设性工作。

五、强化企业管理，提高企业经济效益

一是抓好企业整顿。从1982年5月份开始，就先后在企业中进行"五项工作"的整顿，到1984年止，全县企业都按要求开展了全面整顿工作。通过企业的全面整顿和综合治理，对促进企业基础工作管理、完善企业内部经济责任制、健全财务会计制度、搞好定员定额管理、加强劳动纪律等方面都起到了很大的作用。二是抓好企业上等级工作。根据国务院《关于加强企业管理若干问题的决定》和国家经委《关于做好企业升级工作意见》文件精神，从1988年开始，用近三年时间抓好企业上等级工作。通过"抓管理、上等级、全面提高企业素质"这项工作，使一批企业在加强企业管理、提高产品质量、降低能源消耗、提高经济效益等方面取得了可喜的成效。雅塘糖厂成为湛江市34家糖厂中唯一晋升为国家二级企业的单位。安铺瓷厂、安铺糖厂、红星瓷厂、市水泥厂、廉江糖厂等14家企业跨进省级先进企业行列。三是建立健全有效的激励机制和监督机制。一方面制定扭亏增盈奖励办法，健全企业领导班子成员年度考核制度，坚持厂长离任审计制度，对成绩突出的给予奖励和提拔使用，对不称职的及时调换，造成企业损失的，按规定给予

惩罚、追究责任。另一方面建立由经委、财政局、审计局、税务局等有关部门组成的财务物价监审小组，定期或不定期地对企业的决策、财务制度、财经纪律和执行情况进行检查，监督企业管好用好资金。同时要求各企业建立财务物价监督小组，严格把好物资进出管理和财务管理关，堵塞各种漏洞，从而使企业管理水平明显提高。

至1995年年底，廉江已建成门类比较齐全，结构比较合理，具有地方特色的十大工业体系。

制糖工业 廉江糖蔗生产发展较快，种植面积逐年增加。1995年，全市种植甘蔗20万亩，总产90多万吨。安铺、雅塘、廉江3家糖厂经过近几年的不断扩建和技改，日压榨能力达9000吨以上，年产白砂糖9万多吨。先后建成了酒精、复合肥、蔗渣碎粒板、糖醛、发电等综合利用项目，年产值达4亿元，年创利税3000万元；生产的白砂糖获国家轻工部优质产品奖，畅销国内外市场。其中，雅塘糖厂是湛江市34家糖厂中唯一获得国家二级企业的单位，获中国制糖行业十强企业称号，进入全国最佳经济效益百强行列。制糖工业已发展成为市财政税收大户。1996年，3家糖厂完成产值13529万元，比上年增长11%；上缴税收2300多万元。

卷烟工业 廉江是红烟的盛产地，但过去只是利用烟叶加工烟丝，卷烟工业是个空白。改革开放后，廉江根据国内外市场需要，转变观念，充分利用当地资源优势，发展现代卷烟工业。廉江卷烟厂从德国、法国、意大利等国家引进了具有国际先进水平的制丝、卷接、包卷烟生产线，固定资产达8000万元，年产卷烟能力10万大箱，工业总产值超亿元，创税利4000多万元，成为廉江市财政收入的主要支柱，跻身中国最佳经济效益企业之列。1994年，名列中国500家最佳经济效益工业企业烟草加工业第100位、中国烟草加工业最佳经济效益企业第100位和广东省最佳经济效益工业企业第52位。被广东省烟草专卖局（公司）授予1994年度广东省烟草行业生产经营工作先进单位。主要产品有鸿发、君乐、宝鹰、星达、春来香、华达利、发得顺等混合型和烤烟型产品，畅销全国各地，部分产品通过边贸出口销往越南、俄罗斯等国家。

建材工业 廉江蕴藏着丰富的石灰石、花岗岩、瓷土等建材工业资源，具有发展建材工业的良好条件。全市有水泥厂14家，年生产能力220万吨，年产值6亿多元，创税利5000多万元。廉江市水泥厂生产的"红星牌"水泥、石城水泥厂生产的"吉城牌"水泥分别荣获国家轻工部和省优质产品奖、国家产品质量认证，产品远销国内外市场。全市花岗岩板材厂发展到235家，生产线360多条，年生产花岗岩板材300多万立方米，开采花岗岩方料30万立方米，年产值3亿多元。廉江花岗岩品种多样，花纹美观，质量上乘，是理想的建筑材料和装饰工艺品，产品畅销国内市场，远销日本和欧美等国家。

陶瓷工业 廉江陶瓷生产已有200多年的历史，发展陶瓷生产具有得天独厚的自然资源条件。改革开放以来，廉江市充分利用本地瓷土资源优势，大力发展陶瓷工业，先后建成具有先进水平的隧道窑、高效节能辊道烤花窑共12座，年产日用细瓷8000多万件，建筑瓷800多万平方米。廉江生产的瓷器品种多样，造型精巧，洁白如玉，透明性强，洁白度和坚韧度名列全国前茅，产品分别获得部、省、市优质名牌产品称号。建筑瓷釉面砖在全国同行业评比中名列第一。廉江是国家轻工部和广东省重点陶瓷出口基地，被誉为南国新兴瓷都，产品享誉中外，畅销全国各地，远销全世界50多个国家和地区。

纺织印染工业 改革开放以来，廉江有关领导根据我国纺织品出口旺盛，国内需求量日益增长的市场现实，充分利用廉江靠海傍港、交通要冲的地域及运输优势，先后创办了廉江床单厂、安铺麻纺厂、廉江毛纺布厂、石岭棉纺厂、安铺棉织厂、廉江市棉纺厂等，还与外商和外贸部门合作创办了广廉床单有限公司，是广东省最大宽幅印花床单生产企业，是广东省最大床上用品出口生产基地之一，年产印染床单布1100万米，年产值1亿元以上。其他产品如床罩、多种装饰布、地毯、棉纺、毛巾被、麻袋等。产品在市场上颇受欢迎，远销中国香港，以及美国、欧洲、东南亚等国家和地区。廉江市现已成为广东省重点纺织品生产出口基地，纺织印染工业已经发展成为廉江一大工业门类之一。

家用电器工业 廉江根据国内外市场上家用电器十分走俏的形势，先后创办了一大批家用电器厂。安铺家用电器厂，年产自动恒温电饭煲100多万只，广东美满压力锅厂年产"美满"牌压力锅100万只，廉江家电厂年产转页鸿运扇30万台以上，还有其他电炒锅、电水壶、电热杯等家用电器厂，通过抓质量、创名牌、拓市场，生产的"美满"牌压力锅在全国享有较高声誉，产品占领大西南市场，成为全国同行业的佼佼者。各个企业在努力提高技术水平、优化企业管理方面，做了大量富有成效的工作。家用电器工业在廉江格局初成，拥有较强的竞争力和极大的挖掘潜力。

食品饮料工业 20世纪80年代以来，廉江根据本地果类品种多、质量上乘等资源优势，大力发展食品饮料工业。先后引进了浓缩果汁、粒粒橙、蔗糖醋、饼干、葡萄糖等20多条先进食品饮料生产线，主要产品有果皇100%天然纯果系列、果皇鲜橙汁、果皇鲜蔗汁、果皇冰泉、少林可乐、蔗糖酯、小磨芝麻油、饼干系列、葡萄糖系列、酒类等100多个品种，产品畅销国内、国际市场。

机械制造工业　至1995年，廉江市拥有机械厂30多家，年产值2亿多元，能生产化工、造纸、建材、水泥、纺织等机械产品，成为粤西地区综合机械加工、制造的重要基地。廉江机械工业基础较好，通过技术革新和发明，廉江机械造制工业不断跃上新的台阶。廉江机械厂近年先后开发卧式裁断机、豪华揽闸机、花岗岩切割机等14大系列90多个品种。其中微电脑控制自动花岗岩切割机、桥式磨光机、臂式切割机三项产品被确认为填补国内空白，获国家专利产品称号，并且被国家科委列为重点科技成果，发文向全国推广使用。

皮塑制品工业　至1995年，廉江市皮塑制品工业获得了较快的发展，成为广东省重点皮塑制品工业生产出口基地。廉江手套厂年产皮手套、棉织手套50多万打，年创汇300多万美元，成为广东省轻工进出口集团公司出口皮手套、棉织手套的最大生产基地。安铺橡胶厂年产出口胶鞋600万双，年创汇350万美元。该厂生产的出口胶鞋获国家轻工部出口产品铜牌奖和国家经贸部优质产品荣誉证书，产量、产值、税利、创汇等指标均居湛江市同行业榜首，成为广东省轻工进出口集团公司出口胶鞋重点生产基地之一。

造纸印刷工业　廉江市有造纸印刷工业企业50多家，包装装潢和纸箱纸袋生产企业30多家。廉江市印刷厂能承印零件、书刊、平凸版彩色商标和生产日用陶瓷釉上薄膜贴花纸系列产品，能生产平印、丝印、平丝结合印系列配套花纸150多种，年印刷3.5万令纸，产品销往全国各地。该厂设备先进、技术力量雄厚，印刷质量优胜，多次获省、市印刷质量优胜奖，也是广东省连年"重合同、守信用"企业，并且连年被评为湛江市工商银行"信誉优良"企业，晋升为省级先进企业。

1995年，全市完成工业总产值38.86亿元，比1990年增长2.3

倍，年均递增18.12%。全市有国有企业110多家，其中年产值超亿元企业5家，税利超千万元企业8家，创汇超百万美元企业10家；大型企业3家，中型企业15家；国家二级企业1家，省级先进企业14家。生产的工业产品几百种，近百种产品获部、省、市优质名牌产品奖和"四新"产品奖。打入国际市场的工业产品主要有日用细瓷、宽幅床单、橡胶鞋、皮手套、釉面砖、花岗岩板材、芝麻油、食糖等30多大类100多个品种。

第七章
社会主义现代化建设新时期

进入21世纪后，尤其是2012年党的十八大后，我国进入社会主义现代化建设新时期，全党致力解决革命老区"五难"问题，加快农业农村建设，大力发展工业经济，抓好扶贫攻坚，实现经济社会的全面发展。

第一节 解决革命老区"五难"问题

廉江是个革命老区分布广、人口多的县级市,全市21个镇(街道)中有老区村庄的镇19个,其中老区镇16个,老区行政村298个,老区自然村2022个,2010年全市总人口167万人,其中革命老区人口91万人,占总人口的54%,占农村人口的75%。由于受各种因素影响,革命老区经济社会发展滞后。在88个贫困村中老区村庄占82个。革命老区村庄多数地处偏僻边远,各项基础设施薄弱,群众"五难"(出行难、读书难、饮水难、看病难、住房难)问题普遍存在。针对这一情况,廉江市委、市政府深入贯彻中央、省委关于加强革命老区建设,促进区域协调发展的一系列决策部署,把革命老区建设摆上重要位置,实行政策、项目、资金"三倾斜",着力解决革命老区"五难"问题,加快老区经济社会发展,改善老区人民生活。

2008年,中共中央政治局委员、广东省委书记汪洋提出,对革命老区要"高看一眼,厚爱三分,同等优先"的重要讲话。省委办公厅、省政府办公厅《关于进一步加强革命老区建设工作的意见》(简称《意见》)下发后,市委召开常委扩大会议,专门安排时间给市老促会领导传达汪洋书记有关加强革命老区建设的讲话和省两办《意见》,并听取市老促会工作汇报。通过学习讨论,市委、市政府班子成员进一步提高对革命老区历史地位和存在主要问题的认识,增强搞好革命老区建设工作的使命感和紧迫感，研究制定《廉江市进一步加强革命老区建设工作的实施意见》，提出加强老区基础设施建设；加强老区饮水工程建设；加强老区卫生院改造；加强老区泥砖房改造；加强老区贫困农户低保救助；加强产业结构调整，大力发展老区经济；加强老区劳动力培训和转移就业；多渠道筹集资金，增加老区建设投入；加强老区精神文明建设；加强老区宣传工作；加强对老区工作的领导等措施。决定市财政逐年增加安排老区建设专项资金，同时加强老区工作机构市老区办、市老促会、市老联会建设，增加市扶贫（老区）办公室人员编制，做到有人办事，有钱办事。

一、解决革命老区"出行难"

廉江市委、市政府对民生特别是老区群众的生产生活问题十分重视。"十一五"时期（2006—2010年）省道、县道已基本完成水泥路面改造，投入3.9亿元完成全市334个行政村（其中老区行政村289个）通镇乡道路硬底化建设，投入4.5亿元建设硬底化自然村村道1515公里，其中老区自然村村道650条，共长780公里。至2010年年底，全市有养护里程总计4768公里，其中省养公路252公里，地方养公路4516公里。在总计里程中，县道255公里，乡道1517公里，村道2830公里。在路面里程中，水泥路面1627公里，沥青路面426公里，沙面路面2715公里。大大方便革命老区群众出行。

二、解决革命老区"读书难"

2002—2004年，在省、市老促会的推动下，各级政府共拨款3530万元，支持廉江市改造老区破旧小学120所，其中省政府拨款2790万元，改造93所；广州市政府捐助540万元，改造18所；湛江市政府配套资金140万元，改造6所；廉江市政府配套资金60

万元，改造3所；合共新建教学楼面积82450平方米。与此同时，发动社会各界捐资1000多万元，进行配套设施建设和改造学校环境，使这些老区小学教学条件大为改善。

市委、市政府对这一民心工程高度重视，市委主要领导亲自挂帅，各有关部门负责人组成领导小组，切实加强领导，严格执行省政府提出的"政府领导，教育部门主管，有关部门配合，老促会监督"的管理监督机制。实行统一规划，统一设计，统一价格，统一招标，统一施工管理，统一验收。教育部门积极主动，各有关部门密切配合，特别是市老促会切实履行监督职能，对工程的设计、招投标、施工、验收、资金使用等进行全程监督，严把质量关，对整个改造工程的圆满完成起到重要作用。工程建设设计美、造价低、质量高，深受各级领导、教育部门、学校师生和社会各界的好评，先后在广东省、湛江市有关会议上介绍经验。

廉江市革命老区薄弱学校经过改造建设，校舍面积增加，校园环境绿化、美化、亮化，学习育人环境氛围浓厚，教育教学质量提升。吉水镇燕山小学原来校舍建筑面积只有450平方米，改造后增加到1160平方米，增加了710平方米，教室宽敞了，校园优美了，附近村庄到该校读书的人多了，教育教学质量提高了。石岭镇蓬山小学原来校舍建筑面积1850平方米，改造后增加到2450平方米，增加了600平方米，整个校园环境绿化、美化了，学习育人环境更加优化了。新民镇新塘小学原来校舍建筑面积1695平方米，改造后增加到2095平方米，增加了400平方米，校园环境美化、优化了，教育教学质量提升了。良垌镇贵墩小学原来校舍建筑面积1200平方米，改造后增加到1800平方米，增加了600平方米，来校读书的人增加了，由原来的180多人增加到220多人，教育教学质量提升了，从革命老区走出去的优秀人才越来越多了。

三、解决革命老区"饮水难"

1990年年底，全县共有59.88万人存在不同程度的饮水困难，占全县总人口120.61万人的49.65%，其中特困难的25.71万人，占总人口的21.32%。分布于18个镇，尤以营仔、安铺、横山、车板、高桥、青平、和寮等镇较为严重。

1991年起，县委、县政府把解决老区、水库移民及边远山区的农村饮水工程列入水利工程建设重点项目来抓。至2000年年底，累计投放资金2938万元，完成引水工程13宗，提水工程4宗，打机井11眼，大口径井73眼，解决饮水困难群众13.71万人，其中饮上自来水的4.46万人。

2001年起，市委、市政府把农村群众饮水解困工程列为"民心工程""政绩工程"来抓，加强组织领导，精心规划设计，实施分责指导，加强监督检查，促进了农村群众饮水解困工程顺利进行。

2001—2005年全市累计投入资金2500万元，完成农村群众饮水解困的捆绑工程21宗，解决了22.35万人饮水困难。

2016年起，坚持大力推进集中供水的做法，按照规范化发展、标准化建设、专业化管理原则，实行集中连片供水。2017—2019年，全市通过各种途径累计投入资金5.01亿元，建设农村饮水安全工程，全市2084个自然村已通自来水，全市行政村村村通自来水覆盖率、农村自来水普及率、农村生活饮用水水质合格率均达90%以上，106万人喝上了放心水。对当地农村社会的稳定、和谐和乡村振兴发挥了积极作用。

四、解决革命老区"看病难"

2003年年初，全市推广新型农村合作医疗，各级财政对新农合的补助标准逐年提高，参加合作医疗的群众逐年增加。2010

年，投入资金2058万元，对全市14间老区镇卫生院业务用房进行改造建设，年底全部完成。同时，对546所村卫生站升级改造完成，实现"一村一站"的建设目标，大大方便群众就诊治病。另外，着力提高社会保障能力。2019年，全市参加城乡居民基本医疗保险人数138.3万人，参保率99.7%；全市低保贫困户7364户25025人，五保贫困户7521户7871人，困难残疾人7119人，共发放救助金19148.91万元。

五、解决革命老区"住房难"

2006—2010年，"十一五"期间，全市投入资金460多万元，帮助不具备生产生活条件的20个老区贫困村搬迁；完成150多条水利移民新村建设；完成农村贫困户2.9万多户的危房改造工程。全市350个农村行政村3829个自然村深入开展"三清三拆三整治"村庄清洁行动，全部完成"三清一改"任务，自然村77.23%达到干净整洁标准。全市生活垃圾收运"一体化"体系已正常运作，形成"户收集、村集中、镇运输、县处理"的垃圾处理体系。正在打造1个示范镇——石岭镇，以及石城镇流江村委等23个示范村，示范镇、示范村通过审批实施项目共24个。大力推进农村"厕所革命"，全市农村总户数293391户，除去多年无人居住或3年内有搬迁计划的农户不列入改造计划外，全市纳入改厕总户数为263312户，已累计完成改厕262237户，普及率达99.6%。至2018年，累计建成省级生态文明村4个，湛江市级生态文明村195个，廉江市级生态文明村1260个，湛江市宜居城镇1个，宜居村庄5个，广东省宜居村庄1个。

加快农业农村建设

一、推进农业产业化经营

中共十一届三中全会后，廉江农村经济稳步发展。1979年，在革命老区镇雅塘、车板开始实行联产承包责任制，随后在全县铺开，有力地促进了农业生产的迅速发展。1984年起，实施"两水一牧"（水果、水产和畜牧业）发展战略，因地制宜，扬长避短，发展水果种植业、水产养殖业和畜牧业，农村经济进入新的发展阶段。进入20世纪90年代后，廉江充分发挥自然资源优势，大力发展"三高"（高产、高质、高效）农业，全县先后建成了大规模红橙生产基地、大规模淡水网箱养鱼基地、大规模连片对虾养殖基地、北京鸭繁育养殖基地、三黄鸡养殖基地、香蕉生产基地、优质荔枝龙眼种植基地、北运蔬菜生产基地、湿地松基地和速生丰产林种植基地十大基地，使农业经济逐步实现了由传统农业向现代化农业转变，由产品农业向商品农业转变，由常规农业向开发农业转变，由平面农业向立体农业转变，由自产自销农业向出口创汇农业转变，农业经济获得长足的发展。1990年，被国务院评为"全国粮食生产先进县"；1991年，获"全国平原绿化先进单位"称号，被评为"中国农村综合实力百强县"（第78位）；1994年，获全国农林牧渔业总产值、猪牛羊肉总产量、水果总产量、糖料总产量、水产总产量和农业增加值6项百强县

（市）称号；1995年，被授予"中国红橙之乡"称号；1996年，被评为"全国造林绿化百佳县（市）"。2000年后，全市实施农业产业结构战略性调整，推行农业产业化经营，发展优势特色产业和名优农产品，打造农业产品品牌，增强农产品市场竞争力。是年，廉江红橙、妃子笑荔枝获广东省无公害农产品质量认证。2001年起，廉江红橙、茗皇茶、广海鸡、梅占茶、红杨桃、蜜糖荔枝等农产品陆续获得国家绿色食品A级认证，廉江红橙、广海鸡、广良红荔枝等一批农产品荣获中国农业名优产品奖。至2018年，全市有绿色认证产品16个，有机农产品认证8个，农产品地理标志2个，生态原产品保护3个，省级名牌产品16个，湛江市级名牌产品12个。

廉江推进农业产业化经营，是以市场为导向，以家庭承包经营为基础，通过龙头企业以及各种中介组织的带动，将农业的产前、产中、产后各个环节联结为完整的产业链条，实行多形式的一体化经营，形成系统内部有机结合、相互促进和利益互补机制的一种新型现代化农业经营形式。其组织形式主要是龙头企业带动型、中介组织带动型和专业市场带动型。

（一）龙头企业带动型

2000年，经湛江市农业委员会和省农业委员会派员考察，批准廉江4家农业龙头企业，即廉江市养虾集团公司、廉江市丝绸公司、廉江市广海养殖公司、横山镇陈虾集团有限公司。其中廉江市养虾集团公司是省级农业龙头企业，其余3家为湛江市级农业龙头企业。2003年年初，廉江又向上级申报廉江市罗氏养殖发展有限公司和廉江市园艺营造公司为农业龙头企业。经考核，2006年，批准罗氏养殖发展有限公司为省级农业龙头企业，园林营造有限公司为湛江市级农业龙头企业，走上劳动致富道路。2008年、2009年广东茗皇茶业有限公司和广东湛绿农业科技开发有限公司，先后被批准为广东省重点农业龙头企业。至2018年，全市有省级农业龙头企业5家：廉江市养虾集团公司、广东湛绿农业科技开发有限公司、广东茗皇茶业有限公司、廉江市罗氏养殖发展有限公司、广东一品木业有限公司。湛江市级重点农业龙头企业15家：广东湛绿农业科技开发有限公司、广东茗龙茶业有限公司、廉江市罗氏养殖发展有限公司、廉江市华南糖业有限公司、湛江广海养殖有限公司、廉江市金丰丝绸有限公司、廉江市园林营造公司、湛江盛兴饲料有限公司、广东茗皇茶业有限公司、广东茗上茗茶业有限公司、广东一品木业有限公司、湛江雅塘糖业有限公司、湛江山雨生态农牧有限公司、广东岭南红橙有限公司、廉江市森林蛋鸡有限公司。

（二）合作组织带动型

成立农民专业合作经济组织，包括合作社和专业协会，带动农业产业化经营。2003年9月，良垌镇成立第一个农民专业合作社，命名为良垌镇日升荔枝合作社。这种形式的合作社在广东省也是先例。吉水镇先后成立联信荔枝合作社，青平镇成立展宏红橙合作社。良垌镇日升荔枝合作社共有社员26个，果园面积4500亩，在廉江市工商部门登记注册，取得法人地位，是一个合法组织。该合作社以"公司＋合作社＋农户"的形式运作。香港日升农业有限公司在良垌镇投资2700多万元，建立一个果品冷藏加工厂，日升合作社与日升公司签订合同，合作社负责组织社员生产，提供合格优质的荔枝产品，日升公司负责进行包装、贮存、销售（或出口）。合作社是果农自愿组合成的自治组织，社员既是合作社的所有者，又是合作服务的使用者，按交易额比例从合作社获得返还利润。合作社按照社会主义市场经济原则和合作制的要求，坚持政府引导、自愿联合、政企分开、民主管理、自负盈亏、自我管理、自我发展，真正做到民办、民管、民受益。合作社内制定自己的章程，成立组织机构，建立各种规章制度。按章程规定，种植20亩以上荔枝的农户可自愿入社，入社社员每亩荔枝交股金500元，也可以多交，营利按股分红。

农业龙头企业和农民专业合作社是带动农民进入农业产业化经营的好形式，农业龙头企业和农民专业合作经济组织已出现较好的发展势头，廉江将全面进入农业产业化经营新阶段。

（三）专业市场带动型

至2005年，全市共建有农产品批发交易市场16个，总面积34.5万平方米，年成交量63万多吨，年成交额30亿元。廉江市农产品批发市场于1992年投资700多万元建成投入使用，占地面积1.58万平方米，建筑面积1.3万平方米，是粤西地区规模较大的专业批发市场，带动石城、新民、吉水、河唇等地农民种植北运菜8万多亩。2005年该市场成交量17万吨，成交金额5亿多元。

横山三角塘北运菜专业市场，全国闻名，占地面积5万平方米，实际利用面积4.4万平方米，建筑面积9000平方米，自1992年投资560万元建成投入使用以来，一直保持繁荣发展的好势头，带动横山、安铺、营仔等地农民发展菜椒等北运菜6万多亩。该市场年成交量11万吨，成交额3亿元。

良垌荔枝香蕉批发市场，位于国道G207线良垌镇路段两旁，连绵2.8公里，建筑面积3万平方米，带动该镇种植荔枝、香蕉等水果5万多亩，年成交量5.5万吨，成交额2亿元。

吉水镇荔枝香蕉批发市场，带动该镇种植香蕉、荔枝4万多亩，年成交量5万吨，成交额2亿元。

总之，通过专业市场的带动作用，带动广大农民逐步走上种养致富的道路。

二、加快发展特色产业

（一）耕山种果

廉江市委、市政府为了加快农业农村经济发展步伐，引导广大农民群众，尤其是革命老区群众尽快走上致富奔康道路，坚持从实际出发，实事求是，扬长避短，充分发挥本地自然资源丰富的优势，把发展水果生产作为重中之重来抓。在发展水果生产中，坚持以市场为导向，以效益为中心，以科技进步为动力，以抓好名、优、稀、特产品为重点，以搞好社会化服务为基础，从而有效地促进了农业产业化进程，使农业农村经济获得突破性发展。至2018年年底，全市种植水果面积58.36万亩，其中红橙7万亩，总产量8.5万吨，总产值12亿元；香蕉7.5万亩，荔枝28万亩，龙眼10万亩，番石榴1.8万亩，芒果1万亩，红杨桃1.5万亩，其他杂果1万多亩，总产量68.58万吨，产值100多亿元。

革命老区良垌镇是一个农业大镇，镇委、镇政府力求在发展特色农业上寻求突破，在提高产业效益上下功夫，努力打造荔枝、香蕉、淮山薯三大生产基地。至2018年，全镇水果面积10.48万亩，全市排名第一，总产量11.78万吨。其中种植荔枝6万亩，香蕉2.8万亩，淮山薯8000亩。为保障特色农业的持续发展，坚持做好引导和服务工作，按照现代农业发展要求，走"公司（合作社）＋基地＋农户"产供销"一条龙"发展模式，积极创建经济合作组织，延伸产业链，拓宽老区农民增收渠道。全镇已建立农村经济联社46个，经济合作社386个，农业专业合作社6个，拥有湛江市级以上农业龙头企业2家，国家级名牌绿色食品4个，提高了农民参与市场竞争力。革命老区村庄垌尾村家家户户种植水果，全村已全部实现楼房化，全村63户中银行存款超过10万元的有41户。

革命老区河唇镇在发展水果生产中，坚持以国内外市场为导向，以提高经济效益为中心，优化组合各种生产要素，调整水果品种种植结构，大力培育拳头产品，实施"一村一品"特色农业发展战略，创建革命老区村庄莲塘排红杨桃、横窝番石榴、风梢黄皮果等特色农业专业村，种养大户、家庭农场等新型农业经营主体不断发展壮大，涌现家庭农场20多个，农民专业合作社30多个。至2018年年底，全镇种植水果4.87万亩，总产量5万多吨，其中荔枝1.37万亩，龙眼1万亩，番石榴1.2万亩，红杨桃8000亩，黄皮果5000亩。农业和农村经济得到较快发展。

革命老区吉水镇在稳定粮食生产的基础上，很好地调整农业内部种植结构，大力发展多种经济作物，如种植香蕉、荔枝、龙眼等。至2018年年底，全镇种植水果4.3万亩，其中荔枝3万亩，龙眼8000亩，番石榴5000亩。大革命时期红色老区村庄梧村垌，全村2000多人，种植荔枝2000多亩，人均约1亩，每人每年可增加收入5000多元，加上农业生产和外出务工、经商等收入，人均年纯收入超1万元。

革命老区青平镇，镇委、镇政府坚持从实际出发，实事求是，扬长避短，发挥优势，因地制宜，大力发展以种养为主的"三高"农业，重点抓好水果基地建设，取得很好的经济效益。至2018年年底，全镇种植水果5.2万亩，总产量4.86万吨，其中红橙2.4万亩，荔枝1.6万亩，龙眼1万亩，其他水果0.2万亩，带动农民种果致富。解放战争时期革命老区村庄黄泥塘村农民，从没有种过柑橙，在廉江市农委、市水果开发公司和镇农科站有关技术人员的帮助和指导下，系统地掌握了红橙的育苗、种植、管理等一整套科学技术，全村47户223人，除2户五保户外，已有45户种植红橙，面积420亩，人均1.9亩，年人均收入1万多元，成为远近闻名的种橙专业村。

革命老区石角镇是一个水库移民镇，人多田少山岭多。至2018年年底，全镇种植荔枝、龙眼、红橙等水果面积2.5万亩，总产量3万多吨。素来被称为"水岸荔乡"的木马村位于鹤地水库边，全村种植荔枝2300亩，人均2亩，总产量250多万斤，靠种植荔枝走上致富奔康道路。

（二）科学种茶

廉江市历史以来种茶很少。21世纪初，革命老区长山镇根据本镇山岭众多、云雾缭绕、适宜种茶的实际，发动和组织农民走种茶致富道路。民营企业家李裕南创办茗皇茶业有限公司，带头开山种茶，注册"茗皇"牌商标，引进台湾高山名优品种"金萱"茶，聘请华南农业大学和省茶科所的专家教授做顾问进行技术指导，采用"公司+基地+集体（农户）"的模式，广泛发动村民种茶。由公司提供资金、种苗、技术，村民负责种植、管理、采茶，公司统一收购茶青、统一加工制作、统一品牌销售。公司建立茶叶生产基地4个，种植"金萱"茶5000亩，近年引种金花茶2000亩，与农民联营种植6000亩，带动全镇10个村委会2000多农户种茶1.5万亩。引进自动化制茶生产线4条，年可加工高级名茶200多万公斤。公司制定一系列符合无公害绿色食品的生产标准和加工规程，从种苗培育、种植、管理、加工等各个环节，严格把关，精益求精。依托廉江市第一高峰仙人嶂、晒谷嶂等连绵起伏的高山优势，茶叶天然生长，只施用花生麸、贝壳粉、骨粉等经过发酵的生物有机肥，不施用化肥，不喷洒农药，生产地地道道、原汁原味的茶叶。茗皇茶业有限公司是省扶贫农业龙头企业，2001年获国家绿色食品认证，2006年获广东省著名商标，2014年获广东省十大名茶称号，2015年获国家有机红茶加工方法发明专利。至2018年，获国家生态原产地保护产品等各种品牌标志36次，获得省、国家级金奖32项。

在茗皇茶业的引导带动下，廉江市各地把发展茶业生产作为富民产业、朝阳产业来重点打造，掀起了茶业生产热潮。与长山镇相邻的解放战争时期老区村庄青平镇那毛角村种茶500多亩；石角镇油房村在市老促会的支持帮助下种茶500多亩；良垌镇解放战争时期老区村庄后塘村种茶500多亩；河唇镇解放战争时期老区村庄上村种茶300多亩。2018年，全市种植茶叶近2.28万亩，产量5536吨，茶叶加工企业30多家，参与种茶管理人员1万多人，参与加工人员1000多人，在外推销人员2000多人。每亩茶年可收入1万元，全市每年可为农民增加收入3.5亿元。发展茶业生产是促进农村经济快速发展、带领革命老区人民走上致富奔康的好路子。

"一亩茶，彩电加音响；二亩茶，摩托骑五羊；十亩茶，住上小楼房。"这是长山镇茶农推进"种茶奔康"计划时传唱的"种茶歌"。

（三）冬种蔬菜

农村体制改革的不断深入，促使广大农民进一步解放思想，更新观念，扬长避短，发挥优势，因地制宜，大力推动蔬菜种植，尤其是充分利用冬闲田推动北运蔬菜种植，主要是种植青椒、辣椒、椰菜、茄瓜、青刀豆等。利用冬闲田种植北运蔬菜，既不与粮食争地，又能提高土地利用率，增加复种指数，由一年两造发展到一年三造。2018年，全市蔬菜种植面积75万亩，总产量150多万吨，其中冬种北运蔬菜50万亩，总产量80多万吨。

横山镇蔡进创办的广东湛绿农业科技开发有限公司，是广东省级农业龙头企业、全国科普惠农兴村先进单位，该公司采用"公司＋农户＋基地＋市场＋储备"和经营流通一条龙的生产经营模式，带动广大农民种菜脱贫致富。2018年，公司有绿色蔬菜基地3000亩，种植辣椒、青瓜、茄瓜、菜心、大白菜、南瓜、西红柿、椰菜等，每年配送蔬菜2.2万吨；有占地面积3万平方米、日容量5万吨的农副产品保鲜储备流通库，每年向全国各大蔬菜市场及超市配送蔬菜150多万吨。在该公司的带动支持下，2018年，横山镇年种植蔬菜10万多亩，总产量20多万吨，其中冬种北运菜5万多亩，总产量10万多吨。该公司带动附近的安铺、营仔、新民和遂溪的洋青、界炮等乡镇种植北运菜十多万亩，带领农民走上种北运菜致富道路。

革命老区石城镇是城郊型镇，种植蔬菜较多，年种植蔬菜10万多亩，总产量20多万吨，其中冬种北运蔬菜5万多亩，总产量十多万吨。2018年，良垌镇种植蔬菜9.5万亩，总产量12万吨，其中冬种北运蔬菜5万多亩，总产量6万多吨；石岭镇种植蔬菜6万多亩，总产量7万多吨，其中冬种北运蔬菜3万多亩，总产量4万多吨。

廉江市委、市政府为了做好冬种北运蔬菜的推销工作，成立北运果菜办公室，后来改为农产品加工流通办公室，协调处理好北运果菜推销工作。全市先后建立果菜北运专业市场12个，占地面积20多万平方米。廉江市果菜北运贸易中心市场，有收购摊档160多家，从业人员1600多人。横山镇三角塘辣椒专业市场，有收购摊档175家，经营人员1500多人。还有石城、新民、石岭、良垌等北运果菜专业市场。全市有从事果菜北运流通的人员6.2万人，其中长期从事流通的人员2万人。先后在全国25个省市设立销售网点190多个，营销形式有自购自销、代办运销、站台交货、联合经营等。年营销果菜100多万吨，营销额26亿元。

2018年，全市有农产品加工企业973家，加工机械3382台（套），从事农产品加工人员1.8万人，加工总产值15亿元。

发展蔬菜种植，特别是冬种北运蔬菜，时间短，收效快，能够拓展农村产业发展和农民增收渠道，是引导革命老区人民脱贫致富的又一条好路子。

（四）优化养殖

廉江市地处北部湾畔，全市海岸线长108公里，浅海滩涂13.8万亩，可供养殖面积8万亩。营仔、安铺、车板、高桥、良垌等沿海镇农民充分利用沿海优越的自然环境和丰富的海洋资源优势，大力发展海水养鱼、养虾、养蟹、养蚝，发展海洋经济，尽快走上致富奔康道路。

革命老区营仔镇位于北部湾英罗港，海洋资源优势明显，全镇海岸线长30多公里，浅海滩涂面积10万亩。2018年，修建有龙营围对虾养殖场面积2.3万亩，犁天围对虾养殖场面积6500亩，全部承包给农民养鱼、养虾。还有山塘、水库、鱼塘等淡水养鱼面积2万亩。同时，大力引进先进的水产品加工设备和技术，建立鱼虾类海水产品加工厂、海洋保健食品加工厂和海洋生物产品加工厂，开发多种加工产品，使海水产品加工向精深、畅销、高效益方向发展，提高了经济效益。营仔镇农民通过多年海水养殖，积累了比较丰富的实践经验和养殖知识，近年来还纷纷到广西合浦、北海、钦州、防城等地，承包、租赁、合股经营虾塘2万亩养鱼、养虾、养蚝等。沿海农民还充分利用沿海滩涂养鸭，生产红心鸭蛋，增加经济收入。

2018年，车板镇有海水养殖面积6000亩，高桥镇有海水养殖面积4000多亩，良垌镇有海水养殖面积2000多亩。农民通过利用海水养鱼、养虾、养蟹、养蚝、养贝等，发展海洋经济，逐步走上致富奔康道路。

廉江市通过大搞开发性农业，大力发展高产、高质、高效的"三高"农业，使农业农村经济获得了长足的发展。2018年，全市实现农业总产值（按当年价，下同）176.88亿元，比1990年的15.41亿元增长10.5倍，比2000年的42.37亿元增长3.2倍。1990—

2018年，先后被评为全国粮食生产先进县、中国农村综合实力百强县、全国农业科技推广先进单位、全国农业生态示范市、全国科普示范市、全国水稻机育插秧机械化示范县（市）等。

三、建设社会主义新农村

全面贯彻落实党的十九大精神，坚持以习近平新时代中国特色社会主义思想为指导，加快建设产业兴旺、生态宜居、乡风文明、治理有效、生活富裕的社会主义新农村。

（一）建设产业兴旺、生机勃勃的新农村

推进实施农业供给侧结构性改革，实施特色产业培育工程，全力打造廉江特色的品牌农业，发展壮大红橙、荔枝、龙眼、红杨桃、茶叶和海水养鱼、养虾、养蟹、养蚝等种养基地产业一体化，大力发展林下经济。加快推进农业全程机械化，推进现代农业装备转型升级。培育无公害农产品、绿色食品、有机农产品，保护地理标志农产品。加快发展农产品加工业和乡村旅游业，建设田园综合体、生态农场和优质农产品供应基地。建设农业产业化联合体，培育发展家庭农场、农民合作社、龙头企业新型农业经营主体，推广"龙头企业＋合作社＋基地＋农户"等生态循环发展模式，推进"互联网＋现代农业"，加快一二三产业融合发展。至2019年年底，全市在家庭农场名录系统登记备案的家庭农场342家，其中省级家庭农场4家，地市级家庭农场19家，县市级家庭农场319家，工商登记注册的农民专业合作社1209家，其中国家级示范社3家，省级示范社15家，地市级示范社12家；省级重点农业龙头企业9家，地市级重点龙头企业18家，县市级龙头企业11家。全市建成亚热带农业科技孵化园6000亩，建成绿色循环农业产业基地2000亩，完成红橙生产基地升级改造工程3000亩，创建红橙高标准产业园4000亩。同时，大力推进"一村一

品，一镇一业"项目建设，全市有红橙项目5个，荔枝项目4个，茶叶项目3个，沃柑项目1个，辣椒项目1个，番石榴项目1个，鸡项目1个。其中青平镇、良垌镇、长山镇被评为2019年省级"一村一品，一镇一业"专业镇；良垌镇被评为第九批全国"一村一品"示范镇。

（二）建设生态宜居、环境亮丽的新农村

加大农村"山、水、田、林、路"综合治理力度，强化实施"河长制"治理办法，大力实施"三清理、三拆除、三整治"行动方案，重点推进"厕所革命"、垃圾污水处理，实行人畜分离、家畜集中圈养、雨污分流和无害化卫生户厕建设，破除农村陋习，全面提升农民精神面貌。加强农村垃圾、污水治理和村容村貌整治，彻底解决农村脏乱差问题。着力改善农村人居环境，建设美丽乡村。至2019年年底，全市20个镇街（不含罗州街道）、350个行政村、3755个自然村，已有2516个自然村完成"三清理、三拆除、三整治"，占自然村总数的67%。村内脏乱差现象基本得到有效消除，村容村貌有了明显改观。

（三）建设乡风淳朴、文明有序的新农村

突出推进乡风文明，促进社会主义核心价值观在乡村深入人心，农村思想道德建设明显加强，优秀中华传统文化得到创造性转化、创新性发展。开展移风易俗行动，遏制红白喜事大操大办等陈规陋习和抵制封建迷信、打击吸毒赌博违法行动，发挥村规民约批评教育作用。健全乡村公共文化体育服务体系，传承民间戏曲、民俗活动、民间音乐、传统手工艺等乡土文化，打造高标准乡村文化阵地。加强文化设施建设，发挥市、镇、村三级文化体育队伍作用，充分利用廉江本土优秀传统文化艺术节目，如安铺八音、良垌舞鹰雄、石角傩戏、塘蓬傩歌、廉城粤剧、吉水飘色、沙坡醒狮、安铺白戏、营仔木偶戏以及各种广场舞队、曲艺队的教育作用，引导群众树立健康向上的社会风气和生活方式。

（四）建设治理有效、平安和谐的新农村

廉江致力强化农村基层党组织领导核心地位，加强农村基层党组织建设，打造作风过硬、能出实效的"三农"工作队伍。农村党群干群关系融洽，促进村民自治制度不断完善，农村"两委"管理、"三资"管理、"四民主、两公开"的规范建设，健全了基层党组织领导自治、法治、德治相结合的乡村治理体系。农村平安和谐、无重大安全事故和群体性事件、治安防控体系建设不断完善，村民安全感明显提升。

（五）建设生活丰足、富裕安康的新农村

确保全市贫困村及贫困户实现在现行标准下的脱贫质量，完善强农惠农、助农增收政策，推进强农惠农、助农增收政策落到实处。多渠道增加农民收入，帮助农村劳动力大幅提升就业能力，不断加强保障和改善民生。2019年，全市农村居民人均可支配收入18816元，其中贫困村居民人均可支配收入18327元。全市人民朝着实现共同富裕目标不断迈进。

四、特色乡镇选介

至2018年年底，全市有国家级特色小镇1个，全国综合实力千强镇2个，广东省文明镇1个，广东省特色专业镇3个，广东省森林小镇1个。这是革命老区乡镇建设发展的代表。

（一）国家级特色小镇——安铺镇

安铺镇位于廉江市西南部，北部湾北岸，九洲江入海口处，地理位置独特，是"海上丝绸之路"经过地，水陆交通十分便利。

安铺镇历史文化悠久。始建于明朝正统九年（1444）。人

文资源丰富，有玉枢宫、关岳庙、文阁塔、骑楼文化街、中山公园、文化广场，还有影剧院、体育馆、游泳池等文化体育设施。其中文化广场总面积2.6万平方米，为粤西地区镇级最大的文化广场。

该镇经济社会实现高速增长。2018年，全镇有国有工业、二轻工业、镇街工业、个体私营工业、外资外贸工业等720多家，其中规模以上工业24家。2018年，全镇完成生产总值76.5亿元，比上年增长16.5%；工业总产值125亿元，比上年增长18.2%，其中规模以上工业产值57.8亿元，比上年增长20.6%；农业总产值5.42亿元，比上年增长4.6%；第三产业收入21.6亿元，比上年增长9.2%；财政收入1.12亿元，比上年增长10.5%。

特色美食丰富多彩，有闻名全国的安铺鸡饭、年糕、簸箕炊、萝卜糕、糯米鸡、芝麻糊、牛肉干、烧蚝、跳仔鱼煲酸菜等30多种，每年春节期间都举办安铺旅游美食节。

该镇先后被评为全国体育先进单位、对外开放重点工业卫星镇、全省小城镇综合改革试点镇、广东省百强企业之乡、广东省中心镇、广东省旅游美食之乡、广东省宜居示范城镇、广东省年糕之乡、中国海鲜美食之都美食名镇、中国十大最具影响力美食名镇，2017年7月被评为国家级特色小镇，2019年11月被评为全国综合实力千强镇（排第953位）。

（二）全国综合实力千强镇——石岭镇

石岭镇是一个有近400年历史的古镇，镇内蕴藏丰富的花岗岩石而得名"石岭"。该镇地处廉江市中心腹部，全镇行政区域面积255平方公里，管辖村委会24个和居委会3个，自然村324个，总人口13万多人，其中圩镇常住人口3万人。

该镇实施产业兴镇、工业强镇、农业稳镇、生态文明美镇发展战略，采取"以商引商""工业聚集"等措施，凝聚招商引资合力，吸取大企业、优质企业落户，全力打造"粤西生态工业重镇"。广东昌发家具有限公司、广东中能木业有限公司、广东华润水泥有限公司、东美实业有限公司、威宇家具有限公司、廉江祥亨旅游箱包制品有限公司等龙头企业助力石岭镇经济实现跨越式发展。2018年，全镇完成生产总值78.6亿元，比上年增长12.5%；工业总产值150.6亿元，比上年增长18.8%，其中规模以上工业产值62.5亿元，比上年增长16.6%；农业总产值12.8亿元，比上年增长8.6%；三级库税收收入1.96亿元，比上年增长8.5%；公共财政收入6886万元，比上年增长6.8%。

该镇把大手笔推进基础设施建设作为生态文明镇村创建工作的重要内容，投入大量资金搞好全镇市政道路硬底化建设，完成面积6368平方米，硬底化率98.26%；大力实施绿化、美化、亮化工程，全镇16条市政道路全部实现绿化，镇区街道安装标准化路灯65盏，大幅提升亮化率；搞好公园各项设施建设，增加健身和娱乐项目，满足市民文化娱乐需求；完善自来水各项设施建设，镇区自来水普及率100%，供水水质合格率100%；各级改造农贸市场，加强圩镇管区和农村卫生保洁管理，有效地实现圩镇的扩容提质。

石岭镇先后被评为广东省中心镇、广东省文明镇、全国重点镇，2019年11月被评为全国综合实力千强镇（排第882位）。

（三）广东省水果专业镇——良垌镇

良垌镇地处廉江市东南部，属丘陵地区，南亚热带季风气候，四季温和，日照充足，雨量充沛，土地肥沃，适宜果树种植，发展荔枝产业得天独厚。全镇荔枝种植面积6.5万亩，有荔枝品种20多个，主要品种有妃子笑、广良红（鸡嘴荔）、桂味、白糖罂、黑叶、白蜡等，其中上阁垌、蒲苏、黄茅、西朗、平田、苑瑶、东桥、南桥、山心、贵墩、坡尾、大垌、赤岭、鹤山、土石等十多个村种植荔枝面积较大，发展较好。良垌镇是粤西地区最大的妃子笑生产基地，是广东省熟期最早的大型优质荔枝生产基地，是中国著名的水果之乡、荔枝之乡，2005年12月被评为广东省水果专业镇。

良垌镇现有农民专业合作社40多家，其中以日升荔枝合作社为龙头，众升、嘉利果菜、兴旺、新辉等荔枝合作社为带动，大大提高良垌镇荔枝的组织化生产、标准化管理和市场竞争力。"广良红"荔枝获2001年中国农业博览会名优产品奖，"广良牌"荔枝2005年获国家绿色食品A级认证、2009年获广东省名牌产品称号。2018年日升荔枝合作社出口荔枝2100吨，畅销美国、英国、新加坡、巴基斯坦、加拿大、荷兰、南非、澳大利亚、印尼等国家和香港、澳门地区。

该镇在主导产业水果生产的带动下，经济社会得到快速高效发展。2018年，全镇完成生产总值48.15亿元，比上年增长10.4%；工业总产值12.6亿元，比上年增长9.6%，其中规模以上工业产值4.56亿元，比上年增长37.9%；固定资产投资16.48亿元，比上年增长26.8%；农业总产值24.6亿元，比上年增长8.6%；消费品零售总额10.33亿元，比上年增长9.4%；财政收入5086万元，比上年增长11.2%。

（四）广东省外运菜特色专业镇——横山镇

横山镇在"2017年度全省专业镇协同创新发展评价"中，获得优秀等次，标志着以外运菜为特色的横山镇成为省优秀专业镇。

根据《广东省专业镇创新指数》指标体系的计算方法，广东省科学技术厅、广东省专业镇发展促进会对广东省农业类别专业镇从创新基础、科技研究能力、产业化能力、专业化能力4个方面进行综合测评，横山镇以外运菜为特色产业排第16位，挤进广东省专业镇创新指数梯队第二梯队。

横山镇是湛江市发展工业先进镇，是当地远近闻名的外运菜专业镇，2006年获湛江市技术创新专业镇、广东省技术创新专业镇称号。该镇充分利用和发挥自然资源优势，繁育和推广高抗病品种外运菜，提高质量和产量，形成以横山尖椒为特色的龙头产品，带动青刀豆、西红柿等优质外运菜的发展，全镇种植北运菜面积5万多亩，总产量10万多吨，并且形成了从种植基地到加工到销售一条龙的产业，带动全镇农业现代化和农民致富。

该镇在外运菜种植的带动下，经济社会得到稳定健康发展。2018年，全镇完成生产总值52.34亿元，比上年增长14.6%；工业总产值65.24亿元，比上年增长18.6%，其中规模以上工业产值36.66亿元，比上年增长54.2%；农业总产值15.72亿元，比上年增长6.8%；固定资产投资12.52亿元，比上年增长47.2%；社会消费品零售总额13.86亿元，比上年增长9.6%；财政收入7930.75万元，比上年增长6.8%。

（五）广东省茶叶特色专业镇——长山镇

长山镇在"2017年度全省专业镇协同创新发展评价"中，获得优秀等次，标志着以茶叶为特色的长山镇成为省优秀专业镇。

根据《广东省专业镇创新指数》指标体系的计算方法，广东省科学技术厅、广东省专业镇发展促进会对广东省农业类别专业镇从创新基础、科技研究能力、产业化能力、专业化能力4个方面进行综合测评，长山镇以茶叶种植和加工为特色产业排第27位，挤进广东省专业镇创新指数梯队第三梯队。

长山镇是廉江市的山区镇，也是广东省内最大的良种清香乌龙茶生产基地，镇内种植企业16家，50亩以上种植专业户240户，茶叶种植面积2.5万亩。该镇围绕茶叶产业发展，以打造茶叶专业镇为目标，带动了运输、饮食、服务等第三产业的发展，创造了大量的就业机会，加速农村劳动力的转移，提高农民的收入和生活水平。该镇以茗皇茶、金萱、劳福茂为龙头的茶叶生产基地被评为广东省食品药品"放心工程"示范基地、广东省产学研结合示范基地，也是全省茶叶发展重点镇。

该镇在龙头产业茶叶生产的带领下，经济社会得到长足发展。2018年，全镇完成生产总值13.8亿元，比上年增长11.7%；工业总产值3.78亿元，比上年增长5.6%，其中规模以上企业2家，完成工业产值1.59亿元，比上年增长27%，农业总产值5.56亿元，比上年增长8.2%；公共财政收入475.48亿元，比上年增长7.6%。

（六）广东省森林小镇——和寮镇

和寮镇位于廉江市北部，距离廉江市区38公里。西邻塘蓬镇和广西博白县英桥镇，北靠广西陆川县文地镇，是个革命老区镇、边陲镇。全镇辖居委会1个、村委会15个、自然村172个，总人口5.8万人，土地总面积103平方公里，其中耕地面积2.1万亩，山地面积9.9万亩，素有"七山一水二分田"之称。拥有南方极为珍贵的山地景观，保存有全省少有、面积较大、环境优美、负离子丰富、保护完好的万亩原始次生米锥林，是湛江市原始植被保护最好的镇。全镇森林总面积8.8万亩，森林覆盖率为55.86%。生态公益林面积4万亩，占林地比例为47.14%。

近年来，和寮镇围绕"打造山区生态旅游观光镇"目标，坚持"生态立镇"，持续实施碳汇造林、热带季雨林造林、森林抚育等工程，通过人工造林、更新改造、套种补植等措施，对现有疏残林（残次林）、低效桉树林进行改造，提高森林质量，增强了生态功能，促进了当地绿色、可持续的社会发展。大力发展旅游业，促进第三产业发展。和寮镇拥有根竹嶂森林公园、根竹嶂自然保护区、老虎塘森林公园3个县级生态旅游场所，蒙埇大岭森林公园、藏金坑森林公园、热带季雨林森林公园3个镇级森林公园，还有塘拱油茶基地以及原生态农业观光园，形成了"多园＋基地＋保护区"的旅游格局，初具丘陵山地生态旅游观光规模。2019年11月被评为"广东省森林小镇"，是湛江市唯一一个获此荣誉称号的镇。

五、文明新村选介

至2018年年底，全市有全国文明村1个，广东省文明村4个；湛江市文明镇18个，湛江市文明行政村60个，湛江市文明自然村1963个。这是革命老区发展变化的见证和缩影。

（一）廉江市首个全国文明村——十字路村

石城镇十字路村，是解放战争时期革命老区村庄，是鹤地水库库区移民村。位于廉江市城区的东南面，距离城区约8公里。北邻雷州青年运河，西靠雷州青年运河四联干渠。旧村位于凹凸不平的山坳上，村里房子大部分都是泥砖瓦房，低矮破旧，村巷弯曲狭窄，坑坑洼洼，严重制约着村庄的发展，村民对搬迁的呼声很高。2007年，该村村民达成共识，决心改变村场落后面貌，另选宅基地整体搬迁，这一想法得到当地政府的大力支持。通过逐级上报，该工程于2008年立项，同年11月29日破土动工。廉江市委、市政府决心建设一个宜居宜业的移民新村，并聘请省建筑设计院进行统一规划设计。规划设计建筑面积4.2万平方米，规划建房100幢，首期建房62幢，每幢占地面积均为109平方米，每三户为一个单元，结构类似联排别墅。于2009年12月28日建成，村民喜迁新居。

同时，不断完善村庄各项基础配套设施，先后建起文化楼、文化长廊、标准篮球场、自来水塔、休闲生态公园和太阳能路灯等，该村由此成为远近闻名的花园村、别墅村。

新村建好后，村民的卫生意识明显提高。村里制定卫生公约，实行屋前屋后"卫生三包"制度，使村庄干净整洁。

家乡建设漂亮了，村民的生产积极性大大提高，2017年种植荔枝、龙眼、珍珠石榴等水果470多亩，种植西兰花等外运菜80多亩，淡水养鱼面积50多亩，村民收入大幅提升。

该村2009—2010年度被评为广东省卫生村，2010—2011年度被评为广东省宜居示范村，2011年度被评为全国综合减灾示范社区，2010—2011年度被评为广东省文明村，2014年度被评为广东省名村，2017年被评为全国文明村。

（二）广东省文明村——吉新村

安铺镇港头社区吉新村位于九洲江下游北岸，全村148户723人。按照省卫生村和生态文明示范村的标准开展创建工作，铺设硬底化村道8条共长1859米，村道硬底化率100%；建好5条共长1020米的排污排水沟；家家户户用上卫生厕所；建成标准化篮球场、门球场、露天文化舞台、休闲公园等休闲健身设施。健全卫生管理制度，配有卫生专职人员，加强对环境卫生的日常管理，提高了村民的卫生意识，健康文明生活方式不断涌现，爱清洁、讲文明、树新风的良好风气随处体现。

尊老爱幼，蔚然成风。从2000年起，每年重阳节都由村中外出工作和做生意的村民回村捐资举办"敬老节"活动，敬请村中60岁以上老人欢聚畅饮，对年轻人进行爱国爱家教育。同时，成立奖学助学基金会，资助上学有困难的学生，奖励品学兼优的学生。

2003年7月被评为省级文明卫生村，2007年6月被评为廉江市美丽村庄，2008年7月被评为湛江市环境生态示范村，2016年被评为广东省文明村。

（三）广东省文明村——塘底村

新民镇塘底村是抗日战争时期革命老区村庄，全村有农户

142户，总人口1132人。该村坚持把文明村创建与新农村建设结合起来，从本村的实际出发，以提高村民素质和改善村容村貌为重点，创建工作取得了良好的成效。

实施乡村清洁工程。投入资金，聘请专职保洁员，设立垃圾收集箱和收集点，推进村垃圾收集清运，垃圾日产日清。修建文明卫生公厕，开展村庄生活污水处理，修建污水收集管网和污水氧化处理塘，改变过去随地大小便和污水横流的脏乱现象。开展宣传教育活动，进一步保护生态环境和自然资源，村内无捕杀、销售和食用珍稀动物现象，无破坏生态事件。2016年，被评为广东省生态文明村、广东省民主法治示范村。

抓好文体设施建设。争取上级支持，建立农家书屋，有图书1000多册。重视弘扬优秀传统文化，村传统民俗活动得到良好传承。大力开展"星级文明户"创建活动，共选出"星级文明户"10户，形成良好的村风民风。

坚持依法治村与文明新村创建相结合。把工作的重点进一步转向民主管理、依法治村与文明新村相结合上来。一方面加大村务公开，建有村级公共服务站，大大方便群众办事。另一方面加大普法教育力度，坚持广播上讲、开会中谈、走访时做宣传，把法律知识渗透到家家户户，使农民致富不忘守法。社会治安良好，村民安居乐业。

（四）广东省文明村——谢茂村

石城镇谢茂村，位于廉江市东面，距市区约6公里，是鹤地水库移民新村，是广东省宜居示范村、广东省名村，是湛江市生态文明村、湛江市宜居村庄、湛江最美村庄。现有88户486人，耕地面积151亩，山岭面积300亩，人均耕地0.31亩，全村以种植水稻、荔枝为主，青壮年村民大部分到廉江市区务工。

2011年6月，建设移民新村及创建宜居村的春风吹进谢茂村，全体村民克服"等、靠、要"思想，主动要求建新农村，改变人居环境，并在上级政府和移民安置部门的大力支持下，按照"统一规划、统一安排、统一指挥"的工作思路，全村动员，全民动手，全心投入，大力推进宜居村建设，历经一年的艰苦努力，打造一个环境整洁优美、基础设施配套、思想道德良好、人与自然和谐的社会主义新农村。

谢茂村立足实际，以人为本，用有限的资金，全力整治村中"脏、乱、差"的现象，拆除影响村容村貌的猪栏、牛栏、柴间、厨房、露天厕所50多间，改建或重建住房，使谢茂村危房、泥砖房改造率100%；清洁卫生死角，清除杂竹、杂木，建设垃圾收集池，推进垃圾集中堆放、统一处理，并成立环卫专业队，生活垃圾能够得到及时清运；建设标准篮球场1个；建设水泥硬底化村道2.8公里，机动车可到达新村的每一幢楼房；村道两旁及农户的庭院栽花种草，村巷种植荔枝、芒果、龙眼、黄皮、木菠萝、红杨桃等果树和风景树300多株；铺设2000多米的地下排水、排污管道，实现排水排污地下管道化，建污水处理池1个，实现人畜粪便无害化处理，村域河埇、池塘水面无垃圾，水体无异味，蚊蝇乱飞的恶劣面貌得到彻底改变。

谢茂村积极开展文体活动，特别是在节假日、春节空闲时间，开展各项文化体育活动，如举办篮球赛、乒乓球赛、拔河、负重赛跑、唱卡拉OK、跳健身舞等活动，融本地特色活动与现代文化于一体的文体活动形式，吸引全体村民踊跃参加，这些文体活动既丰富村民的精神生活，又有力地遏制不良风气。谢茂村多年来没有发生刑事案件，也无赌博、吸毒现象发生及无群众集体上访事件出现。重视教育和文化设施的建设，全村现有大专以上学历16人，中专生11人，九年义务教育普及率100%，投资80多万元建筑面积600多平方米的文化楼，成为村民学习科普知识、文化知识、开阔视野的园地，使群众增长知识，开阔视野。

（五）广东省文明村——曲江村

石角镇曲江村位于鹤地水库中部西岸，属于水库移民村，现有95户423人，耕地261.6亩，山岭1344亩。村民以种果、捕鱼和外出务工为主要经济生活来源，是广东省卫生村、广东省文明村。

2006年1月，曲江村按照"四通、五改、六进村"进行新村建设。新村建设科学规划、配套完善。建设了水井、蓄水塔、排污排水、村道硬底化、绿化和亮化等基础设施工程，村容村貌整洁美观。加大文化娱乐设施建设，建有一幢占地200多平方米的标准篮球场以及体育健身等设施，文化设施得到进一步完善。新村曾被省移民办领导称为"广东省移民第一村"，原省委副书记欧广源为该村亲笔题名"曲江新村"。曲江村在完善基础设施建设的同时，不断加大文明村创建力度，积极完善各项规章制度。该村成立领导机构，配备专职人员，落实创建资金，制定专项规划和工作方案等有关制度，将创建文明村工作制度化、规范化。

在创建文明村过程中，大力开展社会主义核心价值观宣传教育和社会公德、职业道德、家庭美德、个人品德教育，引导干部群众讲道德、尊道德、守道德，积极组织干部群众学习习近平总书记系列重要讲话精神，提高干部群众的政治思想素质。大力开展普法宣传教育，提高村民的法律意识，倡导村民讲法守法。该村还大力开展社会主义文明新风建设，教育引导村民家庭成员间相互支持，相互关心，尊老爱幼，同时搞好邻里关系，移风易俗，在全村树立良好的家风和村风。

曲江新村卫生整洁，环境优美，管理规范，实现所有村道水泥硬底化，生活用水安全化，人居环境园林化，村民遵纪守法，讲文明懂礼貌，是一条生态和谐、民风村风淳朴、社会主义新风尚蔚然成风的文明新村。

六、国家森林乡村简介

国家林业和草原局组织指导各地，运用一定的评价方法、量化指标和评价标准，通过综合评价，将绿化美化达到评价标准的乡村（以行政村为对象）认定为"国家森林乡村"。廉江市和寮镇榄排村和石角镇木马村被评为第二批"国家森林乡村"。

（一）国家森林乡村——榄排村

和寮镇榄排村，位于和寮镇东部，辖管良塘、荔枝根、塘正、榄排、枫排、羊头埇6个自然村，距和寮圩8公里，2019年，总人口2753人，土地总面积12723.5亩，其中耕地面积1280亩，林地面积8525.70亩。

2018年，对村庄进行规划，对违规建设的农户依照相关规定进行严格管控，对基本农田加强保护稳固。为确保河流水质长清，成立河长制，分段分线到人责任制，有效治理河流污染。

2019年，引进了老虎塘生态公园项目，建设生态旅游项目1个，包括老虎塘、鹤塘的山岭、弃荒田地3000多亩。村庄实现了森林健康、林木品种多样化，境内混交林比例占30%，林木生长活力旺盛、无病虫害。

村规民约中制定森林生态保护制度，成立护林防火应急小分队，组织森林防火训练，制定森林防护方案，巡查日制，层层签订责任状，对乱砍滥伐的现象进行严厉管控。

境内呈现出山更绿、水更清、环境更美的崭新面貌。2019年，被国家林业和草原局评为第二批国家森林乡村。

（二）国家森林乡村——木马村

石角镇木马村，位于廉江市东北部，鹤地水库东岸边，距离廉江市政府30公里。2019年，全村328户，总人口1438人。土地总面积2876亩，其中耕地面积394亩，林地面积2480亩，种植荔枝、木菠萝等水果2350亩，人均1.6亩，水果收入占村民经济收入的90%以上。

村内自然景观生态及田园风光得到有效保护，对天然林木进行封山育林，在各果园树立警示牌，对名贵古树古木进行挂牌保护。森林资源保存完好，森林覆盖率占全村总面积的96%，公路绿化10公里，庭院绿化率占80%，是廉江市美丽宜居村庄建设示范村。

通过环境治理，生态保护，境内呈现出山更绿、水更清、环境更优美的崭新面貌，村民的生态保护意识不断增强。依托漫山遍野的水果资源优势，依托独特的水库风光，打造生态观光旅游休闲一体化的"千亩荔乡"，使村民旅游服务收入增加，为助推脱贫致富起到了巨大作用。2019年，被国家林业和草原局评为第二批国家森林乡村。

七、红色革命村庄发展变化

在第一、第二次国内革命战争时期，廉江有9个村庄建有党的组织，有革命武装，发动了群众，进行了打土豪，分田地、粮食、牲畜等运动，建立了农会，进行了武装斗争，并坚持了一年以上时间，被评为红色根据地村庄。这些村庄在中华人民共和国成立后，尤其是进入21世纪后发生了翻天覆地的变化。

（一）吉水镇梧村垌村

吉水镇梧村垌村，位于廉江市区北部，距离廉江市政府6公里。2018年，全村户籍人口2920多人。

1927年7月30日晚，根据中共南路特委部署，中共廉江县支部组织发动农民武装300多人，扛着单响、双筒、五排等长枪180多支，子弹3000余发及大刀、长矛、三叉等武器，集结到梧村垌村。31日上午，300多名农军全副武装，在梧村垌村东的晒谷场上举行武装起义誓师大会。中共廉江县支部书记周永杰在会上宣布成立廉江县工农革命委员会和南路讨逆军第二路第一支队。中共南路特委委员、廉江县农民武装起义总指挥梁文琰宣读各大队、中队指挥员的委任状，并作武装起义的动员。虽因敌强我弱，战斗力悬殊，这次武装起义坚持3天就失败了，但它沉重打击了廉江国民党反动派，为廉江人民树立了光辉榜样，为后来的革命斗争积累了丰富经验。它与高州县沙田、信宜县怀乡的农民暴动被称为大革命时期南路人民革命斗争"三大火炬"，光辉照耀着南路大地。1990年，该村被广东省人民政府评为红色根据地村庄。

该村通过"三清三拆三建"，拆除了猪栏、牛舍、杂屋，清理了杂竹和垃圾，修建了水泥硬底化村道，路旁植树绿化，安装路灯，自建水塔，自来水管安装到每家每户，村容村貌大为改观。

村民以经营农业和外出务工、经商为主，部分村民从事农业生产，主要是种植水稻、蔬菜、水果等。种植荔枝是该村一大经营特色，家家户户种植荔枝，是远近闻名的荔枝专业村，全村种植荔枝2600多亩，人均1亩多，是村民经济收入主要来源。部分村民养猪、养牛、养"三鸟"。还有部分村民外出务工经商。村民经济收入中农业生产收入占50%，工资性收入占30%，商业经营收入占20%。村民生活水平大大提高。

该村的梧村垌小学，开设1—6年级，共6个班，在校学生200多人，教职工20人。小学内的附属幼儿园，有在园幼儿30多人，教职工5人。村中原刘氏宗祠为农民武装起义指挥部，已拆除重建，建筑面积160多平方米，内设农民武装起义纪念馆，还有禾山岭烈士墓，作为对下一代进行革命传统教育的基地。村中有文化广场、文化楼、篮球场、健身器材等，有利于村民开展文化体育活动，增进身心健康。

（二）吉水镇西莲塘村

吉水镇西莲塘村，位于廉江市西北部，距离廉江市政府5公里。全村现有1300多人。中华人民共和国成立以来，全村有大专及以上毕业生45人，其中硕士3人，博士1人。

1926年6月，该村钟日钦、钟炳光、钟德荣、钟景祥、钟福祥加入中国共产党组织，成立西莲塘党小组和农民协会，钟日钦担任党小组组长和农民协会会长。1927年7月30日，钟日钦带领西莲塘村农民自卫军60余人参加梧村峒武装起义。当年策划梧村峒武装起义的革命遗址老厅间被列为廉江县文物保护单位。1990年4月，该村被广东省人民政府评为"红色根据地村庄"。2013年，被湛江市人民政府评为"生态文明达标村"。

该村交通方便，省道S287线在村边经过，村道全长5公里全部实现水泥硬底化，村道两旁植树绿化，安装路灯。该村经济发展较快，村民经营工厂企业、商贸业有200多家，外出务工500多人。家家户户都建有楼房出租。全村有小汽车60多辆、摩托车（含电动车）600多辆。重视科学文化教育，村中有西莲塘小学，在校学生450多人，教职工20多人。村中建有文化广场、文化楼和图书室。村民科学文化素质大大提升。

（三）新民镇大垌村

新民镇大垌村，位于廉江市南部，距离市政府6公里。全村现有户籍人口2700多人。

1926年年初，廉江县早期共产党员周永杰、梁安成、吴绍珍等到该村开展革命活动，发展党员，建立中共大垌支部，成立农会和组建农民自卫军，廖树绩任党支部书记，廖树宽、廖芝敏、廖树源任农会常委委员。1927年7月30日，大垌村党支部书记廖树绩组织大垌、读碑、葛麻山村农民自卫军60多人连夜前往吉水梧村垌支援农民武装起义。1990年,该村被广东省人民政府评为"红色根据地革命老区村庄"。

该村交通方便,村东有省道S287线经过,村西有廉安公路,村东南有黎湛铁路、汕湛高速公路经过。修建了全长3.5公里水泥硬底化主村道,还修建有纵横多条硬底化村道。村道两旁植树绿化,安装路灯,美化亮化。在该村设有公交车站。在村前建有大门楼,雄伟、大气、美观。

现时村民主要经营农业、工商业、建筑业、交通运输业等,农业除种植水稻、花生、北运菜外,还种植荔枝、花卉苗木等。村中有工厂4家,大型运输货车5辆,小型运输车16辆,挖掘机铲车3台,建筑工程队5个,村民谋生创业手段多种多样,生活水平日益提高。

该村有大垌小学,开设1—6年级,7个班,在校学生140多人,教职工13人。建有篮球场、足球场、乒乓球室、图书室等。村民的思想政治觉悟和文化科学素质大大提升。全村有大专及以上毕业生160多人,中级及以上职称19人,副科级及以上干部13人,其中处级6人,厅级2人。他们为促进新农村建设发展作出了积极贡献。

(四)吉水镇上燕山村

吉水镇上燕山村,位于廉江市西北部,距离廉江市政府6公里。2018年,全村户籍人口930多人。

1926年夏,中共组织派遣党员周永杰、梁安成、梁文兴等到燕山村开展革命活动,在该村成立了农民协会,会员30多人,由李绍华担任会长。同年年底,组建了农民自卫军。1927年春,成立中共燕山支部。同年7月26日,李绍华、李绍芬带领该村农民自卫军在村后召开誓师大会,按照廉江县工农革命军指挥部的要求开赴梧村垌村举行武装起义。1927年十一二月间，经中共广东省委批准，中共廉江县委员会、共青团廉江县委员会在该村李氏宗祠成立，梁安成任县委书记，委员潘江、吴绍珍、梁文兴、梁安然、刘邦武、罗慕平；罗慕平兼任团委书记，团委委员刘汉东、李家祥。1990年，该村被广东省人民政府评为"红色根据地村庄"。

该村交通方便，省道S287线、北部湾大道在村边经过。全部村道实现水泥硬底化，开通排污沟，实现雨污分流。村道两旁植树绿化、安装路灯。村民全部建起了水泥钢筋结构楼房，安装了自来水。生活环境越来越好了。

村民以经营农业生产、务工、经商为主，部分村民从事农业生产，主要种植水稻、水果、蔬菜；部分村民外出务工、经商。在经济收入中，农业生产收入占30%，工资性收入占50%，经商做生意收入占20%。村民生活水平大大提高。

该村燕山小学现有1—6年级，6个班，在校学生100多人，教职工20人。村中建有文化广场、文化楼、图书室、农民技术学校，村民学文化、学技术热情高涨，科学文化水平大大提升。

（五）城南街道春花墩村

廉江市城南街道（原石城镇）春花墩村，位于廉江市区南部，距离廉江市政府5公里。全村现有户籍人口1100多人。

早在大革命时期，中共党员梁安成（后任廉江县委书记）、梁文兴、梁文春等人以教功夫作掩护，在春花墩传播马列主义，组织农会骨干梁家华、梁方华、梁宝华等加入中国共产党。不久，春花墩党支部、团支部相继成立，是廉江县建立党、团组织较早的村庄。1927年7月底，春花墩村民自卫军几十人参加廉江农民武装起义。1990年，该村被广东省人民政府评为"红色根据地村庄"。

该村有省道S286线、县道X285线经过，交通方便。全村村道全部实现水泥硬底化，全长3.5公里。村道两旁植树绿化，安装路灯，有排污管道，实现雨污分流。村中有广场、公园、文化楼、农家书屋等，其中文化广场5000多平方米，文化楼4层1200多平方米，有健身馆、健身器材、戏台等，有利于村民开展文化体育活动。

2000年前，村民以经营农业为主，主要种植水稻、番薯、蔬菜、花生等。现时村民经济收入以外出务工、经商、房屋出租等为主。全村230多户，每户都建有4层以上楼房，户户有存款，家家有小汽车。

该村由于被征地建廉江市实验学校，村中中小学生全部免费入读廉江市实验学校优质学位。村风民风淳朴向好，没有偷盗抢劫、聚众赌博、滋事斗殴、吸毒贩毒、损人利己等现象发生，努力拼搏、艰苦创业、敬老爱幼、团结互助、帮贫济困蔚然成风。

（六）石城镇东莲塘村

石城镇东莲塘村，位于廉江市区东部，距离市政府5公里。全村现有560多户，2300多人。

东莲塘村是廉江县开展革命活动较早的地方。1926年4月就有党组织活动，建立了农民协会，开展轰轰烈烈的农民运动，为广大农民争取自身利益而斗争。1926年5月2日（农历四月初十），中共廉江县支部书记周永杰在东莲塘村镇江庙组织农民起义。1927年7月底，村中李祖寿、李祖尧等参加梧村垌农民武装起义。1990年，该村被广东省人民政府评为"红色根据地村庄"。

中华人民共和国成立后，经历过土地改革、农业合作化、改革开放、社会主义现代化建设等历程，该村发生了翻天覆地的变化。在该村西有东环大道通过。实现全村村道水泥硬底化，通过"三清三拆三建"，拆除了猪栏牛舍粪屋，清除了垃圾污水，村道两旁植树绿化，安装路灯，环境美化亮化。每家每户都建起3—5层的楼房，居住条件大大改善。村中建有文化楼和篮球场，配有健身器材。村中有中学和小学，中小学200多人，中小学教师30多人。全村共有大专及以上毕业生200多人，中级及以上职称20多人，副科及以上干部15人。

该村可谓"厨师专业村"。全村从事厨师职业的有400多人，占成年人的50%以上。一般在廉江、湛江等地酒家、宾馆做厨师，有的到上海、北京等一线城市做厨师，有的则走出国门，到日本、美国、加拿大、新西兰等国家做厨师，还有的自备厨具、餐具为附近村民做酒席。该村的李君雄、李君茂、李立华等通过考试获得国际级厨师职称，集世界烹联国际评委、餐饮业国家一级评委、国际烹饪大师、中国烹饪大师、药膳烹饪大师、亚洲大厨等头衔于一身。李立华曾经在湛江五星级酒店的餐厅做主厨多年，也曾到国外担任主厨，还被抽去北京奥运村做厨师，为世界各国运动员服务。厨师收入可观，全村人都过上美满幸福的小康生活。

（七）城北街道角湖垌村

廉江市城北街道（原石城镇）角湖垌村，位于廉江市东北部，距离廉江市政府2公里。2018年，全村户籍人口1600多人。

1926年5月，角湖垌村成立农民协会。1926年6月，成立中共角湖垌支部。1927年十一二月间，经中共广东省委批准，中共廉江县委在吉水燕山村李氏家祠成立，该村梁安成担任第一任县委书记。1990年，该村被广东省人民政府评为"红色根据地村庄"。

该村东有省道S287线、县道廉（江）石（角）公路经过，南有罗州大道、西有桃源路、北有狮岭路经过，交通极为便利。村道实现水泥硬底化，植树绿化，安装路灯，美化亮化。

该村成年村民50%以上都参与办企业做生意。有村民在广州开设美满饭庄，在珠海办电器厂，在廉江开设新世纪大酒店、罗湖大排档、美满电器厂等民营企业，在廉江至河唇公路两旁开设百货、日杂、水果、饮食等商店100多家。昔日的贫困村变成了富裕村。

该村有角湖垌小学（梁安成纪念学校），开设1—6年级，共23个班，在校学生1200多人，教职工45人。有美好幼儿园，在园幼儿220人，教职工13人。有综合文化楼、文化广场。村民文化体育活动丰富多彩。

（八）石城镇五里村

石城镇五里村，位于廉江市东部，距离廉江市政府2.5公里。全村现有1300多人。中华人民共和国成立以来，全村有大专及以上毕业生50多人。

1926年，该村成立中共五里支部，由连秀枢担任党支部书记，组织领导村民开展革命活动。1990年该村被广东省人民政府评为"红色根据地村庄"。

该村通过"三清三拆三建"，拆除猪栏、牛舍、杂屋，修建了水泥硬底化村道，两旁植树绿化，安装路灯，环境美化亮化。村民告别了低矮残旧的泥砖瓦面房，建起了水泥钢筋结构楼房。村中有五里小学，开设1—6年级，6个班，在校学生210多人，教职工7人。建有文化楼、文化广场，村民文化科技素质提高了。村中建有自来水塔，自来水管安装到每家每户，饮水安全卫生了。

村民以经营农业为主，主要种植水稻、花生、芋头、蔬菜等，部分村民外出经商务工。村民经济收入中农业生产收入占50%，经商务工收入占50%，生活水平大大提高了。

（九）吉水镇屋场角村

吉水镇屋场角村，位于廉江市西北部，距离廉江市政府8公里。2018年，全村户籍人口180多人。全村有大专及以上毕业生12人，中级及以上职称6人，副科及以上干部8人，海外留学10人。

该村1927年春成立农会。该村早期共产党员罗慕平和廉江党组织领导人周永杰等在该村组织开展革命活动。1930年至1932年，原中共南路特委书记彭中英以该村罗慕平家为据点，坚持组织该村群众开展一段时间的地下革命活动。1990年，该村被广东省人民政府评为"红色根据地村庄"。

祖籍该村的华人华侨18人，主要居住在越南、德国和加拿大，罗炎曾任联合国难民署驻加拿大专员。罗豫烈曾任越南国家农业部基建办公室主任，获越南"抗战"军功勋章和"解放"勋章。

该村有省道S287线经过，交通方便。地处九洲江畔，山清水秀。与邻近的上坝村共建自来水塔，饮用水清洁卫生。

该村村民以经营农业、务工和经商为主，部分村民从事农业生产，主要种植水稻、番薯、花生、大蒜等；部分村民养猪、养鱼、养"三鸟"；部分村民外出务工、经商等。2019年，在村民经济收入中，农业生产收入占40%，工资性收入占40%，商业经营收入及其他收入占20%。

第三节 大力发展工业经济

一、加快工业园区建设

（一）廉江市九洲江经济开发试验区

九洲江经济开发试验区是省级开发试验区，坐落在廉江市区西北面的九洲江畔，距离市区5公里，始建于20世纪90年代初，至2018年，共有企业154家，已投产企业136家，其中规模以上65家。规模以上企业完成工业总产值188.36亿元。佛山顺德（廉江）产业转移工业园区开发建设用地3329亩，引进企业114家，其中建成投产106家，在建8家。2018年实现工业总产值165.86亿元，安排劳动就业3万多人。该区成为廉江市新的经济增长点，能较好地带动全市经济的发展。

（二）廉江市金山工业区

金山工业区始建于21世纪初，坐落在国道G325线旁，横跨横山、营仔、青平3镇，合湛（合浦至湛江）高铁、汕湛（汕头至湛江）高速从园区旁边经过。规划面积25平方公里，至2018年已落实征地面积4200亩。重点承接湛江钢铁、石化等配套项目。引进广东一品木业、廉山淀粉公司、坚实建材有限公司、南方门业、恒中门业、双胞胎饲料等12家大中型企业，年产值80多亿元，税收3.5亿元，新增就业岗位2万多个。

（三）石岭沙塘工业区

石岭沙塘工业区位于省道遂六线旁，石岭镇东南面，创办于21世纪初，引进湛江昌发家具、广东威多福电器集团、东美实业公司、威宇家具等龙头企业，至2018年，共有规模以上企业54家，完成工业总产值123亿元，安排带动就业1万多人。

此外，还有国道G207线旁良垌工业区、国道G325线旁青平工商贸易区等，都是廉江市拓展区域经济新的增长点，为全市人民特别是革命老区人民创业就业创造条件，能够很好地带动全市社会经济的发展。

二、加速发展民营经济

民营经济主要包括个体经济、私营经济、港澳台经济和外商经济等非公有制经济。党的十一届三中全会后，实行改革开放，允许个体私营经济的存在和发展，作为社会主义公有制的必要补充，以缓解劳动就业的压力，个体私营经济有所发展，但发展不快。1997年9月，党的十五大明确指出，个体私营等非公有制经济是社会主义市场经济的重要组成部分，从而吹响了民营经济发展的号角。廉江市切实贯彻执行党的十五大精神，坚持以公有制经济为主体，多种所有制经济共同发展的基本经济制度，市委、市政府制定《关于加快发展个体私营经济的决定》，促进民营经济快速健康发展。

廉江民营经济的发展从家庭作坊起步，从家用电器工业生产开始。20世纪80年代中期，吉水镇有的个体私营企业老板开始生产电饭锅零配件。到90年代初期，大量生产电饭锅成品，但部分企业缺乏产品质量意识，缺乏严格的生产和检验标准。2000年初，个别厂家生产的劣质电饭锅在全国一些专业市场被查封，有的劣质产品被退回，给廉江电饭锅行业沉重打击，声誉受损。

部分电器企业迁往珠江三角洲等地生产经营。2000年8月，廉江市委、市政府成立整治电饭锅行业领导小组，专项整治电器生产企业。同时，制定电饭锅及零配件质量标准，扶持重点企业，加强质量管理，推行产品质量认证体系，实施标准化生产，开展消灭无商标生产活动。通过专项整治，电饭锅质量逐渐提高，整个行业呈现出产销两旺的势头。2002年5月，市委、市政府因势利导，组织本地和已迁到外地办厂的企业老板前往浙江省温州市一带参观学习，诚邀他们回乡创业，为家乡作贡献。先后有30多家电器企业回迁，回迁企业签订投资3.5亿元建设家电工业园的合同。同年12月，市委、市政府决定在九洲江经济开发区建立家电工业园，为电器企业提供发展载体。2003年1月，九洲江经济开发区启动建设民营工业园，规划面积666.7公顷，首期开发80公顷，引入电器企业30家；第二期开发100公顷，引入企业36家。2003年年底，全市电饭锅产业粗具规模，涌现出威王、华强、粤海、威多福、万家福等一批知名品牌，年产各种电饭锅（含配件）2800多万个，产值12.3亿元，产品畅销全国各地，并出口东南亚、中东、欧洲等国家和地区。2005年，全市电饭锅生产企业400多家，年生产电饭锅3000多万个，占全国总产量的27%，零配件占全国总产量的70%，实现工业产值20多亿元。2010年，全市有家电企业（主要是生产电饭锅、电水壶）480家，年生产量25240万个，年产值110亿元。

随着改革开放逐渐深入，民营企业不断壮大。1991年，全县有个体工商户8030户，营业收入20.46亿元，实现税利1亿元；私营企业582家，营业收入2.18亿元，实现税利0.23亿元。1996年后，民营企业提速发展，全市有个体工商户18736户，营业收入36.36亿元，实现税利12.35亿；私营企业2618家，完成工业总产值13.28亿元，实现税利4000万元。2001年，全市有个体工商户21741户，营业收入65.46亿元，实现税利3.52亿元；私营企业1634家，完成工业总产值44.68亿元，实现税利2.7亿元。2004年，推进"一长廊两园区"建设，民营企业发展全面提速。是年，全市有个体工商户22971户，营业收入72.16亿元，实现税利2.97亿元；私营企业1754家，从业人员42781人，其中规模以上工业92家，规模以下工业4162家，完成工业总产值55.72亿元，税利总额5.20亿元。2005年，全市有个体、私营等企业24767个，从业人员128527人，完成总产值143.96亿元，其中工业总产值75.28亿元，营业收入143.54亿元，利润总额8.64亿元，上交税金1.71亿元。2010年，全市有个体工商户23055户，私营企业1217家，其中投资500万元以上的私企154家，经济总量占全市的80%；个、私企税费约6亿元，税收占全市的70%以上；就业占全市80%以上。个体私营经济已是全市经济极其重要的组成部分。2016年，全市有个体工商户30705户，私营企业3853家，超亿元以上工业企业230家，规模以上工业企业245家，完成工业总产值788.91亿元，比上年增长16.2%，其中规模以上工业总产值702.62亿元，比上年增长18.4%，规模以上工业增加值206.09亿元，增长15.6%，有国家级高新技术企业7家。民营经济已发展成为全市经济的主导力量。

2018年，有个体工商户45000多户，民营企业5600多家，其中规模以上企业272家。民营经济增加值350.76亿元，比上年增长9.5%，民营经济增加值占全市生产总值的62.35%，其中第一产业增加值96.29亿元，增长5.3%；第二产业增加值175.26亿元，增长13.9%；第三产业增加值79.21亿元，增长5.6%。廉江是"中国电饭锅之乡"和"中国小家电产业基地"，全市有家电企业600多家，其中国家级高新技术企业29家，省级科技型企业31家，家电企业年产值300多亿元，成为全市的龙头产业。

三、镇村工业经济迅猛崛起

廉江市各镇村把发展工业企业作为振兴农村经济、实现全面小康的重中之重工作来抓，使工业经济得到较快的发展。至2018年年底，工业经济发展较好的安铺镇有工业企业720家，完成工业总产值125亿元，比上年增长18.5%。石岭镇有工业企业495家，完成工业总产值150.6亿元，比上年增长22.6%。横山镇有工业企业359家，完成工业总产值65.24亿元，比上年增长36.8%。塘蓬镇有工业企业321家，完成工业总产值32.56亿元，比上年增长22.7%。

各革命老区村庄把创办工商企业作为发展社会经济的主攻方向和致富奔康的目标。吉水镇荔枝颈村，2019年，全村253户，1107人，村民发扬团结友爱、互相帮助精神，先富带后富，全村创办家用电器等企业156家，有龙力、龙集、纳美仕、福王、鸿美、百花、曼特等家用电器和廉宁铝制品、恒中门业等大中型企业，其中年产值超亿元的有6家，年产值超千万元的有25家，被群众称为"老板村"。经济发展了，人民生活富裕了。全村有私家小汽车325辆、摩托车500多辆。修建村道水泥硬底化路面全长15公里，安装路灯300多盏。建有文化广场面积1000多平方米，文化楼面积380平方米。村中组织有社会发展基金会，基金会每年都奖励考上大学的学生，逢年过节组织慰问村中80岁以上老人。村中社会风气文明和谐，敬老爱幼蔚然成风。

抓好扶贫攻坚

一、开发扶贫

廉江市建立健全扶贫领导机构和扶贫工作机构，由市委、市政府主要领导任正、副主任，市委办、市府办、市农委、市农业局、市民政局、市财政局、市统计局等单位主要领导为成员，抓好开发扶贫工作。

2000年，扶贫工作主要是解决贫困地区的"四通"和"四个一"。"四通"是指通公路、通用电、通电话、通广播电视；"四个一"是指每户贫困家庭输出一个劳动力外出打工，每户贫困家庭掌握一门专业技能，每个贫困家庭选准一个发展项目，贫困地区实现人均一亩保命田。通过两大会战，村委会已全部修通公路，100%的村委会通用电、通电话和通广播电视，开荒造地11730亩，使全市23万贫困人口人均达到半亩保命田。

2002年，扶贫工作的重点是教育扶贫，这是智力扶贫，是长远深层次的开发扶贫，目标是贫困家庭子女就读小学、初中免收学杂费和贫困地区小学危房改造。全市有13.8万人次的贫困家庭学生免收学杂费，为贫困地区小学建教学楼116幢，总面积7万多平方米，彻底解决贫困地区子女入学难的问题。智力扶贫目标是解决以人为本的问题，提高贫困家庭劳动力智力技能，依靠科技脱贫致富，从2002年起每年全市贫困家庭有46206名小学、初中学生免学费入校读书，每年有100多名学生免学费读中专、中技，并推荐在外地就业。

二、"双到"扶贫

廉江市根据省委、省政府关于扶贫开发"双到"工作的决策和部署，从2010年至2015年实施"规划到户、责任到人"的扶贫开发"双到"工作。

（一）2010年至2012年的"双到"扶贫开发工作

在2010年至2012年的扶贫开发"双到"工作中，全市被省核定的贫困村88个，贫困户14422户，贫困人口58623人。按照省的安排，共有111个帮扶单位对口帮扶全市88个贫困村，其中深圳市17个单位帮扶25个贫困村，湛江市49个单位帮扶39个贫困村，廉江市直45个单位帮扶24个贫困村。至2012年12月，全市已累计投入及拉动社会帮扶资金5.566亿元。在册贫困户100%实现了脱贫，村集体经济收入全部达到5万元以上，完成本市提出"贫困户百分百脱贫、贫困村集体经济年收入百分百达标"的"双百"既定目标。全市88个贫困村共有10个村集体经济年收入超过10万元，其中最高的是禾寮镇西涌村委，达到15.5万元。建成硬底化村道891.3公里，解决了20多万农村人口行路难问题；完成农村低收入住房困难户改造任务7270户，实施安全饮水工程92宗，解决32440人的饮水难问题；新增农田水利设施769宗；架设农田电网50公里；建设文化卫生设施472宗。累计组织农民参加专业技能培训87113人次，农村剩余劳动力转移就业54781人次。参加新型农村合作医疗的贫困户累计达58623人；帮扶单位为88个贫困村建立生产经营性项目547个，培育各类农民专业合作社110多家。本市三届扶贫济困日捐款累计达7815万元（其中2010年捐款1669万元，2011年捐款2861万元，2012年捐款3285万元）。通过三年的"双到"帮扶，全市贫困村的面貌发生了巨大的变化，突出体现为"六个明显"：一是贫困户和贫困村脱贫明显；二是贫困村生活条件改善明显；三是贫困户自我发展能力增强明显；四是民生保障水平提高明显；五是产业扶贫辐射带动明显；六是社会扶贫氛围浓厚明显。其中比较突出的产业有：深圳市国资委在长山镇勿曲村投资1500多万元兴建大型产业化扶贫"造血型"项目——长山生态养殖基地；深圳市司法局筹集600多万元在石颈镇山涌村委会建成一个300亩的火龙果基地；深圳市公安局帮扶禾寮镇3个村委会投资500多万元在全镇范围内推广"三个万"工程（即建立一万亩木薯种植基地、一万亩油茶种植基地和一万头山羊养殖基地）。湛江市住建局投资130万元在新民镇三甲村兴办一间集发财树种植、肉鸡养殖一体化的种养基地等。

（二）2013年至2015年新一轮"双到"扶贫开发工作

廉江市新一轮扶贫开发"双到"重点帮扶村共68个，贫困户10100户，50902人，其中广州市帮扶30个村，湛江市直单位帮扶29个村，本市市直单位帮扶9个村。共有103个帮扶单位、206名驻村干部开展了扶贫开发"双到"工作。紧紧围绕"贫困户稳定脱贫、贫困村面貌基本改变"这两个总体目标任务，突出重点，全力推进新一轮扶贫开发"双到"工作，取得了明显的脱贫成效。至2015年年底，全市累计整合投入帮扶资金2.82亿元，其中各级财政资金5750万元，广州市萝岗区6400万元，广州市直4900万元，各单位自筹集及捐款3200万元，其余为拉动社会投入，平均每村415万元，完成帮扶到村项目1737个，帮扶到户项目67514个。本轮帮扶工作主要成效：一是入股经济实体获得稳定可观的股本分红。全市有32个贫困村在帮扶单位的协助下，共建起或购置物业一大批，其中市场9个，商铺28间，农资供销点或水果收购点16个。全部68个贫困村年集体经济收入均已达到5

万元以上。二是成立各类农民专业合作社98家，吸收3280名贫困户参与，有效地促进农户参与特色农业产业增产增收。三是积极发展公益事业。全市贫困村建设硬底化道路479.58公里，安装路灯1336盏，新建农田水利设施183宗，修筑三面光水渠218.92公里，解决安全饮水农户20842户，帮助建设村公共文化卫生设施1535个。

三、精准扶贫

自2016年开展精准扶贫、精准脱贫工作以来，廉江市认真贯彻落实中央、省、湛江市关于打赢脱贫攻坚战的决策部署，坚持以脱贫攻坚统揽经济社会发展全局，围绕"两不愁三保障"全面落实各项脱贫攻坚政策，通过就业扶贫、产业扶贫、消费扶贫等多项措施，着力增强贫困群众稳定脱贫能力，取得显著成效。

2016年，全市共有省定贫困村57个（其中佛山市禅城区帮扶46个、中直省直单位帮扶4个、湛江市帮扶7个），非贫困村290个（其中湛江市帮扶11个、廉江市直单位帮扶279个）共有建档立卡贫困人口16075户39019人（其中按劳动能力划分，有劳动能力户6452户25724人，无劳动能力户9623户13295人；按农户属性划分，一般贫困户1992户7549人，低保贫困户7039户24103人，五保贫困户7044户7367人）。

在中直省直、湛江市直、佛山市禅城区帮扶单位和本市各级单位共同努力下，通过综合施策、精准发力，廉江市脱贫工作成效显著，为全面打赢脱贫攻坚战奠定了坚实基础。2016年至2020年，全市累计共投入各项扶贫资金9.44亿元，实施各类扶贫项目1933个，惠及贫困人口16075户39019人。脱贫攻坚工作取得很好成效。2016年，全市7990户12859人达到脱贫退出标准，占当年全市贫困人口的32.3%；2017年，12594户24744人达到当年脱贫标准，占当年全市贫困人口的62.1%；2018年，14595户32064人达到当年脱贫标准，占当年全市贫困人口的79.49%；2019年，16412户39517人达到当年脱贫标准，占当年全市全市贫困人口的98.30%；2020年，16075户39019人达到脱贫标准，占全市贫困人口的100%，全市57个省定贫困村已全部达到出列标准。在全市贫困人口人均可支配收入方面，2016年达到5630.74元，2017年达到8585.51元，2018年达到10809.09元，2019年达到12969.70元，2020年达到14568.38元。最终实现全市贫困人口稳定脱贫。

经济社会全面发展

一、综合实力大大增强

廉江市委、市政府全面贯彻党的十八大、十九大精神和习近平总书记系列重要讲话精神，坚持稳中求进总基调，坚持新发展理念，坚持全面深化改革，坚持推动高质量发展，紧紧围绕"加快建设宜居宜业的北部湾现代化生态园林城市"这一总目标总任务，深化市场体制改革，扩大对外开放，加快建设现代化经济体系，坚持打好三大攻坚战，坚持全面从严治党，统筹推进稳增长、促改革、调结构、惠民生、防风险工作，努力走出一条质量高、效益好、结构优的廉江振兴发展新路。

2018年，全市实现生产总值562.54亿元，比1949年增长1695倍，比1977年增长282倍，比2017年增长7%。其中，第一产业增加值109.58亿元，比上年增长5.3%；第二产业增加值268.23亿元，比上年增长8.7%；第三产业增加值184.73亿元，比上年增长5.6%。三大产业结构比例为19.4∶47.8∶32.8，经济结构处于较优状态。规模以上工业总产值375亿元，比上年增长11.3%；规模以上工业增加值104亿元，比上年增长10.5%。完成固定资产投资259亿元，比上年增长5.8%。一般公共预算财政收入12.1亿元，比上年增长3.4%，财政总收入26.32亿元，比上年增长3.5%。社会消费品零售总额206亿元，比上年增长8.8%。实际利用外资162万美元，比2017年增长62%。

廉江获得2018—2020年度全国文明城市提名资格，上榜全国首批创新型县（市）建设名单，入选2018年中国幸福百县（市）榜（排名第89位），县域竞争力排全国400强第185位，比上年晋升了35位。

二、农业生产稳步前进

廉江市委、市政府在发展农业农村经济中，坚持以市场为导向，以效益为中心，以科技进步为动力，以抓好名优稀特新产品为重点，以抓好社会化服务为基础，从而促进了农业产业化进程，使农业农村经济获得长足发展。抓好农业产业结构调整，在确保粮食稳定增长的基础上，认真抓好粮、油、糖、肉、菜、果等商品基地建设，大力发展高产、高质、高效农业，如优质水稻和红橙、荔枝、龙眼、芒果、香蕉等优质水果，养鱼、养虾、养蟹等优质水产品，发展优质生猪、三黄鸡、北京鸭等禽畜产品，从而提高农业商品率和产出率。

廉江市还针对当地农民小农经济思想牢固，品牌经济意识淡薄的实际，充分运用广播讲座、电视新闻、报纸专栏、大小会议等各种形式，大力宣传商标知识，尤其注重运用"廉江红橙""广海鸡"等知名品牌效应，采取典型引路的方法，增强农民的商标品牌知识，认识到注册一个知名商标，就会形成一个地方名优特产品品牌，就会带动一方经济的发展，带富一方老百姓，加快农业产业化进程。现在全市农产品注册商标已达68个，其中水果类注册商标有廉江红、金红、红江、廉正红、廉侨红、廉企红、广良红等20多个，茶叶类有茗皇、茗上茗、雅茵、劳福茂、良梅等，粮食类有九洲香、金香等，水产品类有环海、图形等。从此，廉江名优农产品品牌享誉国内外，销路顿开，效益大增。

2018年，全市完成农林牧渔业总产值176.68亿元，比1949年增长498.8倍，比1977年增长103倍，比2017年增长4.4%。其中，种植业产值97.79亿元，比上年增长6.9%；林业产值10.78亿元，比上年增长4.6%；畜牧业产值34.69亿元，比上年增长1.8%；渔业产值30.95亿元，比上年增长4.3%；农业服务业产值8.64亿元，比上年增长9.8%。全年粮食产量49.98万吨，比上年增长3.4%；水果产量49.85万吨，比上年增长9.8%；糖蔗产量40.68万吨，比上年增长9.9%；蔬菜产量98.65万吨，比上年增长8.5%；茶叶产量5536吨，比上年增长9.5%；肉类总产量13.82万吨，比上年增长2.4%；水产品产量17.85万吨，比上年增长3.2%。

三、工业经济高速增长

改革开放以来，廉江市从实际出发，确立了"强工稳农、活商促贸、兴科重教"的整体发展战略，在发展工业指导思想上坚持以制糖、卷烟、陶瓷、建材工业为基础，抓一批强市、强镇、强村的骨干企业和科技项目的方针，制定"抓大上新、引外改老、带小扶弱"等措施，促进工业生产全面发展。企业改制转制之后，又根据工业现状，提出了以提高效益为中心，以市场为导向，以深化改革为动力，以解决资金为突破口，巩固提高国有企业，重点扶持骨干企业，救活"死火"企业，发展非公有制企业和乡镇企业的工业发展基本策略，鼓励国有工业、二轻工业、乡镇工业、个体工业、私营工业、联合体工业齐头并进，充分调动全市上下大搞工业的积极性，以确保工业生产持续、稳定、健康发展。

进入21世纪后，随着改革开放逐渐深入，民营经济不断发展壮大。2005年，全市有个体、私营等企业24767个，从业人员128527人，完成总产值143.96亿元，上交税金1.71亿元。2016年，全市有个体工商户30705户，私营企业3853家，亿元以上工业企业230家，规模以上工业企业245家，完成工业总产值788.91亿元，比上年增长16.2%。现在以发展家电、家具、门业为重点支柱产业。全市仅家电企业就有600多家，年产值300多亿元，获得"中国电饭锅之乡"和"中国小家电产业基地"的美誉。

2018年，全市有工业企业5436家，其中规模以上工业企业272家，全年完成工业总产值764.59亿元，比1949年增长5799倍，比1977年增长489.2倍，比2017年增长10.8%，其中完成规模以上工业总产值375.44亿元，比上年增长12.6%。全年国有企业完成产值8323万元，比上年增长33.4%；集体企业完成产值6706万元，比上年减18.2%；股份制企业完成产值310.39亿元，比上年增长22.6%；外商及港澳台企业完成产值58.39亿元，比上年减18.2%；其他企业完成产值5.16亿元，比上年减5.2%。全年完成建筑业产值233.8亿元，比上年增长82%，建筑业增加值42.65亿元，比上年增长14.2%。全年房地产开发投资95.29亿元，比上年增长69.2%；商品房销售额60.01亿元，比上年增长15.7%。

四、第三产业扎实推进

2018年，全市完成批发和零售业增加值32.86亿元，比2017年增长3.4%；住宿和餐饮业增加值9.29亿元，比上年增长2.4%。社会消费品零售总值206.42亿元，比上年增长8.8%。按行业分，批发业零售额37.45亿元，比上年增长6.7%；零售业零售额136.76亿元，比上年增长9.4%；住宿业零售额7928万元，比上年增长11.5%；餐饮业零售额31.42亿元，比上年增长8.8%。全年外贸进出口总额58.25亿元，比上年减5.1%；实际利用外资162万美元，比上年增长62%。全年交通运输、仓储和邮政业增加值30.05亿元，比上年增长4.6%。全年旅游总收入52.9亿元，比上年增长37.1%。全年实现金融业增加值3.62亿元，比上年增长4.7%，年末全市金融机构存款余额394.77亿元，比上年增长9.5%。全年保费收入2.68亿元，比上年增长70.7%。经济活动繁荣稳定。

五、教科文卫协同发展

坚持优先发展教育事业。廉江市坚持把教育事业放在优先发展的战略位置，在全市经济社会发展总体规划中做到教育事业优先规划、教育投入优先保障、师资需求优先满足、教育问题优先解决、教育人才优先引进。全面贯彻党的教育方针，落实立德树人根本任务，发展素质教育，推进教育公平，培养德智体美劳全面发展的社会主义建设者和接班人。2018年，全市有小学194所，特殊教育学校1所，幼儿园369所，普通中学65所，其中初中53所，高中12所，在校中小学生210406人，全市学前教育毛入园率98%，义务教育学校入学率100%，标准化学校覆盖率100%，"三残"儿童入学率97.3%，高中阶段教育毛入学率95%，中小学、幼儿园专任教师17691人。有11名学生被清华大学、北京大学录取。全市普通高考上线人数14250人，比上年增加4955人。其中本科上线4740人，比上年增加1328人。廉江荣获"广东省教育强市"和"全国义务教育发展基本均衡市"称号。

深化科技体制改革。认真抓好科学研究和科技开发利用，促进科技成果转化。2018年，全市申请专利1166件，其中发明专利190件，专利授权805件。申报省市高新技术产品18个。获得省科技专项资金项目3项，获得湛江市竞争性分配资金项目2项。有效地促进经济社会发展。

加强文化设施建设。2019年，全市有图书馆、文化馆、博物馆各1个，有文艺表演团体1个。广播电视人口覆盖率100%。完成廉江剧院升级改造，实现391个行政村（社区）综合性文化服务中心全覆盖。镇级文化站升级达标工程有效推进，新（扩）建村级文化室40间。

注重发展医疗卫生事业。2018年，全市共有各类医疗卫生机构642个，其中医院16个，基层医院机构596个，专业卫生机构26个，其他机构4个。各类医疗机构拥有床位5127张；各类卫生技术人员7763人，其中执业医师2018人，注册护士2556人。

广泛开展群众健身体育运动。2019年，全市共有公共体育场地总面积325.928万平方米，人均面积2.16平方米，体育人口占总人口的50.3%。2017年8月，廉江市被国家体育总局授予"2013—2016年度全国体育先进单位"称号。

六、交通设施逐渐完善

公路交通不断发展。廉江市紧紧抓住地处两省三市交界的区位优势，以"三高速、两高铁、一快线"为主线，打造海陆空立体区域交通枢纽。在陆路交通方面，2019年，全市有等级公路总里程为505.72公里，国道G207线、G325线贯穿全境，境内全长71.77公里。省道S286线、S287线境内全长86.14公里，拥有渝湛高速、汕湛高速和玉湛高速3条高速公路。黎湛铁路廉江段电气化改造工程已经竣工，与三茂铁路两大铁路干线在廉江交汇。同时，在内联交通方面，2019年，全市有农村公路里程4540.74公里，其中县道5条81.08公里，乡道2123.32公里，村道2336.34公里，基本形成了以县道为主骨架，以乡村公路连接各镇，以乡道连通镇村，以村道联结各自然村的公路网络。在海上交通方面，廉江港区现有三大码头，分别是营仔镇的营仔码头、安铺镇的安铺码头和车板镇的龙头沙国家一级渔港码头，现有泊位22个，分布在营仔、安铺作业区，均为500吨级以下的泊位。在航空交通方面，市区离湛江机场50多公里，离新规划建设的湛江国际机场30公里，空运方便快捷。交通是经济发展的先行保障，内联外畅的交通体系为全市经济社会发展打下了坚实的基础。

七、市政建设日新月异

旧时廉江市老城区封闭、狭隘、陈旧。1949年城区面积只有2.4平方公里，人口2万多人。1985年，城区面积4.7平方公里，人口4.5万人。1995年城区面积12.86平方公里，人口17万人。进入21世纪以后，市区内基础设施日臻完善，科教体卫设备齐全，文化娱乐设施先进，人民生活前景美好。

廉江坚持按中等城市格局搞好城市规划建设，高起点、高标准、高规格推进城市扩容提质，2019年，中心城区面积已扩展至45平方公里，人口60万。未来将拓展至80平方公里，人口80万。城区路网逐步完善，东环大道已建成通车，推进石城大道延伸线、人民大道东延伸线、人民大道西延伸线、罗州大道东延伸线（跨铁路）建设，为实现城市道路规划五横五纵，畅通城市交通网络，纾解城市交通压力。新增市政道路"白改黑"15条共长8386米，已打通狮岭东路和光明北路等"断头路"。先后建成廉江市人民公园、廉苑街心公园、塘山岭生态公园、文化广场、九洲江广场和建成面积530多亩的"城市会客厅"樱花公园，并向市民开放。以创建全国文明城市为契机，加快推进城市精细化管理，实现城市净化美化亮化工程，城区亮化率、绿化率分别达到98%、96.8%，不断提升城市发展内涵。积极推进廉江河"两岸"整治，将廉江河及沿岸地区打造成为廉江市的活力长廊、绿色水岸、城市名片。

先后建成永福、清华园、雅居园、御景城、永兴、鑫源、佳和、美景、金都名园、锦绣华景、万科苑、畔山华庭、龙湖山庄、翰林苑、华源城、碧桂园等30多个大型商住小区，提升了城市品位，形成中等城市的格局。廉江市被评为"全国卫生城市""广东省文明城市"。

廉江市自觉树立和践行绿水青山就是金山银山的理念，坚决扛起保护生态环境的责任，以坚强有力的措施认真落实中央、省和湛江市有关生态文明建设的决策部署，努力打赢蓝天、碧水、净土保卫战。全市投入大量资金开展九洲江水质达标攻坚工作，廉江河16个入河排污口已设置16个应急一体化污水处理设施并投入使用，生活污水处理设施整市捆绑PPP项目已全面动工，全市正在建设或部分建成的村级污水处理设施共366个，污水处理厂提标改造工程进展顺利。

八、人民生活水平日益提高

随着经济社会的不断发展，人民生活水平日益提高。廉江市坚持每年办好十件民生实事，每年财政支出80%以上用于民生事业。2018年，全市居民人均可支配收入19030元，比上年增长9%，其中城镇居民人均可支配收入23970元，比1985年增长30倍，比2017年增长7.9%；农村居民人均可支配收入16800元，比1985年增长38倍，比上年增长8.6%。城镇和农村低保最低标准分别提高至每人每月638元、440元。城乡居民社会养老保险参保人数59.5万人，企业职工养老保险扩面征缴参保10.5万人，城乡居民基本医疗保险参保149.76万人。廉江市荣获"2019年度中国民生示范工程"奖。城乡污水处理率84.3%，全市包括自然村生活垃圾处理率100%。深入推进"法治廉江"和"平安廉江"创建，社会治安持续向好，人民的获得感、安全感和幸福感大幅提升。

第六节 党的建设全面加强

坚持党对一切工作的领导，以更高的标准、更新的作为、更严的纪律，推进全面从严治党的具体要求落到实处。至2019年年底，全市有基层党委30个，二级党委41个，党总支部337个，党支部2737个，党员人数55340人。

一、突出思想理论武装，增强党的向心力

把党的政治建设摆在首位，全面深入学习宣传贯彻党的十九大精神，深入理解和把握习近平新时代中国特色社会主义思想的科学体系、精神实质、实践要求，做到真学真懂真信真用。增强党员干部"四个意识"和"四个自信"，坚定执行党的政治路线，严格遵守政治纪律和政治规矩，严守党的秘密。推进"两学一做"学习教育常态化制度化，开展"不忘初心，牢记使命"主题教育，开展"大学习、深调研、真落实"活动，以学促干、知行合一，用党的创新理论武装头脑、统一思想、凝聚力量、引领发展。

二、优化干部队伍建设，增强党的战斗力

始终坚持党管干部原则，坚持正确选人用人导向，严守选人用人标准，选优配强各级领导班子，打造一支"在状态、有激情、敢担当、出实效"党员干部队伍。大力发现储备年轻干部，

注重在基层一线和困难艰苦的地方培养锻炼年轻干部。完善干部队伍结构，统筹加强对女干部、党外干部的培养使用。坚持严管与厚爱相结合、激励和约束并重，完善干部考核评价机制，让吃苦的人吃香、让实干的人实惠、让有为的人有位。

三、规范提质基层党建，增强党的组织力

坚持以提升党的组织力为重点，突出政治功能，全面加强基层党组织和带头人队伍、党员队伍建设，完善以党组织为核心的基层组织建设体系。全市391个行政村（社区）党组织书记档案等均实现市（县）级备案管理。加强基层阵地建设，推动人往基层走、钱往基层投、政策往基层倾斜。大力整顿软弱涣散基层党组织。2019年，全市共撤换行政村（社区）党组织书记45人，其中撤换"四不"书记4人。严格规范组织生活，严格规范服务机制，大力推行群众事务代办制度、在职党员定期到社区报到制度，深入推进党务公开。开展党员"亮身份、亮岗位、亮承诺"工程，突显"一个支部一个堡垒，一名党员一面旗帜"的作用，努力把企业、农村、机关、学校、街道社区、社会组织等基层党组织建设成为宣传党的主张、贯彻党的决定、领导基层治理、团结动员群众、推动改革发展的坚强战斗堡垒。

四、坚决正风肃纪反腐，增强党的凝聚力

严格落实党风廉政建设党委主体责任和纪委监督责任，坚持无禁区、全覆盖、零容忍，坚持重遏制、强高压、长震慑，夺取反腐败斗争压倒性胜利。深化监察体制改革，组建市监察委员会，实现对所有行使公权力的公职人员监察全覆盖。深化标本兼治，综合运用好监督执纪"四种形态"，驰而不息反对"四风"，把中央八项规定落到实处。切实解决群众身边的不正之

风，严查"微腐败"，尤其是加大对涉黑涉恶腐败和扶贫领域监督执纪问责的力度。2019年，全市共处置涉黑涉恶腐败和"保护伞"问题线索57件，立案审查调查42宗，其中"保护伞"案件29宗29人（其中副科级3人），给予党纪政纪处分15人，移送司法机关处理1宗1人。严格贯彻落实"两个尊重""三个区分开来"原则，保护改革创新、宽容探索失误，旗帜鲜明地为敢于担当的干部担当，对敢于负责的干部负责，最大限度调动广大党员干部的积极性、主动性。

五、全面提升执政本领，增强党的领导力

大兴学习之风，全面增强"八种执政本领"，不断提高党的执政能力和领导水平，不断以新的作为，回应全市人民的新期待。充分发挥党委统揽全局、协调各方的作用，支持人大、政协围绕中心履行职能，加强同民主党派、工商联和无党派人士的团结合作，健全多方决策机制，确保决策的科学化、民主化。增进与农林场合作发展，充分发挥工青妇和各类社团的作用，坚持党管武装，完善国防动员体系，推进军民深度融合发展，形成推动廉江振兴发展的强大合力。

附　录

附录一 革命遗址文物古迹纪念场馆

　　根据中共广东省委办公厅《关于加强革命史迹保护、开发和利用工作的意见》（粤办发〔2009〕32号）、广东省委党史研究室（粤党史〔2010〕10号）以及湛江市委党史研究室的工作安排，廉江市委成立了以市委常委、宣传部部长任组长的革命史迹普查工作领导小组，于2010年5月至2017年12月，对全市革命史迹进行普查。普查结果证实，全市有较大影响的革命遗址、旧址共104处，革命烈士陵园4处，革命纪念馆5处，革命纪念室6处，革命纪念碑11处，革命烈士纪念学校3所，还有其他革命文物一批。革命史迹是革命先辈留给我们的宝贵精神财富，它对教育广大党员干部、青年学生、人民群众都有着极其重要的作用。因此，对革命史迹的保护、开发、利用要同促进经济社会发展结合起来，相互推动、相互促进、相互发展。

一、革命遗址、旧址

　　在全市有较大影响的革命遗址、旧址104处中，本节仅选介廉江市人民政府公布为文物保护单位的37处。

★中共廉江县支部成立旧址——回龙寺

　　1926年4月，中共廉江县支部于廉城西街回龙寺秘密成立。参加支部成立会议的有周永杰、吴绍珍、关泽恩、罗慕平、潘江、梁安成、梁文兴、江刺横、李鸿飞、简毅、刘锡寿、刘邦武

12人，周永杰任支部书记兼组织委员，潘江任宣传委员，梁安成任农运委员，简毅任工运委员，罗慕平任青运委员。从此，廉江的革命运动有了中共组织的领导。

1981年11月12日，回龙寺被廉江县人民政府公布为文物保护单位。20世纪80年代末期，回龙寺被拆除，现在原址上建起祈福亭。

★廉江县农民武装起义指挥部旧址——梧村垌刘氏宗祠

廉江县农民武装起义指挥部旧址——梧村垌刘氏宗祠位于廉江市吉水镇梧村垌村委会梧村垌村。该旧址建筑面积145.7平方米，保护范围面积500平方米，后面为梧村垌小学，周围是民居和荔枝林。

1927年"四一二"反革命政变后，南路的革命转入低潮。为反击国民党的反革命屠杀，同年7月30日，中共廉江县支部根据中共南路特委的部署，组织廉江县一区的农民自卫军300多人到梧村垌村聚集。翌日，在梧村垌村刘氏宗祠门前的晒谷场上举行誓师大会，成立"南路讨逆军第二路第一支队"，宣布武装起义。并在刘氏宗祠设立指挥部。起义农军在廉江国民党当局的残酷镇压下，仅坚持了3天就转入地下斗争。

廉江解放后，该祠曾一度为梧村垌小学使用。

1981年11月12日，廉江县人民政府将该遗址公布为文物保护单位。

★廉江县农民武装起义筹备会议遗址——吉水西莲塘村老厅间

廉江县农民武装起义筹备会议遗址——吉水西莲塘村老厅间位于廉江市吉水镇乌坭坝村委会西莲塘村。

1927年7月18日，按照中共南路特委的统一部署，在中共南路特委委员梁文琰的主持下，中共廉江组织主要骨干周永杰、梁安成、刘锡寿、罗慕平、潘江、刘邦武等十多人，集中在西莲塘村祖祠老厅间召开秘密会议，研究部署组织廉江县农民武装起义。会议决定成立廉江县工农革命委员会作为起义的领导机构和指挥机关。廉江农民起义武装统编为南路讨逆军第二路第一支队，梁文琰任支队司令。

该遗址1958年被拆除。1990年10月，在原址重建3间瓦房，建筑面积70平方米，保护面积80平方米，名称仍叫老厅间。

1994年4月17日，廉江市人民政府将该遗址公布为文物保护单位。

★中共廉江县委成立遗址——上燕山村李氏宗祠

中共廉江县委成立遗址——上燕山村李氏宗祠位于廉江市吉水镇燕山村委会上燕山村。

1927年7月，廉江县农民起义失败后，廉江的革命运动受到挫折。同年10月，中共广东省委派杨石魂、周颂年为巡视员，领导南路革命斗争，使廉江的革命活动逐渐恢复。经中共广东省委批准，1927年十一二月间，中共廉江县委在上燕山村李氏宗祠成立。县委书记梁安成，委员潘江、吴绍珍、梁文兴、梁安然、刘邦武、罗慕平。县委成立后，很快就恢复了全县各地党、团、农、工组织的活动，通知转移到外地隐蔽的共产党员回廉江活动，重新建立农民武装队伍。

中共廉江县委成立遗址原为李氏宗祠，中华人民共和国成立后作上燕山小学。1959年上燕山小学扩建，拆除李氏宗祠。

1991年廉江县人民政府在遗址上立一块纪念碑。纪念碑高约4米，宽3.5米。

★廉江县青年抗敌同志会成立遗址——宾兴会馆

廉江县青年抗敌同志会成立遗址——宾兴会馆位于廉江市罗州街道教育路32号。

1938年6月，由林敬文、黄存立、刘华章、钟桂芬、杨生、梁应梭等20多人发起，筹建廉江县青年抗敌同志会。同年8月，由林敬文主持，在廉城宾兴会馆召开廉江县青年抗敌同志会成立大会，选举林敬文为总干事，洪劲夫、黄存立、刘华章为干事。首批参加青抗会的有廉江中学、廉江师范和廉城小学的师生，以及社会进步青年共50多人。县青年抗敌同志会下设图书供应社和孩子剧团，负责组织宣传队下乡，全县先后设立13个分会，会员一度发展到1300多人。1940年5月，在国民党的第一次反共高潮中被迫解散。

遗址为廉江县助学机构宾兴会馆。1981年11月12日，廉江县人民政府公布为文物保护单位。1995年拆除，改建为一幢4层混合结构的商住楼。首层正面墙上立有花岗岩牌匾，刻有"廉江青年抗敌同志会旧址（遗址）"。

★三合区革命活动旧址——康车庙

三合区革命活动旧址——康车庙位于廉江市石角镇三合村委会鸭利塘村，鹤地水库边畔。

1940年9月，共产党员林林、涂沙等到三合小学以教师身份为掩护，从事革命活动，在康车庙建立三合党支部；1945年春，南路人民抗日解放军又在康车庙前会师。三合区委、三合区人民政府，涂沙大队，三合武工队，三合区中队领导人涂沙、何朝玉、邓刚、黄庆源、叶复群、吴君玉等经常到康车庙组织召开会议，发动群众，开展革命工作。中共廉江县委、县人民政府，南路人民抗日解放军第三团，簕塘独立营领导黄明德、赖鸿维、莫怀、许以章等有时亦来此指导工作。

康车庙始建于明末清初，坐东北向西南。自建成以来，一直是当地群众开展民俗活动的场所，发挥着敦宗睦族的作用。廉江解放前为地方名胜古迹。1958年修建鹤地水库，庙宇湮没。

1993年11月成立三合革命纪念馆建馆筹备领导小组，并由石角、河唇、和寮3镇联合申请，经廉江市民政局批准兴建。2006年冬纪念馆落成。整馆立于鸭利塘村库区边畔，占地面积670平方米，二进二座，东西各设厢房，中间设天井，外加2.9米宽长150米左右引桥，曲桥横空。桥头立三合革命纪念馆门楼。门楼右边镶立有廉江市人民政府1992年批准设立的"三合抗日武装起义旧址"石碑。馆内设革命烈士纪念室。

★温汤交通情报站旧址——黄氏宗祠

温汤交通情报站旧址——黄氏宗祠位于廉江市石角镇竹寨村委温汤村。占地面积800平方米，建筑面积230平方米。始建于清雍正十年（1732）。

1940年后，共产党员涂沙等到温汤村黄氏宗祠建立交通站，开展革命活动，举办民众夜校，发展党员，建立党小组，发动青年参加人民武装，积极收集民间枪支弹药，动员群众捐献钱物支援前线，为革命作出贡献。廉江解放后，温汤村被评为抗日战争时期革命根据地村庄。1994年重修旧址。

2014年5月7日，廉江市人民政府将该旧址公布为文物保护单位。

★中共廉吴边工委遗址——新民学校

中共廉吴边工委遗址——新民学校位于廉江市良垌镇贵墩村委白鸽港村新民学校内。

白鸽港新民学校由共产党员陈信材于1942年2月创办。1943年3月起，中共廉吴边区特派员黄景文以白鸽港新民学校为活动中心，以新民、正奏、玉田等小学的党组织为重点，积极发展抗日武装力量。是年10月，在新民学校成立廉吴边抗日联防区委员会，并与中共廉吴边工委一起以该校为驻地。1945年1月6日，黄景文率领所发展的抗日人员在白鸽港新民学校宣布起义，成立两个分别由林林和陈汉雄为大队长的抗日游击大队。

新民学校旧址由于革命活动的原因，1945年10月被廉江国民党当局夷为平地。1987年，廉江县人民政府在原址重建。现有一幢3层教学楼和一幢2层宿舍楼。

1994年4月17日，廉江市人民政府将该遗址公布为文物保护单位。

★竹寨交通情报站旧址——镇东寺

竹寨交通情报站旧址——镇东寺位于廉江市石角镇温汤村庵塘岭水口坡。始建于清崇德四年（1639），原系温汤庵，建筑面积600平方米。

1943年，中共组织于镇东寺建立交通站，中共三合区组织领导涂沙、叶复群、黄庆源等在寺内开展革命活动，发动了竹寨罗增珍、罗信文、罗广发、罗成文等20多人投身革命，罗广发、罗成文在簕塘战斗中英勇献身。

2014年5月7日，廉江市人民政府将该旧址公布为文物保护单位。

★中共廉江县委旧址——博教小学

1940年2月，中共廉江县委在安铺边远的一个小村成立，县委书记廖铎，组织部部长唐多慧，宣传部部长莫怀。同年5月，根据革命形势发展，并充分考虑博教各方面的有利条件，决定县委进驻博教小学，县委领导以教师的公开合法身份为掩护进行革命活动。从此时起至1944年8月中共廉江县特派员莫怀撤离博教时止，县委主要领导，县特派员廖铎、陈天佑、余明炎、莫怀等常驻博教，这里一直是廉江革命活动的指挥中心。

1941年2月，中共廉江县委在博教小学举办第三期党员干部训练班，由县委书记陈天佑主持，时间约半个月，参加者有罗培畴、陈荣典、何琼、吴世光、曹家祥、陈兆荣、赖鸿维等十多人。主要学习《中国共产党章程》《怎样做一个共产党员》

《支部工作纲要》等，目的在于提高党员骨干的政治思想水平和能力。

1941年2月19日至3月1日，中共廉江县委在博教小学举办整风学习班，由县委书记陈天佑主持，莫怀、吴世光、陆镇华、涂沙、陈荣典、曹家祥、杨生、罗培畴、何琼、莫兴、陈兆荣等人参加。以集中自学为主，再联系实际，开展批评和自我批评，总结经验教训。学习内容主要有《改造我们的学习》《整顿党的作风》《〈农村调查〉的序言和跋》《反对党八股》《反对自由主义》等文章。学员自我检查后，由陈天佑作总结。

1947年4月，廉江县人民解放政府在博教小学成立，县长罗培畴，副县长陆镇华（6月任）、林敬文（9月任）。1949年6月，廉江县人民解放政府改称廉江县人民政府，县长罗培畴，副县长陆镇华、林敬文，顾问宁裕祥、龙铭勋。同年9月，廉江县人民政府由博教小学迁往龙湾中山村。

该旧址的房屋大部分已拆除，改建为学校教室及宿舍，只留下一座小炮楼。小炮楼坐东向西，底层用三合土夯筑，第二层为砖木瓦面构筑。

1981年11月12日，廉江县人民政府将该旧址公布为文物保护单位。

★涂沙抗日游击大队与陆川县抗日武装会师遗址——刘傅宗祠

涂沙抗日游击大队与陆川县抗日武装会师遗址——刘傅宗祠位于廉江市石角镇山腰村委会山腰村。该宗祠始建于清康熙十五年（1676）。

1940年2月，中共廉江县委在山腰村刘傅宗祠成立石角党支部，开展抗日救亡运动。1945年2月，涂沙抗日游击大队成立后即挥师东进山底，扩编队伍，配合桂东南抗日武装起义部队的战斗行动。2月25日凌晨，与陆川县人民抗日自卫军在该宗祠会合后，成立联合司令部，随后协同作战，转战于清湖、盘龙、车田、平定等地。

解放战争时期，中共化北工作委员会及化县人民政府化北办事处常驻该宗祠，领导化北地区革命斗争。1947年3月，由中共化县组织领导的化北独立大队在该宗祠门前宣告成立。

1987年12月1日，廉江县人民政府将该宗祠公布为文物保护单位。2005年拆除重建。

★中共和寮支部成立旧址——英才学舍

中共和寮支部成立旧址——英才学舍位于廉江市和寮镇塘拱村。

1940年秋，共产党员李廷登到英才学舍（今和寮小学前身）以教学为掩护，发展吴君玉、麦绍林、苏发其、黄庆源等人入党。1940年9月，在该校成立和寮党支部，涂沙任支部书记兼组织委员、李廷登任宣传委员。

该旧址原为阮氏宗祠，坐东南向西北，砖木结构，前后两进，中间有天井回廊。建筑面积1200平方米，保护面积1600平方米。因年久失修，已残旧。

1981年11月12日，廉江县人民政府将该旧址公布为文物保护单位。

★中共南路特委机关旧址——涂沙家宅

中共南路特委机关旧址——涂沙家宅位于廉江市石角镇环下村委新屋村。始建于民国初年，泥砖瓦面，3间房，建筑面积约60平方米。

1943年2月下旬，为了适应抗日战争的新形势，中共南路特委书记周楠与夫人何斌、粤南省委组织部部长王均予与夫人蔡萍，以及特委机关从广州湾转移到廉江三合区新屋村涂沙家，在这里工作一个月后转驻沙铲区陀村"通议第"。

2014年对该旧址进行修复。

1981年11月12日，廉江县人民政府将该旧址公布为文物保护单位。

★廉化吴梅边抗日武装起义遗址——东桥正奏小学

廉化吴梅边抗日武装起义遗址——东桥正奏小学位于廉江市良垌镇东桥村。

1943年3月，日本侵略军占领雷州半岛与广州湾（今湛江市）后，廉江东南地区成为抗日前线。为抗击日、伪军的进犯，中共南路特委指示廉（江）吴（川）边的党组织建立了抗日联防队。1945年1月6日，设在全氏宗祠的正奏小学党支部负责人林林、校长全家荣、主任陈任华等，组织东桥一带的抗日联防队在正奏小学举行抗日武装起义，起义队伍由南路人民抗日解放军整编为所属第二支队第一大队，转战于廉、化、吴各地。

1981年11月12日，廉江县人民政府将该遗址公布为文物保护单位。

★廉江抗日联防队拱桥伏击战遗址

廉江抗日联防队拱桥伏击战遗址位于廉江市良垌镇新华圩边排涊河畔。拱桥原为砖砌的三孔桥，东西走向。

1944年10月2日，中共廉吴边区特派员黄景文组织成安乡抗日联防队和正奏、新民小学的抗日游击小组共70多人，由林林任指挥，黄飞任副指挥，于两家滩拱桥伏击从黄坭地到两家滩圩收税的伪军。是役毙敌2人，伤、俘敌数人，缴获长枪2支。

1993年改建为水泥桥，桥面安装有护栏。

1981年11月12日，廉江县人民政府将该遗址公布为文物保护单位。

★张炎作战指挥部遗址——灯草张氏家庙

张炎作战指挥部遗址——灯草张氏家庙位于廉江市河唇镇灯草村委会塘背园村背岭。

1945年1月，爱国将领张炎在吴川率部起义成立高雷人民抗日军，并任军长，与南路人民抗日武装并肩作战，转战吴川、化县、廉江。1月31日，高雷人民抗日军进驻灯草。2月1日，遭国民党一五五师和地方反动武装袭击，张炎以张氏家庙为指挥部，同国民党顽军作战，失利后，余部300多人由詹式邦带领撤回吴川，张炎因接到第四战区司令张发奎要他入桂商议解决南路政局问题的电报，带了十多名随从去广西找张发奎，到博白县时被反动军队逮捕，3月22日被蒋介石密令枪杀于玉林。

1987年12月1日，廉江县人民政府将该遗址公布为文物保护单位。

★金屋地炮楼战斗指挥部旧址

金屋地炮楼战斗指挥部旧址位于廉江市青平镇金屋地村。

1945年1月，雷州特派员陈恩率雷州人民抗日游击队第二大队与廉江抗日中队会师后，攻占营仔圩，回师新屋村和后塘村。1月9日，国民党雷州独立挺进支队副司令梁传楷率部200余人围攻金屋地。雷州人民抗日游击队第二大队以金屋地炮楼为指挥部，与梁传楷部展开作战。是役毙伤顽军20多人，第二大队亦伤亡十余人。

旧址是一座用灰沙夯筑而成、高3层的炮楼，坐西南向东北，只有一个门，四面墙上都开有枪炮孔。建筑面积18.86平方米，保护范围面积约30平方米。

1981年11月12日，廉江县人民政府将该旧址公布为文物保护单位。

★陆川人民抗日自卫军、廉江抗日游击大队活动旧址——元子径村香火堂

陆川人民抗日自卫军、廉江抗日游击大队活动旧址——元子径村香火堂位于廉江市石角镇元子径村。元子径村香火堂始建于民国初年，坐北向南，土木结构，原为三进，现前两座已倒塌，仅留基址。余存后座部分瓦面破烂，桁条腐朽，屋面多处坍塌，墙壁多处破裂。2011年拆旧建新，建香火堂主厅一间。

1945年2月，廉江抗日游击大队（又称涂沙大队）建立后，即挥师东进山底，配合桂东南抗日武装起义部队行动。2月25日凌晨，与广西陆川县人民抗日自卫军在山腰村刘傅宗祠会合后，转战廉（江）陆（川）化（县）边境地区。元子径村香火堂，成为这两支部队经常集结、训练和休整的场所。

1994年4月17日，廉江市人民政府将该旧址公布为文物保护单位。

★廉江抗日游击大队活动旧址——何积玉公祠

廉江抗日游击大队活动旧址——何积玉公祠位于廉江市和寮镇板桥村。何积玉公祠始建于民国初期，坐北向南，建筑面积约1200平方米，保护范围面积约1500平方米。分为前后座，前座为砖木结构两层楼房，现已破败。后座经过维修，状况尚好。因闲置日久，前后座之间的天井杂草丛生。

1945年2月中旬，中共廉江组织领导的抗日游击大队（涂沙任大队长）在廉博边境成立后，转战于山底、清湖、马勒、和寮等地。该大队经常往来于板桥与新塘之间，常驻板桥村何积玉公祠。在此训练部队、筹集钱粮和发动群众参战等。为新塘抗日联防区的建立、发展和巩固发挥了重要作用。

1987年12月1日，廉江县人民政府将该旧址公布为文物保护单位。

★大塘区抗日联防委员会旧址——宗景公祠

大塘区抗日联防委员会旧址——宗景公祠位于廉江市石城镇大塘村。2011年，该旧址重修后，为砖木结构，硬山顶，博古脊，灰筒瓦。前座正间为厅，两侧为房，中间天井设有香亭，两边有走廊，后座为大厅。建筑面积196.5平方米，保护范围面积约300平方米。

1945年5月，中共化县组织根据中共南路特委的统一部署，在大塘村召开大塘区军民代表大会，成立大塘区抗日联防委员会，主任邹贞业，副主任邹培芝、钟其鉴，军事顾问钟其芳。会址设在宗景公祠。这是化县党组织领导下的抗日民主政权，管辖地区包括廉东南及化南地区的200多个村庄，250平方公里，3万人口，与廉江新塘抗日联防区连成一片，成为南路地区重要的革命根据地。

1947年3月，粤桂边区人民解放军代司令员吴有恒在宗景公祠召开第一、第三、第四团领导干部会议，并宣布成立粤桂边区人民解放军新编第四团，团长罗明，政委唐多慧。

1948年夏，中共粤桂边区委员会作出恢复化吴地区的决策，调整化吴党政军领导，由李郁任中共化吴中心县委书记兼新四团政委，进行整党整军。在宗景公祠成立恢复化吴老区指挥部，总指挥李郁，副总指挥卢明、马如杰、李树德，指挥新三团、新四团、新八团3个主力团共同作战，取得三块石、木威林等战斗的胜利。

从1948年7月开始，中共粤桂南地委常委、化吴中心县委书记兼新四团政委李郁在宗景公祠举办了十多期党训班及干部学习训练班。

宗景公祠建于明末清初，几经重建。1981年11月12日，宗景公祠被廉江县人民政府公布为文物保护单位。2011年重修后，中共廉江市委党史研究室在祠内布展革命斗争史资料。2013年被列为湛江市党史教育基地。

★廉江新塘抗日联防委员会旧址——诚一公祠

廉江新塘抗日联防委员会旧址——诚一公祠位于廉江市新民镇新塘村。该旧址坐东向西，为砖木结构平房，建筑面积190.5平方米，保护面积220平方米。1993年，廉江县人民政府拨款3000元进行维修。2018年年初再次维修。

1945年3月，中共廉江县党组织在诚一公祠召开群众代表大会，成立新塘抗日联防委员会。同年5月，廉江抗日武装在新塘村整编为南路人民抗日解放军第三团（老三团），团长莫怀，政委唐多慧，政治处主任林克武，指挥部设在诚一公祠。同月，雷州特派员陈恩和南路人民抗日解放军第一团团长唐才猷几次率部进驻新塘村。6月中旬，廉江党、政、军领导人在诚一公祠召开紧急军事会议。与此同时，廉江县民主政府筹备处也在新塘村成立。7月，中共南路特派员吴有恒召集广东南路各县（区）党组织负责人及驻新塘联防区部队连以上干部，在诚一公祠传达中共七大会议精神。

1947年6月，中共中央香港分局委员林美南、中共粤桂边地方委员会书记温焯华和副书记吴有恒率粤桂边区人民解放军第四团在新塘村集训。中旬，粤桂边区人民解放军司令部在诚一公祠召开紧急军事会议。

1981年11月12日，廉江县人民政府将该旧址公布为文物保护单位。

★下三墩阻击日、伪军战斗遗址

下三墩阻击日、伪军战斗遗址位于廉江市安铺镇下三墩村。

1945年5月初，驻扎在安铺、界炮的日、伪军100多人到下岭、金围、三墩一带"扫荡"，搜捕革命游击队，抢劫群众财物，枪杀三墩群众，烧毁民房。下三墩抗日游击小组和村队马上集结到下三墩炮楼阻击。下岭、金围、打铁贡等村队和遂溪西北抗日联防区第四联防队闻讯赶来参战，对敌形成包围。日、伪军惊慌失措，狼狈撤走。

遗址位于安铺镇下三墩村南，临海。炮楼墙用灰砂、黄泥夯筑而成，四周弹痕累累。建筑占地面积26.2平方米，保护范围面积35平方米。

1987年12月1日，廉江县人民政府将该遗址公布为文物保护单位。

★廉江县独立大队成立旧址——温氏祖祠

廉江县独立大队成立旧址——温氏祖祠位于廉江市长山镇成龙村。该旧址建于清初，1982年重建。

1947年2月，根据中共南路特派员吴有恒关于"大搞武装斗争"的指示，中共廉江县特派员黄明德抽调廉江县各区的部分兵力和博白县博南的人民武装队伍集中到长山成龙村温氏祖祠整编，以原廉江县独立中队为基础，成立廉江县独立大队，大队长黄东明，政委黄明德，副政委周斌，政治处主任周斌（兼）。大队下辖5个中队和1个手枪队，共300多人。廉江县独立大队建立后分三路活动，黄东明率2个中队和手枪队到青平、沙铲一带；周斌率2个中队到和寮、武陵、吉水一带；博白中队回博南双旺一带活动。

2008年4月17日，廉江市人民政府将该旧址公布为文物保护单位。

★粤桂边人民解放军新编第三团团部旧址——达离公祠

粤桂边人民解放军新编第三团团部旧址——达离公祠位于廉江市横山镇后塘仔村。该公祠建于民国初年，建筑面积490平方米，保护范围面积600平方米。用灰砂和砖夯筑墙基，墙四面有射击孔，东、西角各有一炮楼，四周有围墙，围墙的东南、西北各开一门。中华人民共和国成立后，该公祠曾作学校和幼儿园使用。现墙面部分脱落。

1947年3月，根据中共南路特派员吴有恒的指示，以廉江县独立大队为基础，集中部分区队在后塘仔村达离公祠成立粤桂边人民解放军新编第三团（惯称新三团）。团长黄东明，政委周斌、黄明德（后），副政委周斌（同年5月任），政治处主任陈军，参谋长何朝玉。下辖5个连，1个手枪队，共400多人。新三团的建立，标志着廉江人民武装斗争开始走上一个全新的发展时期。

1949年夏，粤桂边区成立中国人民解放军粤桂边纵队，新三团编为粤桂边纵队第六支队第十六团，团长李树德，是粤桂边纵队的主力团。

1994年4月17日，廉江市人民政府将该旧址公布为文物保护单位。

★秋风江革命游击队活动遗址——钟氏大宗祠

秋风江革命游击队活动遗址——钟氏大宗祠位于廉江市石岭镇秋风江村。该宗祠始建于清末，坐东北向西南。

1946年至1949年解放战争期间，廉江县党组织领导人黄明德、中共箖塘区委领导人许以章等人，经常率主力部队来秋风江进行休整训练，扩大革命队伍。该村钟氏大宗祠成为解放战争时期革命游击队的活动中心。

中华人民共和国成立后，改为秋风江小学校舍，1988年拆除大部分建筑，改建校舍，2001年11月在学校北面重建。

1987年12月1日，廉江县人民政府将该遗址公布为文物保护单位。

★粤桂南九坡地雷厂遗址——欧姓祠堂

粤桂南九坡地雷厂遗址——欧姓祠堂位于廉江市新民镇九坡村。欧姓祠堂原为土坯瓦房，后改建为砖混平楼。

1947年春，中共粤桂南地委书记黄明德与廉江县委书记赖鸿维，田界区委书记梁志远研究决定，在九坡村欧姓祠堂开办地雷厂，研制生产地雷，为大搞武装斗争提供武器。研制生产的地雷由单一的踩发雷，发展到碰发雷、拉发雷、电发雷等。除提供给廉江人民武装部队外，还提供博白、遂溪、化县等地的人民武装队伍，为打开粤桂边区武装斗争的新局面发挥了一定的作用。

1981年11月12日，廉江县人民政府将该遗址公布为文物保护单位。

★廉江县人民政府旧址——中山村杨氏香火堂

廉江县人民政府旧址——中山村杨氏香火堂位于廉江市石岭镇中山村。为砖木结构平房，占地面积89平方米。

1947年4月，廉江县人民解放政府在博教宣布成立，1949年6月，改称廉江县人民政府，县长罗培畴，副县长陆镇华、林敬文，顾问宁裕祥、龙铭勋。是年9月，廉江县人民政府从博教转移到石岭地区，常驻中山村杨氏香火堂，直至廉江解放。

1981年11月12日，廉江县人民政府将该旧址公布为文物保护单位。现该旧址已改建。

★中共长山区委会活动旧址——那凌小学

中共长山区委会活动旧址位于长山镇那凌村那凌小学内。

1947年12月，长山区委成立，区委书记林克平。1948年8月，再次成立长山区委会，书记林克平、黄祥棠（后）。区委书记林克平、黄祥棠经常在那凌小学驻扎，领导全区工作。

1994年4月17日，廉江市人民政府将该旧址公布为文物保护单位。

★青平区队交通站旧址——三帝庙

青平区队交通站旧址——三帝庙位于廉江市高桥镇横岭村，始建于明洪武二年（1369），三进四合院式建筑，占地面积140平方米。清同治五年（1866）重修，1958年被毁，1993年原址重建。

1947年开始，青平区队在此设立交通站，站长廖应元，交通员李恒昌、罗锡光、罗培秀、陈昭声、龙有权、杨复熙、陈校业等，中共青平区委、青平区队领导魏福均、魏濂溪、曹家俊等多次到这里指导工作。

2008年4月18日，廉江市人民政府将该旧址公布为文物保护单位。

★勒塘战斗指挥所旧址——崇正宗祠

勒塘战斗指挥所旧址——崇正宗祠位于廉江市石岭镇塘肚村勒塘小学旁。

1948年1月7日，国民党廉江县县长陈钧镇调集县大队及塘蓬、石岭、吉水等地方反动武装，配合国民党第六十九师九十二旅2个营，分三路"围剿"勒塘革命游击区。中共勒塘区委、勒塘独立营在崇正宗祠成立指挥所，组织勒塘区独立营300余人和村队100余人奋起反击。陆川县人民武装新编第十四团参战。战斗从凌晨4时打响，至下午3时许，独立营主力突围，留下李廷登等人组织群众撤退。在掩护4位女战士突围时，李廷登不幸牺牲，敌人把其头颅割下，并拿到石岭、塘蓬等地示众。是役，敌伤亡40多人，人民武装牺牲32人，群众有12人被杀害，70多人被抓走。随后，敌人洗劫勒塘地区，纵火烧毁民房30多间、山林4000多亩，枪杀耕牛30多头，抢走粮食及其他财物一大批，整个勒塘地区几乎被洗劫一空。

旧址原名崇正宗祠，后改名显聪学舍，又名崇正小学，现更名为李氏宗祠。

1987年12月1日，廉江县人民政府将该旧址公布为文物保护单位。

★中共粤桂南地委、青训团成立遗址——陈氏宗祠

中共粤桂南地委、青训团成立遗址——陈氏宗祠位于廉江市青平镇香山村。该遗址原貌已不存在，重建后的宗祠坐南向北，三间二进，为砖瓦结构平房。

1949年年初，以黄明德为书记的中共粤桂南地委成立后，即以香山村陈氏宗祠为办公地点，在此领导广东的廉江、化县、吴川、梅茂县和广西的博白、玉林、北流、容县、陆川县的中共组织。

为了迎接解放、接收城市和建立人民政权的需要，1949年2月上旬，在这里举办粤桂边区青年干部训练团，历时40余天，由中共粤桂边区委委员、组织部部长黄其江主持，训练团团长涂沙，主任林敬文，副主任陆镇华。学员主要来自粤桂边区各县的进步青年，以及从港澳回来的近50余名青年，共约300人。学员学习期满后，由党委统一分配到粤桂边区各地去工作，进一步充实了党、政、军等方面的骨干力量。

1949年3月，为了加强政权建设，根据粤桂边区委的指示，在此宗祠成立粤桂南地区人民行政督导处，主任周斌、林克武（后），督导员林敬文、黄存立、黄汉超等。

1981年11月12日，廉江县人民政府将该遗址公布为文物保护单位。

★新三团后溪桥伏击战遗址

新三团后溪桥伏击战遗址位于廉江市横山镇后溪村东面。该遗址距国道G325线约500米，距横山镇约10公里。

1949年4月16日，驻扎在安铺镇周边和横山蔡屋泊、苏干山

一带的粤桂边人民解放军新编第三团，获悉驻安铺镇的国民党军第四五七团（号称"虎头牌"团）副团长刘友钰带领一个营到驻湛江的一五三师处执行任务，归途将沿安铺、遂溪公路经过苏干山一带，于是组织部队到后溪桥伏击。当日下午2时左右，敌进入伏击圈后，战斗随即打响，敌在没有防备的情况下遭到突然的猛烈打击，很快就失去了战斗力。此役新三团大获全胜，在战斗中毙、伤、俘敌数和缴获战利品数均创粤桂边区人民解放军战绩的记录。计俘敌副团长刘友钰及其以下65人，毙敌30余人；缴获六〇炮1门、重机枪2挺、冲锋枪4支、自动步枪7支、弹药一批。

1981年11月12日，廉江县人民政府将该遗址公布为文物保护单位。

★廉江战役遗址——红头岭

廉江战役遗址位于廉江市城南街道红头岭村。

1949年11月下旬，中国人民解放军二野四兵团挥师南下，节节胜利，国民党李宗仁、白崇禧残部企图经粤桂南、雷州半岛逃往海南岛。11月29日，余汉谋集团所属第十三兵团沈发藻部纠集第二十三军、第六十三军、第七十军以及粤桂边"剿匪"总指挥部中将司令喻英奇部第一〇九军第三二一师、粤桂边挺进纵队司令曹英部等共3万余兵力乘隙从博白、合浦地区向廉江推进，占据廉城和红头岭，企图牵制二野四兵团十三军，掩护白崇禧部队向钦州方向逃跑。粤桂边纵队副司令员唐才猷率领第一、第六、第七支队，配合四兵团十三军发动廉江战役。

中共廉江县委领导党政军配合南下人民解放军行动，组织群众主动撤离廉江县城，县委、县政府、支前司令部及县属各机关迁至西瓜坡、那良、茶山、上水尾和梁屋地等村庄。人民解放军粤桂边纵队第一支队在廉江西南部三角山一带驻防，阻击向安铺方向逃窜的国民党武装；第六、第七支队在廉遂边境马头岭、谢下、官埇、关垌一线驻防，阻击向湛江方向逃跑之国民党武装。下午后四五时，沈发藻残部赶至廉江，以廉西深水垌为指挥中心，分别驻扎在红头岭、县背岭到县城内以及东圣山、大桥头、上县一带，形成三道防线。

11月30日凌晨，二野四兵团第十三军第三十八师、军侦察营分三路向沈发藻各部进攻。经过激烈战斗，上午8时，东大桥头、六官塘以及城内各守卫的国民党武装纷纷投降落网，守城的国民党武装弃城逃跑，二野四兵团第十三军第三十八师和军侦察营收复廉江县城。其时，唯有国民党中将喻英奇等紧守红头岭阵地。午时，喻英奇收拢队伍，企图从南面打开缺口突围，瞬间敌军向山下蜂拥而来。二野四兵团第十三军第三十八师设在大塘岭、鹤岭的2个炮兵阵地充分发挥山炮的威力，潜伏在红头岭山脚下、罗江边的步兵跃出掩护体冲向山头迎击国民党军队。与此同时，二野四兵团第十三军第三十七师由龙湾渡过九洲江后，兵分两路向廉江县城挺进，沿途与逃跑的国民党武装展开激烈的战斗。经过各路人民武装队伍的英勇奋战，廉江战役围歼国民党第二十三军及三二一师、粤桂边挺进队等2万余人，俘虏国民党中将司令喻英奇、挺进纵队司令曹英、六十三军副军长郭永镳及以下6000余人，击毙200余人，解救群众2500多人。二野四兵团第十三军牺牲75名指战员，其中团政委1人。

★粤桂边纵队庆祝中华人民共和国成立大会旧址——青平戏楼

粤桂边纵队庆祝中华人民共和国成立大会旧址位于廉江市青平圩青平戏楼。

1949年10月1日，中华人民共和国成立。驻青平地区的中共各级组织和人民武装由电台获悉此消息后，群情激昂。粤桂边纵队司令部、一支一团、六支十六团、六支十七团、地方武装人员、党政干部以及附近群众共3000多人，会集于青平圩关帝庙、戏楼，隆重举行庆祝中华人民共和国成立大会。粤桂边纵队司令员梁广、粤桂边纵队一支队司令员兼政委黄明德等领导先后讲话，号召党政军民继续战斗，争取最后胜利。会后，各团进行文艺表演。

这个旧址还是张炎、蔡廷锴视察青平抗日救亡活动旧址，廉江县六区（青平）反汪大会旧址。1938年11月间，抗日爱国将领、广东省第十一区统率委员会主任张炎先后与国民党原十九路军军长蔡廷锴、广东省第八区专员邓世增一起莅临青平视察抗日救亡情况。中共廉江工作组通过廉江县青年抗敌同志会出面，组织发动群众，在此举行群众集会，表示热烈欢迎。张炎在会上发表抗日演说，号召大家共赴国难，有钱出钱，有力出力。这给广大群众极大的教育和鼓舞。

1940年5月4日，中共青平小学支部、金屋地支部联合在此组织反汪大会及示威游行，与会青年学生和群众700多人。会上，青平青年抗敌同志分会主任曹家祥痛斥汪精卫的卖国罪行，揭露国民党顽固派不顾民族利益，镇压群众抗日救亡运动，提出要彻底实行孙中山提出的民族、民权、民生的"三民主义"，以挽救垂危的民族。

关帝庙建于明万历八年（1580），后来又在庙前建了戏楼。"文化大革命"时期被捣毁。20世纪80年代重修，坐东面西，占地面积约300平方米。

2004年7月20日，廉江市人民政府将该旧址公布为廉江市文物保护单位。

★雷湾日军洽降旧址——庞氏宗祠

雷湾日军洽降旧址——庞氏宗祠位于廉江市石城镇那良村。该宗祠始建于明朝万历年间（1573—1619），建筑依山傍水，石柱走廊，砖木结构，建筑面积约1000平方米，占地面积约2000平方米，三进三座双厢布局，共16间。历经4次重修，最近2次重修分别于清宣统三年（1911）和2013年。

1945年8月28日上午，日军雷州支队长渡边中佐派代表中尉夏木稔偕同随员翻译2人到此宗祠，与国民党粤桂南区总指挥部代表少将参谋次长陶麟祥、中校课长庞谋通洽谈投降事宜并签约，美军代表少校韦德、上尉周参列席。

2014年5月7日，廉江市人民政府将该旧址公布为文物保护单位。

★中国人民解放军粤桂边纵队成立纪念碑

中国人民解放军粤桂边纵队成立纪念碑位于廉江市长山镇鲫鱼塘村李氏宗祠旁边。该纪念碑建筑面积60平方米，保护面积约710平方米。纪念碑西面有"茗皇茶大观园"旅游景点，北面为长青水库主坝，东面是鲫鱼塘村。

1949年6月，中国人民解放军总司令部根据革命斗争形势发展的需要，批准成立粤桂边纵队。中共粤桂边区委旋即积极筹备，于8月2日在鲫鱼塘村边的山坡上举行庆祝中国人民解放军粤桂边纵队成立大会。大会宣读了中国人民解放军总司令部批准成立粤桂边纵队的命令和纵队领导的任命书，宣布纵队司令员兼政委梁广，副司令员唐才猷，参谋长杨应彬，政治部主任温焯华。大会发出《中国人民解放军粤桂边纵队成立宣言》《粤桂边纵队向党中央致敬电》《粤桂边纵队向中央华南分局致敬电》。梁广发表了重要讲话。第一支队司令员兼政委黄明德代表参加大会的部队讲话。

1981年11月12日，廉江县人民政府把该遗址定为县级文物保护单位，并于1994年建立一个1.5米高灰沙砖石结构的纪念碑。1999年5月廉江市人民政府将原碑拆除，改建为高2.2米的花岗岩结构的纪念碑。

1999年9月15日，湛江市人民政府将该纪念碑公布为文物保护单位。

★粤桂边区党委廉江会议旧址——廉江中学神主厅

粤桂边区党委廉江会议旧址——廉江中学神主厅位于廉江市教育路36号廉江中学校园内。该旧址于1946年建成，砖木结构，是一座仿明清风格的建筑，建筑面积400平方米，保护范围面积500平方米，中华人民共和国成立后多次修葺，现作为廉江中学校史展览室。

1949年12月7日，粤桂边区党委书记梁广在廉江中学神主厅主持召开中共粤桂边区党委扩大会议，出席会议的有边区党委成员，部分地委、支队、县委及野战军驻高雷部队的负责人。会议传达了中央人民政府政务院关于调梁广任广州市副市长的决定，中共中央华南分局关于撤销粤桂边区党委，成立中共南路地方委员会和南路专员公署的决定，宣布由刘田夫任中共南路地委书记，李进阶为南路专署专员。会议还讨论了南路的各项工作，并作出配合南下解放军解放湛江市的决定和作战部署。

1987年12月1日，廉江县人民政府将该旧址公布为文物保护单位。

二、革命纪念场馆革命烈士墓

（一）革命烈士陵园

★廉江革命烈士陵园

廉江革命烈士陵园位于廉江市廉城人民大道西路9号人民公园内。建筑面积约540平方米。

1949年11月29日，二野四兵团第十三军第三十七师、第三十八师和军侦察营，及粤桂边纵队发动了廉江战役，围歼国民党白崇禧集团和余汉谋集团残部，人民解放军牺牲75人，其中团政委1人。为纪念在廉江解放战役壮烈牺牲的烈士，廉江县人民政府于1957年冬建此烈士陵园。烈士陵园包括烈士墓、纪念亭和纪念碑。烈士墓居中，墓前的纪念碑坐西向东，钢筋混凝土结构，正面刻有"中国人民解放军第二野战军第四兵团十三军于1949年11月在廉江解放战役壮烈牺牲的七十五位烈士之墓"。墓后面是六角形纪念亭。

★新民革命烈士陵园

新民革命烈士陵园位于廉江市新民镇新民圩的小岭上。该陵园建筑面积约2000平方米，由门楼、纪念碑、纪念亭、烈士墓、墓前碑构成。纪念碑高约10米，正面刻"革命烈士纪念碑"，背面刻"革命烈士永垂不朽"字样，顶上有一颗五角星。碑两侧各有一个六角形纪念亭。

在抗日战争和解放战争时期，新民（新塘地区）人民在中国共产党的领导下，建立了新塘游击根据地，与廉东南、廉西南、廉西北等游击区配合，浴血奋战，为廉江人民解放事业作出重要贡献。在革命斗争过程中，李毓莲等55位革命者献出了宝贵生命。为缅怀烈士功绩，教育后人，新民乡人民政府于1957年在新民圩边建立该墓碑。1995年12月新民镇委、镇政府改建为烈士陵园。

★廉化陆博边革命烈士陵园

廉化陆博边革命烈士陵园位于廉江市石角镇潭佰营村放谷岭上。该烈士陵园建筑面积约625平方米，保护面积约700平方米。坐西向东，由门楼、纪念碑、纪念亭三部分组成。碑身底座两层，碑体为四方形，刻着"廉化陆博边革命烈士纪念碑"字样，碑座正面刻碑文，背面刻烈士芳名。

1945年至1949年，两广交界的廉江、博白、化县、陆川4县的人民群众，在中国共产党的领导下，组织起武装队伍，开展革命游击战争，同国民党地方武装进行了长期的斗争。其间，王琳、梁明文、李廷登、李鸿、赖英群、李仁祥、李兰桂等363名革命者为国家的独立和人民的解放事业献出了生命。为纪念先烈，教育后人，廉江、化州、陆川、博白4县（市）10个镇的人民政府合资，于1997年7月，在石角潭佰营村联合建造此烈士陵园。

★良垌镇中塘革命烈士陵园

良垌镇中塘革命烈士陵园位于中塘村，距中塘革命烈士纪念馆1公里。陵园是在革命烈士墓的旧址上进行翻新维修的，占地面积170平方米，由广场、烈士墓区、松柏花园三部分组成。

中塘村属廉东南革命老区，也是南路革命中心区之一。从1944年开始，中塘村为大塘抗日联防区内的核心区，村民积极投身革命，建立交通情报站，并做好武装和地方人员的给养，伤病员救护等工作。中华人民共和国成立后，中塘有21人被追认为革命烈士。

（二）革命纪念馆

★肇基革命纪念馆

肇基革命纪念馆位于廉江市营仔镇中心小学内。

肇基小学原称第六保民小学，由乡绅罗冠千等创办。抗日战争时期，共产党员周斌、莫练、罗拯以校长或教师的公开身份作掩护，在肇基小学从事革命活动，建立了肇基小学党支部。廉江解放后，肇基小学被拆除，廉江县人民政府在肇基小学原址建成营仔镇中心小学。1996年，由廉江市民政局、外贸局等单位，以及当地外出经商人员捐款在营仔镇中心小学内建设肇基革命纪念馆。纪念馆为楼房，共2层，第一层设图书馆、阅览室，第二层设接待室、展览室。馆名由原粤桂边纵队参谋长、广东省政协副主席杨应彬题写。

★蓬山革命历史纪念馆

蓬山革命历史纪念馆位于廉江市石岭镇蓬山村斋塘岭。

蓬山村是廉江县开展革命活动较早的地区之一。早在1926年，进步青年龙衍槐、陈国灿等就加入了中国共产党。他们成立党小组，建立农民协会，建起弹药制造室，参加梧村垌农民武装起义，开展反帝反封建的革命斗争。1939年，蓬山革命青年杨生（杨君群）带领蓬山人民开展抗日救亡活动，发展党员，建立蓬山党支部；组织攻打龙湾乡公所，参加东征、西征等一系列的革命斗争。蓬山人民在人力、物力和财力上大力支持革命，涌现出许多革命英雄儿女，为人民的解放事业作出了突出的贡献。为纪念蓬山人民的革命功绩，弘扬革命精神，2001年7月，廉江市政府建立蓬山革命历史纪念馆。馆内有19幅介绍蓬山人民各个时期开展革命活动的事迹壁画及一批革命纪念史料。

★陈信材纪念馆

陈信材纪念馆坐落在廉江市良垌镇白鸽港村新民学校内。由社会各界捐资人民币40多万元，于2005年动工兴建，2009年1月开馆。坐南向北，占地面积150平方米，楼高3层，展览内容包括3部分，有曾在南路地区从事革命活动的领导刘田夫、杨应彬、黄其江、李郁、杨子儒等人的题词，陈信材事迹介绍和白鸽港村革命斗争史，以图文相结合的形式再现战争年代的烽火岁月，讴歌革命先辈忠于党、忠于人民的英勇献身精神。馆名由原粤桂边纵队参谋长、广东省政协副主席杨应彬题写。2013年被评为"第二批湛江市党史教育基地"。

★山底（化北）革命纪念馆

山底（化北）革命纪念馆位于廉江市石角镇山腰村。

山底地区是廉江市的一块飞地，是廉（江）化（州）陆

（川）边的主要游击区。这里1939年就有中共组织的活动，1940年年初就建立了中共支部，化北地区许多重大历史事件都发生于山底，桂东南抗日武装队伍也在这里休整，同化北人民武装并肩作战。山底地区人民为革命作出了较大的贡献和牺牲，全地区有近千人投身革命，其中有100多人为革命英勇献身，革命高潮时期，在这里驻扎的人民武装有1000多人。

解放战争时期，中共化北工委、化北独立大队、化县人民政府化北办事处等党、政、军机关在山底成立和常驻，化北主要领导人李鸿、庞铁魂、王世坦、黄鹄、董尚英、刘傅圻、刘傅锦、刘傅屏等长期在山底活动，南路人民解放军代司令员吴有恒、粤桂边纵队第六支队司令员陈一林等亦在山底留下足迹。

2009年5月，曾经在廉江从事革命活动的众多老同志，提议在化北独立大队（团级建制）成立旧址——刘傅宗祠兴建山底地区革命斗争史展览室，并成立了筹建小组，得到社会各界的大力支持，历经半年多，终告竣工，并于2010年1月25日揭幕开馆。展览室分为革命斗争史简介、浩气长存、老区人民有奉献、革命前辈、革命诗词、革命之歌等部分，通过文字、图片、实物相结合的方式，全方位多角度展示山底的革命斗争历程，通俗易懂，易为群众所接受。

2013年被评为"第二批湛江市党史教育基地"。

★中塘革命纪念馆

中塘革命纪念馆位于廉江市良垌镇中塘村。中塘村是抗日革命根据地村庄。抗日战争时期，在中共组织的领导下，这里建立抗日联防组织，开展抗日武装斗争，是大塘抗日联防区的重要组成部分。解放战争时期，这里又建立妇女会、农会，设立交通情报站，为廉江解放作出贡献。1948年春，国民党反动派制造"中塘惨案"，致中塘遭受重大损失，邹培芝等十多位革命志士为革命英勇献身。为教育和激励后人，传承革命传统，2014年兴建革命纪念馆，2016年竣工。2017年11月布展史料，内容分3部分：中塘概况、抗日斗争烽火、解放战争风云。

（三）革命纪念室

★稔仔坡革命历史纪念室

稔仔坡革命历史纪念室位于廉江市石岭镇稔仔坡村。

稔仔坡村有光荣的革命传统，早在1941年，稔仔坡村进步青年杨道珍就加入了中国共产党，在村中传播革命思想。1943年党组织派杨君墀到稔仔坡村发展党员、组织抗日游击队、成立党支部。解放战争期间，该村杨道国等14人参加了革命武装部队，编入新三团和六支十六团。1948年后，稔仔坡村革命人士先后担任龙湾区区委委员、区长、副区长，领导建立地方政权，迎接解放，为民族的独立和人民的解放事业作出了积极的贡献。1949年3月，根据解放战争形势发展，中共粤桂南地委针对干部不足和经验缺乏的实际，在稔仔坡村举办青年干部训练班。与此同时，中共廉江县委青年干部训练班第一班也在该村开学。学员主要是青平中学起义的师生以及廉江中学、廉江师范的学生，共200多人。为了教育后代，继承革命传统，弘扬爱国主义精神，稔仔坡村于2002年建立此纪念室。现室内有革命历史简介资料及8幅革命资料图片。

★李毓莲革命烈士纪念室

李毓莲革命烈士纪念室位于廉江市新民镇田界小学内，东、南边靠后背地村，西、北边靠田界村。

李毓莲，廉江新民人，1944年12月加入中国共产党，先后担任新塘地区中共三叉、酒房、沙井支部书记，中共田界区委委员、新塘区委委员。1948年6月25日，李毓莲不幸被捕。在监狱中李毓莲备受酷刑以及形形色色的利诱，她始终意志坚定，坚贞不屈，大义凛然。1948年11月17日午夜，李毓莲在县城后背岭被秘密枪杀。为纪念李毓莲，教育后代继承她的革命精神，田界小学于2006年在该校旧教学楼一楼建立李毓莲烈士纪念室。纪念室内有李毓莲事迹介绍以及根据李毓莲事迹绘制的2幅画。

★三角山革命纪念室

三角山革命纪念室位于新民镇三角山村文化楼内。

三角山村是抗日根据地村庄，是革命烈士李毓莲的故乡。三角山村于1944年秋建立同心会、兄弟会、农会，组织村队，随后建立中共支部，党员发展到20多人。2008年秋，中共廉江市委党史研究室在三角山建立革命纪念馆，内容包括三方面：三角山革命斗争史简介，坚不可摧的共产党员李毓莲事迹，三角山参加革命人员名单。

（四）革命烈士纪念碑

★禾山岭革命烈士纪念碑

禾山岭革命烈士纪念碑位于廉江市吉水镇梧村垌村禾山岭，建筑面积约20平方米。

1927年7月31日，廉江农民武装队伍300多人，在梧村垌村起义。8月1日，国民党廉江县长黄质文率领县兵几十人，纠集国民党政府军三十一团一营三连赶到梧村垌镇压。在双方力量悬殊情况下，农民武装边战边撤退，刘锡寿等12人坚守村中以碉楼掩护，坚持到8月2日下午，终因弹尽粮绝，全部被俘。随后，被国民党廉江当局将他们连同在木头埇被捕的1人一起押到禾山岭杀害。1957年，廉江县人民政府在烈士牺牲地禾山岭建此碑纪念。

★三角塘革命烈士纪念碑

三角塘革命烈士纪念碑位于廉江市横山镇三角塘村。

在中国共产党的领导下，横山人民为了祖国的革命事业英勇斗争，前赴后继，不屈不挠，作出了重要贡献，莫康娣等34人为革命牺牲生命。为弘扬优良革命传统，教育后代继承革命先烈的遗志，投身社会主义现代化建设事业，中共横山镇委、横山镇人民政府建立此纪念碑。

该纪念碑地处横山镇三角塘村边，廉安公路旁，东面是北运菜市场，西面是横山镇第四中学。纪念碑建筑面积约100平方米，由墓包、墓碑构成。碑身水洗石米上贴花岗岩石，正面镌刻"革命烈士纪念碑"字样，底座镌刻烈士芳名；背面刻上"革命烈士永垂不朽"字样，底座刻碑志。碑的顶端有一火炬标志。碑前是2座墓包。

★簕塘区革命烈士纪念碑

簕塘区革命烈士纪念碑位于廉江市石岭镇簕塘村先锋岭上。

石岭簕塘村民富有光荣的革命传统，早在1926年就有中共组织的活动，是廉江开展革命斗争较早的地区之一。在土地革命、抗日战争和解放战争时期，簕塘人民为民族独立和人民解放事业，进行长期艰苦卓绝的斗争。李廷登、李廷干等87名优秀革命者为此英勇献身。为弘扬他们的崇高革命精神，激励簕塘人民为建设现代化社会主义祖国而奋斗，中共石岭区委、石岭区公所于1987年在先锋岭上建立此纪念碑。该纪念碑坐东向西，分为2级，高约6米。碑座上镌刻着碑文，在碑右侧有一座八角凉亭。

占地面积约500平方米。纪念碑后为烈士墓。

★蓬山革命烈士纪念碑

蓬山革命烈士纪念碑位于廉江市石岭镇蓬山村。

在革命战争年代，蓬山人民优秀儿女李国权、陈洛成等17人，为祖国解放而英勇献身。为弘扬他们的崇高革命精神，激励蓬山人民为建设现代化社会主义祖国而奋斗，蓬山大队于1974年10月在蓬山村晒麻岭建立此碑。该碑分为2级，高约6米，全部以水泥混凝土砌成方形柱。方形柱正面刻着"烈士纪念碑"字样，碑座上镌刻着碑文。纪念碑占地面积约40平方米。

★石岭革命烈士纪念碑

石岭革命烈士纪念碑位于石岭镇石岭圩石岭公园内。在土地革命、抗日战争、解放战争时期，在中国共产党领导下，石岭人民为争取革命胜利作出重要贡献。其间，许许多多革命先烈为此抛头颅，洒热血，为祖国和人民的解放事业而英勇献身。为弘扬石岭地区49位革命烈士的崇高革命精神，激励石岭人民为建设现代化社会主义祖国而奋斗，中共石岭镇委、石岭镇人民政府于1989年4月在石岭圩边广胜岭上建立纪念碑。因纪念碑出现裂痕，2010年6月重建。该碑分为3级，高约10米，全部以花岗岩石砌成方形柱。方形柱正面刻"革命烈士纪念碑"，左右两边分别刻着"革命烈士永垂不朽"字样，碑座上镌刻着碑文。

★廉东南革命烈士纪念碑

廉东南革命烈士纪念碑位于廉江市石城镇金步村张公岭上。该纪念碑坐东向西，占地面积558平方米，保护面积1500平方米。碑高约8米，碑身为洗石米装裱，正面贴白色花岗岩石板，上刻"廉东南革命烈士纪念碑"，碑座刻着第一、第二次国内革命战争、抗日战争、解放战争时期牺牲的烈士名单。碑后是烈士墓。

廉东南人民在中国共产党的领导下，在各个时期的革命斗争中，都有一批优秀的儿女为革命献身。其中，大革命时期牺牲的有江刺横、李鸿飞等4人；抗日战争时期牺牲的有林林、梁炬汉等33人；解放战争时期牺牲的唐多慧、李鸿等232人。为了缅怀烈士的功绩，弘扬先烈的革命精神，激励人民群众，由当年在该地区从事革命活动的老干部陈醒亚、罗明、李郁、全明、陈炯东、吴鸿信、林天佳、陆镇华、陈泰元、江田、陈克诚等人倡议，中共廉江县委、廉江县人民政府于1989年11月建立此纪念碑。廉江县党政机关、团体、企业以及化州县政府、坡头区政府给予资助。

★石颈革命烈士纪念碑

石颈革命烈士纪念碑位于廉江市石颈镇葛麻坝村上埇尾岭。

石颈是廉江开展革命活动较早的地区之一，早在土地革命时期就有共产党员在此活动。1940年建立中共葛麻坝支部。1944年冬组建石颈抗日游击中队。1947年年初，在大搞武装斗争中，石颈党组织先后组织兵员参加长山独立营和沙铲独立营。1947年5月建立石颈乡人民政府，1949年2月建立石颈乡党支部。在长期的革命斗争中，石颈人民从人力、物力、财力支持革命，为革命作出了贡献，其中林敬武、廖国业等53人为革命献出了宝贵的生命。

为了纪念革命烈士，弘扬烈士革命精神，教育、激励后代更好地进行社会主义现代化建设，中共石颈镇委、石颈镇人民政府于1990年8月在石颈圩边修建石颈革命烈士纪念碑。

★长山革命烈士纪念碑

长山革命烈士纪念碑位于廉江市长山镇李屋村红星小学入口处。

解放战争时期，在廉江党组织的领导下，长山区内先后组建了长山独立营、长山区队等人民武装，同国民党反动派进行英勇的斗争。1947年建立了区、乡、村人民政权。长山逐步发展成为粤桂边区的重要革命根据地。粤桂边区党委在长山驻扎一段时间，粤桂边纵队在长山鲫鱼塘村宣布成立，粤桂边区珠江电台、《人民报》报社曾设于长山。在革命斗争中，长山籍李时琼、郑金龙等英勇牺牲。

中华人民共和国成立后，在社会主义建设时期，在参加抗洪救灾抢险和对越自卫反击战中，长山籍周承德、钟贞敏等献出了生命。

1991年，中共长山镇委、长山镇人民政府建立革命烈士纪念碑。纪念碑为钢筋水泥结构，纪念碑前是纪念亭。

★中国人民解放军粤桂边纵队成立纪念碑

中国人民解放军粤桂边纵队成立纪念碑位于廉江市长山镇鲫鱼塘村李氏宗祠旁边。该纪念碑建筑面积60平方米，保护面积约710平方米。

1949年6月，中国人民解放军总司令部根据革命斗争形势发展的需要，批准成立粤桂边纵队。中共粤桂边区委旋即积极筹备，于8月2日在鲫鱼塘村边的山坡上举行庆祝中国人民解放军粤桂边纵队成立大会。同年10月，粤桂边纵队建制由成立时的6个支队扩大到8个支队，部队指战员发展到2.5万多人。11月至12月，粤桂边纵队密切配合南下的第二、第四野战军，展开围歼国民党白崇禧集团和余汉谋集团残部的粤桂边战役。经过浴血奋战，共歼敌17万多人，俘获张淦、陆学藩、曹英、陈植等国民党高级将领多名，其中粤桂边纵队歼敌2.4万多人。

1994年廉江县人民政府在鲫鱼塘村边的山坡上建立一个高1.5米灰沙砖石结构的纪念碑。1999年5月廉江市人民政府将原碑拆除，改建为高2.2米的花岗岩结构的纪念碑。1999年9月15日，湛江市人民政府将该纪念碑公布为文物保护单位。

★龙湾革命烈士纪念碑

龙湾革命烈士纪念碑位于廉江市石岭镇龙湾圩石岭三中（原龙湾中学）侧边。

在各个革命历史时期，龙湾人民在党组织的领导下，为了争取民族的解放，浴血奋战，开展了轰轰烈烈的革命斗争。许多革命同志为此献出自己宝贵的生命。中华人民共和国成立后，又有多位共产党员、革命战士在救灾抢险和对越自卫反击战中牺牲。其间，龙湾地区共有35名为革命事业牺牲的烈士。为弘扬他们的崇高革命精神，激励龙湾人民为建设社会主义现代化国家而奋斗，中共龙湾镇委镇政府于1997年在龙湾中学侧边建立此纪念碑。该碑分为3级，高约15米，全部以钢筋水泥瓷砖砌成方形柱。碑柱正面刻着"龙湾革命烈士纪念碑"，左右两边分别贴上革命领导人的题词，后面贴有革命时期的革命图片，碑座上镌刻着碑文。

纪念碑建筑占地面积约1000平方米，保护面积约1200平方米。

★竹墩革命烈士纪念碑

竹墩革命烈士纪念碑位于廉江市营仔镇竹墩村。

解放战争时期，中共廉江县第四区领导的革命武装与国民党反动派展开战斗，竹墩有7位烈士牺牲在战场上，中华人民共和国成立后又有2位廉江籍解放军战士在汕头牛田洋抢险救灾中牺牲。为纪念革命烈士，教育后代，继承光荣革命传统，于2008年修建此纪念碑。旧址在营仔中心小学校内，后迁往竹墩村西面重建。重建后的纪念碑高约6米，为钢筋水泥结构。碑体正面刻有"革命烈士永垂不朽"大字，下设阶梯和护栏。纪念碑建筑占地面积约60平方米。

（五）革命烈士墓

★金屋地革命烈士墓

金屋地革命烈士墓位于廉江市青平镇金屋地村边，金屋地小学旁边，占地面积约52平方米。

为了纪念青平镇在抗日战争中牺牲的曹家祥、曹珣熙等17名烈士，当地群众于1945年在金屋地村边修建一座封土堆墓。1981年4月重修，重修后为砖混结构。白色花岗岩墓碑上刻"金屋地革命烈士墓"及17名烈士名字。墓包呈五角星形，墓碑顶上有为五角星，墓前建有一座六角凉亭。

★三墩黄贵烈士墓

三墩黄贵烈士墓位于廉江市安铺镇上三墩村杨柑阵岭。

在土地革命、抗日战争、解放战争时期，三墩地区人民在中国共产党领导下，开展了轰轰烈烈的革命斗争。其中，黄贵同志献出了宝贵的生命。为弘扬烈士崇高的革命精神，激励三墩人民为建设社会主义祖国而奋斗，中共三墩支部于1957年4月在上三墩村杨柑阵岭建立此烈士墓。墓碑高约2米，用砖砌成方柱形，正面刻着"革命烈士永垂不朽"8个大字。

★丰满革命烈士墓

丰满革命烈士墓位于廉江市石角镇良岸村亚廖岭。

从抗日战争时期开始，丰满一直是革命武装部队活动和战斗的地方，化北独立大队、新三团、新四团和陈一林起义部队均先后在此留下足迹，全地区先后有几十人投身革命，有19位英雄儿女为人民的解放事业献身。1959年，中共石角人民公社党委会为纪念这些革命烈士而建立此墓。该墓碑坐西向东，砖石结构，正上方为五角星，中间刻有碑文。

★烟塘革命烈士墓

烟塘革命烈士墓位于石颈镇烟塘村委烟塘村。

在革命战争年代，石颈烟塘地区人民在中国共产党的领导下，为革命事业作出重要贡献。为纪念在抗日战争和解放战争中牺牲的林敬武、黄欣仁、李冰、廖国业等28位烈士，教育后代，继承优良革命传统，弘扬爱国主义精神，中共石颈公社党委于1978年3月建立此墓。

烈士墓用石灰砂浆建筑而成，在墓碑上方筑五角星，烈士墓后面建有纪念亭。

★山腰革命烈士墓

山腰革命烈士墓位于廉江市石角镇玉石嘴村伯公岭。

山腰是山底地区的腹地。1939年6月在这里建立了青年抗敌同志会；1940年2月成立了石角党支部；1945年2月，涂沙抗日游击大队与陆川人民抗日自卫军在这里会师，随后转战廉江、陆川、化县边境。尔后逐步发展成为化北地区的主要革命根据地。在革命低潮时期，这里又是国民党反动派的重点"清剿"区。山腰党组织和人民为革命作出贡献和牺牲较大。1989年4月，石角镇人民政府在玉石嘴村建烈士墓，碑刻烈士芳名34人，无名氏7人，其中山腰籍13人。烈士墓坐北向南，碑门拱形，水泥钢筋结构，正门上书"革命烈士墓"，两侧雕有"伟绩丰功垂万古，高风亮节炳千秋"对联。立有墓碑，上刻烈士芳名。

★梁安成革命烈士墓

梁安成革命烈士墓位于廉江市城北街道塘山岭生态公园内。为纪念梁安成烈士，1990年由廉江县人民政府、角湖垌村和梁安成后代共同筹资修建此墓。该墓分3级，包括墓堂、碑文和烈士墓，两旁刻有林敬文、黄存立、许以章等领导的题词，后墙刻有红五星。建筑面积约100平方米，保护面积约300平方米。墓前种有2颗南洋杉，周边种有风景树。

梁安成是中共组织在廉江发展的第一批党员之一，为廉江党组织的主要创建人之一，参与组建中共廉江县支部，参与组织发动廉江县农民运动。历任中共角湖垌支部书记、廉江第一区农协会执委、县农协会执委，是廉江县农民武装起义的主要筹划者和组织者。1927年"四一二"反革命政变后，任中共南路特委委员，中共廉江县首任县委书记。1928年12月以后在与党组织失去联系期间，仍坚持秘密革命活动，至1939年3月恢复组织关系。同年12月被捕，坚贞不屈，在桂林监狱牺牲。

1991年2月，廉江县人民政府设立纪念标志于墓旁。

★博教革命烈士墓

博教革命烈士墓位于廉江市安铺镇博教村黄埇岭中部北面。该墓建筑面积约350平方米。碑园四周及阶梯两旁植满青松翠柏，整座碑园树木葱茏，环境幽静。

在抗日战争和解放战争时期，博教地区罗权、罗泽瑞、罗良、罗振兴等，为人民的解放事业献出宝贵的生命。为纪念革命烈士的功绩，发扬先烈的革命精神，博教村委于1963年在黄埇岭建立此烈士墓。1996年，河堤镇人民政府（1997年5月并入安铺镇）重修。烈士墓后面的碑高约6米，正面镌刻"革命烈士永垂不朽"8个大字，碑座上镌刻碑文。

（六）革命烈士纪念亭

★黄平民、黄孝畴烈士纪念亭

黄平民、黄孝畴烈士纪念亭位于廉江市塘蓬镇牌坊岭下。该纪念亭由黄存立等老干部倡议建立。亭高11米，两翼回廊各长8米，建筑面积约68平方米。亭柱为砖混结构，亭盖为琉璃瓦。上檐镌刻有烈士的遗像，两翼回廊刻两位烈士生平事迹和建亭碑记。

（七）革命烈士纪念学校

★黄平民烈士纪念学校

黄平民烈士纪念学校位于廉江市石岭镇合江村。

黄平民故居是农村四合院式砖瓦房。1953年，廉江县人民政府把黄平民故居改建为合江小学。1990年合江小学更名为黄平民烈士纪念学校，校名由广东省原省长刘田夫题写，校园内立有黄平民烈士镀铜像。

2004年，黄平民烈士纪念学校利用一间教室设立黄平民烈士纪念室，布展资料包括：中共广东省委有关文献资料、黄平民生平大事记、黄平民事迹介绍和有关领导题词。2008年在校园内建立廉江党史宣传长廊。2012年被评为"湛江市党史教育基地"。

★关泽恩烈士纪念小学

关泽恩烈士纪念小学位于廉江市城北街道黄墩村。为纪念关泽恩烈士，广东省财政厅拨款115万元，在关泽恩原籍地黄墩村旁边建设关泽恩烈士纪念小学，于2008年建成投入使用，是一所完全小学。校园内立有一尊关泽恩烈士石雕像。还利用一间教室设立关泽恩纪念室，在墙上雕刻关泽恩生平事迹，中央领导人廖承志、叶剑英、董必武和广东省省长陈郁与关泽恩家人的往来书信。

★梁安成纪念学校

梁安成纪念学校位于廉江市城北街道角湖垌村。学校前身为角湖垌小学，后改为廉江市第十三小学。2013年1月，在廉江市第十三小学加挂梁安成纪念学校牌子。校名由原粤桂边纵队参谋长、广东省政协原副主席杨应彬题写。

2012年，中共廉江市委党史研究室协调关系，发动社会力量，取得有关部门支持，通过梁氏文化发展促进会，采取捐资、赞助的办法，解决资金问题，在梁安成纪念学校内设立梁安成雕像、梁安成纪念室和展览长廊，布展角湖垌村革命斗争史资料、梁安成生平大事记和有关领导题词。

（八）革命名人故居

★关泽恩烈士故居

关泽恩烈士故居位于廉江市罗州街道东街194号。故居建于1921年，为二层砖木结构楼房，建筑面积400平方米，阳台呈弧形向外延伸，设计独特，是当时廉城较好的建筑。现大部分已拆除他用，余存部分出现墙体裂纹、脱落，已成危楼。

1987年12月1日，廉江县人民政府将关泽恩烈士故居公布为文物保护单位。

三、革命文物

纪念章：淮海战役1枚。解放华中南2枚，解放华西南2枚，其他类纪念章2枚，共7枚。是从革命战士家中征（收）集。

火药枪、手枪：长短枪（包枪筒）共6支（已残、坏）。从革命老区收（征）集。

大刀5把、三叉3把、手榴弹4颗（壳）。从革命老区村中收（征）集。

禾叉1把、长短枪筒3支（其中手短枪2支）。从革命根据地征（收）集。

旧蚊帐、被面、棉胎、毛毡共30多件、块。从游击区、老区村中收（征）集。

旧衣服、衫、裤、棉衣、大衣和帽等共50多件、块。从革命老区、游击区和革命堡垒户、烈士家中征（收）集。

旧胶鞋、布鞋、皮鞋、脚绑带、挂包、米袋等共20多件（条、只）。

旧竹篮、藤篮、木箱、藤织箱一批。

旧木饭桶、织草鞋用木具、担排各1件。

旧口盅、水壶、木饭盒共15件（个）。

各种长短枪子弹及信号弹30多颗。旧布袋、米升、水瓢、木壳等15只（件）。

以上革命文物均由廉江市博物馆收藏。

四、缴获的战利品

黄埔军官学校佩剑1把。原物是营仔角仔村张培椒使用遗物，由横山派出所转交由廉江市博物馆收藏。

日军指挥刀1把。由良垌东桥乡（村）全启寿转交由廉江市博物馆收藏。

日本望远镜1副，由钟其芳转交由廉江市博物馆收藏。

钢盔4顶，其中3好1坏。

马桶、马嘴笠各1个，战利品。

国民党军官衣服，战利品。

枪刺刀共5把（已断2把）。

以上战利品均由廉江市博物馆收藏。

附录二 革命历史文献及红色歌谣

本章收录革命历史文献6件，主要是叶剑英、廖承志、董必武、陈郁办公室回复关泽恩亲属的信件。同时，收录红色歌谣13首。

一、革命历史文献

（一）中共广东省委第四十一号通告

中共广东省委通告（第四十一号）

——悼黄平民、朱也赤、黄中等十余死难同志

（一九二九年一月一日）

各级党部并转全体同志：

黄平民、朱也赤、黄中等十余同志在南路牺牲了！他们是鞠躬尽瘁为着努力党的工作而牺牲了！他们死于代表豪绅资产阶级屠杀工农的刽子手国民党、法帝国主义者与本党叛徒梁超群之手！

黄、朱诸同志过去在南路艰苦奋斗的结果，使南路工作有长足的进展，使南路工农群众对党表示热烈的拥护，团结在党的周围。反动国民党政府及法帝国主义者对我们的摧残，是必然的意中事。他们收买党内的投机的叛逆的分子实行他们的阴谋，更是他们唯一的法宝。

黄、朱诸同志生前坚忍［韧］刻苦、勇往直前的精神，是我

们忠实的有力的指导者。此次不幸竟相继牺牲，这是我党莫大的损失！

黄、朱诸同志死时高呼口号，痛骂敌人的气概，是我党同志英勇本色的表现。此次竟使敌人对之而惊慌发抖，使群众闻之心伤泪下。这真是我党同志唯一的模范。黄、朱诸同志之死，罪魁是豪绅资产阶级、帝国主义和无耻的叛徒梁超群。省委特号召全体同志起来，争取广大群众，推翻反动政权，答复我们的敌人！省委特别号召全体同志起来，用勇敢敏捷的手段歼灭党内的叛贼！

黄、朱诸同志虽死，黄、朱诸同志的精神犹存！黄、朱诸同志既尽他们的责任而牺牲了，今后革命的巨肩就是落在后死的我们！我们要为英勇的死者复仇！我们要与凶残的敌人决斗！以尽我们后死者唯一的天职！！

黄、朱诸同志的噩耗传来，省委表示十二分的哀悼，特下此通告，希全体同志继承死难同志精神，前进奋斗！！！

（摘自《中共廉江县地方史》第一卷，中共党史出版社2007年版。）

（二）悼黄平民朱也赤及南路死难烈士

悼黄平民、朱也赤及南路死难的烈士

五口

黄平民、朱也赤及其他十余战士，是南路共产党各党部的负责者，工农群众的领袖，这次在广州湾、梅菉等处因机关破获光荣牺牲于屠杀工农刽子手的国民党军队之手了！他们致死的罪名是"宣传共产""煽动工农""反对政府"，这显然是为主义而死，为工农而死，为反对压迫和屠杀工农的国民政府而死！

黄、朱及诸战士之死，是共产党莫大的创痕，也是工农群众莫大的损失！

当他们死时，南路一般豪绅地主以及一切反动派均要额手相

庆，以为他们已死，今后可以尽量剥削及屠杀工农，而无反抗之忧矣？殊不知他们虽死，而共产主义及南路的工农群众永远不会死的，且南路的工农群众正时时刻刻准备着继续向一切豪绅地主及反动派更猛烈的进攻，决不会因他们之死，而有所停止的。

尤其是黄、朱及诸战士临刑时，高呼口号痛骂敌人，其慷慨激昂，从容就义之慨，更可以使敌人闻之而发抖，而他们的精神及共产主义，更要随着他们激昂的呼声渗透于南路以及全国的工农群众血轮当中，永远不会磨灭的呵！

黄、朱及其他诸战士之死，用不着我们悲哀，我们只有踏着他们的血痕，在共产党正确的政治路线指导之下，努力群众工作，促进第二次革命高潮很快的到来，准备总的武装暴动，推翻反动的国民党统治，建立工农兵贫民的苏维埃政权，只有这样，才能完成这一革命阶段中的任务，也只有这样，才能为死难诸战士复仇呵！

（原载中共广东省委机关报《红旗周刊》，1929年第二、第三期合刊第43—44页，作者五口，即时任中共广东省委秘书长吕品）

（三）关于关泽恩烈士的信件五则

关素静同志：

你的来信我已收到，感谢你向我的问候，从信中知道你们家庭很好，你的学习也很努力，我很高兴。素梅情况如何，她也很好吗？请代问好。来信询问你哥哥的下落事，你哥哥确和我一起搞革命工作很久，我最后一次和他见面是在1932年，以后的情况我即不知道了。至于信中所提潘大海说，你哥哥在新疆为匪军打死了，又有人说，你哥哥在上海死了的事，我都不能证实。因为我确实不知道他牺牲的具体情况，不过你哥哥很久未给家通信了，恐怕牺牲是肯定的了。你哥哥的牺牲是光荣的，因为他为党为革命事业作了不少工作，你们应该永远记着他，并应继承你哥哥在世时为党为革命事业坚［艰］苦奋斗的精神。

关于查询你哥哥下落事，廉江县人民委员会也给我来了一信，对此问题，我已于9月17日复函廉江县人民委员会，请你们注意和县人民委员会取得联系。

此致

敬礼！

廖承志

1957年9月17日

煜坤同志：

11月19日来信我已收到，因我在12月3日才从苏联回来，回来后工作又较忙，所以复迟了，望勿见怪。

你的哥哥关泽恩是一个好同志，我就是他介绍入党的。关于他的情况我知道得不很详细，但也可以简略地告诉你一些：他在日本参加过留学生党支部工作，1925年春被日本驱逐出境，到上海后，在反帝大同盟工作。1928年6、7月在上海被捕，表现很坚决。1928年10月是我把他营救出来的，同年冬组织派他去苏联学习，先在国际共产主义大学和叶剑英同志一起。1931年转到列宁学院学习，当时和他在一起的有董必武、陈郁同志等。那时候我在德国学习，为了瞒着他的家人，也说是在德国学习，所以当时他和家里的来往信件是由我转交的。1932年春我从莫斯科回国时，他还送我到车站，以后再没有见过他了。后来才知道他已在苏联牺牲，具体情况我不清楚，他有否和一个苏联人结婚的情况我也不了解。

1939年我在香港时，你的素梅姐曾来找我了解你哥哥的情况，当时我不忍心告诉她，只能推说不知，她可能对我很不满意，希望你向她解释，并代我问她好。

你的哥哥是一个非常坚强的好同志，他有很多优点，永远是我们学习的榜样。在1955年时，董必武同志、陈郁同志和我曾提出应给他以烈士的称号。

希望你努力学习，将来能像你哥哥那样，忠心耿耿地为党的事业坚强奋斗。

你家庭生活如何？如有什么困难，请来信向我反映，一定尽量协助解决。

此致

敬礼！

廖承志

1960年12月13日

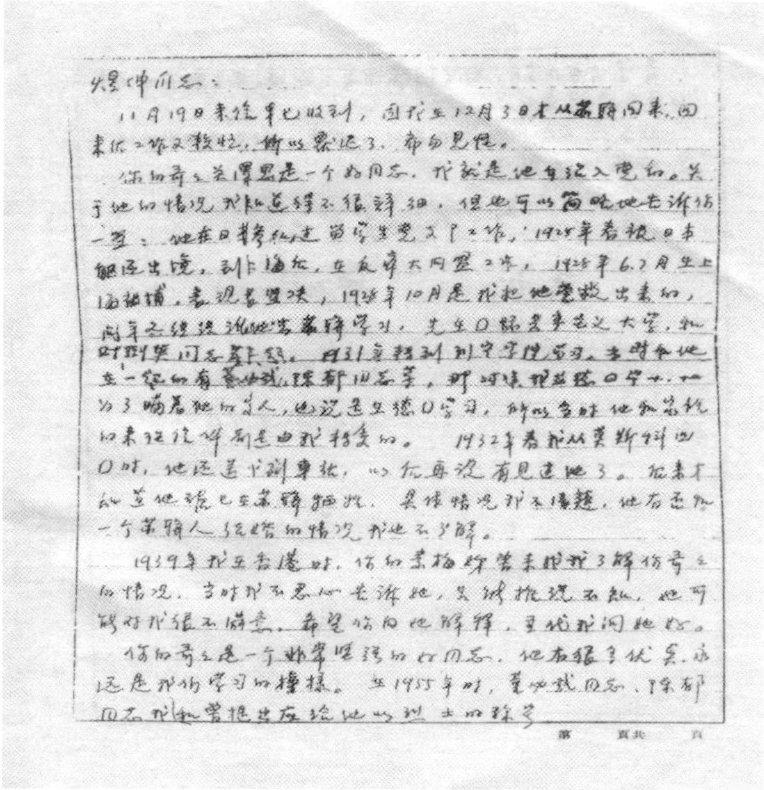

煜中同志：

11月19日来信早已收到，因我在12月3日才从苏联回来，回来后工作又较忙，所以累迟了，希勿见怪。

你的哥哥[illegible]是一个好同志，我就是他介绍入党的。关于他的情况我知道得不很详细，但也可以简略地告诉你一些：他在日本参加过留学生党支部工作，1925年春被日本驱逐出境，到上海后，在反帝大同盟工作，1928年6、7月在上海被捕，表现甚坚决，1928年10月是我把他营救出来的，同年冬经过组织派他去苏联学习，先在东方劳动者共产主义大学，和[illegible]。1931年转到列宁学院学习。当时和他在一起的有董必武、陈郁同志等，那时候[illegible]。为了瞒着他的家人，也说是在德国学习，所以当时他和家里的来往信件都是由我转交的。1932年春我从莫斯科回国时，他还送我到车站，以后再没有见过他了。后来才知道他[illegible]。具体情况我不清楚，他有否和一个苏联人结婚的情况我也不了解。

1939年我在香港时，你的[illegible]曾来找我了解你哥哥的情况，当时我不忍心告诉她，只说情况不知，她可能对我很不满意。希望你向她解释，并代我问她好。

你的哥哥是一个非常坚强的好同志，他有很多优点，永远是我们学习的榜样。在1955年时，董必武同志、陈郁同志和我都曾提出应给他以烈士的称号。

第　页共　页

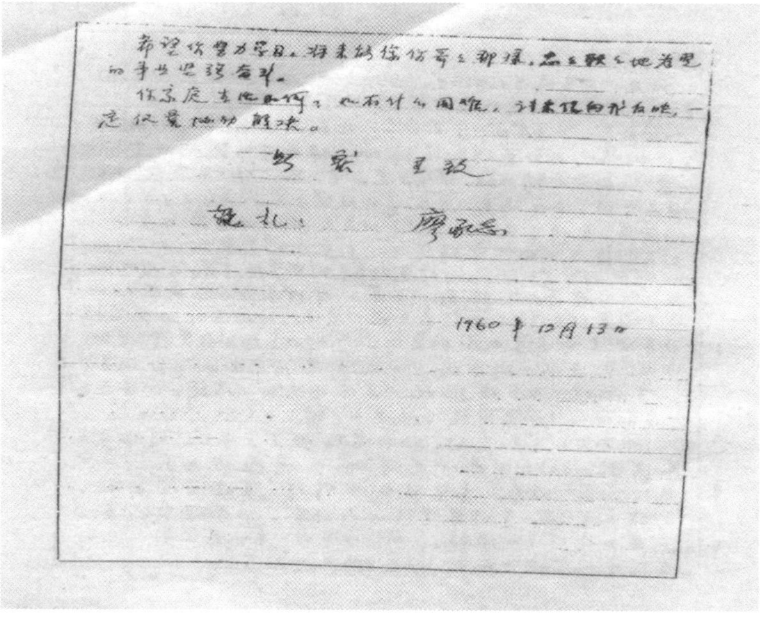

希望你努力学习，将来能像你哥哥那样，忠心耿耿地为党的事业坚强奋斗。

你家庭生活如何？如有什么困难，请来信向我反映，一定代为设法解决。

此致

敬礼！　廖承志

1960年12月13日

煜坤同志：

你三月十日给董副主席信，他已看到，要我们转告你：你的令兄关泽恩同志他是认识的，并且知道他是一个很好的青年。至于他是如何在苏联牺牲的，他就不知道了。他说：廖承志、陈郁等同志对令兄比较了解，现在既然廖承志同志有回信给你，你们只有就近向陈郁同志打听了，他是你们的省长，联系比较方便。

另你的外甥庞英海同志为［给］董主席来信，也是打听令兄的情况的，我们即不另外答复他了，盼转告他。

此致
敬礼！

董副主席办公室
三月二十六日
（注：这封信写于1961年）

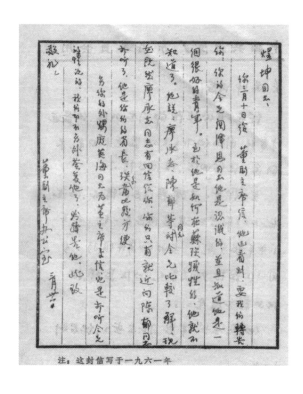

注：这封信写于一九六一年

312

关煜坤同志：

　　你在三月份给陈郁同志的信，他最近才看到，因为他下乡去了，最近才回来，未能马上给你回信，使你等待。

　　关于你哥哥关泽恩同志的情况，他说在一九三三年曾和泽恩同志在一起，三三年下半年就分开了，当时他身体很弱，分开以后就很少联系，以后怎样牺牲的就不清楚了。

　　他说：虽然泽恩同志去世了，但看到你们姐弟都长大进了学校，在很好的条件下进行学习，他非常快慰，希望你们好好的努力学习，将来更好的为人民工作。

　　他说假如你们在生活上、学习上有什么困难的话，尽可以写信告诉他。

　　最后，祝你们

　　身体好，学习好！

陈郁同志办公室

王景太

六月十二日

关煜坤同志：

　　你十一月廿日来的信，我已经收到了，关于你哥哥的情况，在苏联时，开始我们是在一起学习，后来由于国内革命形势的发展，我即回国了。我回国后，你哥哥在苏联参加了那些革命活动，后来是怎么牺牲的我也不大清楚。

　　此致
敬礼！

叶剑英
一九六二年十二月三日

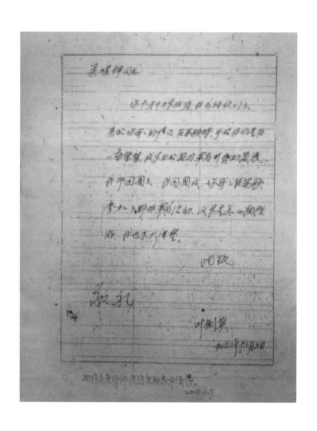

（四）《人民报》相关报道
再出一把力，就有好世界捞
——廉江人民踊跃捐借军粮

【本报讯】大军攻入广东的消息，掀动了整个廉江。"再出一把力，就有好世界捞！"各区纷纷展开了推销公粮债券，捐钱捐粮支援前线，迎接大军的空前热烈的运动。根据不完全的统计，仅仅在沙铲区，自九月廿八日到十月二日的四天中，就筹到了稻谷四百七十余担，光银六百余元。现在捐献的热潮还在继续高涨中。

×村的民众，一听到人民政府号召支援前线，迎接大军的消息，立即便召开筹粮筹款的会议，在会上开展热烈的讨论，依据合理负担的原则分派，在不到两个钟头之内就筹到二十六石谷。

下×村除了由祖尝出谷十石外，还进行着普遍的乐捐，大×村的贫农×叔，自耕三斗种、批耕七斗种，一家数口连粥水也喝不饱，也自动借出一石五，捐五斗。他说："穷人不支援穷人的军队，那有财主佬支援穷人军队的。"××山三十多家大多有朝有晚，但支援前线不后人，你几合，我几升，也捐到一石多米，负责捐的人问他是捐还是借，他们都说："自己军队还要借，这象什么样！"

横×村，当我同志传达了捐献支前的消息到该村时，村长说："解放我们家乡是我们自己的事，自己的事要自己做，我将我全村的捐妥，你快到别村去，多捐些军粮来储备。"一日之内，该村就购买了公粮债券十八石，又捐了两石。保×村，全村共捐祖尝谷三石，又合购公粮债券九石。老×村捐了稻谷十多石。

青×村谭××，替人做工，因病向老板要了四元大银做药费，用了三元，病还没有好，就把剩下的一个光洋捐了出来，有人规劝他还是留下来医病，他硬是不肯，他说："大军来了，我的病不医也会好的。"长×村烧炭九哥，家里没有什么，就挑一箩炭去青平卖，得光洋两元，亲自送交我同志，他说："共产世界是穷人嘅，我们穷人应帮助，将来我们有田耕，唔使成世做烧炭佬。"

在龙湾区，仅一夜之间，就捐到大银一百二十多元，计龙湾圩各小商户捐三十多元，某小学员生捐八十多元，连最穷苦的学生也捐出两毫。圩中的小贩，捐大银一元的也不少。

勒塘区的石北乡，两日间，捐到了八十多石，超过原定的数目，有的群众借谷来捐，有的卖猪来捐，有的甚至借烟叶来捐，现捐献的热潮还在继续发展。

在新塘区，更鼓起了前所未有的热潮。西南乡的×村，在青黄不接中全村没有一个有余粮，后全村商量决定，去挑石灰石给灰窑主取工谷，结果大家一齐去挑，共取得工谷两石，全数捐给了我们。月×村的群众多是做小贩的，也踊跃的捐，担糖的、担盐的、担葱的各捐两斗谷，在牛墟仔劏狗卖的亚朗，也将当日赚来的八升谷捐出来。他们捐后还对我们同志说："以后队伍回来或没有粮食，你们要通知我们才好。"

（準、星、欧、明、张）

（原载粤桂边区《人民报》，1949年10月10日）

（五）中共中央华南分局致贺电

梁广同志转粤桂边纵队全体指战员同志们：

粤桂边全体军民在三年爱国民主革命战争中，由于坚决执行毛主席的英明指示，不但保卫了自己的地区，发展了自己的强大部队，而且帮助粤中桂南的斗争的发展，在两广解放斗争中厥功甚伟。现纵队正式成立，望再接再励〔厉〕，配合南下大军为解放粤桂南省而奋斗。

中共中央华南分局

一九四九年七月二十二日

（六）中国人民解放军粤桂边纵队成立纪念碑文

中国人民解放军粤桂边纵队是中国共产党领导的人民军队。它是在广东南路人民抗日解放军、粤桂边区人民解放军的基础上发展建立起来的。

一九四九年六月，中国人民解放军总司令部根据革命斗争形势发展的需要，批准成立粤桂边纵队。中共粤桂边区委旋即积极筹备，于8月2日在鲫鱼塘村边的山坡上举行庆祝中国人民解放军粤桂边纵队成立大会。大会宣读了中国人民解放军总司令部批准成立粤桂边纵队的命令和纵队领导的任命书，宣布纵队司令员兼政委梁广，副司令员唐才猷，参谋长杨应彬，政治部主任温焯华。大会发出《中国人民解放军粤桂边纵队成立宣言》《粤桂边纵队向党中央致敬电》《粤桂边纵队向中央华南分局致敬电》。梁广发表了重要讲话。第一支队司令员兼政委黄明德代表参加大会的部队讲话。

粤桂边纵队成立前，为了扫清交通沿线顽敌，把几块根据地联成一片，以利配合南下大军作战，主力第六支队奉命挺进合浦、灵山、钦县、防城，与第三、第四支队联合执行打通从高雷地区至十万大山走廊的战略任务。同年十月，纵队建制由成立时的六个支队扩大到八个支队，部队指战员发展到25000多人。十一月至十二月，粤桂边纵队密切配合南下的第二、第四野战军，展开围歼国民党白崇禧集团和余汉谋集团残部的粤桂边战役。经过浴血奋战，共歼敌十七万余人，俘获张淦、陆学藩、曹英、陈植等国民党高级将领多名，其中粤桂边纵队歼敌二万四千多名。

粤桂边区当年包括：广东南路的湛江、化县、梅茂、茂名、电白、信宜、合浦、灵山、防城、钦县和广西的玉林、博白、陆川、北流、容县、兴业、横县、宾阳、永淳、上林、上思、思乐、明江、宁明、扶南、绥渌、南宁等三十二个县市及贵县、来宾、武宣、迁江、同正、邕宁、崇善的部分地区。

粤桂边纵队建立后在粤桂边区英勇作战，为粤桂边区以至中国人民的解放事业作出了不朽的贡献。特建此碑，以志千秋。

广东省廉江市人民政府

一九九九年八月一日立

二、红色歌谣

（一）

1926年3月，中共南路特派员黄学增从遂溪县调共产党员周永杰来廉江，任廉江县农民运动特派员，领导开展轰轰烈烈的农民运动。当时，《国民革命歌》红遍南粤大地，廉江县青年同志社关泽恩、江剌横等根据廉江的实际，以"旧瓶装新酒"的方式，利用其曲调填新词，编出20多首革命歌曲并教农民歌唱。其中有两首歌词是这样的：

贪官污吏，土豪劣绅，压迫我，剥削我，我们团结起来，我们团结起来，铲除他，铲除他。

穿的衣裳，食的米粮，谁的力，谁的力，农民辛苦种来，农民辛苦种来，俱农工，俱农工。

这些歌曲深刻地揭露了地主压迫剥削农民的罪行，生动形象地描写了农民的苦难惨景，在教育发动农民的过程中起到非常积极的作用。

（二）

1938年秋，廉江县青年抗敌同志会在广泛发动各阶层群众起来抗日的基础上，还组织廉江孩子剧团，团长李建福，指导员陈汝光。剧团成员有江田（江永成）、郑光民等40余人，来自廉城小学，最大的才13岁，最小的仅6岁。陈汝光为剧团谱写

《团歌》：

嘿嘿，看我们一群小光棍，嘿嘿，看我们一群小主人。我们生活在苦难里，我们生活在那炮火下！不怕没有先生，不怕没有爹娘，凭着我们的努力学习努力干！孩子们，站起来，孩子们，站起来！在这伟大的大时代，创造我们的新世界！

剧团的孩子唱着这首歌，奔走在廉城的大街小巷和廉江县一区那良、茶山以及三区风梢等村庄作抗日救亡宣传。那时候，抗日救亡的歌曲如《大刀进行曲》《保卫中华》《打杀汉奸》《军民合作》等家喻户晓，孩子剧团功不可没。

（三）

"九一八"事变后，日本帝国主义继而侵略我国东三省，战火蔓延南下。1943年秋，廉城、安铺相继沦陷。土地革命战争时期任中共南路特委委员的陈信材（廉江县白鸽港村人）把日本侵略军的滔天罪行编成歌谣，进行爱国主义教育，先教本村儿童歌唱，他们再教邻村儿童歌唱，使大家憎恨日本鬼子，不做亡国奴，团结一致，共同抗日。1944年年底前，陈信材的四个儿女和村中、族中亲人陈冬、陈枫（陈元英）、陈忠等就有几十位青少年唱着这首歌走上抗日前线，踏上革命之路，最年轻的陈忠年仅13岁。歌曰：

记得九月十八夜，日本兵马入辽阳。男人捉来做牛使，女人捉去做猪劏。老大捉去熬膏药，细纹仔捉去煮肉汤。放火烧我兵工厂，奸淫抢劫女学堂。后来又占吉林省，不久又入黑龙江。日本鬼子真可恶，同心打倒黑心狼！

（四）

1946年1月，国民党广东省当局秉承蒋介石的意旨，公然破坏国共两党签署的停战协定，宣称广东没有中共部队，只有零星"土匪"，因而只有"剿匪"，不必执行停战令。他们以"剿匪"为名,指挥反动团队,大举"清乡扫荡"。同年3月,国民党石岭联防区主任林梓荣在区内大肆残杀共产党员和进步民主人士。为了争取和平民主,反对内战,中共党员林敬文以"联防区林梓荣土霸"8字分别为句首作歌一首,在石岭一带广为流传,使广大群众认清林梓荣的政治嘴脸:

> 联同狗党乱乡邦,防害公民罪孽长;
> 区内纵奸肥润屋,林中庇匪饱私囊;
> 梓里何堪多剥削,荣居奚忍播灾殃;
> 土地有灵天有眼,霸王结局丧乌江。

（五）

解放战争时期,青平游击区的妇女工作很是活跃。妇女会的同志平时与妇女们拉家常,了解她们的痛苦,给予同情和安慰,鼓励她们树立生活的信心。在乡村办夜校过程中,当时一些妇女有迷信思想,进夜校顾虑重重,妇女会的工作人员编就了一首歌谣,鼓动大家相信科学,努力学文化:

她的确傻,顶顶〔鼎鼎〕有名的傻姐,叫她去放哨,她说怕鬼呀!她的确傻,顶顶〔鼎鼎〕有名的傻姐,她说她九岁那年做妈妈,哈哈笑死了。她为什么傻,就是没有学文化,学了文化就不会这么傻!

春节时,妇女会上门向群众恭贺新春,唱出一些吉利内容的歌谣,其中有一首内容是这样的:

正月初一啊!贺新年,家家户户啊贴红联。尼道有一堆,果道①有一群,都是哈哈笑,都是哈哈笑。人民今后大翻身,个个今后做主人!

1949年春,人民解放军渡过长江后,迅速向华南挺进,全国

---

① 廉江方言,"尼道"即"这里","果道"即"哪里"。

胜利就在眼前。青平妇女会的工作人员编了一首顺口溜，激励广大群众的革命斗志，憧憬美好的未来：

天气好，真是似春天，风调雨顺就是好时年，过去耕田佬真是下贱，"三光"政策苦不堪言，后来打走了反动派，耕田佬当权，世界变就世界变！

（六）

共产党领导下的交通情报人员经常在国民党反动派的眼皮底下收集情报，在敌人的封锁线上穿梭，不论三伏酷暑，数九寒冬，还是狂风暴雨，白天黑夜，一有任务即刻上路，危机四伏，劳力伤神。但他们以饱满的政治热情，乐观的人生态度，冒着生命危险，冲破艰难险阻，传递一个又一个情报。1947年篛塘游击区交通总站还自编革命歌谣激励斗志：

探敌情，送情报，跋山涉水意志坚；风来雨去不怕苦，上接下联不夜天；百里驰骋飞毛腿，千军万阵巧向前；忍饥挨饿寻常事，神圣任务勇挑肩。

凭借这首歌谣培育的革命精神，该区交通员忘我工作，出色地完成交通情报传递任务，成为中共党组织和革命武装部队的"眼睛"和"耳朵"，为稳、狠、准打击国民党反动派奠定基础。

（七）

当时的新塘区是廉江的主要革命根据地，该区交通情报总站——孝站十多位交通员大多数是妇女和姑娘，年龄最小的只有12岁。为了将交通工作做好，这些原来不识字的穷苦妹仔组织读书会，上夜校，如饥似渴地学文化，学习英雄的事迹，刘胡兰、赵一曼等女英雄的故事深深地烙印在她们的心中，李毓莲的革命活动和英勇行动是她们耳闻目睹的，深深地感动和鼓励着她们。她们从童养媳、地主丫头等贫贱的身份中挣出苦海，投身革命，一步一步走向成熟，恶劣的环境吓不倒这些追求革命的姐妹。当

地流传着这样一首歌谣:

顶顶〔鼎鼎〕有名的傻大姐,自己的名字不会写,三加四她说是八,叫她出门她怕鬼邪。共产党来了打天下,村姐妹一起学文化。跟着共产党闹革命,她说到哪里都不怕。

这些女交通员在革命的大熔炉里锻炼成长,神出鬼没,用英勇机智的行动演绎了一个又一个生动的故事。不怕荒山野岭,不怕黑夜阴森,不怕枪林弹雨,确保交通联络畅通无阻,有力地支持了革命斗争。

(八)
苦难人民渴望共产党
（白话歌）

大海撑船望月光,农家无米望禾黄。

牢笼囚徒望解放,苦难人民渴望共产党。

(九)
最怕"保十团"
（白话歌谣）

不怕乱,最怕"保十团":

无柴烧,来劈门;

无菜吃,全村猪鸡遭劫乱。

谁人要是来反抗,管叫全家难生存。

（保十团是国民党广东省府辖下的地方部队,1947年曾到廉江"围剿扫荡"革命游击根据地村庄。）

(十)
鬼子汉奸最可恨
（白话歌）

千可恨万可恨,鬼子汉奸最残忍;

见了粮食就抢走，见了女人就乱混；

遇着壮年就抓去，老弱孩童抛刀刃；

丧尽天良的走狗，显尽败类的奴颜。

（十一）
民族败类人人仇
（白话歌）

汉奸头，不知丑，出卖祖国充走狗。狐假虎威现丑态，民族败类人人仇。

罗致祥，黄剑夫，为虎作伥贼作父。大开烟赌营娼妓，搜刮民粮换白布。

奴颜婢膝尽能事，摇尾乞怜称臣夷。大树一倒猢狲散，抱头鼠窜难藏身。

当日威风今何在？汉奸败类千夫指。罪恶应得正国法，告诫后人莫效尤。

（十二）
终日雨不停
（白话歌）

镇长新高升，五街把锣鸣；

神憎鬼厌恶，终日雨不停。

（1931年，安铺镇五街选举镇长当日，恰逢整天下雨。此作讽刺上任镇长不得人心和天意。）

（十三）
抗日雷歌

各界同胞请观看，听表歌文在纸上；雷歌格有我唱过，这套歌文唱过无？

纪念七七记着么？民国二十六年号；日本鬼子心险要，祸起当时卢沟桥。

至今打了八年仗，全国人民心一样；坚持团结打到底，日本怎能奈我何。

可因独裁怨老蒋，欺骗人民多花样；反民反共反民主，出卖中华给东洋。

契弟老蒋敢偌讲，祸国殃民起干戈；衅起萧墙搞内战，有良心人忍得无？

中国幸得共产好，团结人民抗日上；坚持反对反动派，驱逐敌人换山河。

（此是抗日战争胜利前夕安铺地区流行的一段雷歌，并用白纸抄贴在安铺附近的农村。）

革命人物

　　本章第一节《革命英烈简介》收录在廉江解放前（1949年11月1日）参加革命工作，担任副处级以上领导职务，并且为革命事业贡献出宝贵生命的英雄模范人物，共10位。第二节《革命前辈简介》收录在廉江解放前参加革命工作，担任副处级以上领导职务，廉江解放后继续担任相当职务的领导干部，共23位。中华人民共和国成立后，全县被追认为革命烈士的有686人（详见附录六）。

一、革命英烈简介

　　江刺横（1900—1927），原名江稚衡，廉江市良垌镇南溪村人。1923年，江刺横在廉江中学读书，与同学关泽恩、李鸿飞、李学连等人结为兄弟，积极宣传新文化，传播马克思主义，是廉江县学生联合会和廉江县青年同志会的负责人之一。1926年春，加入中国共产党，投身廉江工农运动，积极编导话剧，鼓动群众开展政治经济斗争，推动工农运动蓬勃发展。同年夏，江刺横被中共南路特派员黄学增抽调到北海，加强党对工农运动的领导，发展党员和筹建党的地方组织。于7月成立中共北海支部、共青团北海支部和国民党北海党部。为当地党组织和工农运动的发展作出积极贡献。1927年4月23日，江刺横在北海被国民党武装军警逮捕，坚贞不屈。同年5月3日英勇就义。

黄平民（1900—1928），廉江市石岭镇人，1920年年底赴法国巴黎勤工俭学，1922年冬加入共青团旅欧支部，1923年春加入中共旅欧支部，是廉江籍第一位共产党员。1924年9月，受中共旅欧支部派遣到莫斯科东方劳动者共产主义大学学习。1925年夏从苏联回国，在中共两广区委军事部工作，参加省港大罢工、广州起义。1928年春回广东南路工作，先后任中共廉江县委委员、中共南路特委委员、中共南路特委书记、中共广东省委候补常委。同年12月，因叛徒出卖在广州湾（湛江）被捕，同年12月23日在高州牺牲。其近十次过家门而不入，留下的五言律诗"世界如潮涌，雄心万里驰。曙光浮一线，宇宙尚昏迷。原野垂绿荫，云天树赤旗。万民欢呼日，游子会亲时"传颂至今，教育和激励一代代共产党人。

黄孝畴（1901—1931），廉江市塘蓬镇铜锣湾村人。1923年就读中山大学时参加中国共产党。在学期间，每逢寒暑假期，都回到家乡宣传共产主义、讲解土地革命政策，致力于发展党的组织和建立农民协会等工作。1927年年底，参加广州起义，翌年又回到家乡搞土地革命和发展党团员及组织农民协会工作。1928年8月任中共南路特委委员。尔后，中共南路特委安排他到梅菉，以开设理发店为掩护开展职工革命运动。同年年底，中共南路特委被破坏后，被国民党悬赏通缉。1931年被捕杀害。

关泽恩（1908—?），廉江市廉城镇人。发起廉江县学生联合会和廉江县青年同志社，为廉江农民运动和中共廉江县地方组织的建立创造了有利条件。1926年4月，加入中国共产党，为廉江的工农运动发展作出贡献。1927年"四一二"反革命政变后，参加东京留日青年会，致力于日本留学生中共支部工作。1928年春返上海，在反帝大同盟会工作，其间介绍廖承志加入中国共产党。1928年冬，党组织派关泽恩去苏联，先后与叶剑英、董必武、陈郁等一起学习。不久，调莫斯科中文学院任教师，参加组建列宁学院中共支部工作，是支部主要负责人。1933年下半年，与他一起在苏联学习和工作的人员已先后回国，但他仍在苏联工作，后在苏联牺牲。中华人民共和国成立后，经中央领导人叶剑英、董必武、廖承志和广东省省长陈郁提议，1958年5月，中央人民政府追认关泽恩为革命烈士。

梁安成（1893—1939），又名梁英武，廉江市角湖垌村人。1926年3月加入中国共产党。曾任中共廉江县支部委员会委员、中共角湖垌支部书记、廉江县第一区农会负责人、县农民协会执委、中共廉江县委第一任书记、中共南路特委委员。1928年12月失去组织关系。他一面寻找党组织，一面秘密活动。1939年3月恢复党组织关系。1939年12月，在廉城被国民党顽军谭营（营长谭忠）逮捕，先后押往陆川、玉林、桂林监狱，但他坚贞不屈，后被杀害于桂林监狱。

林林（1918—1945），又名林国材、林凌波，海南省临高县人。1938年5月加入中国共产党。同年10月受组织派遣到广东南路地区工作。他发展了大批共产党员，为南路打下组织基础。并协助国民党十九路军爱国将领张炎在南路开创了抗日救亡运动的新局面。在廉江，林林恢复发展了西莲塘、三合、和寮等一批中共支部，在东桥、白鸽港、鹤山等地组织抗日游击队伍，与中共廉吴边特派员黄景文配合进行抗日活动。1945年1月任南路抗日游击纵队第二支队第一大队大队长兼政委。同年2月5日，林林大队在青平木高山村被国民党军包围，在顺利掩护主力部队撤退后的突围中，林林不幸中弹牺牲。

林敬武（1920—1946），廉江市石颈镇葛麻坝村人。1939年9月加入中国共产党。历任中共葛麻坝支部书记、廉江中学支部书记、石颈抗日游击中队指导员、龙湾抗日游击中队指导员、南路人民抗日解放军第三团一营政委、西征团（老一团）二营政委。

1946年1月10日，林敬武率西征团二营杨德连在地势险要的防城县竹叶坳正面与国民党军队300余人交战，保护西征军主力转移。激战至午夜时分，弹尽粮绝。林敬武命令滚石阻击。几分钟后，敌人的炮火封锁了山头，林敬武倒在血泊之中。

唐多慧（1918—1947），又名唐彪，湛江东海岛人。1938年8月，参加遂溪县青年抗敌同志会。1939年3月加入中国共产党。1939年冬，唐多慧由中共高雷工委派到廉江参加廉江的领导工作。1940年2月，中共廉江县委成立后，先后任组织部部长、宣传部部长，使廉江的抗日救亡工作有较大的起色。1941年春，唐多慧调任遂溪县委委员，负责组织工作，发展了一批共产党员，组织了抗日武装队伍。1944年10月，唐多慧任雷州人民抗日游击队第一大队政委，先后率部到海康、徐闻、廉江，发展抗日武装，开辟抗日游击根据地。1945年4月，唐多慧调任中共廉江县特派员。同年5月任南路人民抗日解放军第三团政委，与团长莫怀一起发动组织群众，建立新塘抗日联防区。1946年5月后，唐多慧先后任化（县）吴（川）特派员、粤桂边区人民解放军第四团政委、化吴中心县委书记。1947年6月5日在家宅埇战斗中牺牲。

李毓莲（1925—1948），女，廉江市新民镇三角山村人。1944年12月加入中国共产党。1945年在三角山建立全县第一个由女党员组成的支部。凭着她的机智和勇敢，革命游击区一次又一次地粉碎了敌人的"围剿"阴谋。敌人对她恨之入骨，悬重金买她的人头。1948年先后任田界区委委员、新塘区委委员。1948年6月25日，由于叛徒出卖，不幸被捕。在狱中，李毓莲经受酷刑和威逼利诱，但坚贞不屈。同年11月17日午夜被杀害。中国革命历史博物馆有李毓莲生前化装所用的假头发陈展。

李鸿（1917—1949），又名李超，化县黄槐西埇村人。1940年2月加入中国共产党。1940年8月任黄槐党支部组织委员，后受党组织派遣，以教师身份为掩护从事革命活动。南路人民抗日武装起义后，任中队指导员。1945年5月后，到化北地区活动，长期驻在石角山底，以此为基地开展革命活动。在化北建立山底等5个区政府和20多个乡政府，并分别建立区队、乡队，以及民兵、农会、妇女会等群众组织。1947年4月后先后任中共化吴中心县委委员、化县人民解放政府副县长兼化北办事处主任、化北工委书记、化北独立大队政委、粤桂南地委委员。1949年6月6日在廉江县良垌圩被国民党便衣队袭击牺牲。

二、革命前辈简介

周永杰（1893—1966），遂溪县城东圩人。1925年12月加入中国共产党。1926年3月下旬，由中共南路特派员黄学增派到廉江开展工农运动和发展党组织。同年4月建立中共廉江县支部，任支部书记兼组织委员，后任廉江县农民协会委员长、广东省农协会第二届执委会候补委员、廉江县工农革命委员会委员。在他的领导下，廉江县农民协会、工人协会、妇女会等群众团体相继成立，革命运动蓬勃发展，到1927年4月初，廉江共产党员发展到350人，共青团员发展到320人，农会会员8000多人，工会会员380多人，妇女会员30多人。1927年7月，周永杰按中共南路特委的部署，组织领导梧村垌农民武装起义，在广东南路地区产生较大的影响。梧村垌农民武装起义失败后，周永杰被国民党反动派悬赏通缉，转移海康行医为生。中华人民共和国成立后曾任遂溪县政协委员。1966年10月病逝于遂溪。

陈信材（1899—1967），又名陈柱，廉江市良垌镇贵墩村委会白鸽港村人。早年参加国民革命军，逐步擢升至连长。1925年10月辞去军职，回广东省吴川县从事农民运动。1925年12月由黄学增介绍加入中国共产党。不久，先后任中共吴川县支部书记、中共吴川县特委书记、吴川县农协筹备会主任。1927年"四一二"反革命政变后担任南路农民革命委员会副主任、中共南路特委委员。1928年12月中共南路特委机关被破坏后失去组织联系。1939年秋恢复组织关系，在南路地区、粤中地区从事革命活动至廉江解放。曾任廉吴边抗日联防区副主任。中华人民共和国成立后，曾任广州区航（港）务局副局长、广东省内河管理局局长、广州港务监督副监督长、广东省政协委员。1967年7月病逝于广州。

莫怀（1916—1980），廉江市安铺镇夏插村人。1937年9月，莫怀进入雷州师范学校读书，与唐才猷等一批进步同学投入抗日救亡的洪流。1938年参加遂溪县青年抗敌同志会工作。1939年2月加入中国共产党。1939年11月，受党组织的安排，回到廉江指导青抗会工作。1940年中共廉江县委成立后，莫怀先后任宣传部部长、组织部部长。1942年7月后任中共廉江县副特派员、特派员，领导廉江的抗日武装斗争，组建廉江人民抗日武装，建立新塘抗日联防区，任南路人民抗日解放军第三团团长。1946年4月，奉命随同东江纵队北撤山东。中华人民共和国成立后先后担任粤西行署工商处副处长，行署秘书长，行署第二副主任，粤西区党委常委，湛江地委副书记兼专员、第一书记，省侨务办公室党组副书记。1980年病逝于广州。

罗培畴（1909—1986），廉江市安铺镇博教村人，1938年加入中国共产党，1939年由党组织派回家乡筹办博教小学，并任校长，安排共产党员在校任教，将博教小学打造成坚强的革命基地，使之成为中共廉江县委、廉江县人民政府驻地。1940年2月任安铺中学党支部书记。1944年8月奉命到遂溪学习武装斗争经验及军事知识，后留在洪荣大队。1945年年初参加南路抗日武装起义，任第一支队副大队长，后任南路人民抗日解放军第三团副营长。1947年3月任中共廉江县金博区委委员。同年4月后，先后任廉江县政府县长、廉江县委委员、粤桂边纵队第一支队供给处处长。中华人民共和国成立后，历任电白曙光农场党委委员、副场长、工会主席，珠江华侨农场党委常委、副场长。

梁广（1909—1990），广东省新兴县人。1925年参加省港大罢工。1927年4月加入中国共产党。1928年起任中共香港市委组织部部长等职，在香港和国统区从事秘密工人运动。1931年夏转入中央革命根据地，参加第三、第四、第五次反"围剿"斗争。1940年秋任中共粤南省委书记，领导广东南部开展抗日民主斗争。1943年4月任珠江抗日纵队政委。1945年春任广东区委副书记。解放战争初期任中共中央香港分局委员兼城市工作委员会书记。1948年起任粤桂边区党委书记兼军委主席，领导粤桂边进行争取解放的武装斗争。1949年8月任粤桂边纵队司令员兼政治委员，指挥纵队配合南下主力部队解放广东、广西。中华人民共和国成立后，历任中共广州市委书记兼广州市副市长，广州市政协副主席，广东省总工会主席，广东省人大常委会副主任，全国总工会执委、常委，是第二、第三、第五、第六届全国人大代表，第五届全国政协委员。

温焯华（1914—1991），广东省东莞市南城人。1936年8月加入中国共产党，1940年2月后奉命到广东南路地区工作，历任中共南路特委常委兼组织部部长，南路人民抗日解放军政治部主任、中共南路特派员、中共粤桂边地委书记、粤桂边区人民解放军政委、中共雷州地委书记、中共粤桂边区委委员兼宣传部部长、中国人民解放军粤桂边纵队政治部主任。中华人民共和国成立后历任中共南路地委副书记、支前司令部政委、湖北省委宣传部研究室主任、湖北人民出版社党委书记兼社长、广东省委党史研究委员会副秘书长、广东省委党史办公室主任、广东省顾问委员会委员等职。

林敬文（1916—1991），廉江市石颈镇人。1936年在勷勤大学加入中国青年同盟会。1938年2月，参加勷勤大学回乡抗日宣传队，回廉江宣传中共《抗日救亡十大纲领》及抗日民族统一战线政策。同年5月，林敬文与黄存立等组织筹建廉江县青年抗敌同志会，7月加入中国共产党，8月任廉江县青年抗敌同志会总干事，领导廉江的抗日救亡运动。1939年7月任中共廉江县中心支部书记。1944年冬，回石颈组织抗日游击小组，后整编为石颈游击中队，参加南路人民抗日武装起义，编入南路人民抗日解放军第三团一营。1945年2月中旬，林敬文受莫怀指派率一批地方工作人员到新塘地区做宣传发动工作，为建立新塘抗日联防区、后塘仔抗日联防区作出较大的贡献，先后任这两个联防区的主任。随后，中共南路特委决定成立廉江县民主政府筹备委员会，林敬文被任命为副主任，积极进行建立民主政府的各项筹备工作。1947年后任廉江县人民解放政府副县长，廉江县统战委员会主任、粤桂南人民行政督导处督导员，廉江县委委员。中华人民共和国成立后，历任湛江市文教局长、高雷地区人民法院院长兼地委土改办公室主任、广东省粤剧院副院长等职。

吴有恒（1913—1994），广东省恩平市人。1936年9月加入中国共产党。曾任中共香港工委书记。1939年赴延安，入中共中央党校学习。1946年5月任中共南路副特派员，1946年9月任中共南路特派员。1947年3月吴有恒指示各地委组织大力发展武装力量，大搞武装斗争，同时根据斗争形势的需要，决定组建粤桂边区人民解放军，由吴有恒任代司令员。接着，在遂溪、廉江分别组建新一团、新三团、新四团，转战廉江、化县。同年4月任粤桂边地委副书记，粤桂边区人民解放军副政委。同年11月调离南路。1949年任粤中纵队司令员。中华人民共和国成立后，历任中共粤中地委书记、广州市委书记、中国作协广东分会副主席、《羊城晚报》总编辑、广东省第六届人大常委会副主任。是中共七大、十二大代表，第一届全国人大代表。

涂沙（1911—2001），又名涂明堃，廉江市石角镇新屋村人。1939年3月参加廉江县青年抗敌同志会，1939年冬加入中国共产党，先后任石角小学、三合、和寮小学党支部书记，石角塘蓬中心区委书记。1942年7月，中共廉江党组织领导体制由党委制改为特派员制后，涂沙任石角塘蓬地区党组织负责人。1945年春，参加南路人民抗日武装起义，与刘付勇中队、陆川县抗日自卫军在山底会师后，转战廉博陆边，后建立涂沙大队，任大队长兼政委。1945年5月，涂沙大队在新塘整编为南路人民抗日解放军第三团第一营，涂沙任营长。1945年11月西征十万大山，涂营编入西征团二营，涂沙任营长。1946年2月，西征团奉命开进越南北部，支援越南革命斗争，后涂营扩编为华侨支队，涂沙任支队长。1947年12月，涂沙从越南回廉江，任中共廉江县委委员、新三团团长。1948年3月任东征支队团长，挺进粤中地区。1949年春，涂沙从粤中调回粤桂边区，先后任粤桂边纵队第四支队团长、支队参谋长。中华人民共和国成立后，涂沙先后任湛江军分区侦察科长、广州市建委办公室副主任、广东省统计局办公室副主任、广东教育学院总务处副处长。

赖鸿维（1919—2004），廉江市新民镇人。1940年5月加入中国共产党。1942年至1944年，在平坦玉田小学通过演剧、举办农民夜校，在良垌中学、吴川世德中学及农村发展一批共产党员。1945年1月初，率平坦玉田小学抗日武装举行武装起义，编入南路人民抗日解放军陈醒亚独立大队，任中队指导员，后西征合浦白石水。同年7月撤回新塘地区，从事地方工作。1946年冬，任中共廉江县第二特派员。1947年4月起，任中共廉江县工委委员、县委委员。1948年8月，任中共廉江县委书记。1949年春，任中共粤桂南地委常委、中共廉江县委书记。同年10月，兼任廉江县人民政府县长。中华人民共和国成立后，历任高州县委书记、湛江地委组织部部长，茂名市委书记、茂名市人大常委会主任。离休后，继续为廉江的发展贡献力量，将廉江市政府分给自己的宅基地拍卖，将款项用于建设廉江市育才中学，积极奔走修建太平大桥，建设龙营围虾苗场等。

黄明德（1913—2005），湛江市东海岛人。1939年1月加入中国共产党。同年秋，任遂溪县西区党委主要负责人。先后到遂溪东区、化县、吴川县、梅菉市等地工作，担任特派员、大队政委等职务。1946年7月至1948年7月，任中共廉江县特派员、县（工）委书记。他在廉江建立了县人民政权，组建了粤桂边区人民解放军第三团、第七团，奠定了以廉江为中心的粤桂南游击根据地的基础。1949年1月，根据粤桂边区党委的指示，黄明德在青平香山组建粤桂南地委，任书记。同年3月，在粤桂南地委领导下，于廉江青平香山成立粤桂南人民行政督导处。同年5月，他组建了中国人民解放军粤桂边纵队第一支队，任支队司令员兼政委，率领武装队伍与兄弟部队协同作战，转战廉江以及粤桂南地区，为解放战争的胜利作出了贡献。中华人民共和国成立后，黄明德历任粤西区党委委员、湛江地委副书记、湛江地区行署专员、湛江地委第一书记、广东省机械工业厅厅长、广东省顾委委员等职。

黄其江（1912—2008），广东省遂溪县人。1936年夏秋间，曾与唐才猷、黄明德、陈其辉等人积极筹集经费，先后前往香港、广西等地寻找共产党组织。1938年6月，在广州加入中国共产党。同年7月，受中共广东省委组织部委派，回遂溪重建党组织，是抗战初期遂溪县党组织的领导人。1945年1月任南路人民抗日解放军政治处主任，次年6月随东江纵队北撤山东。1947年10月，他奉命由山东回南路工作，任中共粤桂边地委组织部部长；1948年5月后任粤桂边区党委组织部长兼粤桂边地委书记。中华人民共和国成立后，历任中共南路（高雷）地委常委、南路（高雷）专员公署专员、广东省高教局副局长。

李郁（1921—2009），广东省化州市下郭黄槐村人。1939年加入中国共产党，后任化廉抗日武装起义指挥部成员。1945年6月任中共化吴工委委员，分管统战工作。1948年5月任化吴中心县委书记、新四团政委，后任粤桂南地委常委、组织部部长。同年8月，任恢复化吴总指挥部指挥，指挥新三团、新四团、新八团共同作战，取得三块石、木威林等战斗的胜利。1949年春，在廉东南宗景公祠举办十多期党员干部训练班，为党组织和部队培养了大批干部。中华人民共和国成立后，先后任化县县委书记兼县长、中南六省二市工程管理总局党委组织部部长、中央一机部西安仪表集团总公司党委书记等职。

杨应彬（1921—2015），广东省大埔县人。1936年6月加入中国共产党，被党组织安排在周恩来直接领导下的中共特别支部工作，潜伏十年。解放战争期间，在十万大山、雷州半岛打游击，任粤桂边区党委军事特派员、粤桂边纵队参谋长，在廉江生活、工作较长时间。中华人民共和国成立后，历任广州军管会副秘书长、广东省政府办公厅主任、省委秘书长、省委常委、省政协副主席、省政协党组书记。是中共十二大、十三大代表，第七、第八届全国政协委员。

欧初（1921—2017），祖籍广东中山市南朗。1939年加入中国共产党，参与创建珠江敌后抗日人民武装和五桂山抗日游击根据地的领导工作。抗日战争胜利后先后调任中共江北副特派员、中共粤桂边地委委员、粤桂边人民解放军政治部主任。1948年4月，任粤桂边东征支队司令员，率队东征粤中，后历任中共粤中分委常委、粤中军分委第二副主席、粤中临时区党委常委、粤中纵队副司令员兼参谋长，是解放战争时期江门五邑、粤中党组织主要领导人之一。中华人民共和国成立后，首任江会区军管会主任、中共粤中地委常委、开平县委书记，中共华南分局办公厅副主任，广东省委副秘书长，省人民政府秘书长，中共广州市委书记、广州市人大常委会主任等职。

莫兴（1922—2015），原名莫练，廉江市安铺镇人。1939年参加中国共产党，1940年7月任安铺党支部书记。1941年4月任石岭区委宣传委员。1944年10月任廉江县抗日中队中队长。1945年3月，任莫兴大队大队长，1945年5月任南路人民抗日解放军第三团营长。1945年10月后任莫兴武工队队长、博白县工委书记。1946年4月北撤山东。中华人民共和国成立后，历任粤西公安处处长、省口岸办主任。1981年离休后，曾任广东省老促会副理事长，为廉江市老区建设作出贡献。

陈华荣（1925—2015），遂溪县洋青镇人。1941年参加革命，1943年2月参加中国共产党。1944年9月任遂溪县遂北抗日联防区副主任。1945年年底从遂溪县调到新塘地区。1947年5月至1949年5月任中共新塘区委书记，1949年5月至廉江解放任中共廉江县委委员、组织部部长。中华人民共和国成立后，历任廉江县县长、雷北县县长，廉江、雷北、遂溪、电白、吴川等县县委书记，湛江地区乡镇企业局局长、林业局局长，茂名市委组织部部长、市人大常委会副主任。在任中共雷北县委书记时，兼任雷州青年运河工程指挥部副总指挥，领导修建鹤地水库和雷州青年运河，解决雷州半岛历史性的干旱问题。

杨生（1920—2015），原名杨君群，廉江市石岭镇人。1938年参加廉江县青年抗敌同志会，1939年7月，在南路学生队加入中国共产党。1945年1月14日，组织龙湾地区抗日游击小组举行武装起义。同年3月，任杨君群大队大队长。同年5月任南路人民抗日解放军第三团营长兼政委。同年10月任廉江县独立营营长兼政委。1946年4月随东江纵队北撤山东，编入华东野战军三纵队八师部队，转战南北，在淮海战役中负伤。中华人民共和国成立后，曾任广东省荣军学校党委书记。

钟永月（1923—2017），廉江市青平镇红坎村人。1940年在安铺中学读书时加入中国共产党。1942年后，任安铺中学支部书记、廉江县抗日中队副指导员、廉江县西北区委书记。1946年4月调任电白县特派员。1948年4月回廉江活动，先后任廉江县委委员、沙铲区委书记、粤桂边纵队一支队一团党委书记兼政委。中华人民共和国成立后，曾任廉江县代县长、廉江县人民武装部部长、广州越秀区人民武装部部长、广州市文教战线武装部部长等职。1988年7月，被广州军区政治部授予独立功勋奖章。

余明炎（1916—　　），广东博罗县人。原名余铭艳。1936年在中山大学读书期间加入"突进社"，1937年8月加入共产党。长期从事党的秘密工作。1942年3月任中共廉江县委书记，同年7月至1943年7月任中共廉江县特派员，发展党组织，组织抗日联防队和秘密游击小组，为抗日武装斗争作准备。后任湛江特支书记、广西右江地委副书记。中华人民共和国成立后，历任广西桂西教育局局长、广西壮族自治区教育厅副厅长、党组书记，是第六届全国人大代表。

李树德（1922—2019），廉江市横山镇人。1943年任廉江县良村仔抗日联防区主任。1944年率领20多人到遂溪参加老马起义，任洪荣大队中队指导员。1945年2月任廉江县抗日独立中队中队长，同年12月后任李树德武工队队长、廉江县武工队队长。1946年10月任廉江县独立中队中队长。1947年5月任粤桂边人民解放军新编第七团副团长，同年8月任新三团副团长，次年4月任新三团团长。新三团在两年多时间里，打了许多硬仗、大胜仗，成为南路人民解放军的主力部队。1949年开展春季攻势，新三团一举攻陷国民党廉江县区乡据点28个，歼敌1000多人，解放了廉江县广大农村地区。同年6月，新三团编入粤桂边纵队主力第六支队第十六团，李树德任团长。1949年冬，六支十六团、六支十七团和一支一团配合南下解放军解放廉江全境。中华人民共和国成立后，李树德历任粤西军区作战训练处处长、中共肇庆市委统战部部长。

邓刚，1929年生，廉江县河唇镇长江岭村人，1947年2月参加革命，同年3月加入共产党。1947年后先后任廉北区委联络员、三合中心支部书记、三合区委书记，三合区中队指导员。在领导三合区的革命斗争中粉碎了敌人的残酷"扫荡"，发展了100多名党员，动员200多人参加武装斗争，建立了有5万多人口、面积达46平方公里的游击根据地。中华人民共和国成立后，曾任廉江县四区区委书记，茂名市社队企业局局长，茂名市副市长、市人大常委会副主任等职。离休后任茂名市革命老区建设促进会会长、老游击战士联谊会会长，协调各方关系，筹集资金，先后修建一批革命纪念馆（室）、革命纪念碑、革命烈士陵园等。

陆镇华（1914—1997），廉江县石城镇人，1938年8月参加革命，1939年10月加入共产党。1940年秋起先后在安铺中学、廉江师范学校以教师身份为掩护从事革命活动，担任安铺中学支部宣传委员、廉江师范学校支部宣传委员。1944年秋，被国民党廉江县政府以"黑名单"解除教员职务。1945年1月参加南路抗日武装起义，后在新塘抗日联防区做宣传教育工作。抗日战争胜利后，陆镇华与林敬文等撤退到广西北流中学从事革命活动。1947年夏，调回廉江游击区工作，先后任廉江县人民解放政府副县长、县统战委员会委员。1949年春，粤桂南地委在青平香山村举办青年干部训练团，任团教育委员会副主任兼廉江队队长。青年干部训练团结业后，粤桂南地委和廉江县委决定举办青年干部训练班，任训练班党支部书记。1949年9月起任廉江县人民政府副县长。中华人民共和国成立后，先后任华南垦殖总局生产处科长、总体设计队队长，国营红河农场党委书记兼场长，南宁农垦企业总公司顾问（副厅级）。

附录四 廉江解放前党组织主要领导人

廉江市（县）党组织主要领导人是率领并引导廉江人民进行革命斗争、组织经济建设和推进社会发展的组织者、领导者，列表记述如下：

廉江解放前党组织主要领导人更迭表

领导机构名称	职务	姓名	籍贯	任职时间	备注
中共廉江县支部	书记	周永杰	广东遂溪	1926.4—1927.11	
中共廉江县委员会	书记	梁安成	广东廉江	1927.11—1928.5	
	书记	梁光华	广西宾阳	1928.5—1928.12	
	书记	文沛	不详	1928.12—1929.1	
中共廉江工作组支部	书记	陈哲平	广东阳山	1938.6—1938.12	
中共廉江县中心支部	书记	林敬文	广东廉江	1939.7—1940.2	
中共廉江县委员会	书记	廖铎	广西桂平	1940.2—1940.6	
	书记	陈天佑	广东	1940.6—1942.3	
	书记	余明炎	广东博罗	1942.3—1942.7	

（续上表）

领导机构名称	职务	姓名	籍贯	任职时间	备注
中共廉江县特派员	特派员	余明炎	广东博罗	1942.7—1943.7	
	特派员	莫　怀	广东廉江	1943.7—1945.5	
	特派员	唐多慧	湛江东海岛	1945.5—1946.6	
	组织负责人	谢华胜	广东遂溪	1946.6—1946.7	
	特派员	黄明德	湛江东海岛	1946.7—1947.4	
	第二特派员	赖鸿维	广东廉江	1946.12—1947.4	
中共廉江县工作委员会	书记	黄明德	湛江东海岛	1947.4—1947.12	
中共廉江县委员会	书记	黄明德	湛江东海岛	1947.12—1948.7	
	书记	赖鸿维	广东廉江	1948.7—1949.12	

附录五 革命老区工作机构

一、廉江市（县）革命老区建设委员会（办公室）

（一）廉江县革命老根据地建设委员会（1957—1959）

主　任：许以章（县长兼）

副主任：陈泰元（副县长兼）

委　员：杨德文　王玉才　黄庆元　黄国良　肖子高

　　　　李家祥　曹民生　刘　富　钟　强　蒋超旭

　　　　陈秋海　钟永月

办公室主任：欧　兵（民政科副科长兼）

（二）廉江县革命老根据地建设委员会（1979—1984）[①]

主　任：麦一美（副县长兼）

副主任：罗　章　李耀甫（女）　方木辉

委　员：杨德文　全东兴　蒙瑞兰（女）　莫　安　徐学艺

　　　　吴培敬

办公室主任：伍清洛（民政局副局长兼）

副主任：郑南德　方　益

（三）廉江县革命老区建设委员会（1984—1987）

主　任：欧永良（县长兼）

---

① 1959—1979年，廉江县革命老区领导机构和工作机构被撤销，1979年成立廉江县革命老根据地建设委员会。

副主任：李耀甫（女，人大副主任兼）

委　员：陈锦祥　罗纯志　彭俊敷　林漱池　冯世权

　　　　丘鹏飞　黄　添　林经琦　李　广　李　超

　　　　温达文　蔡兴武　叶　章　赖　旺　黄理兴

　　　　全伟尤

办公室主任：谢启康（民政局副局长兼）

副主任：彭俊敷　林漱池

（四）廉江县（市）革命老区建设办公室（1987—1997）

主　任：朱汝金

副主任：高锡芳　龙日胜　庞　坤

（五）廉江市革命老区建设办公室（1998—2003）

主　任：张锦东

（六）廉江市革命老区建设办公室（2003—2006）

主　任：黄祖清

副主任：陈春才

（七）廉江市革命老区建设办公室（2006—2017）

主　任：陈春才

二、廉江市（县）革命老区建设（研究）促进会

（一）第一届理事会（1989.4—1992.4）

顾　问：莫　兴　钟永月　赖鸿维　陈炯东　许以章

　　　　黄存立　邓　杰

理事长：胡　东

副理事长：麦一美　梁应春　谭叔桢　江　田　关锡琪

　　　　李耀甫（女）

常务理事：赖炳寿　朱汝金　黄继荣　刘桂和　罗　章

　　　　罗纯志　黄立均　洪培燊　杨家山

龙志谦　杨德文　陈尚保　陈克诚　陈珍成

陈建华

秘书长：谭叔祯（兼）

副秘书长：朱汝金　李德树　吴声应

（二）第二届理事会（1992.4—1997.4）

顾　问：莫　兴　钟永月　赖鸿维　陈炯东　许以章

黄存立　邓　杰

理事长：陈松权

副理事长：麦一美　梁应春　谭叔桢　江田　关锡琪

李耀甫（女）

秘书长：谭叔桢（兼）

副秘书长：朱汝金　李德树　吴声应

（三）第三届理事会（1997.4—2002.4）

顾　问：莫　兴　钟永月　赖鸿维　陈炯东　黄存立

邓　杰

理事长：李彩英

副理事长：麦一美　梁应春　谭叔桢　江田　关锡琪

李耀甫（女）

秘书长：谭叔桢（兼）

副秘书长：朱汝金　李德树　吴声应

（四）第四届理事会（2002.4—2011.1）

顾　问：莫　兴　吴鸿信　罗　连　李忠民

名誉理事长：赖鸿维　吴汉英　麦一美　黄允业　陈松权

理事长：全继春

常务副理事长：陈康玲　罗　湘　朱汝金　张锦东　罗　洪

谭叔桢　赖炳寿　梁应春　潘煜光　洪培燊

黄汉文　钟永升　刘桂和

副理事长：宋　广　李耀甫（女）　林国顺　陈克诚
　　　　　刘付铜　黄立均　邓兆爵　李德树　林漱池
秘书长：张锦东（兼）

（五）第五届理事会（2011.1—2016.9）

顾　问：谭叔桢　李耀甫（女）　钟永升　刘付铜　李德树
　　　　林漱池
名誉会长：吴汉英　麦一美　陈松权　黄允业
会　长：全继春
副会长：潘煜光　戚康启　罗　湘　邓兆爵　袁汉静
　　　　洪培燊

2012年1月增加副会长：钟　勇

秘书长：陈春才
副秘书长：欧晓和

（六）第六届理事会（2016.9—　　）

顾　问：谭叔桢　戚康启　罗　湘　邓兆爵　洪培燊
　　　　刘付铜　李德树
名誉会长：陈松权　全继春
会　长：陈康玲
副会长：潘煜光　钟承光　袁汉静　钟培进　刘锋　李伟
秘书长：陈春才（2019年7月离任）
副秘书长：欧晓和（2019年7月任秘书长）

三、廉江市老游击战士联谊会

（一）第一届理事会（1991.9—1993.12）

顾　问：宋永作　罗　兆　龙志谦　赵成武　关锡琪
　　　　邓　杰　林济梅　黄存立　王滋林　谭叔桢
　　　　郑景富　钟　强　卢　九　林国顺　支如山

李锦昌

名誉会长：赖鸿维　许以章　吴汉英　麦一美　胡　东

会　长：江　田

副会长：黄立均（常务）　罗　洪　赖炳寿　罗　章

洪培燊　庞汉华　陈克诚　罗纯裕

常务理事：江　田　黄立均　罗　洪　赖炳寿　罗　章

洪培燊　庞汉华　陈克诚　罗纯裕　刘桂和

杨家山　黄国良　李德树　李炳仁　林益爵

陈珍成　王义生　钟永东　杨泽荣　林　美

杨德文　林世悦　陆占福　吴汝玉　宋桃生

秘书长：刘桂和（兼）

（二）第二届理事会（1993.12—1997.2）

顾　问：王滋林　卢　九　龙志谦　邓　杰　关锡琪

支如山　宋永作　李锦昌　林济梅　罗　兆

钟　强　郑景富　赵成武　黄存立　谭叔桢

名誉会长：赖鸿维　吴汉英　麦一美

会　长：江　田

副会长：黄立均（常务）　罗　洪　赖炳寿　罗　章

洪培燊　陈克诚　林国顺　宋桃生

秘书长：罗　洪（兼）

（三）第三届理事会（1997.2—1999.12）

顾　问：王滋林　龙志谦　邓　杰　关锡琪　支如山

宋永作　林济梅　罗　章　钟　强　郑景富

赵成武　黄存立　谭叔桢

名誉会长：赖鸿维　吴汉英　麦一美　江田

会　长：罗　洪

副会长：黄立均（常务）　赖炳寿　洪培燊　林国顺

宋桃生　黄继荣　杨德文　林宝轩

秘书长：钟永东

（四）第四届理事会（1999.2—2002.12）

顾　问：王滋林　龙志谦　邓　杰　关锡琪　支如山

　　　　宋永作　林济梅　罗　章　钟　强　郑景富

　　　　赵成武　黄存立　谭叔桢

名誉会长：赖鸿维　吴汉英　麦一美　江　田

会　长：罗　洪

副会长：黄立均（常务）赖炳寿　洪培燊　林国顺

　　　　黄继荣　林宝轩　李德树　钟永升

秘书长：洪培燊（兼）　黄继荣（兼）　刘桂和

（五）第五届理事会（2002.12—2005.2）

顾　问：麦一美　黄存立　王滋林　邓　杰　支如山

　　　　赖炳寿　谭叔桢　罗　章　关锡琪　谢强光

　　　　李耀甫（女）

名誉会长：赖鸿维　莫　兴　吴汉英

会　长：罗　洪

常务副会长：黄立均

副会长：林国顺　洪培燊　黄继荣　钟永升　林宝轩

　　　　李德树　苏如浩

秘书长：洪培燊（兼）

副秘书长：黄继荣（兼）刘桂和

（六）第六届理事会（2005.2—2010.10）

顾　问：邓　杰　黄存立　李耀甫（女）　王滋林　罗　章

　　　　关锡琪　谭叔桢　支如山　卢亚石　龙锦昌

名誉会长：莫　兴　吴汉英　黄文炯

会　长：罗　洪

常务副会长：钟永升

副会长：洪培燊　苏如浩　李德树　林宝轩　郑明兆

秘书长：洪培燊（兼）

（七）第七届理事会（2010.10—2017.10）

顾　问：李耀甫（女）　卢亚石　王滋林　支如山　谭叔桢
　　　　　林国顺　罗　章

名誉会长：莫　兴　吴汉英　麦一美

会　长：洪培燊

常务副会长：钟由南

副会长：李豪章　李秀杰　李德树　郑明兆　杨道钦
　　　　　刘付铜　朱应梅

秘书长：李豪章（兼）

副秘书长：李秀杰（兼）

2015年5月15日补选副会长：彭俊敷　郑泽桂

（八）第八届理事会（2017.10—　　）

顾　问：谭叔桢　郑明兆　李德树　彭俊敷　郑泽桂
　　　　　刘付铜　陈立弧

名誉会长：洪培燊

会长：钟由南

副会长：高宣荣　赖亚光　戚进祥　李锦青　伍　龙
　　　　　陆华荣

革命烈士名录

在新民主主义革命时期，廉江人民为救国救民，为国家的独立和民族的解放，前仆后继进行了艰苦卓绝的斗争，他们用热血和身躯筑起了一座巍峨的丰碑。中华人民共和国成立后，全县追认为革命烈士的有600多人，名录如下[①]。

一、大革命时期和土地革命战争时期

李洪辉（李鸿飞），又名李亚森，廉江市石城镇人，1903年生，曾任北海市农民协会执委，1927年5月3日在北海被杀害。

江刺横，又名江稚衡，廉江市良垌镇人，1900年生，1926年3月加入中国共产党。曾任中共北海市党组织领导人。1927年5月在北海被捕杀害。

刘维裕，又名刘亚先，廉江市吉水镇人，1905年生，1926年参加革命，梧村垌农民协会会员，1927年8月牺牲。

刘启胜，又名刘观华，廉江市吉水镇人，1892年生，1926年参加革命，梧村垌农民协会会员，1927年8月牺牲。

刘维英，廉江市吉水镇人，1895年生，1926年参加革命，梧

① 　该名录摘自《廉江县民政志》（广东科技出版社1991年版）以及《廉江军事志》（内部资料）。如有缺失，以民政部门登记为准。该名录收录至1949年12月底。

村垌农民协会会员，1927年8月牺牲。

黄清文，又名黄亚三，廉江市吉水镇人，1888年生，1926年参加革命，梧村垌农民协会会员，1927年8月牺牲。

黄干民，又名黄亚七，廉江市吉水镇人，1890年生，1926年参加革命，1927年8月牺牲。

连秀枢，又名连亚六，廉江市石城镇人，1891年生，中共党员，1926年参加地下组织，1927年8月牺牲于廉江县城西街。

刘华太，廉江市吉水镇人，1895年生，1926年参加革命，梧村垌农协会员，1927年在梧村垌武装起义牺牲。

刘绍英，廉江市吉水镇人，1898年生，1926年参加革命，梧村垌农协会员，1927年在梧村垌武装起义中牺牲。

刘经德，廉江市吉水镇人，1902年生，1926年参加革命，梧村垌农协会员，1927年在梧村垌武装起义中牺牲。

刘经振，廉江市吉水镇人，1903年生，1926年参加革命，梧村垌农协会员，1927年在梧村垌武装起义中牺牲。

刘经芬，廉江市吉水镇人，1887年生，1926年参加革命，梧村垌农协会员，1927年在梧村垌武装起义中牺牲。

刘经英，廉江市吉水镇人，1895年生，1926年参加革命，梧村垌农协会员，1927年在梧村垌武装起义中牺牲。

刘经裕，廉江市吉水镇人，1905年生，1926年参加革命，梧村垌农协会员，1927年在梧村垌武装起义中牺牲。

刘锡寿，廉江市吉水镇人，1896年生，1926年参加革命，梧村垌农协会员，1927年在梧村垌武装起义中牺牲。

刘锡登，廉江市吉水镇人，1905年生，1926年参加革命，梧村垌农协会员，1927年在梧村垌武装起义中牺牲。

刘锡奎，廉江市吉水镇人，1882年生，1926年参加革命，梧村垌农协会员，1927年在梧村垌武装起义中牺牲。

黄平民，又名黄宗靖，廉江市石岭镇人，1889年生，1923年春加入中国共产党。曾任中共南路特委书记、广东省委候补常委，1928年12月被捕牺牲。

韩国汉，廉江市吉水镇人，1903年生，中共党员，1927年参加地下组织，曾任梧村垌农民协会分队长，1928年在廉江与敌人作战中牺牲。

刘邦武，廉江市吉水镇人，1892年生，1926年4月加入中国共产党，曾任中共廉江县委委员、中共南路特委委员。1930年冬在廉城遭杀害。

黄孝畴，廉江市塘蓬镇人，1901年生，1923年在广州加入中国共产党，曾任中共南路特委委员。1931年被害于高州县城。

二、抗日战争时期

童勋，廉江市石城镇人，1897年生，1923年参加国民革命军，曾任十九路军六十一师一二二旅六团一营代连长，1932年2月25日在上海庙竹镇牺牲。

关泽恩，又名关键，廉江市廉城东街人，1908年生，1926年3月加入中国共产党，曾到日本、苏联学习和工作，与廖承志、叶剑英、董必武、陈郁等同学或同事，介绍廖承志加入中国共产党。1933年后在苏联牺牲。

梁安成，又名梁英武，廉江市石城镇人，1871年生，1926年3月参加革命，曾任中共廉江县委书记、中共南路特委委员。1939年3月恢复组织关系，同年12月在广西桂林监狱被杀害。

赵毕基，廉江市良垌镇人，1891年生，1943年因收藏、保护革命同志被捕杀害。

杨广珍，廉江市石岭镇人，1924年生，中共党员，1944年4月参加南路抗日游击队。1944年8月在廉江安铺与日军作战中负重伤,第二天在坡头村牺牲。

王观生,廉江市良垌镇人,1944年2月参加南路抗日游击队,曾任司务长,1944年12月牺牲。

陈锦洋,廉江市良垌镇人,1910年生,1944年参加南路抗日游击队,曾任游击队班长,同年在廉江塘蓬与敌人作战中牺牲。

刘付亚六,1902年生,廉江市石角镇人,1944年参加南路抗日游击队,曾任游击队班长,同年在陆川县温丁与敌人作战中牺牲。

何志清,廉江市石角镇人,1914年生,1944年参加南路抗日游击队,游击队员,同年在廉江新塘战斗中牺牲。

黎炘堂,又名黎灼堂,廉江市石城镇人,1919年生,1944年参加南路抗日游击队,游击队员,同年在廉江那良村被捕杀害。

邱日富,又名邱美初,1917年生,廉江市青平镇人,1942年参加南路抗日游击队,游击队员,1944年在广西牛屎浆与敌人作战中牺牲。

占德裕,廉江市良垌镇人,1923年生, 1944年参加南路抗日游击队,游击队员,同年在廉江杨梅根暗江河与敌人作战中牺牲。

林家琼,廉江市石颈镇人,1906年生,中共党员,1934年参加地下组织。1944年在石颈被害。

陈熙尧,廉江市良垌镇人,1922年生,1944年参加南路抗日游击队,曾任游击队小组长,同年在廉江东桥村被害。

杨亚堂,廉江市石岭镇人,1922年生,1943年11月参加革命,战士,1944年在部队得病,回家休养,不久后去世。

阮亚太,廉江市吉水镇人,1914年生,1944年2月参加革命,游击队员,1944年在吉水被捕杀害。

林国瑞,廉江市石颈镇人,1905年生,1944年参加南路抗日游击队，曾任中队长，同年12月29日在廉江杨名水被捕，1945年1月1日在石颈圩边被杀害。

陆英敏，廉江市良垌镇人，1914年生，1939年参加南路抗日游击队，曾任副中队长，1945年1月29日在廉江三合与敌人作战中牺牲。

曹询熙，又名曹玉光，廉江市良垌镇人，1922年生，1944年参加南路抗日游击队，曾任南路人民抗日游击队党支部书记，1945年1月在廉江青平与敌人作战中牺牲。

罗利光，廉江市营仔镇人，1916年生，1944年参加南路抗日游击队，游击队员，1945年1月在廉江金屋地与敌人作战中牺牲。

陈梅燕，廉江市良垌镇人，1917年生，1944年参加革命，战士，1945年1月被捕，被害于吴川塘缀圩。

陈秀英，女，廉江市良垌镇人，1926年生，1944年参加革命，战士，1945年2月中旬随队西征时被杀害。

陈丰，廉江市良垌镇人，1918年生，1944年参加南路抗日游击队，曾任司务长，1945年2月在廉江灯草与敌人作战中牺牲。

林耀祥，又名林亚土，廉江市良垌镇人，1905年生，1944年11月参加南路抗日游击队，游击队员，1945年2月在廉江灯草与敌人作战中牺牲。

李二，廉江市新民镇人，1944年9月参加南路抗日游击队，1945年2月牺牲。

廖芝渐，廉江市新民镇人，1905年生，1944年参加南路抗日游击队，游击队员，1945年3月在廉江鸦菜根村与敌人作战中牺牲。

罗权，廉江市安铺镇人，1916年生，1944年参加南路抗日游击队，曾任副连长，1945年3月在广西马子岭与敌人作战中牺牲。

杨守新，廉江市石岭镇人，1924年生，1944年2月参加南路抗日游击队，游击队员，1945年5月西征时，在广西合浦县被害。

何亚五，廉江市石角镇人，1944年冬参加南路抗日游击队，1945年4月牺牲。

谭太，廉江市营仔镇人，1916年生，1944年参加南路抗日游击队，游击队员，1945年5月在廉江后塘仔与敌人作战中牺牲。

杨道珍，廉江市石岭镇人，1924年生，1944年12月参加南路抗日游击队，新三团政工队员，1945年5月在广西合浦县与敌人作战中牺牲。

何贵申，廉江市石角镇人，1912年生，1943年2月参加革命，游击队员，1945年5月在廉江新民与敌人作战中牺牲。

张汝龙，廉江市河唇镇人，1923年生，1945年1月参加南路抗日游击队，曾任班长，同年9月在廉江灯草、三合等地筹粮筹款时被敌人杀害。

陆延英，廉江市新民镇人，1895年生，1945年2月参加革命，曾任新塘抗日联防区村队副队长，同年12月19日在新民旧屋村被杀害。

黄欣仁，廉江市雅塘镇人，1920年生，1943年11月参加南路抗日游击队，莫兴武工队队员，1945年12月22日在广西博白县梅岭径被捕牺牲。

廖国业，廉江市石颈镇人，1932年生，中共党员，1942年参加南路抗日游击队，曾任中队指导员，1945年12月22日在博白县梅岭径与敌人作战中牺牲。

罗良，廉江市安铺镇人，1927年生，1945年参加革命，莫兴武工队队员，中共党员，1945年12月22日在博白县梅岭径战斗中牺牲。

罗镇兴，廉江市安铺镇人，1925年生，1944年参加革命，莫兴武工队队员，1945年12月22日在博白县梅岭径战斗中牺牲。

潘日永，廉江市良垌镇人，1926年生，中共党员，1944年参加南路抗日游击队，司务长，1945年在广西合浦与敌人作战中牺牲。

钟启运，廉江市青平镇人，1928年生，1943年参加南路抗日游击队，曾任南路人民抗日游击队排长，1945年在广西峒中六树与敌人作战中牺牲。

杨德和，廉江市石城镇人，1925年生，1945年参加南路抗日游击队，曾任班长，同年在廉江铺洋与敌人作战中牺牲。

李世光，廉江市石角镇人，1920年生，1943年参加南路抗日游击队，曾任连长，1945年在廉江塘蓬镇旧屋场与敌人作战中牺牲。

魏德新，又名魏亚二，廉江市青平镇人，1894年生，1944年参加南路抗日游击队，是交通员，1945年在廉江青平圩与敌人作战中牺牲。

廖发琼，又名廖亚富，廉江市石颈镇人，1924年生，1944年参加南路抗日游击队，游击队员，1945年在廉江石岭被捕后被害。

全仁贤，又名全亚生，廉江市良垌镇人，1910年生，1944年参加南路抗日游击队，游击队员，1945年与敌人作战中牺牲。

赵亚荣，廉江市良垌镇人，1919年生，1944年参加南路抗日游击队，游击队员，1945年在廉江山侠与敌人作战中牺牲。

陈观福，廉江市良垌镇人，1925年生，1944年参加南路抗日游击队，游击队员，1945年在廉江山猪窝与敌人作战中牺牲。

曹家祥，廉江市青平镇人，1904年生，中共党员，1944年参加南路抗日游击队,曾任游击队参谋,1945年在广西合浦与敌人作战中牺牲。

戴锡生,廉江市良垌镇人,1925年生,1944年参加南路抗日游击队,曾任游击队分队长,1945年在广西合浦与敌人作战中牺牲。

廖士钦,廉江市良垌镇人,1908年生,1944年参加南路抗日游击队,游击队员,1945年在广西合浦与敌人作战中牺牲。

戴康养,廉江市良垌镇人,1919年生,1944年参加南路抗日游击队,游击队员,1945年被捕,后被害于高州。

戴美和,女,廉江市良垌镇人,1928年生,1944年参加南路抗日游击队,曾任宣传员,1945年在广西合浦与敌人作战中牺牲。

全继昌,廉江市良垌镇人,1928年生,1944年参加南路抗日游击队,曾任排长,1945年在廉江三合与敌人作战中牺牲。

杨君栋,廉江市石岭镇人,1924年生,1944年参加革命,1945年在龙湾肖村作战牺牲。

杨士平,廉江市石岭镇人,1914年生,1944年参加南路抗日游击队,游击队员,1945年在廉江市肖村与敌人作战中牺牲。

叶有常,廉江市青平镇人,1900年生,1944年12月参加南路抗日游击队,曾任班长,1945年在合浦总江口与敌人作战牺牲。

三、解放战争时期

江辉邦,廉江市石颈镇人,1912年生,1945年参加南路抗日游击队,石颈乡税站征税员,同年3月在廉江草塘征粮时被敌杀害。

梁国荣,廉江市石城镇人,1923年生,中共党员,1945年参加游击队,地方工作人员,同年10月在廉江新民杨柳仔与敌作战中牺牲。

梁亚贵，廉江市石城镇人，1944年参加革命，战士，1945年10月在广西大洞牺牲。

凌庆祥，廉江市新民镇人，1921年生，1945年2月参加革命，连长，1945年11月在廉江全塘仔牺牲。

林济源，廉江市石颈镇人，1916年生，1944年参加南路抗日游击队，长山独立营战士，1945年11月在广西博白县旧屋战斗中牺牲。

陆延光，廉江市新民镇人，1913年生，1945年2月参加革命，新塘抗日联防区联防队员，1945年12月19日在新民旧屋村被害。

曹鸿基，廉江市青平镇人，1922年生，1943年参加南路抗日游击队，莫兴武工队队员，1945年12月22日在广西博白县梅岭径战斗中牺牲。

龙有和，廉江市石颈镇人，1923年生，1944年参加南路抗日游击队，莫兴武工队队员，1945年12月22日在广西博白县梅岭径战斗中牺牲。

林观成，廉江市吉水镇人，1926年生，1944年3月参加南路抗日游击队，战士，1945年冬在廉江新民鸡笼塘战斗中牺牲。

梁其鸿，廉江市石城镇人，1895年生，1945年参加革命，曾任新塘抗日联防区副主任，同年年底在新民打银村被捕杀害。

林善杰，又名林亚进，廉江市良垌镇人，1923年生，1944年参加南路抗日游击队，游击队员，1945年在广西合浦金鸡村与敌人作战中牺牲。

全亚金，又名全世琼，女，廉江市良垌镇人，1928年生，1944年参加抗日游击队，宣传员，1945年在广西合浦被害。

郑伯招，廉江市石岭镇人，1920年生，1945年参加南路抗日游击队，战士，1945年在廉江谢下村活动时被害。

邱美初，廉江市青平镇人，1915年生，1944年参加革命，战士，1945年在合浦白石水牺牲。

全亚有，廉江市良垌镇高桥村人，1943年参加革命，战士，1945年在广州同敌人作战中牺牲。

李炽熙，廉江市新民镇岭头村人，1944年参加革命，游击队员，1945年牺牲。

杨德，廉江市石岭镇人，1918年生，1944年参加南路人民游击队，曾任老三团涂营连长，1946年1月10日在广西防城竹叶坳战斗中牺牲。

涂汉青，又名涂亚二，廉江市石角镇人，1918年生，中共党员，1943年参加革命，排长，1946年1月10日在防城竹叶坳战斗中牺牲。

林敬武，廉江市石颈镇人，1920年生，1939年在高州参加学生队，并加入中国共产党。后任老一团涂营政委，1946年1月10日在广西防城竹叶坳战斗中牺牲。

罗兆森，廉江市良垌镇人，1917年生，1945年参加南路人民游击队，游击队员，1946年1月19日在化州新安圩被害。

陈森成，又名陈康华，廉江市石岭镇人，1928年生，1945年参加南路人民游击队，曾任石岭联络站站长，1946年1月在廉城被害。

李时琼，廉江市青平镇人，1919年生，1946年3月参加南路人民解放军，新三团连长，1946年4月在英桥遭杀害。

林振权，廉江市良垌镇人，1907年生，1946年参加白沙村农会，同年4月在为革命志士带路途中遇袭牺牲。

陈锡连，廉江市新民镇人，1902年生，1946年参加南路人民解放军，新三团战士，1946年6月执行任务时被害。

李时贵，廉江市长山镇人，1916年生，1946年参加南路人民游击队，战士，同年6月在廉江青平木高山战斗中牺牲。

马安云，廉江市安铺镇人，1880年生，1944年参加南路人民抗日游击队，曾任遂廉边抗日联防队大队长，1946年7月被捕，受折磨死于狱中。

曹亚八，廉江市青平镇人，1925年生，1945年3月参加南路人民游击队，曾任新三团班长，1946年8月在博白县白马岭与敌作战中牺牲。

江亚六，廉江市青平镇人，1918年生，1944年参加南路人民抗日游击队，新三团战士，1946年8月在石岭塘尾战斗中牺牲。

李绍标，廉江市长山镇人，1924年生，1946年2月参加南路人民游击队，同年10月在廉江青平圩战斗中牺牲。

李洪业，廉江市良垌镇人，1905年生，1945年参加革命，农会长，1946年11月9日执行任务时被害于良垌桥头。

叶士养，廉江市青平镇人，1926年生，1946年4月参加南路人民解放军，新三团战士，同年11月在车板被杀害。

陈家枢，廉江市良垌镇人，交通员，1946年11月在良垌圩桥头岭牺牲。

吴君云，廉江市良垌镇马尾垌村人，村队长，1946年12月在被捕杀害于新安。

袁国基，廉江市河唇镇人，1905年生，1946年参加南路人民游击队，战士，同年12月在河唇风梢村被害。

袁国祥，廉江市河唇镇人，1907年生，1946年参加南路人民游击队，战士，同年12月在河唇风梢村被害。

李兆荣，廉江市石角镇丹斗村人，排长，1946年西征途中牺牲。

肖亚统，石城镇官埇村人，1894年生，游击队炊事员，1946

年在关草山战斗中牺牲。

卢培龙，廉江市良垌镇人，1913年生，1946年参加革命，保粮员，1946年被杀害。

钟光寿，廉江市青平镇人，1929年生，1946年参加南路人民解放军，新三团战士，同年在夜行军时触地雷爆炸而牺牲。

林敬恩，廉江市石颈镇人，1920年生，1945年参加南路人民解放军，长山独立营便衣队员，1946年在廉江长山银坳战斗中牺牲。

杨华有，廉江市石岭镇人，1930年生，1944年8月参加南路抗日游击队，战士，1946年西征时，在广西途中牺牲。

陈洛成，廉江市石岭镇人，1922年生，中共党员，1944年8月参加南路抗日游击队，曾任老三团连长，1946年西征时，在广西途中牺牲。

唐辉隆，又名唐欣五，廉江市石颈镇人，1918年生，1946年8月参加南路人民解放军，曾任新三团教官，同年在蒙村坝山战斗中牺牲。

连文国，廉江市石颈镇人，1922年生，1944年参加南路抗日游击队，战士，1946年在新民三角山战斗中牺牲。

杨家胜，又名杨亚四，廉江市石颈镇人，1922年生，1946年参加南路人民游击队，战士，同年在横山缸瓦窑阻击敌人时牺牲。

陈康正，廉江市横山镇人，1928年生，1946年参加南路人民游击队，新一团战士，同年在遂溪县甘蔗林战斗中牺牲。

林济宽，廉江市石颈镇人，1914年生，1945年参加南路抗日游击队，石岭税站收税员，1946年在石岭收税时遇袭牺牲。

李启国，廉江市长山镇人，1921年生，1946年参加南路人民游击队，新三团战士，同年在博白与敌人作战中牺牲。

李亚六，廉江市青平镇人，1927年生，1946年3月参加南路人民解放军，长山独立营战士，同年在长山战斗中牺牲。

叶志英，女，廉江市良垌镇人，1927年生，1943年参加南路人民抗日游击队，排长，1946年在吴川板部战斗中牺牲。

符观胜，又名符亚胜，廉江市石岭镇人，1924年生，1944年参加南路人民抗日游击队，老三团战士，1946年西征时在中越边境牺牲。

罗泽瑞，廉江市安铺镇人，1912年生，1942年参加南路人民游击队，曾任老三团副中队长，1946年在青平金屋地战斗中牺牲。

伍国昌，廉江市石岭镇人，1918年生，1942年参加南路人民抗日游击队，队员，1946年被害于廉江太平圩。

唐尚仁，廉江市石颈镇人，1924年生，中共党员，1944年参加南路人民抗日游击队，曾任老三团副连长，1946年在廉江甘塘战斗中牺牲。

江亚七，廉江市石颈镇人，1917年生，1946年参加南路人民解放军，战士，同年在廉江黄头河战斗中牺牲。

陈胜，廉江市新民镇人，1924年生，1944年参加南路人民抗日游击队，老一团战士，1946年在广西与敌人作战中牺牲。

钟亚有，又名钟观有，廉江市青平镇人，1917年生，1946年参加南路人民解放军，同年在廉江大窝岭战斗中牺牲。

高胜，又名高亚明，廉江市良垌镇人，1920年生，1945年参加南路人民游击队，曾任廉江赤岭乡副乡长，1946年在赤岭征粮时被捕，于廉城遇害。

吴培诚，廉江市河唇镇人，1915年生，1944年参加南路人民抗日游击队，一团二营五连战士，1946年合浦与敌人作战中牺牲。

杨康定，廉江市石岭镇人，1913年生，1944年参加南路人民抗日游击队，老一团战士，1946年在合浦与敌人作战中牺牲。

洪光潮，廉江市横山镇人，1924年生，1944年参加地下组织，曾任老一团特务长，1946年西征时，在广西谷埠河战斗中牺牲。

李观就，廉江市横山镇人，1928年生，1945年参加南路人民抗日游击队，老一团战士，1946年西征时，在广西谷埠河望公岭战斗中牺牲。

李胜，廉江市横山镇人，1926年生，1944年参加南路人民抗日游击队，新三团战士，1946年在簕塘战斗中牺牲。

钟添，廉江市横山镇人，1927年生，1945年参加南路人民游击队，新三团战士，1946年在塘蓬被杀害。

方富润，廉江市横山镇人，1923年生，1944年参加南路人民抗日游击队，老一团排长，1946年在广西谷埠河战斗中牺牲。

莫华，廉江市横山镇人，1928年生，1945年参加南路人民抗日游击队，地下工作者，1946年在横山六格被害。

何高，廉江市横山镇人，1925年生，1946年参加地下组织，同年在横山圩被害。

邓世传，廉江市石岭镇人，1898年生，1944年参加革命，班长，1946年在廉江簕塘战斗中牺牲。

曹达道，廉江市青平镇人，1915年生，战士，1946年在青平被捕牺牲。

钟其应，廉江市石岭镇人，1930年生，1945年参加革命，战士，1947年1月在廉江博教战斗中牺牲。

李绍槐，廉江市吉水镇人，1921年生，1946年参加革命，征收员，1947年1月在廉城被害。

李绍奎，廉江市吉水镇人，1921年生，1946年参加革命，游击队员，1947年1月被捕杀害。

邓炳和，廉江市良垌镇人，1878年生，1946年11月参加革命，村长，1947年2月2日在良垌塘溪岭与敌作战中牺牲。

宋国钦，廉江市良垌镇人，1920年生，1947年2月参加革命，乡政府督导员，1947年2月17日执行任务时被害。

邓万兴，廉江市良垌镇人，1882年生，1946年参加革命，塘溪岭村村长，1947年2月在塘溪岭牺牲。

杨年珍，女，廉江市良垌镇人，1911年生，1946年参加革命，塘溪岭村妇女主任，1947年2月在塘溪岭牺牲。

高培文，廉江市良垌镇人，1909年生，1946年参加革命，交通员，1947年2月在廉江平坡村被捕，在良垌圩牺牲。

高雷德，廉江市良垌镇人，1928年生，1946年参加革命，交通员，1947年2月在良垌村被捕，在良垌赤岭牺牲。

李广明，廉江市长山镇坝仔村人，战士，1947年2月在白马岭作战牺牲。

全庭发，廉江市良垌镇人，1912年生，1947年8月参加革命，村农会会长，1947年3月被害于那梭圩。

李广民，廉江市长山镇人，1919年生，1947年2月参加革命，战士，1947年3月在广西白马岭战斗中牺牲。

李伍，廉江市长山镇人，1923年生，1947年参加革命，通讯员，同年3月在廉江那贺战斗中牺牲。

邹振尧，1920年生，廉江市良垌镇人，1946年参加革命，交通员，1947年4月8日在执行任务途中被敌杀害。

全华强，又名全亚龙，廉江市良垌镇人，1928年生，1944年参加革命，连长，1947年在4月15日在良垌圩战斗中牺牲。

关芳，廉江市长山镇人，1919年生，1946年参加革命，通讯员，1947年4月27日在广西北罗战斗中牺牲。

温定南，廉江市长山镇人，1898年生，1947年3月参加革命，1947年4月在广西白麻岭被捕，在广西博白遭杀害。

叶汉光，廉江市良垌镇人，1922年生，1947年参加革命，司务长，同年4月在廉江良垌三角塘被害。

钟汝耀，廉江市河唇镇人，1905年生，1947年3月参加革命，征粮员，同年4月在河唇山祖村被害。

刘亚海，廉江市石角镇人，1918年生，1947年参加革命，战士，1947年5月23日在化州白花战斗中牺牲。

刘付法贵，廉江市石角镇人，1930年生，1947年5月23日在化州白花战斗中牺牲。

刘付恩祥，廉江市石角镇人，1904年生，1946年参加革命，战士，1947年5月23日在化州白塘村战斗中牺牲。

刘付艾，廉江市石角镇人，1918年生，中共党员，1945年参加革命，指导员，1947年5月23日在化州白花战斗中牺牲。

刘付亚四，廉江市石角镇人，1932年生，1946年参加革命，战士，1947年5月23日在化州白花战斗中牺牲。

黄乃忠，廉江市石角镇人，1916年生，1947年参加革命，战士，同年5月23日在化州白花战斗中牺牲。

刘增林，廉江市石角镇人，1929年生，1947年参加革命，战士，同年5月23日在化州白花战斗中牺牲。

刘建如，廉江市石角镇人，1907年生，1947年参加革命，战士，同年5月23日在化州白花战斗中牺牲。

刘付乃绍，廉江市石角镇人，1917年生，1946年参加革命，战士，1947年5月23日在化州白花战斗中牺牲。

刘国武，廉江市石角镇人，1919年生，中共党员，1945年参加革命，指导员，1947年5月23日在化州白花战斗中牺牲。

刘亚玉，廉江市石角镇人，1918年生，1947年参加革命，战士，1947年5月23日在化州白花战斗中牺牲。

刘付亚己，廉江市石角镇人，1899年生，1945年参加革命，班长，1947年5月23日在化州白花战斗中牺牲。

林济南，廉江市青平镇人，1903年生，1947年2月参加革命，交通站枪械员，1947年5月1日被捕，后于草塘窑坡牺牲。

吴亚二，廉江市石颈镇人，1923年生，1942年参加革命，班长，1947年5月在广西凤凰山战斗中牺牲。

肖亚拉，廉江市石城镇人，1909年生，1946年参加革命，战士，1947年5月在廉江塘尾村战斗中牺牲。

戴甫义，廉江市车板镇人，1915年生，1947年参加革命，征税员，1947年5月在车板圩征税牺牲。

钟永兰，又名钟亚四，廉江市吉水镇人，1916年生，1943年参加革命，战士，1947年5月在田界山心村制造地雷时发生意外爆炸牺牲。

龙家寿，又名龙亚五，廉江市长山镇人，1930年生，1946年参加革命，1947年5月在广西水流埇战斗中牺牲。

吴继积，廉江市石岭镇人，1915年生，1947年2月参加革命，村民兵副组长，1947年6月6日于合江战斗中牺牲。

许祥芬，廉江市石岭镇人，1927年生，1946年参加革命，司务长，1947年6月14日在廉江峥角溪战斗中牺牲。

何兆郁，廉江市石岭镇人，1927年生，1947年5月参加革命，战士，1947年6月被捕杀害。

郑汝和，廉江市长山镇人，1901年生，1945年参加革命，班长，1947年6月在廉江塘蓬被害。

谢晓光，廉江市河唇镇人，1916年生，1947年参加革命，地下工作者，同年6月在塘蓬那特村被敌人暗杀。

林道宗，廉江市良垌镇人，1913年生，1947年参加革命，丰背村村长，同年6月在廉江良垌圩被害。

黄亚二，廉江市和寮镇人，1912年生，1942年参加革命，战士，1947年6月在太平伏击战斗中牺牲。

刘付运周，廉江市石角镇人，1924年生，1947年4月参加南路人民游击队，新三团战士，同年7月在化州平定战斗中被捕，后被害。

薛昌寿，廉江市良垌镇人，1923年生，1946年11月参加革命，曾任筹粮主任，1947年7月在执行任务时被害。

刘汝林，廉江市石角镇人，1923年生，1946年4月参加革命，战士，1947年7月在化州天堂嶂战斗中牺牲。

梁亦和，又名梁亚寿，廉江市石角镇人，1915年生，1946年参加革命，战士，1947年7月在石角山底坡被害。

梁孟和，廉江市石角镇人，1889年生，1946年参加革命，战士，1947年7月在廉江山底战斗中牺牲。

伍世堂，廉江市安铺镇人，1905年生，1943年参加革命，班长，1947年7月在钦州那乌村战斗中牺牲。

唐锡安，廉江市塘蓬镇人，1891年生，1946年参加革命，战士，1947年7月牺牲。

张奎英，廉江市良垌镇人，保粮员，1947年7月在南圩被杀害。

林进廷，1931年生，廉江市石岭镇人，1946年11月参加革命，游击队员，1947年8月5日在执行任务时被敌杀害于石岭田螺岭。

陈昌诚，廉江市良垌镇人，1905年生，1945年参加革命，村副主任，1947年8月19日在良垌遭敌杀害。

林双三，廉江市石颈镇人，1900年生，1947年参加革命，交通员，1947年8月在石颈佛坛圩被害。

刘兆贤，廉江市石角镇人，1907年生，1947年3月参加革命，曾任南路人民解放军教官，同年8月在石角被害。

钟亚福，廉江市石岭镇人，1924年生，1947年2月参加革命，收税员，1947年8月在廉江白排收税时牺牲。

黄亚喜，廉江市石角镇人，1915年生，1947年参加革命，战士，同年8月在石角丰满战斗中牺牲。

黄锦光，又名黄亚月，廉江市石角镇人，1917年生，1947年参加革命，班长，同年8月在石角丰满战斗中牺牲。

梁亚六，廉江市石角镇人，1920年生，1947年参加革命，战士，同年8月在石角丰满战斗中牺牲。

林庭元，又名林亚四，廉江市吉水镇人，1921年生，1946年参加革命，交通员，1947年8月在塘蓬被捕杀害。

陈六兴，廉江市良垌镇人，1925年生，1947年参加革命，战士，同年8月在大碰战斗牺牲。

梁士英，女，廉江市良垌镇人，马屋洞村妇女会长，1947年2月被捕，同年8月在化县新安被杀害。

黄锦瑞，廉江市石角镇人，1905年生，1947年5月参加革命，农会委员，1947年9月6日在亚公岭放哨时被害。

黄德宏，廉江市高桥镇人，1927年生，中共党员，1945年2月参加革命，排长，1947年9月8日在广西陆磨江战斗中牺牲。

赖家存，又名赖华存，廉江市和寮镇人，1918年生，中共党员，1945年12月参加革命，中队长，1947年9月8日在廉江那贺战斗中牺牲。

陈定汉，廉江市良垌镇人，1914年生，1945年12月参加革命，农会会员，1947年9月执行任务时被害。

李学明，廉江市青平镇人，1918年生，1946年参加革命，战士，1947年9月在草塘圩被杀害。

李成宽，廉江市石岭镇人，1920年生，1947年参加革命，通讯员，1947年9月在新埠被捕杀害。

陈家赞，廉江市良垌镇人，1905年生，中共党员，1947年3月参加革命，行政村长，1947年10月14日执行任务时被害。

陈希堂，廉江市良垌镇人，1906年生，中共党员，1947年参加革命，交通站站长，1947年10月14日执行任务时被害。

全植章，廉江市良垌镇人，1910年生，1946年3月参加革命，行政村副主任，1947年10月25日在大潮村粮寮岭遭敌杀害。

陈家枢，廉江市良垌镇人，1903年生，中共党员，1947年3月参加革命，行政村长，1947年10月14日被捕，后遭敌杀害。

李绍才，廉江市石颈镇人，1906年生，1946年参加革命，战士，1947年10月在廉江沙铲战斗中牺牲。

黄兆宣，廉江市石城镇人，1901年生，1946年参加革命，战士，1947年10月在廉江南圩战斗中牺牲。

廖福章，廉江市青平镇人，1915年生，1944年参加革命，战士，1947年10月在廉江邹榕树战斗中被捕，在廉江牺牲。

林家康，廉江市石岭镇人，1921年生，1947年参加革命，战士，1947年10月在廉江上坝学习使用地雷时牺牲。

唐绍昌，又名唐动生，1919年生，1947年10月在廉江沙铲战斗中牺牲。

全汝明，廉江市良垌镇人，1902年生，1946年8月参加革命，村主任，1947年11月1日被害于大潮村。

巫永昌，1900年生，廉江市石岭镇人，1947年参加革命，交通员，1947年11月13日因担药被敌杀害。

罗有恒，廉江市青平镇人，1902年生，1945年参加革命，村联络员，1947年11月16日被害于仰塘圩。

宋儒齐，廉江市良垌镇人，1905年生，1946年6月参加革命，村农会会员，1947年11月25日被捕，被害于那梭圩对面岭。

宋儒强，廉江市良垌镇人，1922年生，1946年6月参加革命，村农会文书，1947年11月25日被捕，被害于那梭圩对面岭。

宋道康，廉江市良垌镇人，1884年生，1946年参加革命，村主任，1947年11月25日被害于那梭圩对面岭。

宋儒享，廉江市良垌镇人，1914年生，1946年6月参加革命，三大汉村长，1947年11月25日被敌杀害于那梭圩对面岭。

钟亚江，廉江市石岭镇人，1918年生，1947年参加革命，战士，1947年11月28日在廉江武陵被害。

刘付元来，廉江市石角镇人，1924年生，1947年参加南路人民游击队，同年11月在化州落楼嶂战斗中牺牲。

陈炳新，又名陈寿，廉江市良垌镇人，1930年生，1947年参加革命，战士，1947年11月在廉江石山战斗中牺牲。

周亚隆，廉江市石岭镇人，1929年生，1947年参加革命，战士，同年11月在廉江猪头埠战斗中牺牲。

陈宽东，廉江市良垌镇人，1925年生，1947年参加革命，战士，同年11月在廉江杨梅战斗中牺牲。

蒙亚九，廉江市石城镇人，1906年生，1947年3月参加革命，炊事员，1947年11月在廉江王大夫村牺牲。

李伯光，廉江市石岭镇人，1921年生，1947年参加革命，战士，1947年11月在簕塘作战牺牲。

郑亚七，廉江市长山镇石碑村人，交通站站长，1947年11月在金花村被杀害。

许锡华，廉江市石岭镇人，1917年生，1947年参加革命，收税员，同年12月在廉江石岭被害。

刘如凤，廉江市雅塘镇人，1914年生，1947年参加革命，交通站长，同年12月在廉江江东战斗中牺牲。

刘升平，廉江市石角镇人，1903年生，1946年5月参加革命，农会委员，1947年12月在良岸城作战中牺牲。

黄天文，廉江市石角镇人，1900年生，1946年5月参加革命，村农会会长，1947年12月在良岸城作战中牺牲。

冯才英，廉江市石角镇人，1909年生，1947年参加革命，战士，同年12月在化州平定战斗中牺牲。

姚国坤，廉江市青平镇人，1905年生，1947年4月参加革命，战士，同年12月在沙铲尖岭战斗中牺牲。

黄德英，廉江市吉水镇人，1910年生，1947年参加革命，通讯员，同年12月在吉水被害。

刘锦端，廉江市河唇镇人，1926年生，1947年9月参加革命，战士，同年12月在吉水战斗中牺牲。

刘汝进，廉江市石角镇丰满人，1916年生，1947年参加南路人民游击队，司务长，同年12月在丰满战斗中牺牲。

李伟荣，廉江市石城镇人，1898年生，1946年参加革命，石板村长，1947年12月在化州新安圩牺牲。

黄兆武，廉江市石城镇人，1916年生，1946年参加革命，地下工作者，1947年12月在化州新安圩牺牲。

吴瑞桂，又名吴华桂，廉江市良垌镇人，1913年生，1947年参加革命，粮食保管员，1947年12月在良垌圩被捕，后于化州新安圩牺牲。

陈田安，廉江市良垌镇人，1905年生，1947年3月参加革命，战士，1947年12月在化县梓蒙战斗中牺牲。

钟亚李，廉江市吉水镇人，1928年生，1946年参加革命，税站站长，1947年12月在大榄根收税时被杀害。

杜亚保，廉江市石城镇人，1920年生，战士，1947年12月在廉江县黄大夫村被杀害。

庞广元，廉江市石城镇大园坡村人，1925年生，战士，1947年12月在廉江县黄大夫村被捕杀害。

刘兆德，又名刘德九，廉江市石角镇丰满人，1946年参加革命，战士，1947年12月在丰满战斗中牺牲。

刘寿武，又名刘亚四，廉江市石角镇丰满人，1918年生，1946年参加革命，排长，1947年12月在丰满战斗中牺牲。

陆陈瑞，廉江市石城镇人，1889年生，1945年参加革命，游击队员，1947年冬在石城大墩岭被杀害。

刘付亚五，廉江市石角镇人，1922年生，1947年参加革命，战士，同年年底在山底仙人嶂战斗中牺牲。

刘付贞祥，又名刘付亚五，廉江市石角镇人，1907年生，1946年参加革命，战士，1947年在仙人嶂战斗中牺牲。

陈瑞和，廉江市良垌镇人，1903年生，1946年参加革命，村长，1947被害于新圩桥头。

陈亚兴，廉江市良垌镇人，1924年生，1947年参加革命，曾任石塘村主任，同年冬敌人"扫荡"时，被害于良垌圩。

邓秀铨，廉江市良垌镇人，1907年生，1946年参加革命，武工队员，1947年1月22日被捕，后于廉城西街岭被杀害。

邹亚益，廉江市良垌镇人，1922年生，1947年参加革命，战士，同年7月在车头山战役后撤时牺牲。

陈亚良，廉江市良垌镇人，1923年生，1947年3月参加革命，战士，1947年秋在廉江东头山战斗中牺牲。

刘双三，廉江市石岭镇人，1928年生，1946年参加革命，战士，1947年秋在廉江石岭战斗中牺牲。

吴家何，廉江市石颈镇人，1925年生，1946年参加革命，1947年在廉江飘竹被害。

赖亚立，廉江市石颈镇人，1922年生，1946年参加革命，战士，1947年在廉江灯草战斗中牺牲。

黄亚南，廉江市石颈镇人，1928年生，1947年参加革命，战士，同年在广西牛屎坑战斗中牺牲。

刘付将英，廉江市石角镇人，1908年生，1946年参加革命，通讯员，1947年在山底送信时被捕牺牲。

刘付天祥，廉江市石角镇人，1914年生，1944年参加革命，班长，1947年在大塘牺牲。

刘付国兴，廉江市石角镇人，1919年生，1946年参加革命，侦察员，1947年在化州公居乡侦察时被敌杀害。

罗广发，廉江市石角镇人，1925年生，1946年参加革命，战士，1947年在廉江箣塘战斗中牺牲。

杨观兴，廉江市石岭镇人，1914年生，1945年参加革命，村队队员，1947年在廉江肖村被害。

郑均法，廉江市石岭镇人，1916年生，1945年参加革命，村队队员，1947年在廉江肖村被害。

龙家育，廉江市石颈镇人，1921年生，1947年参加革命，班长，1947年在广西博白县白马岭战斗中牺牲。

龙有记，又名龙廿四，廉江市石颈镇人，1921年生，1947年参加革命，班长，1947年在广西博白县白马岭战斗中牺牲。

龙宗海，廉江市石颈镇人，1914年生，1947年参加革命，战士，1947年在广西博白县白马岭战斗中牺牲。

李绍秀，廉江市吉水镇人，1907年生，1946年参加革命，征粮员，1947年在廉城被害。

张锡安，廉江市长山镇人，1906年生，战士，1947年在广西陆川战斗中牺牲。

林国立，廉江市石颈镇人，1929年生，1947年参加革命，战士，同年在廉江长山路带战斗中牺牲。

叶维福，又名叶法庆，廉江市石颈镇人，1926年生，1945年参加革命，交通员，1947年在廉江石颈与敌人作战中牺牲。

钟祥，廉江市石颈镇人，1907年生，1945年参加革命，战士，1947年在广西战斗中牺牲。

黄允由，廉江市石颈镇人，1927年生，1947年参加革命，战士，同年在塘蓬战斗中牺牲。

曾亚四，廉江市吉水镇人，1925年生，1944年参加革命，排长，1947年在廉江白沙战斗中牺牲。

刘付士玉，又名刘付亚七，廉江市石角镇人，1928年生，1947年参加革命，战士，同年在良垌与敌人作战中牺牲。

黄亚贤，又名黄贤英，廉江市石角镇人，1912年生，1947年参加革命，战士，同年在石角丰满泉咀岭被害。

江春南，廉江市良垌镇人，1917年生，1945年参加革命，战士，1947年在田头被捕，同年在良垌被害。

林华贵，廉江市长山镇人，1924年生，1946年3月参加革命，战士，1947年青平与敌作战中牺牲。

钟进河，廉江市吉水镇人，1916年生，1944年参加革命，征粮员，1947年在廉城被害。

梁炳焕，又名梁辉，廉江市吉水镇人，1911年生，1944年参加革命，税站站长，1947年在廉江市合江战斗中牺牲。

陈亚进，廉江市吉水镇人，1912年生，1947年参加革命，征税员，同年在塘蓬收税时被捕杀害。

李太兴，廉江市长山镇人，1927年生，1946年参加革命，战士，1947年在廉江青平被害。

钟汉英，廉江市河唇镇人，1912年生，1945年参加革命，事务长，1947年在塘蓬与敌作战中牺牲。

钟亚五，廉江市吉水镇人，1929年生，1944年参加革命，战士，1947年在蔡屋菏村与敌人作战中牺牲。

钟安，又名钟城伟，廉江市吉水镇人，1916年生，1946年参加革命，排长，1947年在廉江与敌人作战中牺牲。

叶玉池，廉江市营仔镇人，1913年生，1947年参加革命，通讯员，1947年在车板牺牲。

李国权，廉江市石角镇人，1920年生，1943年参加革命，排长，1947年在石岭战斗中牺牲。

庞春增，廉江市河唇镇人，1910年生，1946年参加革命，炊事员，1947年在塘蓬战斗中牺牲。

肖景珍，廉江市石城镇人，1907年生，1946年参加革命，地方工作者，1947年在廉城牺牲。

肖亚康，廉江市石城镇人，1910年生，1946年参加革命，地方工作者，1947年在廉城牺牲。

郑兴寿，廉江市河唇镇人，1912年生，1946年参加革命，地下工作者，1947年在塘蓬被害。

庞鉴光，廉江市河唇镇人，1905年生，1946年参加革命，太平乡农会长，1947年在化州新安战斗中牺牲。

黄家成，廉江市石城镇人，1902年生，1946年参加革命，地下工作者，1947年在廉江克石村战斗中牺牲。

钟炳焕，又名钟观龙，廉江市吉水镇人，1914年生，1947年参加革命，战士，1947年在廉江笠塘与敌作战中被捕，被害于廉江太平。

吴亚培，廉江市良垌镇人，1920年生，1943年参加革命，副连长，1947年在塘蓬与敌作战中牺牲。

周志瑞，廉江市安铺镇人，1922年生，1938年参加革命，中队指导员，中共党员，1947年在安铺战斗中牺牲。

钟念，廉江市横山镇人，1924年生，1945年参加革命，新四团战士，1947年在阳江县战斗中牺牲。

卜家欣，廉江市塘蓬镇人，1922年生，1941年参加革命，战士，1947年在塘蓬战斗中牺牲。

李水旺，廉江市雅塘镇人，1920年生，1946年参加革命，通讯员，1947年在廉江山子尾村被害。

吴亚光，廉江市雅塘镇人，1926年生，1946年参加革命，战士，1947年在廉江西朗战斗中牺牲。

吴玉宪，廉江市和寮镇人，1896年生，1945年参加革命，交通站站长，1947年在廉江塘蓬被害。

殷朝明，廉江市良垌镇人，1923年生，1944年参加革命，副连长，1947年在火寨战斗中牺牲。

卜有宁，廉江市塘蓬镇人，1922年生，1943年参加革命，副排长，1947年在化州船江战斗中牺牲。

唐吉光，廉江市塘蓬镇人，1924年生，1946年参加革命，战士，1947年在新民三角山战斗中牺牲。

林道论，廉江市良垌镇人，1924年生，1947年参加革命，战士，同年在樟蒙战斗中牺牲。

林土生，廉江市良垌镇人，1933年生，1947年参加革命，通讯员，同年在樟蒙战斗中被捕，后在良垌鹤山牺牲。

陈亚木，廉江市良垌镇人，1923年生，1946年参加革命，班长，1947年在合浦战斗中牺牲。

陈亚秀，廉江市良垌镇人，1920年生，1947年参加革命，通讯员，同年在廉化边界送信时被捕，后在良垌鹤山牺牲。

叶土德，廉江市良垌镇人，1929年生，1946年参加革命，战士，1947年在廉江王武山战斗中牺牲。

钟木生，廉江市良垌镇人，1928年生，1944年参加革命，游击分队队长，1947年在廉江大塘战斗中牺牲。

陈亚生，廉江市良垌镇人，1921年生，1944年参加革命，班长，1947年在大碰战斗中牺牲。

吴亚田，廉江市良垌镇人，1928年生，1945年参加革命，战士，1947年在良垌沙铲庙战斗中牺牲。

黄炳锡，廉江市良垌镇人，1921年生，1946年参加革命，战士，1947年在廉江香木径被害。

潘亚统，廉江市良垌镇人，1929年生，中共党员，1946年参加革命，副排长，1947年在吴川县杨市埇战斗中牺牲。

黄增光，廉江市良垌镇人，1915年生，1946年参加革命，1947年在廉江香山战斗中牺牲。

陈熙珍，廉江市良垌镇人，1920年生，1946年参加革命，战士，1947年在杨梅战斗中牺牲。

李炳周，廉江市新民镇人，1916年生，1945年参加革命，中队长，1947年在廉江老凌村战斗中牺牲。

陈雄宝，又名陈喜祥，廉江市新民镇人，1918年生，中共党员，1944年参加革命，副连长，1947年在廉江博教战斗中牺牲。

欧阳金华，廉江市良垌镇人，1911年生，1946年参加革命，炊事员，1947年因叛徒出卖在良垌坡尾村牺牲。

陈贵仔，廉江市良垌镇人，1921年生，1947年参加革命，战士，同年在石塘村战斗中牺牲。

卢锡甫，廉江市良垌镇人，1916年生，1946年参加革命，战士，1947年在丰背村被捕，在吴川塘缀牺牲。

全亚太，又名全乃忠，廉江市良垌镇人，1927年生，1944年参加革命，战士，1947年在廉江雅塘沙田仔战斗中牺牲。

全培麟，廉江市良垌镇人，1920年生，1946年参加革命，东桥乡长，1947年在廉江良垌步头战斗中牺牲。

李绍辉，又名李亚贵，廉江市新民镇人，1926年生，1946年参加革命，1947年在廉江新民黄竹垌后背岭牺牲。

梁子云，又名梁亚望，廉江市新民镇人，1916年生，中共党员，1945年参加革命，连指导员，1947年在廉江南安战斗中牺牲。

李壮，廉江市新民镇人，1921年生，1943年参加革命，1947年在廉江羊母塘战斗中牺牲。

陈凤瑞，廉江市良垌镇人，1896年生，1946年参加革命，征粮员，1947年在廉江杨梅根战斗中牺牲。

林进杏，廉江市石岭镇人，1927年生，1946年参加革命，战士，1947年在廉江合江新村学习使用地雷时牺牲。

全汝旺，廉江市良垌镇人，1902年生，1947年在廉江大游村被敌人逮捕杀害。

刘兴业，廉江市石岭镇人，1908年生，排长，1947年在簕塘与敌人战斗中牺牲。

吴亚光，廉江市人，1928年生，新三团战士，1947年在廉江县西朗与敌人战斗牺牲。

钟德程，廉江市人，1924年生，新三团战士，1947年在簕塘战斗中牺牲。

黄亚明，廉江市和寮镇人，1922年生，游击队员，1947年在石角被捕杀害。

林进右，廉江市人，1927年生，战士，1947年在合江新村学习使用地雷时被炸牺牲。

陈希重，廉江市良垌镇人，1906年生，交通员，1947年被捕杀害。

全培邻，廉江市良垌镇人，1922年生，1947年参加革命，乡长，1947年在廉江县东桥步头牺牲。

陈奉瑞，廉江市良垌镇人，村长，1947年在杨梅根村牺牲。

钟主有，廉江市石岭镇人，1923年生，1947年参加革命，班长，1947年在廉江县簕塘战斗中牺牲。

钟其立，廉江市石岭镇人，1930年生，战士，1947年在博教围歼战中牺牲。

钟培福，廉江市吉水镇人，1917年生，1947年参加革命，战士，1947年在猪龙塘被捕杀害。

邹亚益，廉江市良垌镇中塘自然村人，1920年生，1947年参加革命，战士，1947年因公牺牲。

袁国志，廉江县河唇镇人，通讯员，1947年在廉江县风梢村牺牲。

袁鉴光，廉江县河唇镇人，行政村长，1947年在化县新安圩牺牲。

罗培新，廉江市良垌镇平田村人，1947年在化县新安牺牲。

罗培章，廉江市良垌镇人，行政村副主任，1947年在化县新安牺牲。

李氏，廉江市新民镇朗塘人，1922年生，1945年1月参加革命，战士，1947年在西征途中作战牺牲。

杨德周，廉江市塘蓬镇人，1923年生，1946年参加革命，战士，1947年在阳春木楼牺牲。

杨观兴，廉江市塘蓬镇人，1945年参加革命，战士，1947年在廉江县山祖作战中牺牲。

李亚三，廉江市长山镇长山坝村人，1916年生，1947年3月参加革命，战士，1947年在白马岭作战牺牲。

卜有能，廉江市塘蓬镇人，1920年生，1945年参加革命，排长，1947年在船口圩牺牲。

刘付亚福，廉江市石角镇人，1924年生，1947年参加革命，1947年在落楼嶂被捕杀害。

刘付少英，廉江市石角镇人，1911年生，1947年参加革命，战士，1947年在廉江县山腰刘付宗祠门前战斗牺牲。

刘亚成，廉江市石角镇人，1921年生，1947年3月参加革命，战士，1947年在廉江箐塘战斗中牺牲。

刘兴叶，廉江市石岭镇人，排长，1947年在箐塘洞战斗中牺牲。

吴观其，廉江市雅塘镇人，1924年生，1946年参加革命，战士，1947年在廉江西朗被害。

钟亚旺，廉江市青平镇人，1924年生，1946年参加革命，战士，1947年在廉江青平龙潭仔战斗中牺牲。

李廷登，廉江市石岭镇人，1911年生，中共党员，1941年参加革命，箐塘区委委员、箐塘独立营连指导员，1948年1月7日在廉江箐塘战斗中牺牲。

李亚八，廉江市石岭镇人，1925年生，1947年参加革命，村队队员，1948年1月7日在廉江箐塘战斗中牺牲。

苏成新，廉江市石岭镇人，1931年生，1947年参加革命，战士，1948年1月7日在廉江箐塘战斗中牺牲。

巫业礼，廉江市石岭镇人，1924年生，1947年参加革命，战士，1948年1月7日在廉江箐塘战斗中牺牲。

钟祖有，廉江市石岭镇人，1928年生，1946年参加革命，战士，1948年1月7日在廉江箐塘战斗中牺牲。

李车德，廉江市石岭镇人，1924年生，1947年参加革命，战士，1948年1月7日在廉江箐塘战斗中牺牲。

李亚四，廉江市石岭镇人，1929年生，1947年参加革命，战士，1948年1月7日在廉江箐塘战斗中牺牲。

李广龙，廉江市石岭镇人，1909年生，1947年参加革命，村队队员，1948年1月7日在廉江箐塘战斗中牺牲。

钟永会，廉江市石岭镇人，1915年生，1947年参加革命，战士，1948年1月7日在廉江簕塘战斗中牺牲。

林士龙，廉江市石岭镇人，1928年生，1947年参加革命，战士，1948年1月7日在廉江簕塘战斗中牺牲。

梁明文，廉江市石角丰满人，1917年生，1946年参加南路人民游击队，曾任南路人民解放军第二十四团连长，1948年1月7日在簕塘保卫战中牺牲。

冯玉其，廉江市石角丰满人，1920年生，1946年参加南路人民游击队，南路人民解放军第二十四团炊事员，1948年1月7日在簕塘保卫战中牺牲。

钟亚六，廉江市吉水镇人，1927年生，1946年参加革命，战士，1948年1月7日在簕塘保卫战中牺牲。

罗如欣，廉江市石角镇丰满人，1907年生，1947年9月参加革命，曾任农会会长，1948年1月12日在敌人"扫荡"丰满时被害。

黄玉光，廉江市石角镇丰满人，1907年生，1947年5月参加革命，农会会员，1948年1月12日在敌人"扫荡"丰满时被害。

刘付元祥，廉江市石角镇人，1914年生，1945年1月参加革命，村长兼联络员，1948年1月12日在敌人"扫荡"时被害。

张福英，廉江市良垌镇人，1920年生，1947年参加革命，保粮军排长，1948年1月14日被害于良垌圩桥头岭。

邹振权，廉江市良垌镇人，1920年生，1947年参加革命，自然村村长，1948年1月14日被害于良垌圩桥头岭。

邹安文，廉江市良垌镇人，1919年生，1947年参加革命，中塘村农会会长，1948年1月14日在良垌圩被害。

邹振惠，廉江市良垌镇人，1917年生，1947年参加革命，中塘村主任，1948年1月14日在良垌圩桥头岭被害。

邹家文，廉江市良垌镇人，1915年生，1947年参加革命，村农会副会长，1948年1月14日在良垌圩桥头岭被害。

王安有，廉江市良垌镇人，1914年生，1947年参加革命，村农会会长，1948年1月14日在良垌圩桥头岭被害。

王廷光，廉江市良垌镇人，1916年生，1947年参加革命，通讯员，1948年1月14日在良垌圩桥头岭被害。

邹建平，廉江市良垌镇人，1920年生，1947年参加革命，村农会副会长，1948年1月14日在良垌圩桥头岭被害。

邹罗庆，廉江市良垌镇人，1925年生，1947年参加革命，行政村农会委员，1948年1月14日在良垌圩桥头岭被害。

邹智文，廉江市良垌镇人，1921年生，1947年参加革命，行政村农会委员，1948年1月14日在良垌圩桥头岭被害。

邹灶生，廉江市良垌镇人，1923年生，1947年参加革命，行政村委员，1948年1月14日在良垌圩桥头岭被害。

邹槐文，廉江市良垌镇人，1919年生，1947年参加革命，农会委员，1948年1月14日在良垌圩桥头岭被害。

邹振岳，廉江市良垌镇人，1912年生，1949年春参加革命，保粮军司务长，1948年1月11日在廉江中塘村被捕，1月14日在良垌圩桥头岭牺牲。

邹演文，廉江市良垌镇人，1920年生，1947年参加革命，保粮军队员，1948年1月14日被捕杀害于良垌桥头岭。

朱胜光，廉江市石城镇人，1899年生，1945年5月参加革命，荔枝墩村村长，1948年1月22日在廉城西街岭被害。

戴桂珍，女，廉江市良垌镇人，1923年生，1947年参加革命，中共党员，通讯员，1947年12月26日被捕，1948年1月23日在化州良光圩老爷岭牺牲。

戴少连，女，廉江市良垌镇人，1928年生，1946年参加革命，中共党员，通讯员，1947年12月26日被捕，1948年1月23日在化州良光圩老爷岭牺牲。

宋儒升，廉江市良垌镇人，1893年生，1946年3月参加革命，交通员，1948年1月在黎村被捕，后被害于那梭圩。

刘锡振，廉江市新民镇人，1911年生，1946年参加革命，联络员，1948年1月被捕，在廉城西街岭被害。

房成和，廉江市良垌镇人，1922年生，1947年参加革命，良垌乡队队员，1948年1月在良垌坡禾地战斗中牺牲。

吴亚秀，廉江市良垌镇人，1927年生，1947年参加革命，战士，1948年1月在廉江良垌圩被捕，在化州新安圩牺牲。

吴碧云，又名吴亚云，廉江市良垌镇人，1902年生，1947年参加农会组织，良垌乡农会会长，1948年1月在廉江良垌田坡运粮时被捕，在化州新安圩牺牲。

七婆祖，女，廉江市良垌鹤山村人，1902年生，1945年参加革命，炊事员，1948年1月在化州樟蒙战斗中失散，归队时被敌人发现，遭杀害。

张来养，廉江市良垌镇人，1911年生，1943年参加革命，东桥乡主席，1948年1月在良垌圩被害。

庞广元，廉江市石城镇人，1930年生，战士，1948年1月在廉江市黄大夫村战斗中牺牲。

罗年华，廉江市大坡村人，1947年1月参加革命，游击队员，1948年1月在大墩村被捕杀害。

邓德基，廉江市良垌镇人，1912年生，1946年冬参加革命，光坡村主任，1948年2月2日在廉江那梭圩被杀害。

曹德明，廉江市青平镇人，1893年生，中共党员，1938年参加革命，交通员，1948年1月30日在廉江金屋地被捕，同年2月2日在青平沙铲被杀害。

罗承斌，廉江市石岭镇人，1919年生，1947年6月参加革命，长山独立营文化教员，1948年2月5日在石岭圩后岭被害。

李炳辉，廉江市新民镇人，1916年生，1947年参加游击队，副连长，1948年2月26日因到新本村执行任务时被杀害。

陈文锡，廉江市良垌镇人，1926年生，1946年参加革命，良垌乡乡长，1948年2月29日在廉城西街岭被害。

林宝勤，廉江市吉水镇人，1927年生，1946年参加革命，战士，1948年2月在阳春高田村与敌作战中牺牲。

李德枢，廉江市青平镇人，1919年生，1947年5月参加革命，战士，1948年2月因行军受伤，经组织批准回乡治疗时遭敌杀害。

陈明，廉江市良垌镇人，1925年生，1946年2月参加革命，战士，1948年2月遭敌杀害。

张培明，廉江市长山镇人，1927年生，1947年1月参加游击队，1948年2月在塘蓬为保卫党的秘密与敌人捕斗牺牲。

梁泽鸿，廉江市车板镇人，1921年生，1946年参加革命，战士，1947年11月在珠江村被捕，1948年2月在青平沙铲被害。

梁德章，廉江市石城镇人，1920年生，1947年参加革命，新三团征粮员，1948年2月在攻打银村战斗中牺牲。

龙钟成，又名龙灶养，廉江市石城镇人，1926年生，1947年参加革命，收税员，1948年2月在廉江黑部坡战斗中牺牲。

曹亚清，廉江市车板镇人，1922年生，中共党员，1945年4月参加游击队，战士，1948年3月5日在车板圩被杀害。

欧芳，廉江市新民镇人，1903年生，1945年参加革命，九坡村村长，1948年3月14日在田界被捕，同日在遂溪县被害。

王亚土，女，廉江市良垌镇人，1930年生，1946年3月参加革命，交通员，1948年3月23日在良垌圩被害。

王田福，廉江市良垌镇人，1918年生，1946年3月参加革命，交通员，1948年3月23日在良垌圩被害。

李寿杰，又名李亚安，廉江市石城镇人，1919年生，1947年参加游击队，地下工作者，1948年3月26日在廉城西街岭被杀害。

谢绍庭，廉江市河唇镇人，1923年生，1947年1月参加革命，游击队员，1948年3月被捕，被害于塘蓬圩。

凌华兴，廉江市安铺镇人，1927年生，1947年参加革命，战士，1948年3月在廉江那贺战斗中牺牲。

林锡模，廉江市安铺镇人，1915年生，1945年参加革命，情报员，1948年3月被捕，在安铺牌坊被害。

刘锦端，廉江县杜洞村人，1915年生，1947年9月参加革命，战士，1948年3月在廉江县簕塘放哨遇难。

莫才，廉江市雅塘镇人，1924年生，1944年参加革命，雅塘税站收税员，1948年4月8日在雅塘收税时被害。

罗十一，廉江市营仔镇人，1895年生，1946年参加革命，战士，1948年4月8日在廉江杨梅村战斗中牺牲。

孙显，廉江市营仔镇人，1925年生，1946年参加革命，战士，1948年4月8日在廉江市杨梅村战斗中牺牲。

曹和明，廉江市车板镇人，1915年生，1947年参加革命，班长，1948年4月8日在廉江杨梅村战斗中牺牲。

钟香，廉江市营仔镇人，1929年生，1948年参加革命，战士，同年4月8日在廉江山口仔战斗中牺牲。

罗锦国，廉江市营仔镇人，1930年生，1946年参加革命，特务长，1948年4月8日在廉江杨梅与敌作战中牺牲。

黄汝春，又名黄亚二，廉江市青平镇人，1911年生，1947年参加革命，战士，1948年4月8日在廉江杨梅与敌作战中牺牲。

李清，又名李有清，廉江市长山镇人，1927年生，1948年3月参加游击队，战士，1948年4月在广西博白战斗中牺牲。

罗汝安，廉江市营仔镇人，1916年生，1944年参加革命，副连长，1948年4月在营仔窑头村攻打碉堡牺牲。

黄法英，廉江市良垌镇人，1888年生，1946年参加革命，农会会长，1948年5月1日执行任务时被害。

黄伯佐，廉江市良垌镇人，1899年生，1946年参加革命，赤岭村村长，1948年5月1日执行任务时被害。

黎锦高，廉江市安铺镇人，1928年生，1944年参加革命，联络员，1948年5月9日在廉江安铺东街牌坊岭被害。

许炳裕，廉江市石岭镇人，1917年生，1944年2月参加革命，交通站站长，1948年5月17日被害。

莫亚十，廉江市雅塘镇人，1931年生，1947年参加革命，勤务员，1948年5月在廉江石岭白路岭被害。

陈吴保，廉江市良垌镇人，1932年生，1947年参加革命，战士，1948年5月在广西上思县垌平村战斗中牺牲。

邹景方，廉江市良垌镇人，1915年生，1946年参加革命，交通员，1948年5月在良垌送信途中被捕，在良垌圩牺牲。

李德良，廉江市青平镇人，1918年生，1947年参加革命，农会会长，1948年春被国民党杀害。

刘付秀英，女，廉江市石角山腰人，1929年生，1946年参加游击队，山底区妇女队队长，中共党员，1947年冬被捕，1948年6月8日在廉城被杀害。

王安熙，廉江市良垌镇人，1918年生，1947年夏参加革命，行政村村长，1948年6月在廉江何木埇放哨时被害。

钟士泰，又名钟亚泰，廉江市吉水镇人，1910年生，1943年参加革命，连长，1948年6月在廉城被害。

郑志顺，廉江市塘蓬镇人，1908年生，1948年1月参加游击队，副连长，同年6月在廉江六环战斗中牺牲。

李马寿，廉江市良垌镇人，1927年生，1947年参加游击队，良垌乡联络员，1948年6月在廉江石头岭被捕，于廉江蛤水圩仔被害。

林发亮，廉江市石颈镇人，1906年生，1947年7月参加革命，班长，1948年7月西征时对敌作战中牺牲。

陆延彬，廉江市新民镇人，1929年生，1947年参加革命，班长，1948年7月在廉江沙井战斗中牺牲。

钟其杰，又名钟亚光，廉江市良垌镇人，1910年生，1944年参加游击队，中塘村督导员，1948年7月在良垌圩被害。

刘亚成，廉江市石岭镇人，1921年生，1948年7月参加革命，战士，1948年8月在石岭秋风江牺牲。

刘付亚黄，廉江市石角镇人，1898年生，1945年5月参加革命，化北游击队分队队长，1948年8月在山底老虎垌战斗中牺牲。

罗拯，廉江市营仔镇人，1944年10月参加抗日游击队，1948年8月牺牲。

吴宏营，廉江市雅塘镇人，1910年生，中共党员，1944年参加革命，战士，1948年8月在青平圩被害。

李绍丰，廉江市石城镇人，1914年生，1947年参加革命，战士，1948年8月在廉城被害。

刘志森，廉江市河唇镇人，1927年生，1948年3月参加革命，战士，1948年8月在广西合浦牺牲。

叶汝等，廉江市石颈镇人，1916年生，1947年参加革命，征收员，1948年9月13日在廉江黄竹岗村被害。

梁秀桂，廉江市河唇镇人，1880年生，1947年2月参加革命，太平乡联络员，1948年10月2日在化州新安被害。

郑李养，廉江市长山镇人，1926年生，1948年参加游击队，1948年10月在长山石湾焦窝被捕，在塘廷遭敌杀害。

陈亚胜，廉江市石城镇人，1922年生，1945年5月参加革命，战士，1948年10月在廉江两家滩被害。

温科欣，廉江市长山镇人，1919年生，1945年参加游击队，1948年11月在石颈烟塘战斗中牺牲。

李毓莲，女，廉江市新民镇人，1920年生，中共党员，1944年参加革命，田界区委委员、新塘区委委员，1948年11月在廉城被杀害。

吴十二，廉江市青平镇人，1926年生，1946年参加革命，战士，1948年12月28日在恩平黄鹤岗战斗中牺牲。

欧志杰，廉江市新民镇人，1922年生，中共党员，1945年参加革命，副连长，1948年12月28日在恩平鹏岗战斗中牺牲。

黄富章，廉江市吉水镇人，1914年生，1948年参加革命，游击队员，1948年12月在三角塘被杀害。

陈亚任，廉江市青平镇人，1927年生，1947年8月参加革命，战士，1948年12月在广西十万大山与敌作战中牺牲。

钟发太，廉江市青平镇人，1920年生，1946年参加革命，战士，1948年12月在广西十万大山与敌作战中牺牲。

林庭富，廉江市吉水镇人，1946年参加革命，行政村村长，1948年12月在塘蓬排塘岭战斗牺牲。

林树来，廉江市长山镇山江村人，站长，1948年12月在塘蓬牺牲。

吴国锦，廉江市人，1918年生，沙铲独立营飞虎连战士，1948年在广西十万大山与敌人作战中牺牲。

吴熙诚，廉江市河唇镇人，1918年生，1947年参加革命，战士，1948年在廉江城战斗中牺牲。

陈可求，廉江市良垌镇人，1892年生，1947年参加革命，农会会长，1948年为掩护同志被捕杀害。

刘兴寿，廉江市石角镇人，1909年生，1947年3月参加革命，战士，1948年在廉江塘蓬被捕杀害。

龙成，廉江市石岭镇人，1921年生，1946年参加革命，副班长，1948年在廉江央村战斗中牺牲。

唐锦成，廉江市长山镇人，1901年生，1947年参加革命，交通站长，1948年在石颈佛坛被害。

涂权忠，又名涂亚祥，廉江市石角镇人，1924年生，1947年参加革命，战士，1948年被捕，牺牲于廉城西街岭。

涂祥忠，又名涂亚权，廉江市石角镇人，1922年生，1947年参加革命，战士，1948年在广西防城战斗中牺牲。

涂华，廉江市石角镇人，1917年生，1944年参加革命，便衣队员，1948年在广西十万大山战斗中牺牲。

涂芝魁，廉江市石角镇人，1915年生，1948年在新民三角山战斗中被捕，于廉城牺牲。

甘德堂，又名甘德厚，廉江市长山镇人，1921年生，1947年参加游击队，1948年在和寮与敌作战中被捕牺牲。

张永礼，廉江市长山镇人，1928年生，1947年参加游击队，战士，1948年在广西长佛战斗中牺牲。

钟亚富，廉江市石岭镇人，1926年生，1947年参加革命，战士，1948年在化州即鱼塘战斗中牺牲。

钟世超，廉江市长山镇人，1903年生，1946年参加革命，战士，1948年在广西东兴战斗中牺牲。

连安国，廉江市石颈镇人，1923年生，1945年参加革命，班长，1948年在廉江青平战斗中牺牲。

　　林家琼，廉江市石颈镇人，1914年生，1948年参加革命，地下工作人员，同年在石岭收税遭杀害。

　　林家和，廉江市石颈镇人，1917年生，1944年参加革命，战士，1948年在广西陇塘战斗中牺牲。

　　郑伍，廉江市长山镇人，1918年生，1945年参加革命，战士，1948年在安南战斗中牺牲。

　　郑国辉，廉江市长山镇人，1923年生，1947年参加革命，班长，1948年在广西灵山江战斗中牺牲。

　　廖家权，廉江市石颈镇人，1922年生，1947年参加革命，战士，1948年在广西思洛与敌作战中牺牲。

　　廖亚二，廉江市青平镇人，1927年生，1947年8月参加革命，战士，1948年在南宁与敌作战中牺牲。

　　吴国统，廉江市青平镇人，1920年生，1946年参加革命，战士，1948年在阳江战斗中牺牲。

　　李水元，廉江市青平镇人，1928年生，1946年4月参加革命，战士，1948年在广西十万大山战斗中牺牲。

　　陈杨安，廉江市青平镇人，1922年生，1946年参加革命，班长，1948年在罗定战斗中牺牲。

　　叶亚二，廉江市石颈镇人，1912年生，1948年参加革命，石颈税站炊事员，同年在廉江上垌村被包围，战斗中牺牲。

　　叶亚八，廉江市石颈镇人，1928年生，1947年参加革命，石颈乡队队员，1948年在廉江南塘村与敌作战中牺牲。

　　万亚广，廉江市石城镇人，1923年生，1945年参加革命，战士，1948年在廉江荔枝坑战斗中牺牲。

　　谢晚光，廉江市河唇镇人，1914年生，1947年参加革命，战士，1948年在廉江山祖祠堂因手榴弹爆炸牺牲。

　　谢生，廉江市河唇镇人，1925年生，1947年参加革命，战士，1948年在河南新兴河村战斗中牺牲。

陈进太，廉江市吉水镇人，1896年生，1947年参加革命，排长，1948年在廉江白石村被害。

钟鸣声，又名钟亚四，廉江市吉水镇人，1921年生，1943年参加革命，中队长，1948年因教战士使用地雷发生意外而牺牲。

吴绍良，廉江市和寮镇人，1927年生，中共党员，1946年参加游击队，1948年在阳春城战斗中牺牲。

莫庆昌，廉江市石城镇人，1915年生，1947年参加革命，战士，1948年在廉江泉村被害。

肖兆仔，廉江市石城镇人，1922年生，1944年参加革命，排长，1948年在吴川荔枝坡战斗中牺牲。

伍兴，廉江市安铺镇人，1929年生，1946年10月参加革命，班长，1948年在遂溪县杨柑战斗中牺牲。

何日初，廉江市营仔镇人，1919年生，1944年参加革命，连长，1948年在廉江窑头战斗中牺牲。

莫康娣，廉江市横山镇人，1924年生，1947年参加革命，副连长，1948年在廉江市三角塘战斗中牺牲。

邱俊辉，廉江市塘蓬镇人，1922年生，1946年参加游击队，副连长，1948年在鹤山县金岗圩战斗中牺牲。

黄凛，又名黄亚凛，廉江市石岭镇人，1927年生，1947年参加革命，战士，1948年在廉江石岭被捕，押往廉城杀害。

莫桑，廉江市横山镇人，1927年生，1946年参加革命，战士，1948年在廉江市横山尖角溪战斗中牺牲。

邱亚明，廉江市塘蓬镇人，1921年生，中共党员，1947年参加革命，班长，1948年高明县辰岭战斗中牺牲。

杨德国，廉江市塘蓬镇人，1922年生，1946年参加革命，战士，1948年阳春鹅彪岭战斗中牺牲。

梁日清，廉江市塘蓬镇人，1920年生，1948年参加革命，战士，1948年廉江良垌坡禾地战斗中牺牲。

范汉基，廉江市雅塘镇人，1914年生，1948年参加革命，战士，1948年电白羊角战斗中牺牲。

陈日森，廉江市良垌镇人，1905年生，1944年参加革命，交通员，1948年在良垌圩被害。

陈彪，廉江市良垌镇人，1909年生，1947年参加革命，副连长，1948年在廉江鸦翠村战斗中牺牲。

林举卓，廉江市良垌镇人，1903年生，1947年参加游击队，收税员，1948年在廉江良垌战斗中牺牲。

戴水保，廉江市良垌镇人，1928年生，1946年参加革命，战士，1948年在廉江榕树战斗中牺牲。

唐廿四，廉江市塘蓬镇人，1927年生，1946年参加革命，战士，1948年在廉江簕塘战斗中牺牲。

陈田安，廉江市良垌镇人，1925年生，1944年参加革命，战士，1948年在化州樟蒙战斗中牺牲。

陈乔统，廉江市良垌镇人，1910年生，1944年参加革命，松石村指导员，1948年在廉江下塘仔被害。

陈增儒，廉江市良垌镇人，1928年生，1947年参加革命，良垌乡特务长，1948年在廉江白沙路村被害。

陈家礼，廉江市良垌镇人，1923年生，1947年参加革命，战士，1948年在廉江鹤山被害。

郑林生，廉江市良垌镇人，1918年生，1946年参加革命，1948年在良垌坡尾村被捕，在良垌圩牺牲。

杨纪，廉江市良垌镇人，1916年生，1946年参加革命，东桥乡长，1948年在廉江上角垌战斗中牺牲。

杨寿和，廉江市良垌镇人，1912年生，1944年参加革命，东桥乡长，1948年在廉江鸡山战斗中牺牲。

梁英，又名梁亚英，女，1900年生，良垌镇人，1947年参加革命，农会委员，1948年在良垌圩被捕，在化州新安圩牺牲。

王凤流，又名王车安，廉江市良垌镇人，1907年生，1946年参加革命，战士，1948年被捕，在廉城牺牲。

欧阳梓芳，廉江市良垌镇人，1906年生，1946年参加革命，战士，1948年在坡尾村被捕，在廉城牺牲。

欧阳才华，廉江市良垌镇人，1908年生，1946年参加革命，战士，1948年在良垌坡尾村被捕，在廉城牺牲。

邓成光，又名邓雷福，廉江市良垌镇人，1914年生，1946年参加革命，战士，1948年2月在廉江高山被捕，在化州新安圩牺牲。

黎强棠，又名黎亚清，廉江市新民镇人，1932年生，共青团员，1946年参加革命，战士，1948年在阳春大坝村战斗中牺牲。

高贵，又名高亚贵，廉江市新民镇人，1930年生，1947年参加革命，通讯员，1948年在新民执行任务时牺牲。

全英杰，廉江市良垌镇人，1912年生，1947年参加游击队，良垌税站征税员，1948年在篁竹村牺牲。

张龙华，又名张亚文，廉江市良垌镇人，1905年生，1947年参加解放军，文工团战士，1948年在电白战斗中牺牲。

张景来，廉江市良垌镇人，1924年生，1947年参加革命，通讯员，1948年在廉江白塘山被捕牺牲。

邹培芝，廉江市良垌镇人，1890年生，1945年参加游击队，中塘交通站站长，1948年1月在中塘村被捕，于良垌圩牺牲。

柳居盛，廉江市良垌镇人，1927年生，1944年参加革命，战士，1948年在合浦县与敌作战中牺牲。

王荣兴，廉江市良垌镇人，1921年生，1945年参加革命，副连长，1948年被害于大公园前岭。

曹首民，廉江市青平镇人，1944年参加游击队，交通站站长，1948年因叛徒出卖被害。

林济通，廉江市石颈镇人，1917年生，1942年参加游击队，保卫员，1948年在防城教梁与敌人作战中牺牲。

全求平，又名全汝初，廉江市良垌镇人，1916年生，1948年参加游击队，副中队长，同年在廉江大塘阻击敌人时牺牲。

陈木保，廉江市良垌镇人，1924年生，1946年参加革命，侦察员，1948年在廉江白沙路村与敌作战中牺牲。

陈子明，又名陈亚明，廉江市吉水镇人，1927年生，1944年参加革命，排长，1948年在广西十万大山六树场与敌作战中牺牲。

陈简，廉江市新民镇人，1917年生，1944年参加革命，战士，1948年在云南省昆明与敌作战中牺牲。

罗水保，廉江市新民镇人，1926年生，1947年参加革命，战士，1948年在新塘战斗中负伤，转移到草泊时牺牲。

李景，廉江市新民镇人，1927年生，中共党员，1948年参加革命，班长，1948年在博白县陈北坡战斗中牺牲。

李光，廉江市新民镇人，1919年生，中共党员，1945年参加革命，战士，1948年在廉江白水塘战斗中牺牲。

陈可权，廉江市良垌镇人，1900年生，1947年参加革命，联络员，1948年在廉江大塘区送信时被捕，押回廉城后被害。

陈凤才，廉江市良垌镇人，1924年生，1945年参加革命，1948年在安铺镇战斗中牺牲。

张亚九，廉江市良垌镇人，1923年生，1947年参加革命，战士，1948年在良垌被害。

邓汉，廉江市新民镇人，1926年生，1947年参加革命，战士，1948年在青平沙铲战斗中牺牲。

李翠华，女，廉江市石城镇人，1927年生，1946年参加革命，新四团卫生员，1948年在遂溪县洋青圩战斗中牺牲。

梁其光，廉江市良垌镇人，1921年生，1939年参加革命，战士，1948年廉江那良村战斗中牺牲。

李世宽，廉江市石城镇人，1910年生，1947年参加革命，飞鼠田村村长，1948年在石城飞鼠田被害。

曹阿德，廉江市车板镇人，1922年生，游击队员，1948年在车板圩被捕牺牲。

林家勋，廉江市吉水镇人，1927年生，游击队员，1948年在阳春县田村作战中牺牲。

邹振猶，廉江市良垌镇人，1923年生，保粮军战士，1948年在良垌圩被杀害。

陈亚桶，廉江市良垌镇人，1923年生，新四团战士，1948年在遂溪县四九圩征税时被杀害。

陈胜光，廉江市石城镇人，地方工作人员，1899年生，1948年执行任务时被杀害。

郑锡寅，廉江市良垌镇人，通讯员，1948年被杀害。

李振泰，廉江市吉水镇人，军事教官，1948年在吉水白石被杀害。

涂艺魁，廉江市石角镇人，1911年生，1947年参加革命，战士，1948年在廉江县三合被捕杀害。

罗叶年，廉江市石城镇人，1900年生，1948年参加革命，交通员，1948年被杀害。

罗汝英，廉江市人，1944年参加革命，副连长，1948年在营仔窑头村攻打碉堡牺牲。

莫珊，廉江市横山镇人，1946年参加革命，连长，1948年在横山尖角溪战斗中牺牲。

赵仔，廉江市石城镇大塘村人，1921年生，通讯员，1948年在廉江战斗中牺牲。

张成龙，廉江市良垌镇人，1900年生，1945年参加革命，地方工作人员，1948年在良垌被捕杀害。

李德培，廉江市石岭镇人，1921年生，1946年参加革命，税站站长，1949年1月22日在廉江箂塘区大村与敌人搏斗中牺牲。

黄存仁，廉江市塘蓬镇人，1924年生，1947年参加革命，交通员，1949年1月26日在塘蓬那陆村被敌包围中弹牺牲。

毛文让，廉江市塘蓬镇人，1924年生，1946年参加革命，战士，1949年1月26日在塘蓬那陆村被敌包围中弹牺牲。

郑家业，廉江市长山镇人，1913年生，1946年参加游击队，长山区先永寺交通站站长，1949年1月26日执行任务时被害于塘蓬圩。

黄有，廉江市塘蓬镇人，1926年生，1946年参加游击队，武工队员，1949年1月26日在塘蓬那陆村被敌包围中弹牺牲。

梁成芬，廉江市塘蓬镇人，1930年生，1948年参加革命，战士，1949年1月26日在塘蓬那陆村被敌包围中弹牺牲。

李廷干，廉江市石岭镇人，1927年生，中共党员，1948年参加革命，党支部书记，1949年1月26日在塘蓬那陆村被敌包围中弹牺牲。

谢江光，廉江市河唇镇人，1925年生，1948年7月参加南路人民游击队，地方工作人员，1949年1月在廉江秧地下村被暗杀。

罗十，廉江市青平镇人，1922年生，1948年参加新三团，新三团突击队员，1949年3月在车板杨屋大坝战斗中牺牲。

黄四，廉江市吉水镇人，班长，1949年3月在横山镇后溪牺牲。

李荣南，又名李康尤，廉江市新民镇人，1915年生，1946年参加革命，战士，1949年3月在廉江央村战斗中牺牲。

李康寿，廉江市新民镇人，1920年生，中共党员，1944年参加革命，战士，1949年3月在车板杨屋大坝战斗中牺牲。

钟志金，廉江市长山镇人，1923年生，1947年参加游击队，排长，1949年4月在钦州伯劳战斗中牺牲。

龙志喜，廉江市石城镇人，1906年生，1946年参加游击队，枪械修理员，1949年6月在廉江三叉战斗中牺牲。

张春林，又名张应彬，廉江市河唇镇人，1915年生，中共党员，1947年4月参加南路人民解放军，班长，1949年7月15日在广西旧州战斗中牺牲。

曹亚三，廉江市车板镇人，1917年生，1947年参加游击队，车板税站收税员，1949年7月在车板山猪窝收税时被害。

朱观安，廉江市车板镇人，1931年生，1948年10月参加游击队，车板税站收税员，1949年7月在车板山猪窝收税时被害。

林济南，又名林亚四，廉江市塘蓬镇人，1904年生，1948年2月参加游击队，1949年7月在长山蛇板村被敌袭击牺牲。

何汝成，又名何亚三，廉江市石角镇人，1922年生，1944年参加游击队，三合区中队排长，1949年8月8日在枕头嶂战斗中牺牲。

罗日升，廉江市河唇镇人，1927年生，1945年3月参加革命，地下工作者，1949年8月31日在廉江塘肚战斗中牺牲。

关为和，廉江市长山镇人，1930年生，1946年参加游击队，新三团勤务员，1949年8月在广西区明江墩下村战斗中牺牲。

冯文庆，廉江市长山镇人，1930年生，1949年3月参加解放军，一支队一团战士，1949年8月在博白县大垌战斗中牺牲。

　　吴伍，廉江市雅塘镇人，1921年生，1942年参加抗日游击队，副连长，1949年9月4日在云南省燎虎口战斗中牺牲。

　　黄德成，廉江市营仔镇人，1920年生，1946年参加游击队，排长，1949年9月在阳春三垌战斗中牺牲。

　　陆亚海，廉江市石城镇人，1947年8月参加革命，县府通讯员，1949年9月在龙湾因枪走火牺牲。

　　陈益光，廉江市石城镇人，1899年生，1946年8月参加游击队，副排长兼联络员，1949月10月23日被杀害于湛江市东简德老村后背岭。

　　伍茂，廉江市横山镇人，1930年生，1948年参加革命，新三团战士，1949年10月在遂溪县甘蔗林战斗中牺牲。

　　李成，廉江市新民镇人，1924年生，1949年参加革命，战士，1949年10月在石岭圩战斗中牺牲。

　　李亚保，廉江市吉水镇人，1923年生，1946年参加革命，战士，1949年10月在石岭圩战斗中牺牲。

　　陈华，廉江市河唇镇人，1919年生，中共党员，1949年参加农会组织，曾任太平乡副乡长，1949年10月在廉江坡脊被害。

　　温英，廉江市雅塘镇人，1923年生，1946年2月参加游击队，战士，1949年11月在广西李鹤城战斗中牺牲。

　　陈亚生，廉江市良垌镇人，1933年生，新四团战士，1949年在平坦作战牺牲。

　　李兴，廉江市横山镇人，1929年生，1947年参加革命，排长，1949年在广西旧州战斗中牺牲。

　　罗德让，又名罗亚龙，廉江市石角镇人，1929年生，1946年参加革命，战士，1949年在廉江塘仔根战斗中牺牲。

　　冯亚龙，廉江市石岭镇人，1919年生，1947年参加游击队，战士，1949年在长山射大村战斗中牺牲。

黄钦元，又名黄亚仁，廉江市石角镇人，1913年生，1943年参加游击队，新三团战士，1949年在廉江仙人嶂战斗中牺牲。

罗纪先，廉江市石颈镇人，1914年生，1947年参加游击队，副排长，1949年在阳江顺圩战斗中牺牲。

朱应才，廉江市石岭镇人，1901年生，1947年参加游击队，战士，1949年在阳江南胜村战斗中牺牲。

林福生，廉江市石颈镇人，1916年生，1943年参加游击队，新屋税站征收员，1949年在廉城被害。

李学良，廉江市青平镇人，1921年生，1946年参加游击队，连长，1949年石颈草塘被杀害。

苏文汉，廉江市高桥镇人，1925年生，1948年3月参加解放军，一支队一团排长，1949年在罗定八壁河战斗中牺牲。

钟建棠，廉江市河唇镇人，1924年生，1947年参加解放军，战士，1949年在青平与敌人作战中牺牲。

钟绍光，廉江市河唇镇人，1929年生，1948年参加解放军，战士，1949年在青平与敌人作战中牺牲。

梁秀华，廉江市吉水镇人，1925年生，1946年参加解放军，新三团战士，1949年在博白县大垌战斗中牺牲。

李珠田，廉江市吉水镇人，1914年生，1945年参加南路人民游击队，1949年被捕，在廉城西街岭被杀害。

陆培鸿，廉江市吉水镇人，1919年生，1944年参加抗日游击队，新三团排长，1949年雅塘东江与敌人作战中牺牲。

廖幸保，廉江市石颈镇人，1924年生，1945年参加南路人民游击队，战士，1949年在云南省广南与敌作战中牺牲。

韩国槐，廉江市吉水镇人，1913年生，1948年参加游击队，新三团战士，1949年在廉江新塘战斗中牺牲。

李绍堂，廉江市吉水镇人，1907年生，1947年参加游击队，战士，1949年被捕，在廉江廉城西街岭被杀害。

苏国由，廉江市高桥镇人，1924年生，1948年参加游击队，战士，1949年在罗定八壁河战斗中牺牲。

梁应光，又名梁观兴，廉江市石城镇人，1918年生，1947年参加游击队，战士，1949年在廉江长岭头战斗中牺牲。

陈亚凤，廉江市良垌镇人，1923年生，1944年参加游击队，班长，1949年在廉江黄泥埇战斗中牺牲。

陈建珍，廉江市良垌镇人，1929年生，1947年参加游击队，地方工作人员，1949年在廉江合江圩被害。

邓乃全，石角镇人，1929年生，1948年参加游击队，化北游击队战士，1949年在廉城牺牲。

李成章，廉江市横山镇人，1912年生，1945年参加地下组织，交通站收税员，1949年在青平被害。

钟和，廉江市横山镇人，1929年生，1947年参加革命，新三团战士，1949年在廉江三角山战斗中牺牲。

伍安，廉江市横山镇人，1904年生，1947年参加革命，新三团炊事员，1949年在徐闻县下桥战斗中牺牲。

赖朝华，廉江市和寮镇人，1913年生，中共党员，1944年参加抗日游击队，1949年在和寮被捕，被押往塘蓬杀害。

曾德俊，又名曾十二，廉江市和寮镇人，1922年生，中共党员，1947年参加游击队，1949年在和寮交通站被捕杀害。

王四，廉江市石岭镇人，1925年生，1946年参加革命，新三团战士，1949年在廉江三角山战斗中牺牲。

黄纯辉，廉江市塘蓬镇人，1928年生，1949年参加革命武装，同年在博白县那卜丈埇战斗中牺牲。

张海生，又名张亚十，廉江市塘蓬镇人，1915年生，1947年参加游击队，1949年在遂溪县背岭战斗中牺牲。

李炳钦，又名李钦，廉江市新民镇人，1921年生，1947年参加革命，排长，1949年在廉江下桥战斗中牺牲。

李统，廉江市新民镇人，1922年生，1948年参加革命，炊事员，1949年在廉江下桥战斗中牺牲。

全汉平，又名全水源，廉江市良垌镇人，1928年生，1946年参加革命，班长，1949年在良垌圩战斗中牺牲。

宋振棠，廉江市良垌镇人，1922年生，1946年参加革命，交通站站长，1949年在新兴县战斗中牺牲。

邓燕，廉江市新民镇人，1917年生，1948年参加游击队，田界区队队长，1949年在廉城战斗中牺牲。

何成球，廉江市石角镇人，1902年生，1944年参加革命，1949年在云南动干圩牺牲。

冯士，廉江市石岭镇人，1915年生，1946年参加革命，排长，1949年在廉江长山蛇土牺牲。

刘国宽，廉江市石角镇人，1921年生，1949年参加革命，班长，1949年牺牲。

刘水生，廉江市石角镇人，1926年生，班长，1949年在廉江县太平战斗中牺牲。

梁维贤，廉江市良垌镇人，1911年生，1947年参加革命，交通站站长，1949年在石头岭牺牲。

陈陆养，廉江市石岭镇芙蓉头村人，战士，1949年在石岭战斗中牺牲。

陈冯，廉江市良垌镇人，1922年生，1947年参加革命，班长，1949年在新兴县船凿城战斗牺牲。

陈汉文，廉江市良垌镇南朗村人，游击中队队长，1949年牺牲。

黄寿喜，廉江市石角镇丰满村人，1920年生，1948年参加革命，战士，解放战争时期与敌作战牺牲。

揭梅，廉江市长山镇人，战士，解放战争时期在安南牺牲。

何炎昇，廉江市石角镇人，战士，解放战争时期在廉江县新民鸦菜根村牺牲。

冯十一，廉江市长山镇庄良山村人，1928年生，1948年参加革命，解放战争时期在广西大垌战斗中牺牲。

凌康养，廉江市石城镇人，1926年生，1946年参加革命，战士，解放战争时期牺牲。

刘付祥，廉江市石角镇人，1917年生，1947年参加革命，班长，解放战争时期作战受伤后在中垌牺牲。

刘汝正，廉江市石角镇丰满村人，特务长，解放战争时期在廉江县长岭被捕牺牲。

卢春道，廉江市良垌镇人，1902年生，1946年参加革命，村主任，解放战争时期在本村被捕，杀害于良垌圩。

卢绍甫，廉江市良垌镇人，1895年生，1946年参加革命，农会会员，解放战争时期在良垌黄茅遇害。

卢锦甫，廉江市良垌镇人，1905年生，1946年参加革命，战士。解放战争时期被捕后在吴川县塘缀杀害。

林济科，廉江市塘蓬镇老屋地村人，排长，解放战争时期在长山被杀害。

林进廷，廉江市石岭镇葛麻坝村人，税收员，解放战争时期在石岭白排收税时牺牲。

梁亚八，廉江市石角镇丰满村人，解放战争时期被捕后在石角山腰刘付宗祠杀害。

涂士声，廉江市石角镇人，1947年参加革命，交通员，解放战争时期在廉江牺牲。

邓士庆，廉江市石岭镇火埇村人，通讯员，解放战争时期在廉江战斗中牺牲。

郑亚七，廉江市长山镇彭西垌村人，1915年生，1945年参加革命，战士，解放战争时期在良垌牺牲。

郑伯，廉江市石岭镇边头坡村人，1945年参加革命，战士，解放战争时期在遂溪县牺牲。

钟其福，廉江市石岭镇人，1892年生，1947年参加革命，战士，解放战争时期在簕塘被捕，被杀害于石岭圩。

陈家赞，廉江市良垌镇西朗村人，征粮员，解放战争时期在良垌战斗牺牲。

陈汝光，廉江市石城镇人，1906年生，1945年7月参加革命，乡长，解放战争时期在两家滩被杀害。

李昭文，廉江市长山镇人，战士，在广州病亡。

大事记（1923—1949 年）

1923年

春 黄平民在法国巴黎加入中国共产党旅欧支部，成为廉江籍第一位中共党员。

夏秋间 在广东高等师范学校读书的黄孝畴、刘英智、刘尚德，先后在广州加入中国共产党。他们利用寒暑假回廉江的机会，带回进步刊物和书籍，交给一部分青年学生阅读，向他们宣传马克思主义和革命思想。

1924年

春 曾在广州参加国民革命军的廉江青年吴绍珍回廉江县立初级中学读书，在学生中宣传广州的革命形势以及广州学生的革命活动情况，在学生中产生很大的影响。不久，以廉江中学学生为主的廉江县学生联合会在县城成立，负责人关泽恩、江刺横。这是在新民主主义革命思想影响下廉江较早出现的进步群众组织。

1925年

春 黄平民从苏联回国，在周恩来领导下的中共两广区委军事部工作。

5月 由廉江县青年关泽恩、吴绍珍、罗自琦、刘汉东、李家祥、梁中天等发起，革命群众组织廉江县青年同志社在廉城成立，负责人关泽恩、吴绍珍等。廉江县学生联合会的主要成员都参加了青年同志社。接着，文绍光等人也在安铺组织成立了安铺青年同志社。

1926年

2月中旬 陈信材从梅菉回到家乡良垌白鸽港过春节，组织成立白鸽港村农民协会，并在附近一带农村开展农民运动，揭开全县农民运动的序幕。

3月 广东省农民协会南路办事处成立，黄学增任主任。月底，黄学增从遂溪调共产党员周永杰为廉江农运特派员，前来廉江领导革命活动。不久，周永杰组织成立廉江农民协会筹备处，并任主任。

4月初 廉江中学进步学生关泽恩、罗慕平（罗自琦）、江刺横、李鸿飞，进步农民梁安成（梁英武）、梁文兴、梁文安、刘锡寿、刘邦武、李冠山等人，都是当时开展农民运动的积极分子。他们经过斗争的锻炼和考验，先后由周永杰等吸收参加中国共产党。

4月中旬 中共廉江县支部在廉城回龙寺（现人民医院院内）成立。参加支部成立会议的党员有周永杰、吴绍珍、关泽恩、罗慕平、潘江、梁安成、梁文兴、江刺横、李鸿飞、简毅、刘锡寿、刘邦武。周永杰任支部书记兼组织委员，潘江任宣传委员，梁安成任农运委员，简毅任工运委员，罗慕平任青运委员。在成立党支部的同时，成立共产主义青年团廉江县支部，书记罗慕平。从此，廉江的革命运动有了中共组织的领导。

5月 廉江县农协筹备处推举周永杰为代表，赴广州参加广东省第二次农民代表大会。会上，周永杰被选为省农协会候补委员。

5月底 周永杰参加省农民代表大会回到廉江，随即组织成立一区角湖垌村农民协会。该村46户，成年150余人，入会者120人。经过会议选举，选出梁安成、梁文兴、梁文春、黎成、杨永基、杨永均等为农会执委，梁安成为主任委员。

6月 中共廉江县支部、县农协筹备处以角湖垌农会为基本队伍，组织一批青年积极分子分别到一区、二区、三区、四区、五区的100多个村庄，向农民宣传国民革命形势、中国共产党的革命主张、农民协会的作用等，使全县广大农民的思想觉悟得到普遍提高。接着，一区的梧村垌、西莲塘、燕山、大塘、春花墩、大垌、东莲塘，二区的丫髻岭，三区的岐安、碗窑、白石、石埔，四区的木水、大山、鱼鳞塘，五区的明窝、秋风江、箓塘，七区的垌村、大埇等100多个村庄成立80多个农民协会。

是月 廉江县妇女解放协会成立，主任诸群英（先）、徐玉贤（后），妇女解放协会以开会演讲、编演戏剧等形式，号召妇女走出家门参加革命行列，提倡"天足"、男女平等、婚姻自由，反对包办婚姻和蓄婢纳妾。

夏 广东省学联召开代表大会，关泽恩、刘汉东代表廉江学联出席大会。

夏 廉江县总工会在廉城成立，主席简毅。在此前后，廉城、安铺、吉水、石岭等圩镇成立了理发、鞋业、首饰、车衣、渔栏、洗车等行业工会，全县工会会员380多人。

8月 关泽恩离开廉江到广州执信中学求学。后来，他到日本留学，曾到苏联列宁学院工作，先后与廖承志、叶剑英、陈郁为同学或同事，还介绍廖承志参加中国共产党。

8月上旬 廉江县农民协会在廉城回龙寺成立，选举周永杰、梁安成、刘邦武、刘锡寿、梁文兴、李冠山、李绍芬等为县农协委员，推举周永杰为委员长，梁文兴为文书。会议通过减租减息、反对苛捐杂税、建立农民政权、组织农民自卫武装等项决议案。

1927年

春 中共廉江县支部按照上级指示，积极在农会、工会及青年学生中发展党、团组织，并在基层农会建立党的基层支部。此时，全县已有党支部25个，党员350人；团支部22个，团员320人；农民协会80多个，会员8000余人；农民自卫军也相继在各基层农会建立。

7月 中共廉江县支部按照南路特委的指示，在西莲塘祖祠老厅间召开党员及农会骨干会议，讨论武装起义的有关问题，出席会议的有梁文琰、周永杰、潘江、梁安成、梁文兴、刘锡寿、刘邦武、罗慕平等人。会议的议程是：（1）由潘江传达上级关于组织武装起义的指示；（2）对廉江县敌我双方的力量进行分析；（3）决定起义时间、地点、战斗部署、进军路线、部队番号；（4）成立起义的领导机构——廉江县工农革命委员会，推举梁文琰、周永杰、梁安成、潘江、刘锡寿等为廉江县工农革命委员会委员，梁文琰为起义军总指挥。

7月30日至8月1日 中共廉江县支部集结农军，在吉水梧村垌举行农民武装起义。30日晚，廉江县一区农民自卫军300余人，扛着单响、双筒、五排等长枪及大刀、长矛、三叉等武器，集结到梧村垌村。31日上午，300多名农军全副武装在梧村垌村东头的晒谷场上，举行起义誓师大会，周永杰在会上宣布成立廉江县工农革命委员会和南路讨逆军第二路第一支队。支队总指挥梁文琰宣读各大队、中队指挥员的委任状，并作武装起义动员。

31日，梧村垌反动地主刘仁珊的走狗"光眼八"潜逃，到县城向县长黄质文告密求救，黄质文火速派员到吴川求救于国民党驻军，驻军派出三十一团一营副营长彭林生带领一个连兵力奔赴廉江。8月1日，黄质文纠集该连及地方军警武装400多人，分两路进攻梧村垌起义部队。敌我力量悬殊，工农革命委员会只好决定刘锡寿等11人据守村中碉楼作掩护，其余农军全部撤退。11名勇士在碉楼中与敌人激战一昼夜，出色地完成了掩护撤退的任务，后因弹尽粮绝全部被俘，其中刘启胜、刘肇英2人被解往廉江县城杀害，刘锡寿等9人（包括在木头埇被捕的刘锡登）在梧村垌村西禾山岭英勇就义。

十一二月间　中共廉江县委员会在吉水上燕山村成立，书记梁安成，委员潘江、吴绍珍、梁文兴、梁安然、刘邦武、罗慕平。同时，成立中国共产主义青年团廉江县委员会，书记罗慕平，委员刘汉东、李家祥。从此，在中共廉江县委的领导下，廉江的革命斗争更加广泛和深入地发展。

12月　震惊中外的广州起义爆发，黄平民参加广州起义，他率领一批赤卫队员参加战斗，并在战斗中负了伤。起义失败后，他转移到香港开展活动。

1928年

1月　黄平民在燕山村召开廉江县农运领导及骨干会议。会上，黄平民传达中共广东省委香港会议精神，并提出把党的工作重点放在农村，领导农民暴动，实行土地革命。

4月　黄平民在廉江县五区龙湾乡明窝村办起一间兵工厂，中共南路特委派2名技术工人到该厂工作。该厂主要生产手榴弹、地雷、单响步枪等武器，为再次举行武装起义做准备。

5月3日　中共南路特委向省委报告廉江情况，称廉江有党员947人（一区600人，二区70人，五区100人，七区170人，县城7人），共青团员113人（一区70人，二区15人，五区十多人，七区15人），其中近两个月发展的党员200余人，一区已建立区委会。

5月　中共廉江县委进行改组，由梁光华任县委书记。

8月7日　中共广东省委统计全省党组织和党员人数，廉江有党员900人，在南路仅次于茂名县（1380人）、化县（1274人），占南路地区党员总数的22.6%，占全省党员总数的1.4%。

8月　中共南路特委在广州湾召开党员代表会议。黄平民被选为中共南路特委书记。廉江县党员代表梁安成、刘邦武、黄孝畴、罗慕平参加这次会议，梁安成、刘邦武、陈柱、黄孝畴被选为特委委员，罗慕平被选为共青团南路特委委员。

11月　黄平民参加中共广东省委在香港召开的扩大会议，被选为省委候补常委。会后，他随省委常委陈郁等巡视广东中路各处工作。

12月中旬　中共广东省委决定：中共廉江县委书记梁光华调任中共广西临委委员、秘书长，廉江县委书记由中共广西临委书记文沛兼任。

12月　由于叛徒出卖，中共南路特委机关在广州湾被破坏，黄平民、朱也赤等十多位领导人被法国广州湾公署赤坎分局逮捕，继而"引渡"给国民党高州行署。黄平民在狱中英勇不屈、视死如归，同月23日被国民党反动派杀害于高州东门岭。

1929年

春夏间　中共南路特委被破坏后，部分领导成员以各种身份进行秘密革命活动。特委领导人彭中英在廉江以吉水屋场角村罗慕平的家为联络点，同梁光华、罗慕平等人一道常到角湖垌、西莲塘、大坝、燕山等几十条村庄联系各地同志，组织他们继续战斗，并派人到化县、茂名、信宜等地寻找上级党组织。梁安成、梁文兴等人，以教武术为掩护，先后在遂溪牛马洋及吴川谭村一带坚持活动，还以武术队为名建立了地下武装力量。

1930年至1936年

彭中英、罗慕平等仍在廉西、化南等地活动一段较长时间，由于仍然无法与上级党组织取得联系，不得不分散到各地。1932年，罗慕平撤到越南。从此，廉江党组织有计划、有领导的活动中断了，但各地群众性的斗争仍然时有出现。

1937年

7月7日　全面抗日战争开始。廉江中学、廉江师范的爱国师生以出版壁报、开座谈会、组织抗日宣传队上街演讲和演街头剧等形式宣传抗日，并组织募捐小组向殷商及富有人家募捐，将捐得的钱物送往前方慰劳抗日将士，廉江师范附属小学及第一区第一小学的师生，还组织数十人的晨呼队，每天清晨上街头高呼抗日口号，以唤醒民众。

冬　在广州参加青年群众文化研究社的爱国青年杨成章、李有杰等先后被派回廉江开展抗日救亡工作。这对廉江的抗日救亡运动起到推波助澜作用。

1938年

1月　广州大学文学院学生20多人组成宣传队到廉城，他们以演话剧、唱抗日歌曲、街头演讲、出墙报、贴标语等形式进行抗日宣传，其中梁稳芳等几名女队员还专门对廉城的妇女群众作抗日演讲。

2月 在高州、雷州、廉州等地读书的廉江籍学生40多人，于寒假期间回廉江开展抗日救亡宣传。高州学生队副队长林敬文率廉江分队回廉江，大力宣传中国共产党的《抗日救国十大纲领》及抗日民族统一战线政策，"有钱出钱，有力出力，有枪出枪"的抗日口号响遍全县。

4月 廉江县民众抗日自卫团干部训练中队成立，黄存立被指派为副中队长，负责讲授政治课。他利用课堂，积极宣传共产党的抗日主张。

5月 林敬文、黄存立等组织筹建廉江青年抗敌同志会（简称青抗会）。4日，青抗会筹备会在廉城簧门城举行各界群众集会，纪念五四运动19周年。大会号召全县青年发扬五四反帝反封建的革命精神，投入反对日本帝国主义及汉奸的斗争，激励了广大青年及群众的抗日情绪。

6月 在延安抗日军政大学毕业的陈哲平（陈枫）、洪劲夫、董世扬、马特士、梁锡琼、张惠良6人回到广州时，中共广东省委派上述6人组成工作组到廉江。出发前，由陈哲平、洪劲夫、董世扬、马特士4名共产党员组成中共廉江县工作组支部，支部书记陈哲平，副书记洪劲夫。梁锡琼、张惠良到廉江后不久被吸收入党。他们的任务主要是重建、发展廉江党组织及开展抗日救亡活动。

7月 中共廉江县工作组支部在领导抗日救亡活动中，物色青年积极分子作为建党对象。经过一段时间的考察，林敬文、黄存立先后被吸收入党。从此，廉江县的党组织得以重建与发展。

9月 在中共廉江县工作组支部的领导下，林敬文、黄存立等人在廉江中学、廉江师范等处组织一批进步青年学生成立读书会，学习进步书刊，定期举行时事讨论会，或举办各种形式的比赛，为他们日后走上抗日救国战场和参加共产党组织打下较好的思想基础。

秋　在中共廉江县工作组支部的具体指导下。廉江县青年抗敌同志会在县城宾兴会馆举行成立大会，总干事林敬文。此后，青抗会在全县范围内大力发展会员，建立分会。至次年年底止，在全县7个区及一些较大的镇先后建立了13个青抗分会，会员发展到1300多名，县青抗会组织6个抗日宣传队，分赴龙湾、石岭、青平、安铺、长山、塘蓬等地进行抗日宣传，廉江的抗日救亡运动迅速走向高潮。

1939年

2月　林敬文在廉城及农村吸收党员，发展党组织。从2月至10月间，先后吸收李廷登、关锡琪、邓杰等十多人入党，并在廉城建立了工人支部，陈国琏任支部书记；在燕山建立了农村党支部，李绍华任支部书记。

7月　中共廉江县中心支部成立，书记林敬文，组织委员李承煜，宣传委员关锡琪。中心支部成立后，全面部署了发展党组织的工作，由李承煜负责青平、石角地区，关锡琪负责石岭、石颈地区，林敬文负责廉城及照顾全面工作。

9月　中共高雷工委派黄其江到廉江，在西莲塘村举办为期6天的党员骨干训练班，参加者有唐多慧、莫怀、林敬文等13人。经过学习总结，提高了党员骨干对执行党的方针政策的自觉性，明确了今后的方向和任务。

12月　廉江党组织通过前段工作总结后，得到较快的发展，党员已有50多名。至次年春，全县共有支部10个：县中心支部、燕山支部（2月成立）、廉城支部（3月成立）、青平小学支部（9月成立）、陀村小学支部（12月成立）、文中小学支部（12月成立）、金屋地支部（12月成立）、葛麻坝支部（12月成

411

立）、龙湾支部（次年1月成立）、石角小学支部（次年2月成立）。这批基层支部的建立，为下一步建立县委领导机关打下了重要的基础。

1940年

2月 在安铺以南廉遂边境的一个小村召开廉江县党员领导骨干会议，为期两天，参加会议的有廖铎、莫怀、唐多慧、李康寿、林敬文等。会议传达了特委关于当前抗日战争形势和今后任务的决议，宣布成立中共廉江县委员会，县委书记廖铎，组织部部长唐多慧，宣传部部长莫怀，委员李康寿。

6月 廖铎调离廉江，由陈天佑接任中共廉江县委书记。陈在博教小学以教师为掩护，同莫怀、唐多慧等县委领导人一起，领导全县的抗日斗争。

7月 中共安铺支部成立，书记莫兴，组织委员罗培畴，宣传委员邓杰，负责安铺、下插、博教一带工作。

9月 中共党员谢应统、叶扬眉、曹心铭考入廉江中学读书，共产党员莫兴到廉江中学任教，继而成立了中共廉江中学支部，书记谢应统，组织委员曹心铭，宣传委员叶扬眉。党支部与县委的联系工作由莫兴负责。该党支部成立后，在学生中组织读书会，阅读进步书刊，团结进步师生，开展抗日宣传及反击反共高潮活动。

是月 中共南路特委派林林（林凌波）到三合小学任教，建立三合党支部，书记兼组织委员涂沙（涂明垫），宣传委员林林。

是月 涂沙和李廷登在和寮小学组建党支部，涂沙任书记兼组织委员，李廷登任宣传委员。

11月 中共博教小学支部成立，由共产党员、教师何琼

（女）任支部书记。县委书记陈天佑、校长罗培畴为支部委员。使博教小学和附近农村成为中共廉江县委机关的主要活动基地。

1941年

1月 中共一区、三区中心支部成立，书记叶增荣，委员赖鸿维、陈任华（陈辛陶），领导附城、良垌、平坦、两家滩等地的党组织工作。

2月 中共廉江县委负责人陈天佑、莫怀在博教小学举办区级党员干部训练班，时间约半个月，参加者有罗培畴、陈荣典、何琼、吴世光、曹家祥、莫兴、陈兆荣（陈达华、陈瑞）、赖鸿维等十多人，训练班主要是学习《中国共产党章程》《怎样做一个共产党员》《支部工作纲要》及马克思主义等知识，目的在于提高党员骨干的政治思想水平和工作能力。

2月至4月 县委宣传部部长莫怀到石角圩主持党员干部会议，传达县委决定，宣布成立中共石角塘蓬中心区委会，区委书记陈兆荣，组织委员涂沙，宣传委员刘付勇。负责管辖第二、第七两个大区的党组织。同年4月，中共石岭区委员会成立，区委书记杨生，组织委员林克平，宣传委员莫兴，负责领导石颈、石岭、龙湾、吉水、廉西等乡的革命斗争。

1942年

2月 中共廉江县委为了扩大廉东南地区的革命阵地，派共产党员全明（全家荣）到东桥正奏小学任校长。后来，林林、陈任华、吴鸿信、王大川等几位共产党员和进步青年屈雪莹（女）陆续被调到该校任教，成立了正奏小学党支部，林林任支部书记。

是月 陈信材在廉（江）吴（川）边的白鸽港村创办新民小

学，共产党员黄景文、曹德材（女）、宋家培、李学英等到该校任教，不久成立了党支部。

3月 中共廉江县委书记陈天佑病逝，南路特委调余明炎接任县委书记，莫怀任副书记。

8月 中共廉江县委在金屋地举办党员骨干训练班，学习《整顿党的作风》《反对党八股》《论共产党员修养》和国内外形势等，该班由县委书记余明炎主持，莫怀、罗培畴、杨生、陈荣典、赖鸿维、涂沙、林敬武、钟永月等人参加。

是月 中共南路特委根据中共中央南方局的指示，决定各县党组织由党委制改为特派员制，南路地区分高州、雷州、钦廉三片设立特派员，其中高州特派员温焯华，雷州特派员陈恩、钦廉特派员杨甫。周楠作为南路特派员负责三片的全面工作。其时，原中共廉江县委改为中共廉江县特派员，分别由余明炎、莫怀任正、副特派员，由周楠直接领导。

1943年

3月 为了加强抗日前线的领导，中共南路特委决定，由黄景文任中共廉（江）吴（川）边区特派员，负责领导廉江良垌、平坦、成安（两家滩）和吴川的泮北、石门一带的党组织。黄景文以白鸽港新民小学为活动中心，以新民、正奏、玉田等小学党组织为基础，积极发展抗日武装力量。

7月 中共廉江县特派员余明炎调离，由莫怀接任县特派员。

8月 中共廉江县第四区委员会在肇基小学成立，区委书记莫兴（不设副书记及委员），负责领导第四、第六区（包括现青平、营仔、横山、车板、高桥、安铺镇及新民镇一部分）的党组织，其中博教、安铺中学的党组织由县特派员直接领导。

秋　中共党员陆镇华、吴世光被安铺中学辞退后，转到廉江师范（校址在吉水低山）任教，不久成立中共廉江师范支部，书记、组织委员吴世光，宣传委员陆镇华。

10月　中共廉吴边区特派员黄景文按照中共南路特委的指示，领导成立廉吴边抗日联防区，推举主张抗日的国民党吴川县长詹式邦为主任，共产党员陈信材为副主任。

1944年

春　中共南路特委书记周楠奉中共中央南方局之命，从廉江陀村出发赴重庆，3月到达重庆，向中共中央南方局领导董必武、刘少文汇报工作。

5月　廉东南地区各村相继成立抗日联防队和秘密游击小组，共有五六百人、300多支枪，村与村、乡与乡之间实行联防，群众的抗日情绪非常高涨。

7月上旬　中共南路特委书记周楠由重庆回到广州湾，并向特委成员及各县党组织负责人传达南方局和王若飞等人的指示，分析南路地区的斗争形势，决定加紧扩大共产党直接领导的人民抗日武装，发动各地起义，把抗日武装斗争推向全南路。

10月　中共廉江县特派员按中共南路特委关于扩大抗日武装队伍的指示，以廉江抗日游击队为基础，从各地抽调共产党员和游击小组骨干共120多人，集中在金屋地整编，成立廉江抗日中队，中队长兼指导员莫兴。主要活动于廉西北及西南地区。

11月23日　钩镰岭围歼战，毙日军小队长松川及以下20余名，缴获战利品一批；詹部伤亡20余人。这一战斗的胜利，大大震慑了日、伪军，有力地鼓舞了抗日军民的斗志。

1945年

1月上旬 按照中共南路特委的部署，中共廉吴边特派员黄景文于6日领导白鸽港、泮北一带抗日武装举行起义。7日，林林在东桥率抗日联防武装起义，并同从白鸽港到来的起义队伍整编为林林大队和陈汉雄大队，共700余人。8日，赖鸿维、陈炯东等率领平坦、鹤山一带抗日武装举行起义。9日，陈醒亚、罗明、李郁、李鸿等人在廉化边的柑村一带举行起义，成立化吴独立大队，赖鸿维、陈炯东所部100多人编为该大队第四中队。10日晚，在内应陆之钦的密切配合下，林林大队顺利收缴国民党陈熙晟大队的武器，并将原由陆之钦指挥的陈熙晟大队某中队改编为林林大队下属的1个中队。

1月14日 杨生以龙湾抗日游击中队为骨干力量，在蓬山、坡头一带组织了300余人的队伍，以送地税粮为名，突然袭击龙湾乡公所，击毙反动乡长郑正卿，开乡仓分粮300余石济贫，缴获步枪20余支及弹药一批，宣布起义。

1月16日 中共南路特委在平坦乡鹤山村集中廉化吴边境各地起义部队进行整编训练。接着，中共南路特委书记周楠在吴川泮北遗风小学召开会议，宣布成立南路人民抗日解放军，司令员兼政委周楠，参谋长李筱峰（何维），政治部主任温焯华。下辖2个支队，第一支队由遂溪、廉江的起义部队组成，支队长唐才献、政委陈恩；第二支队由廉化吴边起义部队整编组成，支队长黄景文，政委温焯华。另外，组建1个独立大队，大队长陈醒亚，直属司令部管辖。

1月28日 中共廉江县特派员莫怀率领坡脊抗日中队袭击国民党太平乡公所，智擒国民党廉江县党部原书记、县自卫大队长陈熙晟，秘书刘永龄，监委李德芳，太平乡乡长吴彩文等官兵20

多人，缴获长短枪20余支，并开乡仓分粮给群众，对俘虏教育后全部释放。

2月上、中旬　中共廉江县特派员莫怀按照南路特委的部署，决定将各地的游击中队、联防队整编为大队，并通过地方党组织的配合，在新塘地区建立抗日根据地。上旬，莫兴中队与吴川两个中队共300多人，编为廉江抗日大队，莫兴任大队长，陈章任政委，郑康惠任副大队长。中旬，杨生把廉西、吉水等地几支小规模的起义队伍共200多人集中到后村山整编，建立1个大队，大队长兼政委杨生；涂沙把三合抗日中队与莲塘口大队、坡脊中队合编为廉江独立大队，共200多人，大队长兼政委涂沙，副大队长何朝玉、严敬义（后）；杨君墀在九洲江南岸一带成立河防大队，200多人，大队长兼政委杨君墀，副大队长李秀祥。

2月中旬　中共廉江县特派员布置林敬文等到新塘筹建抗日联防区，他们依靠当地党组织，与莫、涂、杨大队和河防大队相配合，深入各村宣传，发动群众，成立农会、妇女会、村队（民兵）等群众组织，并选举村长，建立村抗日民主政权。

3月中旬　中共廉江组织在新民新塘村召开群众代表大会，成立新塘抗日联防区委员会，选举林敬文为联防区主任，陈熙华、李秀祥、欧兵（欧权）为副主任。联防区委员会下设财粮、文教、军事、妇女、民兵等工作部门，以及印刷社、医务所、地雷厂、麻织厂等机构，联防区建立一支常备武装中队，负责联防区的治安工作；同时，建立税站负责在联防区按规定征收行商税、市面税、屠宰税等，以补充联防区的财政来源；建立交通情报网站负责搜集、递送情报，沟通与上级及全县各地的联系。

5月　中共化县组织在廉江大塘村召开抗日军民代表大会，宣布成立大塘区军民联防抗日委员会（又称大塘抗日联防区委员会），选举邹贞业为主任，钟其鉴、邹培芝为副主任。该抗日民主政权先后隶属中共化吴特派员、中共化吴工委领导。联防区下设财粮、医务、情报、民兵、妇女等组织机构，负担抗日部队的部分供给、伤病员疗理，情报收递等任务。联防区管辖村庄200多余，面积约250平方公里，人口约3万，与新塘抗日联防区连成一片。

是月 后塘仔抗日联防区成立，主任林敬文（兼）。副主任陈日熙、莫英祥、黄焕明。一个月后，为加强领导，统一指挥，后塘仔抗日联防区并入新塘抗日联防区，仍称新塘抗日联防区。

6月 中共化吴工委成立，书记陈醒亚，委员王国强、罗明、李郁、李一鸣。廉江县东南地区及石角山底划归化吴工委管辖。化吴工委成立后，在廉江县大塘古城村召开第一次会议，研究工委成员的分工和恢复地方群众工作、发展党员等问题。

是月 根据中共南路特委指示，廉江县民主政府筹备委员会在新塘成立，主任黄其江，副主任林敬文。下设办公室，由陈其辉任主任。筹委会成立后，随即着手开展县民主政府的各项筹备工作。

7月 中共南路特委召集各县、各地区党组织负责人及驻新塘地区部队连以上干部，在新塘村诚一公祠传达中共七大会议精神，并印发了《团结的大会，胜利的大会》及毛泽东《论联合政府》、朱德《论解放区战场》等小册子，与会干部进行了认真的学习和讨论，历时约10天。

10月上、中旬 西征部队在团长黄景文、政委唐才猷的率领下，分批突破敌军的围追堵截，于廉博边会合后，在长山秧公塘同两广国民党军700余人发生遭遇战，毙敌70余人。战后，西征部队在广西马子嶂休整半个多月，后向西挺进。于12月中旬抵达十万大山东端的钦县贵台地区，实现了南路特委关于主力部队转移十万大山的战略目标。

10月　为反击国民党的疯狂镇压，杨生奉命集中原第三团第二营留下的兵员，于羊角岭村建立廉江独立营，杨为营长兼政委（年底，全明任政委），下辖3个连，共300余人，独立营活动于新塘、廉西及廉博边一带，同地方工作人员紧密联系，打击国民党反动军警、特务的嚣张气焰，鼓舞群众斗志，牵制追击西征部队之敌。

是月　中共廉江县特派员莫怀从遂溪坭地回廉江后，组建中共廉江县西北区委，书记钟永月，不设委员，负责领导青平区、石岭区、吉水乡的党群工作。

12月　中共南路特委书记周楠离开南路，往香港向广东区党委汇报工作，中共南路特委的工作由温焯华主持。

1946年

3月　廉东南地区成立由叶超为书记，吴鸿信、林天佳、王章统为委员的党支部，积极开展镇压反动分子、发展党员、开辟新区等工作。

5月　李树德武工队和许以章武工队合并，组成廉江县武工队，队长李树德，指导员李炳、李适泰（后），副队长许以章，共20多人。他们时分时合，镇压反动乡保长及罪大恶极的地主恶霸，并先后在遂溪高楼、石角油房铺仔和廉南牌坊桥等处伏击国民党军车4辆，毙伤敌兵数名，缴获关金券数千元。

是月　中共广东区委派吴有恒任中共南路副特派员。接着，温焯华、吴有恒对各地党组织负责人作了调整；6月从廉江调唐多慧任中共化（县）吴（川）特派员；7月从遂溪调黄明德任中共廉江县特派员，兼管广西博白、玉林、陆川等地与南路有组织关系的党组织。在唐调离黄未到职期间，廉江党组织由谢华胜临时负责，赖鸿维协管地方工作，周斌协管部队工作。

8月至9月　以廉江县武工队为基础，在三角山村组编成立120多人的廉江县独立中队，李树德任中队长，李适泰任指导员。黄东明从化县调到廉江后，负责指导该中队的军事工作。

12月　赖鸿维任中共廉江县第二特派员。

是月　廉（江）、化（县）、吴（川）地区党组织挑选精干武工队员100多人，组成2个主力连，在廉化吴边主动出击敌人。

1947年

1月22日　中共南路特派员吴有桓召集廉江特派员黄明德、化吴特派员唐多慧、雷州特派员沈汉英等人在湛江赤坎开会，传达中共广东区委关于恢复武装斗争的指示，学习《解放日报》社论《燎原之火》和《周恩来纵论大局》等文章。会议分析了当时的形势，确定"放手大搞"的方针，提出以廉江北部粤桂边山地为中心建立游击根据地的战略构想，号召各地党组织以"抗丁""抗粮"为中心，放手发动群众，积极扩军，大胆主动进攻敌人。

2月9日　黄明德抽调各区部分兵力和博（白）南的武装队伍集中到长山蛇龙，成立廉江县独立大队，下辖5个中队（其中博南人民武装编为1个中队）和1支手枪队，共300多人，大队长黄东明（黄海），政委黄明德（黄健），副政委周斌，政治处主任周斌（兼），第一中队队长李树德，指导员陈荣典；第二中队队长郭式，指导员欧汝秀（欧星）；第三中队队长李适泰，指导员杨君墀；第四中队队长苏振仁，指导员周锡锦；第五中队队长兼指导员梁祖泽；手枪队队长方广。他们的任务主要是：动员革命青年参军，壮大武装队伍；发动群众反"三征"，镇压反动分子。作战方针是避实就虚，重点打击国民党乡、保队。

2月　中共山底区委会成立，书记董尚英、刘付玠（同年5月任代书记），由化北负责人、化吴中心县委委员李鸿领导。

3月　新三团与遂溪组建起来的新一团协同作战，攻陷国民党南安、同南等乡公所，俘敌30多名，缴枪30余支，并将设在新民黎村的同南乡公所乡仓打开，把2000多担稻谷分给当地农民。

是月　吴有恒在大塘村将廉、化、吴、梅的部分人民武装组建为粤桂边区人民解放军新编第四团，约700人，团长罗明，政委唐多慧，副团长黄飞，政治处主任吕剑屏（方明）。接着，吴有恒主持召开新一、新三、新四团领导干部会议，决定3个团联合北上，开辟勾漏山脉以南的廉（江）、化（县）、陆（川）、北（流）山区，建立游击根据地，实行红色割据。

是月　廉东南区人民政府成立，区长陈炯东，副区长吴鸿信，特派员林天佳。

4月　中共广东区委派温焯华、欧初到南路，组建中共粤桂边地委，温焯华任书记，吴有恒任副书记，欧初任宣传部部长。随后，廉江党组织撤销特派员制，恢复党委制，在长山李屋村成立中共廉江县工作委员会，工委书记黄明德（兼管博白、陆川、玉林属南路党领导的党组织），委员赖鸿维、周斌、罗培畴、陈军。

是月　各区、乡党组织先后建立了区委会、中心支部、总支部或支部，其中，田界区委会书记梁志远，新塘区委会书记陈华荣，廉北区委会书记许以章，金博区委会书记马朝伟，长山区委会书记林克平，沙铲区委会书记梁华栋（11月任），龙湾区党总支书记张沛棠。由化县党组织领导的廉东南区委会书记陈炯东（5月后分为廉东和廉南两个区委会，书记分别为吴鸿信和林天佳）。

是月　廉江县人民解放政府于博教宣布成立，县长罗培畴，副县长陆镇华（6月任）、林敬文（9月任）。县政府成立后，发出保护工商业、实行减租减息的布告。接着，各区、乡人民政权也相继成立，下设行政村或自然村，行政村村长一般由区、乡政府直接委派，自然村村长由群众选举产生。此外，还以村为单位成立农会、妇女会等群众组织，并以党员为核心，建立秘密同心会、吊耕会等，以推动减租减息，维护农民的合法权益。

是月　化县人民政府化北办事处于石角山底成立，主任李鸿，督导员刘付勇。同月，改设为山底区人民政府，区长董尚英、刘付玠（后，代理）。

5月　廉东南区人民政府撤销，改设廉东区和廉南区人民政府。廉东区人民政府区长吴鸿信；廉南区人民政府区长林天佳。

是月　粤桂边区人民解放军新编第七团（惯称新七团）在羊母塘村成立，黄明德（化名黄刚）兼任政委，李树德任副团长，陈军任政治处主任，陈荣典任政治教官，汤平任军事教官。下辖3个连，共300多人。

夏　全县10个游击区均有交通总站和分站。县交通总站设在田界，负责与遂溪、廉东南、新塘、箓塘、龙湾、博教的联系。

7月　廉江县财经委员会成立，主任李德，副主任欧兵。同时成立县税务总站，正副站长分别由李德、欧兵兼任。

是月　新三团成立党委会，县工委书记黄明德兼任新三团党委书记，周斌任副书记，委员先后有黄明德、周斌、涂沙、李树德、陈荣典、叶扬眉、李适泰。

8月　中共化县化北区工作委员会于石角山底成立，书记李鸿，领导化北区和廉江山底、丰满地区，以及茂名县沙田、镇江、道平等乡的部分地区的革命斗争。工委领导李鸿等人主要在山底活动。

12月　中共廉江县工委改为中共廉江县委员会，并举行第一次会议，黄明德任书记，兼管博白、陆川、兴业、玉林、北流、容县等县党组织，委员赖鸿维、周斌、涂沙。

1948年

6月17日　中共廉江县委书记黄明德参加粤桂边区党委在东海岛召开的高雷地区部分县、团级以上干部会议。

6月25日　中共田界区委委员李毓莲（女）在国民党军"扫荡"廉城附近的三丫、关峒一带村庄时被捕。在被捕解返廉城的路上，她一路唱《国际歌》，呼喊"打倒国民党！"等口号。高度表现了共产党人视死如归的大无畏精神，在狱中，李毓莲备受酷刑和威迫利诱，始终坚贞不屈，同年11月17日午夜被杀害于廉城后岭。其生前化装所用的假发，中华人民共和国成立后收藏于中国革命历史博物馆。

7月中旬　粤桂边区党委将粤桂边区划为三片，分别成立地（工）委；高雷地委书记温焯华、沈斌（后），副书记方兰（8月任）；粤桂边地委书记黄其江，副书记陈华、沈汉英（8月任），常委黄明德；十万大山工委书记陈明江，副书记谢王岗（后任）。

8月　黄明德调任粤桂边地委常委兼桂东南分委书记之后，中共廉江县委领导成员随之作了调整，由赖鸿维接任县委书记，委员有马朝伟、钟永月、许以章、罗培畴、梁华栋、林克平、李华良（女）、周斌、林敬文（1949年5月任）、陈华荣（1949年5月任）。

是月　廉江县统战委员会成立，主任林敬文，副主任陆镇华。

1949年

3月 粤桂南地区人民行政督导处在廉江青平香山村成立，管辖廉江、化县、吴川、梅茂、博白、陆川、郁林、北流、容县9个县，周斌、林克武先后任督导处主任，林敬文、黄存立、黄汉超等任督导员。

5月 粤桂边区党委和临时军委决定组编边纵主力第六支队，由陈一林任支队司令员，莫逊任政委，廉江的新三团编为第六支队第十六团，廉东南地区的新四团编为第六支队第十七团。

6月28日 中国人民解放军粤桂边纵队第六支队在青平香山村举行成立暨誓师西进大会。

6月 廉江县人民解放政府改称廉江县人民政府，隶属粤桂南地区人民行政督导处，县长罗培畴，副县长陆镇华、林敬文，顾问宁裕祥、龙铭勋。

8月2日 根据中央军委命令和中共华南分局指示，中共粤桂边区委在长山镇鲫鱼塘村举行大会，宣布成立中国人民解放军粤桂边纵队，纵队司令员兼政治委员梁广，副司令员唐才猷，参谋长杨应彬，政治部主任温焯华。同时宣告成立粤桂边纵第一支队，支队司令员兼政委黄明德。边纵司令部发表宣言，表示坚决执行党中央和毛泽东主席、朱德总司令的命令和华南分局的指示，配合南下大军，解放两广，消灭一切敢于反抗的反动武装，逮捕一切万恶不赦的战争罪犯。

10月1日 粤桂边纵队司令部、政治部和第一支队、第六支队部分指战员在廉江青平圩边山坡上举行庆祝中华人民共和国成立大会，当地党政干部及群众数千人参加了庆祝大会。

10月25日 廉江县人民政府县长罗培畴调任粤桂边纵队一支队供应处主任，中共廉江县委书记赖鸿维兼任县长。

11月1日　中共廉江县委和县人民政府进驻廉城。上午，田界、廉东南、吉水等地方工作人员奉命提前入城。首先对国民党党政机关的文书档案财物进行查封，并发动商人及居民群众进行入城仪式的准备工作。下午，廉江县军政委员会主任周斌、县委书记兼县长赖鸿维和副县长陆镇华率领县直机关全体工作人员及边纵第一支队第一团一部，列队集中到西教场举行入城式。商人、居民鸣放鞭炮热烈欢迎。廉江宣告解放。

11月2日　南下解放大军第二野战军第四兵团第十三军从化县抵达廉江。5日，廉江县各界人士于下午6时在廉城中山纪念亭举行"廉江各地欢迎南下解放大军暨庆祝廉江解放大会"，到会者有南下大军某团官兵、边纵一支一团指战员、廉江县人民政府工作人员及各界人士1500余人。县委书记兼县长赖鸿维在会上发表热情洋溢的欢迎词，南下大军第十三军三十八师副师长王长有、第一支队政治部主任周斌、第十三军三十八某团政委赵培宪相继致谢词，南下大军战斗员李德等4人在会上表示用实际行动报答廉江人民的决心。

11月　廉江县人民政府设立下列科室：民政科科长林某某（未到职），副科长邓杰、廖树莱，12月邓杰任科长；财务科副科长罗纯志；文教科科长李林林，副科长吴声扬；生建科科长叶复群，副科长罗纯裕；粮食科副科长刘付珉；秘书科副科长罗永玑。同时任命了两间学校的校长，廉江中学校长李承煜，廉江师范校长吴声扬（兼）。

11月29日至12月1日　廉江战役。12月1日拂晓，野战大军分别向廉城、红头岭等地的敌人发起进攻，上午8时夺回廉城，歼敌二十三军及三二一师、粤桂边挺进纵队等部2万余人，俘敌中将司令喻英奇、挺进纵队司令曹英、六十三军副军长郭永镳及以下6000余人，并解救被抓去的廉江群众2500多人。此役缴获长短枪500余支、轻重机枪17挺、各种炮8门及其他军用物资一大批。

12月 遵照中共南路地委的指示，廉江县委、县政府和县支援前线委员会广泛发动群众，积极参加解放湛江市和海南岛的支前工作。其时，全县组织了木船、粮食一批，还选送了一批船工、舵手参加渡海作战的准备工作。

1．中共廉江市委党史研究室编：《中国共产党廉江县地方史》（第一卷）（1919—1949），中共党史出版社2009年版。

2．中共廉江市委党史研究室编：《中国共产党廉江县历史》（第二卷）（1949—1978）， 中共党史出版社2015年版。

3．中共廉江市委党史研究室编：《中共廉江党史大事记》（新民主主义革命时期），内部资料，2004年。

4．中共廉江市委党史研究室编：《中国共产党廉江历史大事记》（1949—2009），中央文献出版社2009年版。

5．廉江市地方志编纂委员会编：《廉江县志》，广东人民出版社1995年版。

6．廉江市地方志编委会编：《廉江市志》（1979—2005），方志出版社2012年版。

7．中共湛江市委党史研究室编：《南路风云》第6期，《纪念粤桂边纵队成立特刊》，内部资料，1984年。

8．阮日生、廖旭材主编：《南粤新市——廉江》，广东人民出版社1997年版。

9．赖炳琨：《求索集》，现代文艺出版社2000年版。

后记

《廉江市革命老区发展史》的编纂工作，按照中国老区建设促进会和广东省老区建设促进会、广东省老区建设办公室关于编纂《革命老区县发展史》的通知精神和要求，于2018年3月正式启动。

中共廉江市委、市政府领导高度重视革命老区发展史的撰纂工作，成立了《廉江市革命老区发展史》编纂委员会，由市委书记林海武任主任，市委副书记、市长庞晓冬任执行主任，黎亦鸿（市委常委、常务副市长、市委组织部部长）、关维荣（市委常委、市委办主任）、林家春（副市长）、陈康玲（市老区建设促进会会长）任副主任，成员有市直各单位主要负责人及各镇（街道办）党（工）委书记。编纂委员会下设办公室（设在市老促会），由陈康玲任主任，罗烈、林竹、袁汉静任副主任，编纂工作由林家春负责协调。由冯维铭、袁汉静和有编写地方志经验的退休干部数人组成写作班子，负责具体编写工作。制订编写工作方案，拟出篇目。村（居）委会、机关企事业单位各指定一名联络员，负责配合市革命老区发展史编写的调查、采访和资料报送工作。

2018年3月初，市老促会召开《廉江市革命老区发展史》编写动员会，会长陈康玲、副会长潘煜光、袁汉静作编写工作部署。他们全力以赴抓好编写工作，并及时解决编写过程中的具体问题。

《廉江市革命老区发展史》的编纂工作，聘请廉江市委办公室原主任赖炳琨、廉江市地方志办公室原主任钟珠任执行主编，具体负责对史稿进行编写。赖炳琨负责统编总纂。他们虽然年纪较大，但不辞劳苦，精神饱满地投入工作。

编写人员按照工作方案，积极开展收集、整理、编写、打印和校对资料，组织召开各种调研座谈会，深入有关单位和乡镇农村调研，先后到良垌、新民、长山、河唇、横山、石城、青平、安铺、石岭、吉水等镇和罗州、城北街道办，九洲江经济开发区收集第一手素材、资料，然后经常加班加点，反复整理、录入史料。在广泛收集老区发展史资料的基础上，去粗取精，去伪存真，认真编纂，反复核校。经过组织发动、制订方案、拟出篇目、搜集资料、整理编纂等阶段，2018年11月底编出分纂章稿。此后，进行资料补缺修正。2018年12月完成初稿。2019年1月中旬，由市编委办牵头，组织编委会成员和市委办、市府办、市宣传部、市文化局、市民政局、市档案局、市保密局、市委党史研究室、市地方志办公室、市老区办、市扶贫办、市老游击战士联谊会等单位领导进行评审。嗣后，编辑部先后六次召开办公会议讨论研究，反复修改补充，经过七易其稿，直至2020年5月初才获定稿。全书设7章36节及附录。

本史编写着重突出四个方面内容：一是老区人民在党领导下创建和发展革命根据地斗争中的历史贡献和地位作用；二是老区人民在创建和发展革命根据地过程中的重大历史事件、著名英模英烈事迹，以及展现出来的崇高革命精神和光荣传统；三是挖掘整理当地著名革命历史遗址、文物、纪念场馆等红色文化资源；四是中华人民共和国成立以来、特别是党的十八大以来，老区人民在以习近平同志为核心的党中央领导下发扬自力更生，艰苦奋斗光荣传统，脱贫攻坚，改变贫困落后面貌发生的巨大变化及涌现出来的先进典型。全面、系统、客观地记述廉江人民在新民主主义革命时期和社会主义过渡时期、改革开放时期、社会主义现代化建设新时期，在中国共产党的领导下，夺取革命和建设胜利，发展社会、经济、教育、文化事业等方面的历史进程，力求思想性、科学性和资料性的统一，使之更好地为全市的社会主义现代化建设和发展战略服务。

全市参与编史的单位，大多数都能按照要求，提供宝贵资料，提供资料较为详尽，质量较高的单位有市委党史研究室、市志办、市民政局、市老区办、市扶贫办、市档案局、市统计局等，特此致谢。

由于编者水平有限和资料收集不足等原因，错漏和不足之处在所难免，恳请领导及读者批评指正。

借本书出版之际，特向关心支持本史书出版的各级领导、各单位及全市人民致以诚挚的感谢！

《廉江市革命老区发展史》编纂委员会

2021年3月

广东人民出版社　党政精品图书

围绕中心，服务大局，做最具高度、深度和温度的主题出版物

中宣部主题出版重点出版物

《中华人民共和国通史》
（七卷本）

· 全国第一部反映中华人民共和国70年光辉历程的多卷本通史性著作
· 中央党校、中央党史和文献研究院权威专家倾力打造

《账本里的中国》

一册册老账本，串起暖心回忆，讲述你我故事，体味民生变迁。

《全国革命老区县
发展史丛书·广东卷》

· 挖掘广东120个革命地区的红色记忆
· 中国老区建设促进会牵头组织

《红色广东丛书》

· 广东省委宣传部重点主题出版物
· 传承红色基因，弘扬革命精神

本书配有智能阅读助手，为您1V1定制

《廉江市革命老区发展史》阅读计划

帮助您实现"时间花得少，阅读体验好"的阅读目的

建 议 配 合 二 维 码 一 起 使 用 本 书

您可根据自己的学习需求，量身定制专属于您的阅读计划：

阅读服务方案	阅读时长指数	为您提供的资源类型	帮助您达到以下学习目的
1. 高效阅读	阅读频次 较低　每次时长 较短　总共耗费时长 ■	总结类	快速学习和掌握红色精神。
2. 轻松阅读	阅读频次 较高　每次时长 适中　总共耗费时长 ■■	基础类	简单了解革命老区的历史。
3. 深度阅读	阅读频次 较高　每次时长 较长　总共耗费时长 ■■	拓展类	继承和发扬红色精神，推动老区发展。

针对您选择的阅读计划，您可以享受以下权益：

立刻获得的主要权益
▶ **专享本书社群服务**：提供创造价值与私密的深度共读服务，群内分享阅读干货，发起话题探讨
▶ **1套阅读工具**：辅助您高效阅读本书，终身拥有

每周获得的主要权益
▶ **专属热点资讯**：16周社科文学类资讯推送，每周2次
▶ **精选好书推荐**：16周文学社科热门好书推荐，每周1次

长期获得的主要权益
线下读书活动推荐：精选活动，扩充知识开拓视野
不少于1次

抢兑礼品：免费抽取实物大礼
不少于2次限时抽奖

微信扫码
添加智能
阅读助手

只需三步，获取以上所有权益：
1. 微信扫描二维码；
2. 添加智能阅读助手；
3. 获取本书权益，提高读书效率。

❶ 鉴于版本更新，部分文字和界面可能会有细微调整，敬请包涵。